동화
수업
대백과
295

한 권으로 끝내는 36가지 주제별 동화 수업의 모든 것

동화 수업 대백과 295

좋아서하는어린이책연구회 지음

문학동네

차례

3월. 자기 탐구로 시작하기

4월. 나답게 성장하기

5월. 상처 주지 않고 단단하게 관계 맺기

6월. 친구와 갈등하고 소통하기

7월. 가족을 이해하고 가족과 소통하기

8월. 다양한 가족과 더불어 살기

9월. 사회 문제를 향해 한 걸음 나아가기

10월. 아는 만큼 보고 보는 만큼 생각하기

11월. SF 동화로 세상을 보는 시야를 넓히기

12월. 자유롭게 모험하고 상상하기

1월. 교과 연계 교양서로 똑똑하게 공부하기

2월. 그림책에서 동화책으로 지혜롭게 건너가기

어린이와 세상을 연결하는
동화 세계로의 초대장

태어나 처음 손에 쥐여진 그림책부터 두꺼운 장편동화에 이르기까지, 아이는 책과 함께 성장합니다. 어느 날 문득, 책장 앞에서 망설이는 아이의 모습을 발견합니다. 손가락으로 책등을 쓸어가며 '이번엔 어떤 책을 읽어볼까?' 고민하는 눈빛이 사뭇 진지한데요. 아이의 작은 손가락이 두꺼운 동화책과 익숙한 그림책 사이를 오가는 순간, 독서 생애에 중요한 전환점을 맞이합니다. 바로 그림책에서 동화책으로 확장해나가는 지점입니다.

교실에서 아이들을 살펴보면, 안타깝게도 이 지점에서 책과 멀어지는 경우가 많았습니다.

"선생님, 이 책은 글자가 너무 많아서 지루해요."

"무슨 내용인지 잘 모르겠어요."

"그냥 영상으로 보면 안 되나요?"

아이들이 방대한 동화의 세계로 건너가지 못하고 흥미를 잃는 모습을 보면서 안타깝고 애가 탔습니다.

양육자들도 고민을 털어놓습니다. 우선 스마트폰과 태블릿을 일상적으로 사용하는 상황에서 아이의 시선을 책 쪽으로 돌리는 일부터가 쉽지 않습니다. 수많은 동화 중에서 아이에게 딱 맞는 책을 고르는 일도 어렵고요. 읽고 나서 잠깐이라도 의미 있는 대화를 나누면 좋겠는데 어떤 말로 물꼬를 터야 할지 막막하기만 합니다.

'어떻게 하면 재미있게 동화에 빠지게 할 수 있을까?'

'수많은 동화책 중에서 무엇부터 읽어야 할까?'

'주제별 나이별 각 시기에 맞는 좋은 책을 어떻게 골라야 할까?'

이런 고민을 안고 있는 분들을 위해 이 책을 썼습니다.

책으로 들어가기에 앞서, 먼저 동화 수업의 3가지 기본 토대를 나누고 싶습니다.

1. '완독'의 경험을 쌓아주세요.

한 권의 책을 처음부터 끝까지 읽어내는 경험은, 긴 여행을 마치고 집으로 돌아온 것처럼 아이들에게 특별한 울림을 남깁니다. 이는 단순히 이야기의 결말을 확인하는 것이 아니라, 수백 페이지를 한 장 한 장 넘기며 하나의 완성된 세계를 온전히 경험하는 여정이에요. 아이들은 이야기의 전체 맥락 속에서 주인공과 함께 고민하고 성장하면서 정서적 교감을 나눕니다.

완독의 경험이 쌓인 아이들에게는 자신감이 있습니다. '나도 이렇게 두꺼운 책을 끝까지 읽을 수 있구나!' 하는 성취감은 다음 책으로 나아갈 용기를 줍니다. 책장을 덮는 순간 느낀 벅찬 감동과 뿌듯함은 우리 아이가 평생 '읽는 사람'으로 살아갈 원동력이 되고요.

이 책에서 소개하는 36가지 주제별 동화와 수업 활동은 아이들과 책이 더 깊은 관계를 맺도록 도와줄 것입니다. 우리의 첫 목표는 거창하지 않습니다. 단 한 권의 동화라도 아이가 스스로 끝까지 읽어내는 것, 그것이 시작입니다. 그 한 권의 동화가 아이의 삶에 특별한 무늬를 남길 것입니다.

2. 책 속에 길이 있다? 오히려 길을 잃어도 좋습니다.

동화 읽기 여정은 목적지만을 향해 고속도로를 질주하는 일이 아닙니다. 오히려 오래된 도시의 골목길을 탐험하는 것과 같습니다. 때로는 옆길로 새고, 때로는 뒤돌아가고, 심지어 길을 잃은 채 마음껏 헤매도 괜찮은 골목 여행이죠.

AI의 시대, 역설적으로 더욱 중요해진 것이 있습니다. 바로 문학적 상상력과 인문학적 깊이인데요. 동화는 빠르게 달리는 세상에서 아이들에게 '천천히 생각하고 깊이 느낄 권리'를 선물합니다. 유튜브의 '한 줄 요약'이 지름길이라면, 동화 읽기는 골목 구석구석을 기웃거리는 산책입니다. 한 줄 요약으로 이야기의 큰 줄기는 알려줄 수 있을지 모르지만, 인물의 미세한 감정 변화와 섬세한 심리를 담을 수는 없습니다. 책 속을 찬찬히 산책한 아이만이 그 안에 숨은 깊은 통찰과 내적 성장, 예상치 못한 반전과 여운을 발견할 수 있어요.

우리 아이가 동화를 읽으면서 마음껏 길을 잃어보게 해주세요. 때로는 주인공의 선택이 이해되지 않아서 가만히 멈춰 서기도 하고, 예상치 못한 이야기의 전개에 당황하기도 할 겁니다. 어느 날은 책의 한 구절을 붙잡고 오랫동안 생각에 잠기기도 하겠지요. 그 모든 과정을 통해서 자기 안의 고정된 틀이 깨지고, 뒤집히고, 더 넓어지도록 도와주세요.

3. 천 개의 다른 삶을 살아볼 기회를 주세요.

누구나 태어나서 딱 한 번의 인생만 살 수 있습니다. 하지만 동화를 읽으면 천 개의 다른 삶을 살아볼 기회를 얻을 수 있습니다. 문학을 통해서 책 속 인물에게 감정을 이입하고 그 인물이 되어보는 경험을 하게 되는 겁니다.

동화를 읽으면서 아이들은 시간과 공간을 자유롭게 넘나듭니다. 조선시대 보부상의 아들이 되어 먼 길을 떠나고, 500년 동안 열다섯 살로 살아가며 세상의 변화를 지켜보기도 합니다. 때로는 인공지능 로봇과 친구가 되어 우정을 나누고, 또 어떤 날은 아마존 밀림의 토착민이 되어 자연과 교감하죠. 한 권 한 권 동화를 읽을 때마다 새로운 삶이 펼쳐집니다.

각기 다른 처지의 동화 속 인물들과 함께 울고 웃을 때, 아이들의 공감 능력이 깊어지고 포용력이 자랍니다. '만약 내가 이 인물이라면 어떻게 했을까?' '이런 상황에서 나라면 어떤 선택을 했을까?' 고민하면서 비판적 사고력도 자라납니다. 아이들이 익숙한 일상을 벗어나 전혀 다른 삶을 상상하고 경험하면서 더 넓은 시야로 세상을 바라보도록 해주세요.

이 책은 저와 손잡고 '좋아서하는어린이책연구회'를 꾸려가고 있는 운영진 선생님들과 함께 집필했습니다. 그동안의 연구를 집대성하여 동화 수업의 1년 로드맵을 정리해 이 한 권의 책에 탄탄하게 담았습니다. 열등감과 자아 존중감부터 외모 고민과 나다움, 학교 폭력과 우정, 슬기로운 SNS 활동, 가족 탐구, 다양한 가족, 생태와 환경 오염, 평등과 성인지까지 총 36가지 주제를 망라해서 216권의 어린이책을 소개했습니다. 첫 읽기 책부터 동화책, 교양서까지 다양한 책을 아우르며 촘촘하게 구성했기 때문에 분명 풍성하고 알차게 활용하실 수 있을 거예요.

특히 이 책에는 36가지 주제별로 엄선한 총 216권의 어린이책과 함께

295가지의 실전 수업 활동을 담았습니다. 아이들의 문해력, 사고력, 창의력, 표현력, 그리고 협동력을 자연스럽게 키울 수 있도록 동화 수업 활동의 가이드를 구체적으로 제시했습니다. 전문적인 수업 노하우와 통찰력을 담아낸 '동화 수업의 바이블'로서 이 책이 귀하게 쓰이기를 바랍니다.

'동화 수업을 제대로 해보고 싶은데 주제와 흐름을 어떻게 잡아야 할까?'

'어떻게 해야 아이들과 재미있고 의미 있는 동화 수업을 진행할 수 있을까?'

이런 질문이 생길 때, 이 책을 자주 펼쳐서 활용해주세요. 갈수록 독서 자체를 어려워하는 우리 아이들이 동화와 어린이책의 맛에 흠뻑 빠져들 수 있기를 바랍니다. 이 책이 어린이와 문학, 교실과 책 사이의 탄탄한 연결 통로로 자리잡길 소망합니다.

좋아서하는어린이책연구회 대표
이현아

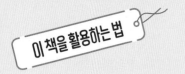
이 책을 활용하는 법

교육과정과 이렇게 연계해요
'2022 개정 교육과정'과 본문에서 제시한 동화책 수업 활동을 현장에서 어떻게 연계할 수 있는지 구체적으로 제시합니다.

월별 주제
아이들을 한 뼘 더 성장시킬 수 있는 다양한 주제를 월별로 총 3개씩 선정했습니다.

월별/주제별 키워드 인덱스
본문 왼쪽 상단에는 해당하는 월과 주제를 안내하고, 오른쪽 상단에는 해당 주제의 목표를 인덱스로 제시하여 책의 활용성을 더욱 살렸습니다

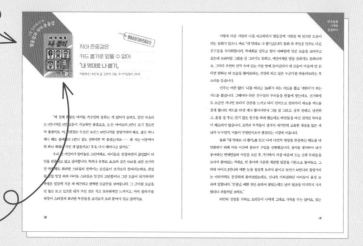

주제별 동화책
주제당 2권씩 총 72권의 동화책을 선별, 제시했습니다.

동화 연결 수업

72권의 주제 동화책의 내용을 간략하게 소개한 뒤 초등학교 교사로서 다년간 현장에서 쌓은 수업 노하우를 더해 교실에서 직접 활용해볼 수 있는 체험형 활동을 총 295개 제시했습니다. 각각의 활동은 가이드로 삼을 만한 예시뿐 아니라 실제 현장 활동 자료를 소개해 쉽게 이해할 수 있도록 구성했습니다.

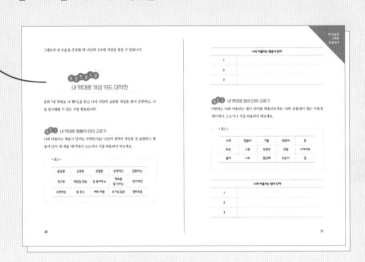

한 걸음 더

주제별 동화책과 함께 읽으면 좋은 동화책을 각 주제별로 4권씩 제시하여 동화책 수업 정보를 다채롭게 제공했습니다.

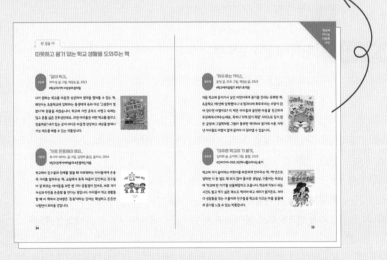

교육과정과 이렇게 연계해요(2022 개정 성취 기준)

3월 첫번째 주제　열등감과 자아 존중감

[2바01-02]　나를 이해하고 존중하며 생활한다.

[2슬01-02]　나를 탐색하여 나에 대해 설명한다.

[2바03-04]　공동체 속에서 지속가능성을 위한 삶의 방식을 찾아 실천한다.

[4국05-01]　인물과 이야기의 흐름을 중심으로 작품을 감상한다.

[4도01-04]　다른 사람의 관점을 수용할 수 있는지를 도덕적으로 검토하고 도덕규범을 내면화하여 도덕적
으로 행동할 수 있는 자세를 기른다.

[6국05-06]　작품을 읽고 자신의 삶과 연관지어 성찰하는 태도를 지닌다.

[6국02-04]　문제 상황과 관련된 다양한 관점의 글을 읽고 이를 문제 해결에 활용한다.

3월 두번째 주제　자기 관리와 감정 조절

[2바02-03]　차이나 다양성을 서로 존중하면서 생활한다.

[4국01-04]　상황과 상대의 입장을 이해하고 예의를 지키며 대화한다.

[4국03-04]　목적과 주제를 고려하여 독자에게 마음을 전하는 글을 쓴다.

[4국05-05]　재미나 감동을 느끼며 작품을 즐겨 감상하는 태도를 지닌다.

[4도01-01]　자신의 감정을 소중히 여기며 존중하는 태도를 바탕으로 내가 누구인가를 탐구한다.

[4도02-02]　친구 사이의 배려에 대한 올바른 이해를 바탕으로 일상생활에서 배려에 기반한 도덕적 관계
를 맺을 수 있는 방안을 탐색한다.

[4도02-03]　공감의 태도가 필요한 이유를 이해하고 도덕적 상상력을 바탕으로 대상과 상황에 따라 감정
을 나누는 방법을 탐구하여 실천한다.

3월 세번째 주제　학교 생활과 공동체

[2바03-03]　여러 인물의 삶을 통해 공동체성을 기른다.

[2바03-04]　공동체 속에서 지속가능성을 위한 삶의 방식을 찾아 실천한다.

[4국05-02]　자신의 경험을 바탕으로 작품 속 세계와 현실 세계를 비교하여 작품을 감상한다.

[4사09-01]　생활 주변에서 찾을 수 있는 여러 가지 문제를 파악하고, 그 문제를 합리적으로 해결하는 능
력을 기른다.

[6국02-04]　문제 상황과 관련된 다양한 관점의 글을 읽고 이를 문제 해결에 활용한다.

[6국03-03]　체험한 일에 대한 감상을 나타내는 글을 쓴다.

[6국03-06]　쓰기에 적극적으로 참여하며 자신의 글을 독자와 공유하는 태도를 지닌다.

3월

자기 탐구로
시작하기

자아 존중감은 카드 뽑기로 얻을 수 없어

『내 멋대로 나 뽑기』

저중학년 | 최은옥 글, 김무연 그림, 주니어김영사, 2018

"제 장래 희망은 아이돌 가수인데 잘하는 게 없어서 슬퍼요. 일단 목소리는 I언니처럼 3단 고음이 가능하면 좋겠고요. 눈은 아이브의 J언니 크기 정도면 딱 좋겠어요. 아, 머릿결은 무조건 뉴진스 M언니처럼 찰랑거려야 해요. 춤은 뭐니 뭐니 해도 블랙핑크 L언니 정도 실력이면 딱 좋겠는데요…… 왜 저는 이중에서 뭐 하나 제대로 가진 게 없을까요? 후유, 다시 태어나고 싶어요."

우리 반 지민이가 털어놓은 고민이에요. 아이들은 성장하면서 끊임없이 타인을 관찰하고 닮고 싶어합니다. 특히나 유튜브 쇼츠와 같은 SNS를 보면 손가락만 까딱해도 화려한 스타들의 반짝이는 순간들이 조각조각 쏟아지는데요. 편집된 클립 영상 속의 아이돌 스타들은 일상의 고단함이나 그런 모습이 되기까지의 과정은 말끔히 지운 채 매끈하고 완벽한 모습만을 보여줍니다. 그 근사한 모습을 넋 놓고 보고 있으면 내가 가진 것은 작고 초라하게만 느껴지고, 마치 콜라주를 하듯이 스타들의 화려한 부분들을 조각조각 오려붙여서 갖고 싶어지죠.

　이렇게 다른 사람과 나를 비교하면서 열등감에 시달릴 때 읽으면 도움이 되는 동화가 있으니, 바로 『내 멋대로 나 뽑기』입니다. 동화 속 주인공 민주도 다른 친구들을 부러워합니다. 학예회를 앞두고 엄마 아빠한테 멋진 모습을 보여주고 싶은데 보라처럼 그림을 잘 그리지도 못하고, 세린이처럼 말을 잘하지도 못하니까요. 그러다 우연히 천막 속에 있는 거울 방에 들어갔다가 네 모습이 마음에 안 든다면 원하는 네 모습을 뽑아보라는, 간절히 되고 싶은 누군가를 떠올려보라는 목소리를 듣습니다.

　민주는 미련 없이 '나'를 버리고 '보라'가 되는 카드를 뽑고 '세린이'가 되는 카드를 뽑습니다. 그때마다 다른 친구들의 부러움을 한몸에 받는데요. 신기하게도 조금만 지나면 또다시 갈증을 느끼고 다시 천막으로 달려가서 새로운 카드를 찾게 됩니다. 카드를 다섯 개나 뽑아가면서 그림 잘 그리고, 공부 잘하고, 날씬하고, 춤을 잘 추고, 인기 많은 친구를 따라 했는데도 바닷물을 마신 것처럼 목마름이 해소되지 않습니다. 오히려 부작용이 생겨서 자기만의 고유한 개성을 잃은 채 내가 누구인지, 이름이 무엇인지조차 헷갈리는 지경에 이릅니다.

　동화 『내 멋대로 나 뽑기』를 읽고 나서 나만의 개성을 존중하는 태도를 내면화하기 위해 미술 시간에 콜라주 수업을 진행했습니다. 잡지를 챙겨와서 내가 좋아하는 연예인들의 사진을 오린 후, 거기에서 가장 마음에 드는 신체 부위들을 모아서 붙여보는 거예요. 빈 종이에 갸름한 계란형 얼굴을 기본으로 붙여놓고, 그 위에 아이브 J언니의 예쁜 눈을 정성껏 오려서 붙이고 뉴진스 M언니의 찰랑거리는 머리카락도 꼼꼼하게 붙여보았는데요. 신나게 가위질하던 아이들이 흠칫 놀라며 말합니다. "선생님, 예쁜 것만 골라서 붙였는데도 남의 얼굴을 덕지덕지 가져왔더니 괴물처럼 보여요."

　타인의 장점을 가위로 오리듯이 나에게 그대로 가져올 수는 없어요. 있는 그대로의 내 모습을 존중할 때 나만의 고유한 개성을 찾을 수 있답니다.

내 멋대로 개성 카드 대작전

동화 『내 멋대로 나 뽑기』를 읽고 나서 나만의 고유한 개성을 찾아 존중하고, 나를 탐구해볼 수 있는 수업 활동입니다.

 내 멋대로 형용사 단어 고르기

나와 어울리는 형용사 단어는 무엇인가요? 나만의 성격과 개성을 잘 표현하는 형용사 단어 세 개를 '예시'에서 고르거나 직접 떠올려서 써보세요.

• 예시 •

용감한	신중한	친절한	긍정적인	감탄하는
친근한	책임감 있는	잘 들어주는	약속을 잘 지키는	창의적인
도전하는	잘 웃는	예의바른	호기심 많은	정의로운

나와 어울리는 형용사 단어	
1	
2	
3	

활동 2 내 멋대로 명사 단어 고르기

이번에는 나와 어울리는 명사 단어를 떠올려보세요. 나와 공통점이 있는 사물을
'예시'에서 고르거나 직접 떠올려서 써보세요.

• 예시 •

시계	텀블러	거울	영양제	공
화분	그릇	망원경	연필	스케치북
불씨	나무	돛단배	원숭이	집

나와 어울리는 명사 단어	
1	
2	
3	

내 멋대로 개성 카드 만들기

내가 고른 형용사 단어와 명사 단어를 조합해서 '내 멋대로 개성 카드'를 만들어
보세요. 이 카드를 만든 이유도 써보세요.

• 예시 •

형용사 단어	+	명사 카드	=	내 멋대로 개성 카드
잘 들어주는		거울		잘 들어주는 거울

이 카드를 만든 이유는?
나는 친구의 말을 들을 때 거울에 비추듯 있는 그대로 잘 공감하기 때문에
'잘 들어주는 거울'이라는 개성 카드를 만들었다.

형용사 단어	+	명사 카드	=	내 멋대로 개성 카드

이 카드를 만든 이유는?

_____

_____

형용사 단어	+	명사 카드	=	내 멋대로 개성 카드

이 카드를 만든 이유는?

_____

_____

내 멋대로 개성 카드 교환하며 소개하기

우리 반 친구들 세 명을 만나서 내가 만든 '내 멋대로 개성 카드'를 주고받으며 자기소개를 해보세요. 그동안 몰랐던 서로의 개성과 특징을 이해하고 상대방을 존중하는 계기가 됩니다.

 • 예시 •

"친구야 안녕, 나는 '잘 들어주는 거울'이야. 왜냐하면 친구의 말을 들을 때
거울에 비추어보는 것처럼 그대로 잘 공감해주기 때문이야."

"잘 들어주는 거울아, 반갑다. 나는 '책임감 있는 그릇'이야.
어떤 일을 맡으면 내 그릇에 담을 수 있는 최대한
끝까지 담아내는 책임감을 지녔거든."

23

나만의 취향 존중 프로젝트

『기타 등등 동아리를 신청합니다』

중학년 | 류재향 글, 모예진 그림, 시공주니어, 2023

"어린이 작가를 모집합니다."

매년 학기 초 동아리 신청 기간에 회원을 모집할 때 제가 벽에 붙여두는 문장입니다. '창작'이라는 단어에 가슴이 콩닥거리는 어린이, 언젠가 내 이야기를 한 권의 완성된 책의 형태로 펴내고 싶었던 어린이와 만나기를 기대하면서 노란 종이에 신청서를 인쇄해서 벽에 붙여둡니다. 그렇게 매주 목요일마다 어린이 작가들과 머리를 맞대고 앉아서 그림책이라는 유연한 그릇에 나의 이야기를 글과 그림으로 담아내는 작업을 꾸준히 해오고 있는데요, 학교 수업이 아무리 빡빡해도 이 시간만큼은 아이들과 눈을 마주치고 마음을 포개면서 그림책의 세계에 푹 빠져들 수 있어서 숨통이 트입니다.

학교 교육과정에는 이렇게 교과 이외의 활동인 '창의적 체험 활동' 시간이 있습니다. 동아리 활동을 비롯한 자율 활동, 봉사 활동, 진로 활동이 이에 해당하는데요, 저는 이 시간이 빡빡한 시간표를 소화하는 아이들에게 숨쉴 '틈'을 열어주는 매우 중요한 시간이라고 생각해요. 동화 『기타 등등 동아리를 신청합니다』에서 주인공 솔이는 '기타' '외' '등등'이 중요하다고 말합니다. 사람들이 신경을 잘 안 쓰지만, 그 안에 진짜 중요한 게 있기 때문이라고 해요. 그런 의미에서 '창의적 체험 활동' 시간은 솔이가 말하는 '기타' '외' '등등'과 같은 의미를 지닌 시간인지도 모르겠습니다. 국어, 수학 같은 주요 교과에 비하면 어른들이 신경을 잘 안 쓰지만, 오히려 아이들에게는 진짜 하고 싶은 일을 하면서 마음의 숨을 쉴 수 있는 시간이니까요.

동화 『기타 등등 동아리를 신청합니다』의 주인공 솔이에게도 동아리 시간은 꽤 중요합니다. 새 학기 정규 동아리 활동 신청서에 적혀 있는 동아리 중에서 적당히 하나를 선택해서 시간을 때울 수도 있을 텐데 그러지 않았거든요. 조금 번거롭더라도 내가 진짜로 원하는 활동을 하고 싶어서 선생님께 기타 동아리를 신청하고 싶은 아이들을 모아보겠다고 건의합니다. 급기야 "기타 등등 동아리 신청합시다!"라고 벽에 붙여놓고 직접 신청함을 만들어 동아리 신청서를 받는데요. 과연 솔이네 반 아이들은 어떤 '기타 등등 동아리'를 신청했을까요?

솔이는 도서관 모임방에서 아이들을 한 명 한 명 인터뷰합니다. 빨리 걷지 않고 자꾸 하늘을 본다고 혼났던 여운이는 '구름 관찰단' 동아리를 열겠다고 하고, 엄마 아빠가 늦게 퇴근하셔서 학원 뺑뺑이를 도느라 지친 대호는 무조건 한없이 멍때리는 '무한 멍' 동아리를 열고 싶대요. 동아리를 만들고 싶은 이유에 귀를 기울이다보니 솔이는 친구들이 저마다 무엇을 고민하는지 알게 되고, 어떨 때 편안해하는지, 어떤 취향을 지녔는지 또렷하게 들여다볼 수 있게 됩니다.

여러분의 마음속에도 아무에게도 털어놓지 않은 '기타 등등'의 영역이 있나요? 아무리 잔소리를 들어도 꿋꿋이 고수해온 나만의 취미와 선호, 남들이 인정해주지 않아도 성실히 가꾸어온 나만의 사소하고도 아름다운 세계가 있다면

25

기타 등등 동아리를 신청해보세요. '나' 그리고 '너'가 저마다 가꾸어온 알록달록한 세계를 있는 그대로 탐구하고 존중하는 좋은 기회가 될 거예요. 한 걸음 더 나아가 나랑 비슷한 취향을 가진 친구가 회원으로 들어온다면? 우리만의 취향 공동체를 풍성하게 가꿀 수 있으니 그야말로 금상첨화겠죠.

우리 반 기타 등등 동아리를 소개합니다

동화 『기타 등등 동아리를 신청합니다』를 읽고 나서 나와 친구들이 갖고 있는 다양한 관심사와 취향을 탐구하고 존중하는 방법을 모색하는 수업 활동입니다.

 내가 좋아하는 일,
그중에서도 친구랑 같이 하면 더 좋은 일은?

사소하고 쓸데없어 보이지만 내가 좋아서 꾸준히 하는 일이 있나요? 내가 좋아하는 일, 그중에서도 친구랑 같이 하면 더 좋은 일은 무엇이 있는지 써보세요.

─── • 예시 • ───

» 솔방울이나 도토리, 돌멩이처럼 작고 사소한 무언가를 자꾸만 모으는 일.
» 학교 마치고 집에 갈 때마다 문구점에 들러서 새로 나온 학용품을 구경하는 일.

활동 2 나만의 기타 등등 동아리를 구상하고 신청서 써보기

동화 『기타 등등 동아리를 신청합니다』 맨 뒷장에 나오는 동아리 신청서를 참고
해서 실제로 동아리 신청서를 써본 후 발표해보세요.

기타 등등 동아리를 신청합시다!

동아리 신청서에 나와 있거나 그동안 해본 동아리 이외에
내가 꼭 만들어보고 싶은 동아리가 있다면 신청해보세요.

동아리 이름	
활동 계획	
신청 이유	
준비물	
하고 싶은 말	
신청인 이름	

우리 반 '기타 등등 동아리 DAY' 운영하기

본격적으로 동아리 회원을 모집해서 각 동아리를 실제로 체험해보는 '기타 등등 동아리 DAY'를 운영해보세요.

1. 우리 반 아이들을 세 모둠으로 나누어서 진행합니다. 예를 들어 21명이라면 7명씩 세 모둠으로 나누어보세요.

2. 1모둠부터 차례로 동아리 운영자를 맡습니다. 이때 2, 3모둠은 참여자로서 동아리 신청서를 써서 회원 가입을 합니다. 주제나 지향점이 비슷한 동아리가 있다면 하나로 모아서 운영하면 좋습니다.

3. 1모둠의 동아리 운영자들이 준비물을 갖추어서 부스를 만들면, 2, 3모둠의 회원들이 부스를 돌면서 다양한 동아리를 체험해봅니다.

4. 체험 시간이 끝나면 2모둠 아이들이 동아리 운영자를 맡아서 새로운 부스를 차리고, 1, 3모둠이 참여하는 방식으로 돌아가면서 체험 부스를 운영합니다.

5. 기타 등등 동아리 부스를 통해 내가 몰랐던 친구들의 다양한 관심사를 파악하고 비슷한 취향을 가진 친구들과 공감하는 시간을 가져보세요.

한 걸음 더

나를 더욱 단단하게 믿을 수 있도록 이끌어주는 책

 그림책

『난 부끄러워하는 게 아니야 그저 조용할 뿐이야』
앤디 파워스 글, 벳시 피터슨 그림, 이현아 옮김, 상상의힘, 2024
#남들이오해하는나말고 #내가믿는나존중하기

있는 그대로의 '나'를 존중하고 싶은 어린이에게 추천하는 책. 누
구나 내면에 '조용한 나'를 지니고 있습니다. 그런 나의 성격을 단
점으로 여기지 않고 온전히 인정한다면 오히려 강점이 될 수 있어
요. 소심이나 불안이라는 단어로 스스로를 단정하는 아이, 마음
속은 활기차고 용감한데도 부끄러움이 많다고 오해받는 아이에
게 이 책은 정확한 용기를 건넵니다.

 그림책

『난 나의 춤을 춰』
다비드 칼리 글, 클로틸드 들라크루아 그림, 이세진 옮김, 다그림책(키다리), 2024
#내가좋아하는나 #남들이판단하는나

남들의 판단과 고정관념의 틀에 갇히지 않고 내가 좋아하는 삶의
방식에 확신을 갖도록 용기를 주는 책. 나 자신이 좋아하는 내 모
습과 남들이 보기에 좋은 내 모습이 다를 때가 있습니다. 남의 시
선을 의식하느라 움츠러든 아이에게 이 책은 나만의 스텝과 리듬
으로 춤추며 살아도 괜찮다고 말해주며 자유로움과 자존감을 선
사합니다.

동화책

『모두가 원하는 아이』
위해준 글, 하루치 그림, 웅진주니어, 2021
#누구를위한 #정신성형인가

성형 수술로 외모를 바꾸는 것처럼 성격도 완벽하게 바꾸고 싶은
어린이에게 추천하는 책. 울퉁불퉁 마음에 안 드는 것투성이인 내
성격. 정신 성형을 통해서 나의 부족하고 나약한 성격을 180도 고
친다면, 과연 나는 완벽한 아이로 거듭날 수 있을까요? 이 책은 모
두가 원하는 아이가 아닌 '자연스럽게 존재하는 아이'로 살아가야
하는 이유를 알려줍니다.

**청소년
소설**

『식스팩』
이재문 지음, 자음과모음, 2020
#인싸가아니라도 #진짜나를드러내는용기

근사하지 않아도 내가 진짜 좋아하는 것을 소중히 지키고 싶은 어
린이에게 추천하는 책. 내가 유별나게 좋아하는 것, 오랫동안 가꾸
어온 취향이 다른 사람 눈에는 그리 근사하지 않을 때가 있어요.
고등학생이 되었는데도 기타나 드럼이 아닌 리코더에 진심인 주인
공처럼 말이죠. 이 책은 나에게 소중한 무언가를 지켜내는 과정이
곧 용기이자 성장임을 보여줍니다.

감정을 지혜롭게 다루는 방법
『외로움 반장』

중고학년 | 백혜영 글, 남수현 그림, 국민서관, 2022

영국에는 '외로움 담당 부서Ministry of Loneliness'가 있습니다. 2018년에 흥미로운 신문 기사를 읽었는데요. 영국 총리가 스포츠·시민사회 장관인 트레이시 크라우치를 '외로움 문제 해결 위원회'의 장관을 겸직하도록 선임했다는 소식이었어요. 우울증, 고독, 분노와 같은 마음의 질병을 개인 차원의 감정 문제가 아니라 사회적 문제로 인식하고 함께 해결해나가겠다는 의지가 느껴졌습니다. 실제로 영국에서는 외로움이 개인의 건강뿐만 아니라 사회에 미치는 영향력이 크다고 판단해서 '연결'을 위해 국가적 차원에서 노력을 기울이고 있다고 해요. 이 기사를 읽고 우리 반에서도 '외로움 담당 반장'을 뽑아보았습니다.

외로움이라는 감정을 다룰 때 함께 읽으면 도움이 되는 동화가 있으니, 바로 『외로움 반장』입니다. 주인공 도운이는 외로움 반장으로서 친구들을 유심히 관찰하고, 그동안 몰랐던 저마다의 외로운 구석들을 알게 됩니다. 빛나는 SNS에서는 '좋아요'를 많이 받는 인기 스타지만 정작 부모님의 사랑에 목말라서 외롭고요.

예지는 남자친구가 생겼지만, 단짝 친구와 멀어져서 외로움을 느껴요. 도운이는 반장으로서 책임감을 지니고 친구들의 마음을 살폈지만, 오히려 '오지랖 반장'이라는 소리를 듣기도 하고 친구 관계에서 갈등을 겪는데요. 그 과정을 통해서 처음으로 외로움이라는 낯선 감정을 경험하고 탐구할 기회를 얻습니다.

우리 반 '외로움 담당 반장'에 뽑혔던 시호는 한 학기 동안 반장으로 활동해보고는 이런 말을 하더라고요. "선생님, 제가 요즘 4학년들이 겪는 외로움의 원인을 찾았어요. 바로 스마트폰이에요." 시호 말을 들어보니 아이들과 외로움에 대해 이야기하다보면 어김없이 스마트폰 이야기로 연결이 되더랍니다. 분명 친구들이랑 놀고 싶어서 만났는데 막상 같은 방에 있어도 각자 스마트폰으로 게임만 하느라 이야기는 거의 주고받지 않고 게임 화면 속에서 캐릭터로 만나는 경우가 많다는 거예요. 스마트폰이 없는 시호는 온종일 친구의 스마트폰 화면만 흘끗거리다가 집에 가는데, 그럴 때 돌아가는 발걸음이 너무 쓸쓸하다고 해요. 심지어 같이 떡볶이를 먹으러 가도 각자 자기가 좋아하는 유튜버의 영상을 보면서 먹기 때문에 분명 친구들과 같이 있는데도 혼자인 것처럼 외롭다는 거예요.

아이들에게 시호의 이야기를 들려줬더니 눈을 반짝이며 이렇게 말하더라고요. "선생님, 아예 우리 반에 '축하 담당 반장' '슬픔 담당 반장' '화 담당 반장'도 뽑으면 어때요? 감정별로 반장을 뽑으면 좋겠어요!" 그 말에 무릎을 '탁' 쳤어요. 그렇게 그해 우리 반은 2학기 학급 회장 선거를 할 때 감정별로 반장을 선출했답니다. '축하 담당 반장'은 상을 받거나 생일인 아이가 있을 때 나서서 알려주고 축하 노래를 선창해주어서 반 아이들이 모두 자연스럽게 축하할 수 있도록 이끌었고요, '슬픔 담당 반장'은 억울한 일이나 힘든 일을 겪고 혼자 시무룩하게 앉아 있는 아이에게 먼저 다가가주었어요. '화 담당 반장'은 교실에서 큰 싸움이 일어나지 않도록 미리 보듬고, 화를 참지 못하고 폭발하는 아이가 있을 때 그 아이를 꼭 껴

안아주는 모습을 보였답니다. 참 기특하지요?

　　이렇게 감정별로 반장을 뽑아보니 서로의 감정을 보듬고 안아주면서 '연결감'을 느낄 수 있었는데요. 이것이야말로 외로움이라는 감정을 지혜롭게 다루는 방법이 아닌가 생각했습니다. 이어지는 수업 활동에서 외로움 반장 선거를 진행하면서 여러분도 외로움이라는 감정에 대해 충분히 탐구하는 시간을 가져보세요.

우리 반 감정 반장 선거

동화 『외로움 반장』을 읽고 나서 외로움이라는 감정에 대해서 충분히 탐구해볼 수 있는 수업 활동입니다.

 우리 반 감정 반장을 찾습니다

우리 반에서 감정별로 반장을 뽑는다면 나는 어떤 감정의 반장을 맡으면 좋을까요? '예시'의 감정 단어를 보면서 내가 맡고 싶은 감정을 하나 골라보고, 그 이유를 써보세요.

축하 반장	슬픔 반장	행복 반장	쑥스러움 반장	걱정 반장
화 반장	두려움 반장	기대 반장	불안 반장	고마움 반장

내가 반장을 맡고 싶은 감정과 그 이유

 ## 우리 반 ○○ 반장에게 바란다!

이번에는 학급 친구의 관점에서 우리 반 감정 반장에게 바라거나 건의할 사항은 무엇이 있을지 생각해보세요. 감정을 어떻게 다루어야 할지 구체적으로 생각하는 계기가 될 거예요.

우리 반 ○○ 반장에게 바란다!

1	예 우리 반 쑥스러움 반장에게 바란다! 나처럼 쉬는 시간에 다른 친구들이랑 놀고 싶은데도 쑥스러워서 다가가지 못하는 아이들이 있을 거야. 그럴 때 먼저 같이 놀자고 손잡아 이끌어주면 정말 고마울 거야.

2	
3	

활 동 3 **제가 만약 우리 반 감정 반장이 된다면!**

내가 우리 반 감정 반장 선거에 나간다면 어떤 연설문을 발표할까요? 반장 선거에 나오게 된 동기와 공약, 다짐을 포함해서 연설문을 써보세요.

우리 반 감정 반장 선거 연설문

내가 반장을 맡고 싶은 감정	
첫인사	
선거에 나오게 된 동기	
내가 반장이 되어야 하는 이유	
뽑힌 이후에 내가 실행할 수 있는 약속과 다짐	
각오 한마디	

3월 두번째 주제
자기 관리와 감정 조절

감정을 대하는 관점의 전환
『걱정 세탁소』

저중학년 I 홍민정 글, 김도아 그림, 좋은책어린이, 2022

"선생님, 저는 걱정을 사서 하는 편이라서 탈이에요. 오만 가지를 걱정해요."

"그렇구나. 지후는 주로 어떤 걸 걱정하는데?"

"일단 제가 걱정이 많다는 게 걱정이고요. 또 걱정하고 있는 저를 스스로 한심하게 여기는 것도 걱정이고요……"

교실에서 아이들과 이야기를 나누다보면 지후처럼 걱정에 시달리는 경우가 많습니다. 걱정은 새 학기 첫날부터 슬그머니 고개를 들기 시작하는데요. '만약에 친구를 못 사귀면 어떡하지?' '만약에 선생님이 무서우시면 어떡하지?' '만약에 진단평가를 다 망치면 어떡하지?' 이렇게 매일 학교에 갈 때마다 꼬리에 꼬리를 물면서 걱정하다보면 문득 이런 걱정까지 듭니다. '이렇게 쓸데없이 걱정이 많은 나…… 혹시 내가 성격이 이상한 거라면 어떡하지?' 이렇게 걱정을 쓸데없고 이상한 감정으로만 여길 때, 아이들은 앞으로 나아가지 못하고 제자리를 빙빙 돌면서 걱정에 파묻혀 괴로워합니다. 마치 자기의 꼬리를 물어뜯으려는 강아지처

36

럼 뱅글뱅글 걱정의 꼬리 물기에 빠지는 거예요.

그런데 과연 걱정이라는 감정이 쓸데없고 이상하기만 할까요? 걱정을 대하는 아이들의 관점을 신선하게 전환시켜주는 동화가 있으니, 바로『걱정 세탁소』입니다. 이 책의 주인공 재은이는 걱정에 시달리던 어느 날 학교에서 집으로 돌아가다가 '걱정 세탁소'를 발견해요. 설명서를 읽어보니 세탁한 시간 동안 걱정이 사라진다고 합니다. 오호라, 재은이는 12시간 버튼을 눌러서 온갖 걱정들을 물에 깨끗이 씻어서 흘려보냅니다. 그랬더니 평소와는 달리 어찌나 마음이 가뿐하고 천하태평한지, 모둠 회의할 때도 대충 해놓고는 떡볶이 먹으러 갈 생각만 하고요, 숙제를 하나도 안 해놓고도 룰루랄라 컴퓨터 게임만 합니다. 엄마한테 혼나도 아무런 긴장감도 타격감도 들지 않아요. 그러다 정확히 12시간이 지나자 그동안 까맣게 잊고 지낸 숙제, 시험, 관계에 대한 걱정과 두려움이 물밀듯이 쏟아집니다. 재은이는 마치 중독된 것처럼 곧장 걱정 세탁소를 찾아가서 다시 버튼을 누르려고 하는데요. 어떻게 해야 재은이를 구할 수 있을까요?

답은 바로 '걱정의 쓸모'를 깨닫는 것입니다. 걱정을 요긴하게 활용하는 방법을 아는 것이죠. 과연 걱정이 쓸모가 있을까 싶지만, 생각해보면 걱정은 많은 부분에서 우리를 도와줍니다. 우선 걱정은 우리가 해야 할 일을 잘 '준비'할 수 있도록 도와줘요. 시험을 망칠까봐 걱정하는 마음 덕분에 시험 범위를 차근차근 공부할 수 있으니까요.

여기서 한 걸음 나아가서 '나'에 대한 걱정에서 '타인'을 위한 걱정으로 범위를 확장해보면 어떨까요? 만약 매사에 관심이나 걱정이 없다면 내 옆에 있는 사람이 오늘따라 기운이 없이 축 처져도 알아보지 못할 겁니다. 상대방이 어떤 기분을 느끼든지 상관하지 않고 내가 하고 싶은 대로 행동하면서도 전혀 거리낌이 없을 거예요. 내 옆에 있는 사람이 혹시 아프지 않을까, 마음을 다치지는 않을까

걱정하는 마음 덕분에 우리는 타인을 배려하고 존중할 수 있습니다. 이렇게 적당한 걱정은 우리 삶에 윤활유가 되어줄 수 있어요.

기왕 걱정한다면 마음껏 걱정하되, 대신 쓸모 있고 지혜롭게 걱정하면 좋겠습니다. 이렇게 해보면 어떨까요. 내가 바꾸거나 통제할 수 없는 것을 걱정하는 데 시간을 쓰지 말고, 내가 바꿀 수 있는 것을 제대로 해내도록 집중하는 데 걱정의 에너지를 쓰는 거예요. 이어지는 수업 활동에서 걱정이 필요한 순간에 요긴하게 활용하는 방법을 생각해보세요.

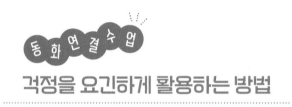

걱정을 요긴하게 활용하는 방법

동화 『걱정 세탁소』를 읽고 나서 걱정의 쓸모에 대해서 다각도로 탐구해보는 수업 활동입니다.

활동 1 걱정 세탁소 3회 이용권이 있다면 나는?

터벅터벅 집으로 돌아가는 길, 길모퉁이에서 걱정 세탁소를 만났다면 여러분은 세탁기 버튼을 누를 건가요? 걱정 세탁소를 지나치게 이용하는 것은 금물이지만 3회 이용권을 통해서 딱 세 가지 걱정만 없앨 수 있다면, 어떤 걱정이 떠오르나요?

걱정 세탁소 3회 이용권	
1회 이용권	
2회 이용권	
3회 이용권	

활동 2 걱정의 쓸모

걱정은 어떤 쓸모와 가치가 있을까요? 걱정이 우리 삶에 도움이 되는 부분이 있다면 무엇일까요? '걱정 덕분에' 문장 완성 활동을 통해서 생각해보세요.

걱정 덕분에 나는,

걱정 덕분에 나는,

걱정 덕분에 나는,

나에 대한 걱정에서 타인을 위한 걱정으로

'나'에 대해서만 걱정하면 세상만사가 근심으로 얼룩지고 자꾸만 움츠러들게 되지만, '타인'을 위해서 걱정하면 상대의 입장을 배려하고 챙겨줄 수 있어요. 오늘 하루 내 주변 사람들을 찬찬히 돌아보면서 쓸모 있고 지혜롭게 걱정해보면 어떨까요? 딱 세 명을 위해 걱정하고 '걱정 일지'를 써보세요.

타인을 위한 걱정 일지

주인공 1 ～～～ 에게	이런 걱정이 들어서, (예) 우리 반 설아가 점심 시간에 밥도 거의 못 먹고 혼자 엎드려 있는 걸 보고 '혹시 몸이 아픈 걸까' 걱정이 들어서, 이렇게 배려하고 챙겨주었어요. (예) 먼저 다가가서 "괜찮아? 어디 아프면 나랑 같이 보건실에 다녀올래?"라고 말을 건넸어요.
주인공 2 ～～～ 에게	이런 걱정이 들어서, _____ _____ 이렇게 정성을 들였어요. _____ _____ _____
주인공 3 ～～～ 에게	이런 걱정이 들어서, _____ _____ 말과 행동을 이렇게 신경써서 했어요. _____ _____

한 걸음 더

감정을 섬세하게 들여다보는 책

그림책

『감정을 안아주는 말』
이현아 글, 한연진 그림, 한빛에듀, 2024
#감정표현 #감정언어

마음을 표현하고 조절하는 말하기 연습을 제시하는 책. 이 책은
무드미터를 토대로 18가지 감정을 빨강, 노랑, 파랑, 초록의 네 가
지 색깔의 스펙트럼으로 구분하여 보여줍니다. '지금 내가 느끼는
이 감정에 어떤 이름표를 붙이면 좋을까?' '이럴 때 내 감정을 어떤
말로 표현하면 좋을까?' 고민하는 아이들에게 영양가 풍부한 감
정 언어를 선사하는 작품입니다.

그림책

『감정 호텔』
리디아 브란코비치 글·그림, 장미란 옮김, 책읽는곰, 2024
#지금내감정은 #어떤모양일까

눈에 보이지 않는 감정을 호텔에 머무는 손님으로 비유하여 재치
있게 보여주는 책. 매일 다양한 감정이 찾아오는 이 호텔에는 까다
로운 손님을 세심하게 보살피는 지배인이 있습니다. 아이들과 이
책을 읽고, 지금 내 감정이 이 호텔의 손님이라면 어떤 모양과 성
격을 지니고 있을지 표현하며 다양한 감정을 입체적으로 탐구해
보세요.

동화책

『햇빛초 대나무 숲의 모든 글이 삭제되었습니다』
황지영 글, 백두리 그림, 우리학교, 2024
#사랑과의심에서부터 #질투와미움까지

햇빛초에서 벌어진 아이돌 굿즈 테러 사건을 통해서 6학년 아이
들의 내밀한 감정을 탐구할 수 있는 책. 최애 아이돌의 굿즈를 사
서 모으며 덕질하는 좋아하는 감정과 같은 아이돌을 좋아하면서
도 친구를 질투하고 미워하는 감정. 그리고 걷잡을 수 없는 소문
에 휩싸이며 의심하는 감정까지, 생생하게 살아 움직이는 아이들
의 심리와 감정 묘사를 살펴볼 수 있는 작품입니다.

 청소년
소설

『내가 모르는 사이에』
김화요 글, 오윤화 그림, 웅진주니어, 2021
#하나의사건 #세사람의시선과감정

생일 파티에서 벌어진 도난 사건으로 얽히게 된 인기 많은 반장 고
효민, 그늘진 임수현, 1등에 집착하는 강주목. 이 세 사람의 시선과
감정을 따라가볼 수 있는 책. 아이들의 심리 변화를 세밀하고 적
나라하게 표현한 작품입니다. 성격도 다르고 가정의 상황도 다른
아이들이 내면의 욕망과 상처를 마주하고 갈등하며 성장해가는
과정을 긴장감 있는 서사로 만나보세요.

학교에 다니는 이유 발견
『그걸 아직도 모른다고?』
저중학년 | 최형미 글, 이예숙 그림, 나무말미, 2022

"선생님, 학교는 왜 다녀야 하나요?"

교실에서 아이들에게 종종 이런 질문을 듣습니다. 특히 학원에서 선행학습을 많이 하는 아이들은 학교에서 배우는 것들을 지루해할 때가 있어요. 이미 학원에서는 2학년 수준의 문제집을 풀고 있는데 1학년에 입학해서 더하기 빼기부터 차근차근 다시 배워야 하니 몸이 근질근질하고요. 모둠 활동을 할 때도 쉬운 문제에 쩔쩔매는 친구들이 답답하기만 해요.

"이미 교과서 내용 다 아는데 학교는 왜 다니나요?"

"집에서 혼자 놀면 되는데 학교는 왜 가야 하는 거죠?"

이렇게 묻는 아이들에게 읽어줄 비장의 무기가 있습니다. 바로 동화『그걸 아직도 모른다고?』예요. 이 책의 주인공 준우는 네 살 때 이미 한글을 배워서 초등학생이 되면 노트에 글을 줄줄 쓰고 수학을 쓱쓱 풀면서 근사하게 수업받는 모습을 기대해요. 그런데 입학한 첫날 그 꿈이 깨져버렸어요. 교실을 둘러보니 엄마가 보고 싶다고 우는 아이, 아직 글을 모르는 아이, 교과서 문제도 어려워서 쩔쩔매는 아이들이 가득한 거예요. 준우는 이런 한심한 아이들과는 수준이 맞지 않는다고 생각하며 한숨을 쉬어요.

그러던 어느 날 이런 준우도 눈물 콧물 쏙 뺄 만큼 어려운 일이 생기니, 바로 과학실로 심부름을 다녀오는 일이에요. 추리학원도 다녔는데 이런 것쯤이야 식은 죽 먹기라고 생각했는데, 신관 건물에서 길을 잃어버려서 당황한 나머지 바지에 오줌까지 싸고 만 거예요. "똑똑하고 잘난 나 이준우에게 이런 일은 있을 수 없어!"라며 엉엉 울고 있는데, 짝꿍 건호가 도와주러 왔어요. 맞춤법도 만날 틀리는 건호에게 도움을 받는다니, 준우는 고마우면서도 자존심이 상해요.

다음날 수업 시간, 준우는 어제의 고마움도 까맣게 잊고 쉬운 문제를 자꾸 틀리는 건호를 못마땅하게 바라봐요. 그런 준우에게 건호는 사람마다 속도가 다른 거니까 깔보고 무시하지 말라면서 너는 한글과 수학 공부를 빨리 하느라 정작 다른 중요한 공부는 못 한 것 같다고 말합니다.

우리의 똑똑하고 잘난 준우는 건호의 말에 기가 막힌다는 표정으로 네가 말하는 공부는 어느 학원에서 배우냐고, 문제집을 푸는 거냐고 묻지요.

학원에 가서 뚝딱 수강할 수 없고 문제집을 풀어서 익힐 수 없는 것이 있죠. 바로 사람 공부, 마음 공부입니다. 아이들은 학교에서 눈에 보이는 국어, 수학, 과학과 같은 교과목도 배우지만, 눈에 보이지 않는 공부도 배워요. 교육과정 전반에 잠재적으로 내재한 태도, 가치관, 습관, 신념과 관련된 정서적 측면의 교육이 바로 이에 해당합니다. 서로 다른 친구들이 한 교실에서 관계를 맺으면서 사회성을 키우는 경험, 친구에게 도움을 받을 때 진심으로 고마워하는 태도, 나와 다른 친구들을 있는 그대로 존중하는 자세. 이런 것을 배우며 매일 성장하기 위해서 오늘도 우리는 학교에 갑니다.

학교는 왜 다닐까?

동화『그걸 아직도 모른다고?』를 읽고 우리가 살아가면서 배워야 할 가장 중요한 공부에 대해 생각해볼 수 있습니다. 학교에서 배우는, 눈에 보이지 않지만 가장 중요한 공부를 구체적으로 살펴보는 수업 활동을 소개합니다.

활동 1 학교에서 눈에 보이지 않는 공부를 한다고?

우리는 매일 시간표를 보면서 수업을 준비합니다. 시간표에는 국어, 수학, 체육과 같은 교과목 이름이 적혀 있는데요. 시간표에는 적혀 있지 않은 아침 독서 시간, 놀이 시간, 점심 시간, 쉬는 시간에도 다양한 공부를 합니다. 아침 독서 시간에는 끈기 있게 앉아서 집중하는 습관을 기를 수 있고, 점심 먹고 나서 친구들과 운동 장에서 피구를 할 때는 갈등을 해결하고 규칙을 지키는 법을 배웁니다. 또 우리는 학교에서 무엇을 배울까요? 아래 표의 빈칸에 써보세요.

놀이 시간	
놀이 시간에 배우는 눈에 보이지 않는 공부	
1	예 친구의 이야기를 끝까지 듣기
2	예 내 감정을 지혜롭게 표현하기
3	

점심 시간	
점심 시간에 배우는 눈에 보이지 않는 공부	
1	㉘ 공공장소에서 식사할 때 예절 지키기
2	㉘ 친구들이랑 운동장에서 규칙을 지키며 놀기
3	

 '눈에 보이지 않는 공부' 시간표 만들기

이번에는 '눈에 보이지 않는 공부' 시간표를 만들어봅니다. 학교에서 교과목 이외에 배울 수 있는 태도나 습관, 자세 등을 떠올려보세요. 눈에 보이지 않지만 가장 중요한 공부인데요, '예시'를 참고해서 여러분이 공부하고 싶은 것을 아래의 시간표 빈칸에 써보세요.

┌─ 예시 ─
│
│ » 어려운 일이 있을 때 도움을 구하기   » 화내지 않고 차분하게 말하기
│
│ » 진심으로 고맙다고 말하기   » 차근차근 순서와 규칙을 지키며 놀기
│
│ » 좋아하는 책을 몰입해서 읽기   » 기다릴 줄 알기
│
└─

'눈에 보이지 않는 공부' 시간표

	월	화	수	목	금
아침 독서 시간	예 집중하는 습관 기르기	예 하루를 차분하게 시작하기	예 좋아하는 책 취향 발견하기		
쉬는 시간	예 친구의 말 들어주기	예 대화하는 방법 알기	예 바른말 쓰기		
놀이 시간	예 보드게임을 할 때 협력하기	예 갈등을 지혜롭게 해결하기	예 예절 지키기		

 공책에 오늘 배운 '눈에 보이지 않는 공부'를 쓰고
느낀 점 발표하기

오늘 하루 공부한 내용을 정리하며 복습하는 공책에 '눈에 보이지 않는 공부'를
기록해보세요. 오늘 나는 무엇을 배웠나요? 다 쓰고 나서 짝과 공책을 바꾸어 읽
고 느낀 점을 발표해보세요.

오늘 내가 배운 '눈에 보이지 않는 공부' 기록하기

오늘 날짜	월 일	
	언제	**무엇을 공부했나요?**
1	예 쉬는 시간에	예 차근차근 순서를 지키면서 보드게임 하면서 놀기
2		
3		

느낀 점

~~~~~~

~~~~~~

~~~~~~

~~~~~~

~~~~~~

학교 생활과 공동체 ②

학교의 가치 알기
『일주일의 학교』

중고학년 | 김혜진 글, 윤지 그림, 사계절, 2021

어릴 적 학교 가기 싫은 날이면 집에 돌아올 때마다 아이스크림 가게에서 초콜릿맛, 딸기맛 아이스크림을 하나씩 골라 사 먹으면서 이런 생각에 빠진 적이 있어요. '아이스크림처럼 날마다 다른 학교를 골라서 다닐 수 있다면 얼마나 좋을까?' 월요일에는 숲에서 마음껏 뛰노는 초록색 학교에 가고, 화요일에는 도서관에서 온종일 책을 읽다가 한숨 자고 일어나도 되는 노란색 학교에 가는 식으로 말이죠. 매일 똑같은 가방을 메고 똑같은 교실로만 왔다갔다하는 건 아무래도 지루하니까 말이에요.

동화 『일주일의 학교』에는 제가 어릴 적 아이스크림을 골라 먹으며 상상했던 바로 그 학교가 펼쳐집니다. 월, 화, 수, 목, 금 날마다 다른 학교에 다니는 거예요. 월요일의 학교는 언제나 비가 오는가 하면, 화요일의 학교는 운동화를 신고 가서 하루종일 몸을 움직여야 해요. 이 학교에서는 수업 시간에 문제를 풀 때도, 칠판 문제를 보고 나서 반대쪽 벽까지 굴러간 다음, 거기 붙은 숫자들을 떼어 다시 굴러와서 칠판에 붙이는 식으로 몸을 움직여야 한다고 해요. 재미있죠?

그러다가 금요일이 되면 '미완성의 학교'로 갑니다. 금요일 학교는 아이들이 원하는 학교의 겉과 속을 직접 만들어야 해요. 심지어 어떤 재료를 써서 만들어야 하는지도 정해진 게 없어요. 선생님은 금요일의 학교에서는 너희가 하고 싶은 대로 하면 된다고 말씀하시지만 이게 쉬운 것 같아도 어려워요. 생각이야 마음대로 할 수 있지만 생각한 대로 뭔가를 만들어내려니 옥신각신 논의할 것들이 많거든요. 학교 지붕을 가벼운 종이로 만들어서 지붕이 모조리 날아갔을 때는 선생님께서 잘못된 선택을 하는 것도 수업에 다 포함되지만 확실하게 수습해야 한다고 말씀하셨어요. 실수로 인해 부서진 벽을 다 같이 치우고 청소하는 것까지도 금요일 학교의 수업에 포함되어 있어요.

생각해보면 우리가 매일 다니는 학교도 겉으론 똑같아 보여도 속은 그렇지 않아요. 교실 창문 너머로는 매일 다른 날씨가 펼쳐지고, 우리는 학교에서 매 순간 새로운 선택을 하면서 하루를 보내니까요. 오늘이 어떻든 내일은 또다른 학교가 기다리고 있다는 사실은 우리에게 새로운 가능성과 기대를 품게 합니다.

여러분이 '미완성의 학교'에 다닌다면 어떤 학교를 만들고 싶은가요? 내가 교장 선생님이 되어서 학교를 만든다면 어떤 가치를 강조할까요? 만약 '여유'라는 가치를 중요하게 여기는 학교라면 계절마다 화단에 돗자리를 펴고 누워서 하늘을 바라보며 온몸으로 바람을 느끼는 시간을 꼭 넣어볼 수도 있겠네요. '유머'라는 가치를 가장 중요하게 여기는 학교라면 독서 시간에 웃긴 책을 잔뜩 쌓아놓고 읽으면서 '천하 제일 웃기기 대회'를 열어볼 수도 있겠죠. 이어지는 수업 활동에서 '미완성 학교'의 교장 선생님이 되어서 직접 우리 학교의 핵심 가치와 교훈을 정해보고 수업 활동도 계획해보세요.

날마다 다른 학교에 다닌다면

동화 『일주일의 학교』를 읽은 뒤 내가 원하는 학교의 핵심 가치와 교훈을 정하고 수업 활동도 계획해보면서 학교의 가치에 대해 생각해볼 수 있는 수업 활동입니다.

활동 1 월화수목 학교 중에서 골라서 다닐 수 있다면?

동화 『일주일의 학교』에 등장하는 월화수목 학교 중에서 하나만 골라서 다닐 수 있다면 어느 학교에 가고 싶은가요? 원하는 학교를 선택하고 그 이유를 써보세요.

요일	학교 이름	가고 싶은 학교 선택	선택한 이유 쓰기
월요일	언제나 비가 오는 학교		
화요일	운동화가 필수인 학교		
수요일	열쇠 없인 못 가는 학교		
목요일	밤에 가는 학교		

금요일의 '미완성 학교' 교장 선생님이 된다면?

1. 내가 만약 '금요일 학교'의 교장 선생님이 된다면, 어떤 가치를 가장 중요하게 가르치면 좋을까요? 아래의 '예시'를 참고해서 원하는 가치에 동그라미 해보고, 이를 토대로 우리 학교의 핵심 가치 세 가지를 정해서 아래 칸에 써보세요. '예시'에 없는 새로운 것을 써도 좋습니다.

• 예시 •

협동	배려	도전 의식	자신감	존중
창의력	유머	꿈	건강	즐거움
행복	사랑	독서	감격	모험

내가 정한 우리 학교의 핵심 가치

가치 1	
가치 2	
가치 3	

2. 이 핵심 가치를 토대로 우리 학교의 교훈을 정해서 써봅시다. 교훈은 우리 학교의 모든 학생이 나아갈 방향을 써놓은 문장으로 그 학교의 교육 방침을 알 수 있습니다.

내가 정한 우리 학교 교훈

- 예 몸은 튼튼하게 마음은 새롭게 행동은 바르게
- 예 가슴에는 꿈을 손에는 책을

 '금요일 학교'에서는 어떤 수업을 할까?

내가 핵심 가치와 교훈을 정한 '금요일 학교'에서는 어떤 수업을 하면 좋을지 생각해서 써보세요.

우리 학교의 핵심 가치	이 가치를 배울 수 있는 재미있는 수업 활동
예 모험	학교에서 하룻밤 캠핑하면서 직접 텐트도 치고 밥도 해 먹기

따뜻하고 용기 있는 학교 생활을 도와주는 책

그림책 『꿈의 학교』
허아성 글·그림, 책읽는곰, 2023
#학교의가치 #상상과꿈의힘

내가 원하는 학교를 마음껏 상상하며 생각을 펼쳐볼 수 있는 책. 해인이는 초등학교에 입학하는 동생에게 축하 대신 '고생문이 열렸다'며 찬물을 끼얹었습니다. 학교에 가면 공부도 어렵고 숙제는 많고 온통 싫은 것투성인데요. 과연 아이들은 어떤 학교를 꿈꾸고 있을까요? 내가 있는 곳이 어디든 마음껏 상상하고 세상을 밝혀나가는 태도를 배울 수 있는 작품입니다.

그림책 『서로 존중해야 해요』
루시아 세라노 글·그림, 김정하 옮김, 을파소, 2024
#친구관계가어려울때 #존중하는마음

학교에서 친구들과 관계를 맺을 때 어려워하는 아이들에게 존중의 가치를 알려주는 책. 교실에서 유독 마음이 단단하고 친구들이 잘 따르는 아이들을 보면 한 가지 공통점이 있어요. 바로 자기 자신과 타인을 존중할 줄 안다는 점입니다. 아이들이 학교 생활을 할 때 이 책에서 건네받은 '존중'이라는 단어는 확실하고 든든한 나침반이 되어줄 것입니다.

동화책

『휘뚜루는 1학년』
윤정 글, 모로 그림, 책읽는곰, 2023
#학교에마음열기 #학기초적응

처음 학교에 들어가서 낯선 어린이에게 용기를 건네는 유쾌한 책.
초등학교 1학년에 입학했더니 내 뒷자리에 휘뚜루라는 수달이 앉
아 있다면 어떨까요? 이 책은 아이들의 불안한 마음을 친근하게
무장해제시켜주는데요. 특히나 '678 읽기 독립' 시리즈로 길지 않
은 글밥에 그림책처럼 그림이 풍부한 책이라서 읽기에 서툰 저학
년 아이들도 어렵지 않게 끝까지 다 읽어낼 수 있습니다.

동화책

『아무튼 학교에 가 볼게』
김미희 글, 손지희 그림, 봄별, 2023
#인싸가아니라도 #진짜나를드러내는용기

학교에 가기 싫어하는 어린이를 따뜻하게 안아주는 책. 1학년으로
입학한 지 한 달도 채 되지 않아 돌아온 생일날, 구름이는 부모님
께 '학교에 안 가기'를 선물해달라고 조릅니다. 학교에 가보니 쉬는
시간도 짧고 먹기 싫은 채소도 먹어야 하고 재미가 없거든요. 저마
다 성장통을 겪는 구름이와 친구들을 학교로 이끄는 마을 공동체
의 온기를 느낄 수 있는 작품입니다.

교육과정과 이렇게 연계해요(2022 개정 성취 기준)

4월 첫번째 주제 **외모 고민과 나다움**

[2바01-02] 나를 이해하고 존중하며 생활한다.

[2슬01-02] 나를 탐색하여 나에 대해 설명한다.

[4도01-01] 자신의 감정을 소중히 여기며 존중하는 태도를 바탕으로 내가 누구인가를 탐구한다.

[4미02-05] 미술과 타 교과를 관련지어 주제를 표현하는 데 흥미를 가질 수 있다.

[4음03-02] 악곡의 일부를 바꾸어 표현하고 간단한 악보로 나타낸다.

[4국06-01] 인터넷에서 학습에 필요한 다양한 자료를 탐색하고 목적에 맞게 자료를 선택한다.

[6도02-02] 편견이 발생하는 이유를 탐색하여 해결 방안을 살펴보고, 다양성 존중을 바탕으로 다른 사람과 올바른 관계를 맺기 위한 실천 방안을 탐구한다.

4월 두번째 주제 **성교육과 생명 존중**

[2바01-02] 나를 이해하고 존중하며 생활한다.

[2바02-03] 차이나 다양성을 서로 존중하면서 생활한다.

[4도02-02] 친구 사이의 배려에 대한 올바른 이해를 바탕으로 일상생활에서 배려에 기반한 도덕적 관계를 맺을 수 있는 방안을 탐색한다.

[4도04-01] 생명 경시 사례를 조사하고 문제 해결 방법을 탐구함으로써 생명의 소중함을 이해한다.

[4음03-02] 악곡의 일부를 바꾸어 표현하고 간단한 악보로 나타낸다.

[6도03-01] 인권과 관련된 다양한 사례를 살펴보고 인권에 관한 감수성을 길러 이를 실천하려는 의지를 함양한다.

[6실01-01] 아동기의 발달 특징을 이해하고 성장 발달에 필요한 조건과 방법을 탐색한다.

4월 세번째 주제 **꿈과 진로**

[4국04-03] 기본적인 문장의 짜임을 이해하고 적절하게 사용한다.

[4음03-02] 악곡의 일부를 바꾸어 표현하고 간단한 악보로 나타낸다.

[6도01-03] 자기가 하고 싶은 일을 선택할 때 도덕적 고려의 필요성을 알고 자신의 특기와 적성을 탐색하여 진로 계획을 수립한다.

[6과16-02] 다양한 진로가 과학과 관련됨을 알고, 자신의 진로를 과학과 관련지어 설명할 수 있다.

[6실01-07] 직업의 필요성을 이해하고 적성, 흥미, 성격에 따라 진로 발달 계획을 세우고 주도적으로 탐색한다.

[6실04-02] 생활 속 디지털 기술의 중요성을 이해하고, 디지털 기기와 디지털 콘텐츠 저작 도구를 사용하여 발표 자료를 만들어보면서 디지털 기기의 활용 능력을 기른다.

[6음03-04] 생활 주변 상황이나 이야기를 활용하여 음악을 만들며 열린 태도를 갖는다.

4월

나답게
성장하기

외모 고민과 나다움①

내 맘대로 눈코입을 고를 수 있다면
『골라 골라 눈코입』

중학년 | 김해우 글, 박현주 그림, 크레용하우스, 2021

아기를 점지해주는 신을 삼신이라고 합니다. 그런데 동화 『골라 골라 눈코입』 속 삼신은 조금 특별합니다. 요즘 아이들은 외모에 불평이 많아서 애프터서비스까지 해줘야 한다고 불평하는 모습으로 등장하거든요.

생명을 키우는 일에 더해 애프터서비스까지 해주는 삼신이라니요! 여러분이라면 삼신에게 애프터서비스까지 받으시겠습니까?

작은 눈, 납작한 코, 두툼한 입술이 콤플렉스인 주인공 보미는 노래에 자신이 있는데, 뮤지컬 동아리 배우 오디션에서 탈락합니다. 자신보다 한참이나 노래를 못하지만, 얼굴이 예쁜 친구에게 표현력 점수에서 밀린 것이지요. 모두 다 자신의 외모 탓이라고 생각한 보미는 우연히 삼신의 애프터서비스 센터에 가게 됩니다. 가게 안에는 온갖 종류의 눈, 코, 입 스티커가 가득합니다. 스티커만 고르면 원하는 얼굴이 될 수 있다는데 어떤 것을 고를까요?

여기서 책 읽기를 잠시 멈추고 아이들과 함께 자신이 원하는 눈코입을 고른 후, 이야기를 나눠보세요. 꼭 눈코입이 아니어도 좋습니다. 외모 관련 희망 사항을 터놓는 시간입니다.

그런데 원하는 눈코입과 몸매가 그냥 얻어지는 것이면 좋겠지만, 세상에 공짜란 없습니다.

'자신에게 가장 소중한 것을 내시오.'

동화 속 보미는 자신에게 가장 소중한 것이 무엇인지도 모른 채, 삼신에게 소중한 것을 지불하고, 원하는 눈코입을 얻어 옵니다. 남들이 알아채지 못할 만큼 조금씩 보미의 얼굴이 변해갑니다. 그런데 그만큼 노래 실력이 줄어들고 있었지요. 처음에는 알지 못했습니다. 그다음 오디션 때까지는요. 어찌어찌 오디션에 합격한 보미는 차마 본인의 노래 실력으로 무대에 설 수가 없습니다. 무대 위에서 보여질 모습은 포기하지 못하겠고, 차마 노래를 직접 부를 수도 없었던 보미는 외모가 특출나지는 않지만 노래를 무척 잘하는 수정이의 목소리 도움을 받게 됩니다. 무대 위에는 보미가 섰지만 사실 노래는 수정이가 하는 것이었죠.

노래 도움은 탄로나기 마련입니다. 수정이가 일부러 딸꾹질을 해 노래 도움이 들통이 났습니다. 옥신각신하는 둘의 눈앞에 삼신의 애프터서비스 센터가 나타납니다. 그런데 알고 보니 보미 역시 삼신의 애프터서비스에 다녀온 적이 있었다는 사실! 수정이가 누구인지 짐작이 가시나요? 수정이는 바로, 보미의 첫번째 오디션 때 노래 실력은 부족했지만 표현력 점수가 높아서 뽑혔던 친구였습니다. 보미는 삼신의 애프터서비스 센터에 가서 노래를 잘하는 재능을 얻고, 외모를 잃었던 것이었습니다. 수정이는 노래 도움 사건 이후 본인이 노래보다 연기를 할 때 더 행복하다는 사실을 깨달았습니다. 예쁜 외모로 무대에 섰지만 노래 도움을 받은 것이 들통나서 망신만 당한 보미도 자신의 꿈인 가수가 되기 위해 목소리를 환불받고 싶어합니다. 딱 한 가지 미련이 남았지만요. '외모도 재능도 다 갖는 건

안 되겠지?'

자, 삼신이 되어 대답해주시겠어요?

이쪽이 있으면 저쪽이 없고, 저쪽이 있으면 이쪽이 없다고, 뭐든 플러스 마이너스라고 말이죠. 세상에 완벽한 사람은 없다고 말입니다.

나 자신을 사랑하는 것이야말로 최고의 재능!

동화『골라 골라 눈코입』을 읽고 나서 자신을 있는 그대로 사랑하는 것이 가장 큰 재능임을 깨달아가는 수업 활동입니다.

 삼신께 비나이다 편지 쓰기

삼신의 가장 큰 역할은 아이를 점지해주는 일이지만, 출산 후에는 아이의 건강과 수명을 관장하며, 산모의 건강도 지켜줍니다. 보통 할머니의 모습을 하고 있을 것이라 생각하여 삼신할머니, 삼신할미라고도 부릅니다.

이 동화 속 삼신은 꼬마의 모습으로 아이를 점지하고, 지켜주고, 여기에 더해 애프터서비스까지 해주고 있습니다. 단, 애프터서비스는 변신 한 번, 환불 한 번뿐! 삼신에게 무얼 빌어볼까요?

삼신께

안녕하세요. 저는 문동초등학교 3학년 조아연이라고 합니다. 우선 저를 태어나게 해주셔서 감사합니다. 그런데 왜!!!! 저는 우리 오빠처럼 마르지도 않고, 수학도 못하고, 유연하지 못한 건가요? 저에게도 오빠의 능력과 재능, 몸매를 주세요. 제 소원을 들어주시면 저도 삼신의 소원을 한 개 들어드리겠습니다.

그럼 잘 부탁드려요!!!

조아연 올림

 골라 골라 눈코입 애프터서비스 센터 방문하기

① 자신의 얼굴을 자세히 관찰하여 초상화 그리기. (기름종이를 활용해도 좋습니다.)

② 전문 삼신 정하기.

　　예 눈, 코, 입, 얼굴형/헤어 전문 삼신.

③ 삼신의 애프터서비스 센터에 방문해보고 싶은 사람은 자신의 사진과 초상화를 들고 삼신의 애프터서비스 센터에 찾아가서 요구 사항 말하기.

　　예 눈을 더 크게 그려주세요. 코를 오똑하게 그려주세요.

④ 삼신의 애프터서비스 센터에서 그린 그림의 특징 찾아보고, 소감 나누기.

　　예 삼신의 애프터서비스 센터에 방문한 이후 그림들은 마치 성형수술을 받은 듯 하나같이 눈이 크고 반짝이고, 코가 작고 오똑한 모습이에요. 방문 전 그림에 비해 개성이 사라졌어요.

| 삼신의 애프터서비스 센터 방문 전 | 삼신의 애프터서비스 센터 방문 후 |

 내가 가진 최고의 재능 찾기

꼬마 삼신의 애프터서비스 센터를 다시 찾아가 환불을 받고 예전 모습으로 돌아온 보미는 눈이 작아졌지만 잘 보이니까 괜찮고, 다시 노래를 잘하게 돼서 행복합니다. 자신이 가진 재능의 가치를 알아보고, 자신을 사랑할 줄 알게 된 보미의 모습은 예쁘기도 하고, 참 멋져 보입니다. 보미에게 어떤 재능이 생겼기 때문일까요? 마지막 활동으로 각자의 소중한 재능을 적어봅시다. 자기는 아무리 생각해도 재능이 없다고 하는 아이들을 위해 청룡영화제 여우조연상을 받은 전여빈 배우의 수상 소감을 들려주면 좋습니다. 영화 〈거미집〉에 나오는 대사이기도 합니다.

"내가 재능이 없는 걸까요?"

"너 자신을 믿는 게 재능이야. 그게 재능이지."

수많은 재능 중 최고의 재능은 무엇일지 생각하며 아래 빈 칸을 채워보도록 합니다. 문장을 간직하기 위해 '명언 족자'에 옮겨보는 것도 추천합니다.

• 예시 •

나를 ＿＿＿＿＿＿＿ 게 최고의 재능이야!

빈칸에 적은 최고의 재능을 나의 재능으로 만들기 위해 어떤 노력을 해야 할까요?

• 예시 •

» **나의 외모 사랑하기**
"작지만 웃으면 예쁜 내 눈을 사랑해."

» **나의 몸 사랑하기**
"튼튼한 내 두 다리를 사랑해. 덕분에 빠르게 달릴 수 있어서 감사해."

» **나의 재능 갈고닦기**
"나는 꾸준히 달리기를 해서 체력을 기를 거야.
체력은 내가 무언가를 하고 싶을 때 나를 응원해주는 무기가 될 거야."

4월 첫번째 주제
외모 고민과 나다움

나의 몸 사랑하기

『스플래시』

고학년 | 찰리 하워드 글, 오영은 그림, 김수진 옮김, 그린북, 2020

영국의 모델 찰리 하워드는 모델로 활동하기에 '너무 크다'는 이유로 모델 에이전시에서 쫓겨납니다. 그녀의 몸은 미국 옷 사이즈 기준 S~M 정도였지만, 모델 업계에서는 플러스 사이즈 모델로 여겨졌다고 해요. 찰리 하워드는 업계의 기준에 맞추기 위해 하루에 사과 한 개를 먹거나 오렌지주스를 탈지면에 적셔서 먹는 등 극단적인 다이어트를 시도했지만 아무리 살을 빼도 깡마른 몸이 되지 않았고, 또다시 런웨이에서 거절당합니다. 더는 참지 못한 그녀는 '모델 산업을 고발하는 호소문'을 공개적으로 발표하고, 더이상 살을 빼지 않겠다고 선언하며 대중의 관심을 받게 됩니다.

모델 업계만의 이야기가 아닙니다. 최근 우리나라 십대들 사이에서 '뼈말라 인간'(키 - 몸무게 = 125 이상)이 유행처럼 번지고 있다고 합니다. 실제로 이런 몸매였던 한 아이돌 스타는 전성기 때 한 달에 열두 번씩 실신했고, 혈압이 40까지 떨어져서 스태프들이 늘 산소통을 준비했다고 합니다. 그런데 미디어에서는 늘 스타들의 완벽한 모습만 비추다보니 수많은 청소년이 이런 실상은 간과하고 무작정 인기 스타들의 몸매와 외모를 선망합니다. 그렇게 스스로 거식증을 자처하는 '프로아나족'(Proana, 찬성을 뜻하는 Pro와 거식증Anorexia에서 딴 Ana의 합성어)이 되고, SNS상에서 씹고 뱉거나, 먹고 토하는 방법을 공유합니다. 가녀린 몸을 지녀야만 사랑받을 수 있다는 왜곡된 가치를 학습한 아이들은 섭식장애에 시달리면서도 극단적인 다이어트의 늪에서 헤어나오지 못합니다. 한창 영양을 섭취하고, 차근차근 성장해야 할 아이들의 몸이 상하고, 마음까지 문드러지는 일이지요.

모델 찰리 하워드는 이렇게 자신처럼 미디어로 인해 왜곡된 신체상과 타인의 시선에 자신의 몸을 맞추려는 사춘기 아이들에게 '자기 몸 긍정body positive'이 얼마나 중요한지 일깨워주기 위해 동화 『스플래시』를 썼습니다. 자기 몸 긍정으로 자존감을 회복한 그녀는, 있는 그대로의 자기 체형을 미디어와 SNS에 거리낌없이 드러내며 아름다움의 기준은 특정 체형으로 제한되지 않는다는 생각을 퍼뜨리고 있습니다. 이에 더해 다른 동료 모델과 함께 자선 단체 '올 우먼 프로젝트'를 설립하여 청소년들에게 '자기 몸 긍정주의'를 교육하는 일도 힘쓰고 있습니다.

모델인 작가가 『스플래시』에서 어떤 이야기를 풀어냈는지 들여다볼까요? 주인공 몰리는 최고의 수영 선수를 꿈꾸며 날마다 열심히 훈련하는 6학년 소녀입니다. 어느 날 다이빙을 하려는 몰리에게 누군가가 "뛰어내려, 덩치!"라고 외칩니다. 그동안 자신이 키가 크고 어깨가 넓다고는 생각했으나 단 한 번도 뚱뚱하다고 생각해본 적은 없었던 몰리는 '덩치(원서 표기 whale)'라는 놀림을 받은 이후, 계속해서 다른 사람들의 시선을 신경쓰게 됩니다. 도저히 수영에 집중할 수가 없게 되죠. 주위를 둘러보니 가장 친한 친구 클로이는 몸매도 아주 날씬하고 가슴도 예쁘게 나오기 시작했습니다. 하지만 가장 친하다고 생각했던 클로이는 점점 외모에 집착하며 살집이 있는 친구를 놀리는 데 앞장서고, 수영부 활동은 어린아이들이나 괴짜들이 하는 일이라고 무시합니다. 몰리는 어떤 방법으로 꿈과 우정을 지키며 자신만의 아름다움을 가꿔나갈 수 있을까요? 책을 읽고 다음 활동을 하며 작가 찰리 하워드가 그랬듯 '진짜 아름다움'을 찾아가봅시다.

진짜 아름다움이란 무엇일까?

동화 『스플래시』를 읽고 나서 진짜 아름다움이 무엇인지 생각해보게 하는 수업 활동입니다.

 뼈말라 인간이 되고 싶다고?

뼈말라 인간을 선망하여 스스로 거식증에 걸리기를 희망하는 '프로아나'가 십대 청소년들 사이에서 유행처럼 퍼져간다고 합니다. 이들은 SNS를 통해 씹뱉(씹고 뱉기), 먹토(먹고 토하기), 배고픔을 참는 법까지 공유하고, 심지어는 약물 복용까지 서슴지 않습니다. 다음 두 기사를 읽고, 이러한 현상의 원인과 문제점, 마련되고 있는 대책 등을 찾아 자음으로 표시된 부분을 완성해봅시다. 답을 찾기 어려운 경우에는 아래 예시를 참고하도록 합니다.

기사 1	"뼈말라 가시인간 되고 싶어요" 극단 단식 따라 하는 1020. (2024. 07. 07. 아시아경제)	

- **원인**
  1. 마른 몸매를 유지하는 ㅇㅇㅇ과 ㅇㅍㄹㅇㅅ의 극단적인 체중감량법을 좇아 그 대로 모방함.
  2. 나이가 어릴수록 미디어, SNS(ㅇㅌㅂ 등)에 나오는 유명한 인물을 따라 하려는 행동 학습이 많이 일어남.

- **문제점**
  1. ㅂㅎ, ㅌㅁ, 무월경증, ㄱㄷㄱㅈ, 영양 결핍 등을 유발.
  2. 특히 뇌 성장이 진행되는 청소년기에는 ㄱㅂㅈㅇ, ㅇㅇㅈ 등의 원인이 될 수 있으며, 정신 발달에도 악영향을 미침.

- **해결 방안**
  1. 불필요한 다이어트를 유도하는 사회적 분위기가 지속되지 않도록 ㄱㄱ한 체형 인식에 대한 교육.
  2. ㄷㅈㅁㅊ 등을 통한 사회적 분위기 형성이 필요함.

| 기사 2 | "'뼈말라'야 해" 굶는 다이어트하다 응급실행 아이돌 없어질까? (2024. 01. 11. 서울경제) | |

- **마련되고 있는 대책**
  '서울시 청소년 문화예술인의 권익 보호 및 지원에 관한 조례' 본회의 통과
  ⇨ ㅊㅈ 감량과 ㅅㅎ 강요 등 청소년 아이돌 연습생의 신체적·정신적 건강 훼손 막기, 연습생 심리 검사, 상담 등 지원.

● 예시 ●

건강	유튜브	대중매체	성형
탈모	강박장애	체중	연예인
빈혈	골다공증	우울증	인플루언서

세상에는 다양한 몸이 있어! 바비 인형도 마네킹도 진화하지!

다음 뉴스를 보고 획일화된 미의 기준이 어떻게 변화하고 있는지 알아봅시다. 여러 가지 질문에 답하며 우리 주변에서 획일화된 미를 주입하는 것들이 어떻게 진화하면 좋을지 이야기 나눠봅시다.

| 뉴스 1 | 인형에서 투사로…… 65살 생일 맞은 '바비'의 변천사
(2024. 03. 07. JTBC뉴스) | |

① 진화한 바비의 모습 더 찾아봅시다.

　'바비' 인형의 진화…… 이번엔 '스포츠 바비'(2024. 5. 23. SBS뉴스)

② 진화한 바비의 모습을 보고, 바비가 어떤 모습으로 더 진화했으면 좋겠는지 이야기 나눠봅시다.

③ 꼭 출시됐으면 좋겠다고 생각하는 바비를 디자인해봅시다.

| 뉴스 2 | 사이즈 차별 없는 마네킹
(2021. 10. 18. MBC <뉴스투데이>) | |

① 현실적인 성인 마네킹의 사이즈는 어느 정도일지 이야기 나눠봅시다.

② 뉴스 2에 소개된 대한민국 이삼십대 남녀의 평균 신체 사이즈 마네킹 외에도 또 어떤 마네킹들이 더 제작되면 좋을지 이야기 나눠봅시다.

　예 육칠십대 노인 마네킹

| 인터뷰 | 국내 최초 내추럴 사이즈 모델 치도
(2019. 07. 16. CCBB 인터뷰) | |

① 인터뷰를 읽기 전, 모델에 관한 이미지를 이야기 나눠봅시다.

② 모델 치도의 인터뷰를 읽고, 모델이라는 직업의 가장 중요한 역할에 관해 이야기 나눠봅시다.

③ 아래 직업 중 하나를 골라 외모가 아닌 하는 일에 초점을 두어 설명해 봅시다.

* 아이돌 가수, 배우, 승무원, 운동선수, 경호원, 헬스 트레이너.

활동 3 진짜 아름다움 찾기(feat. 주인공 몰리의 실사판 인물)

『스플래시』의 주인공 몰리의 실사판이라 할 노은솔 크리에이터를 영상으로 만나봅시다. 노은솔 크리에이터는 어린 시절, 주인공 몰리처럼 수영 선수였고, 늘 또래들보다 발육이 좋았습니다. 수영 선수에게 적합한 큰 키와 넓은 어깨를 가지고 있었지요. 선수 생활에 집중하다보니 학교 친구들이 별로 없어서 SNS 활동을 시작했다는 노은솔 선수는 SNS에서 유명세를 탈수록 일상생활이 괴로워졌다고 합니다. 실물은 한 덩치 하더라는 악플들이 달린 것이지요. 사람들의 비난과 조롱이 계속되자 그녀는 스스로를 미워하게 됩니다. 우울증이 찾아왔고, 폭식과 섭식장애에 시달렸으며 자살을 하지 않겠다는 서약서까지 썼을 정도라고 합니다. 그랬던 그녀가 어떻게 우울증을 극복하고 자신만의 당당함을 찾았을까요? 먼저, 아래 예시에서 알맞은 단어를 찾아 그녀의 말을 요약해봅시다.

몸무게	자신감	인정	포용	당당함	생각	사랑

중요한 건 마른 ⬚ⓜⓜⓖ나 사이즈가 아니라 진짜 나 자신을 ⓢⓡ 하는 그 ⓓⓓⓗ에 있었다. 나의 큰 몸을 있는 그대로 ⓞⓙ하고, ⓟⓞ하게 되면서 점점 ⓙⓢⓖ이 생겨났다. 스스로를 인정하고 받아들이는 순간부터 나를 더 사랑하게 되고, 건강한 ⓢⓖ까지 가질 수 있으리라 생각한다.

세바시 영상
〈건강과 진짜 아름다움은 과연 어디서 오는 걸까요?〉
노은솔(전 수영 선수, 현 크리에이터, 체대생)

노은솔 크리에이터처럼 아름다움에 관한 좋은 말을 남긴 유명 인물들이 많습니다. 아름다움에 관한 여러 가지 명언을 살펴본 뒤, '진짜 아름다움'에 관한 명언을 직접 만들어봅시다. 명언 족자에 나의 명언을 담고, 자주 들여다보아주세요.

몸과 마음이
도덕으로 충만한 것을
아름다움이라 한다.
-괴테

아름다움은
자기 자신을 인정하고,
사랑할 때 생기는 법이다.
그럴 때 당신은
가장 아름답다.
-조 크래비츠

가장 아름다운 것들은
보거나 만질 수 없고
마음으로
느껴지는 것들이다.
-앙투안 드 생텍쥐페리

아름다운 눈을 갖고 싶거든
다른 사람들에게서
좋은 점을 보아라.
아름다운 입술을 갖고 싶거든
친절한 말을 하라.
-오드리 헵번

모든 것에는
아름다움이 있으나,
모든 사람이
그 아름다움을
보지는 못한다.
-공자

행복한 사람들은 아름답다.
행복을 받은 이들은 거울처럼
다시 그 행복을 반사한다.
-드류 배리모어

아름다워지는 것은
자신답게
사는 것을 의미한다.
다른 사람의 눈을
신경쓸 필요 없다.
자신을 있는 그대로
받아들여라.
-틱낫한

이 세상에서
가장 아름다운 것들은
눈으로 볼 수 없고,
손으로
만질 수도 없는 것이다.
오직 마음으로만
느낄 수 있다.
-헬렌 켈러

나의 모습을 긍정하도록 도와주는 책

 그림책

『나에겐 비밀이 있어』
이동연 글·그림, 올리, 2022
#외모 #비밀 #진정한나 #웹툰여신강림

울퉁불퉁하고 못생긴 아보카도는 매일 두꺼운 화장을 하여 예쁜
망고로 살아갑니다. 자신이 아보카도라는 사실이 탄로나면 친구
들과 멀어질까봐 비가 오면 서둘러 집에 가고, 늘 풀 메이크업 상
태를 고수하지요. 그러던 어느 날, 친구가 물에 빠집니다. 망고는
어떤 선택을 하게 될까요? 외모 때문에 친구와 멀어질까봐 노심초
사하는 아이들에게 이 그림책을 추천합니다.

 그림책

『마음안경점』
조시온 글, 이소영 그림, 씨드북, 2021
#외모콤플렉스 #나만의아름다움 #마음으로보는법 #새로운시선

거울을 볼 때마다 자꾸만 더 미워 보이는 부분이 있어 자
존감이 뚝 떨어진 아이들에게 이 그림책을 추천합니다. 남
들은 신경쓰지 않는데, 자신의 결점은 크게 보이는 법! 나
의 결점만 도드라져 보인다면 마음안경점에 방문하여 '그
대로 안경'을 껴보세요. 나만의 아름다움을 다시금 발견하
게 될 것입니다.

동화책

『내 맘대로 몸만들기 체육관』
김경미 글, 나인완 그림, 책읽는곰, 2021
#원하는몸 #키 #키크기대작전

여자아이들이 외모와 마른 몸 때문에 고민이 많다면 남자아이들은 대체로 키가 고민입니다. 이 동화의 주인공 자람이는 두 살이나 어린 동생보다 키가 작아서 고민입니다. 어느 날, 자람이는 '내 맘대로 몸만들기 체육관'을 발견하는데요. 이곳에서 줄넘기를 하면 한 번 뛸 때마다 1센티미터가 자란답니다. 무작정 키가 커지고 싶은 아이들에게 추천하는 몸과 마음 성장 동화입니다.

**청소년
교양서**

『친애하는 나의 몸에게』
치도 글, 시미씨 그림, 주니어RHK, 2023
#다이어트 #보디포지티브 #자기몸긍정 #나의몸사랑하기

우리나라 평균 사이즈 마네킹을 기획한 국내 최초 내추럴 사이즈 모델 치도가 쓴 청소년 교양서입니다. 어린 시절 외모 콤플렉스로 자존감이 낮았고, 이후 다이어트 강박과 섭식장애 등을 겪었던 그녀는 십대 청소년들에게 자기 몸을 사랑하는 것이 얼마나 중요한 삶의 태도인지 전합니다. 치도 작가의 솔직한 고백을 들으며 내 몸을 올바로 마주해봅시다.

4월 두 번째 주제
성교육과 생명 존중

동의-경계-존중으로
나아가는 3단계 성교육
『그 아이의 비밀 노트』

중고학년 | 임수경 글, 안은진 그림, 한솔수북, 2021

    동화 중 제목에 '비밀'이라는 단어가 들어간 책이 유독 많습니다. 비밀이라는 단어는 일단 사람들의 호기심을 자극하지요. 특히 몸과 마음에 비밀이 하나둘 생겨나는 사춘기를 맞이한 어린이들이라면 『그 아이의 비밀 노트』를 그냥 지나치기 쉽지 않을 것입니다. 이 책에는 비밀 중에서도 가장 엄청난 비밀이 담겨 있거든요. 바로 성性에 관한 비밀입니다. 표지부터 심상치 않습니다. "건드리지 마!" 하고, 시뻘건 불꽃과 함께 경고 문구가 쓰여 있는 노트를 발견한다면 어찌 펼쳐보지 않을 수 있을까요?

    동화 속 주인공 아진이가 우연히 이 노트를 발견하면서 사건이 시작됩니다. 아진이가 떨리는 마음으로 노트를 살짝 펼쳐보았더니 세상에, 비밀 노트 안에 같은 반 남자 친구들의 성기가 빼곡히 그려져 있고, 이상한 숫자도 함께 적혀 있습니다. 아진이는 처음에는 바로 주인에게 돌려줄 생각이었으나 노트 속 내용이 심상치 않다는 것을 느낍니다. 알고 보니 비밀 노트의 주인 우찬이가 화장실에서

74

친구들의 성기를 관찰하고, 크기별로 순위를 매겨 친구들을 놀리고 있었습니다. 우찬이의 친형이 친구들을 꼼짝 못하게 만드는 방법이라며 알려준 것이었습니다. 우찬이는 그림을 잘 못 그리기 때문에, 그림을 잘 그리고 신뢰받는 회장 도윤이에게 그림을 그리도록 시켰습니다. 대신 도윤이는 놀리지 않기로 약속했지요. 형이 알려준 이 방법을 쓰니 정말로 친구들이 우찬이의 말에 꼼짝 못했습니다.

이 책을 읽으며 먼저 아진이의 입장에 공감해볼 수 있습니다. 내가 아진이라면 어떤 행동을 해야 할까요? 교실에서 일어나고 있는 엄청난 문제를 발견하고도 그냥 공책만 돌려주고 끝내기는 찝찝합니다. 하지만 혼자 힘으로는 어떻게 해야 할지 감이 잡히지 않습니다. 자신이라면 이런 상황에서 어떤 행동을 택할지 아이들과 충분히 이야기 나누며 읽어보세요. 동화 속에는 아진이가 비밀 노트를 발견한 후 어떤 감정을 느끼고 어떤 행동을 하는지, 비밀을 알게 된 친구는 어떤 행동을 하는지, 선생님은 이 문제에 어떻게 대처하고 아진이와 사총사 친구들은 이 문제를 어떻게 풀어나가는지 그 과정이 굉장히 세심하고 현명하게 담겨 있습니다.

임수경 작가는 실제로 고학년 담임을 하며 마주한 크고 작은 성 문제에 관한 고민을 동화에 녹여냈다고 합니다. 작가가 비밀 노트 사건과 관련된 모든 인물들을 따뜻하게 품고, 특히 비밀 노트의 주인인 가해자 우찬이를 단지 처벌하고 끝내는 것이 아니라 반성 후, 변화 가능성이 있는 아이로 그린 점, 아진이와 친구들이 스스로 문제를 해결해나가게 한 점이 인상적이었습니다. 아진이와 친구들이 이 문제 상황을 풀어가는 과정을 함께 따라간 후, 동의-경계-존중으로 나아가는 3단계 성교육 활동을 해보세요. 동화와 교구를 함께 활용한다면 어렵게만 느껴지는 성교육이 조금 더 수월해질 것입니다.

서로의 몸과 마음을 존중하는 방법

동화『그 아이의 비밀 노트』를 읽고 나서 몸에 관한 모든 행동은 무조건 동의를 구해야 하며, 상호 간의 경계를 지켜 서로의 몸과 마음을 존중해야 함을 배울 수 있는 수업 활동입니다.

활동 1 무조건 동의 구하기

서로의 몸을 존중하는 법에서 가장 먼저 이뤄져야 할 '무조건 동의 구하기'를 연습해보는 활동입니다.

1. 책 속에서 동의를 구하지 않은 행동 찾기

> ● 예시 ●
>
> 허락 없이 친구의 비밀 노트를 본 것, 허락 없이 친구의 성기를 보고 그린 것

2. 동의를 구하면 허락해줄 수 있는 행동 구분하기

> ● 예시 ●

동의를 구하면 허락해줄 수 있는 행동	동의를 구할 수 없는 행동
사진 찍기, 악수하기, 춤추기 등	비밀 노트 보기, 친구의 성기를 보고 그리기 등

※ 상대의 동의를 구하지 않고 한 행동이나 동의를 구할 수 없는 행동을 하는 경우, 학교 폭력, 범죄가 될 수 있음을 아이들이 인지하도록 합니다.

3. 동의 구하기 연습하기

아이들을 두 팀으로 나눠 '동의를 구하면 허락해줄 수 있는 행동'에 한하여 묻고 답하는 활동을 해봅시다. 이때, 동그라미, 세모, 가위표 모양의 팻말과 다양한 표정 팻말로 구성된 동의 구하기 성교육 교구를 이용하면 더욱 좋습니다.

─ • 예시 • ─

질문	~해도 될까? 예 너랑 같이 춤춰도 돼?
답변	• 좋은지 싫은지 모르겠어(△)+표정 • 하고 싶지 않아(X)+표정 • 그래 좋아!(O)+표정

교구 참고
동의 구하기 3종 세트

좋은지 싫은지 모르겠다는 △ 표현은 동의일까요? 거절일까요?

성 관련 문제에 있어서 최근에는 'No means No!'를 넘어 'Yes means Yes!' 즉, 상대방이 적극적으로 동의한 경우에만 동의를 했다고 여기는 추세라고 하니, 상대방이 동의하지 않은 행동은 절대 하지 않도록 다시 한번 강조해주세요.

4. 내가 적극적으로 동의하는 것

• 예시 •

» 얼굴을 마주봐도 괜찮아요.

» 얼굴을 만지는 것은 싫어요.

» 사진 촬영은 원하지 않아요.

나는 어디까지 동의하나요? 나의 몸과 물건에 '허락' 또는 '거절' 아이콘을 올려놓으면서 내가 적극적으로 동의할 수 있는 부분에 대해 이야기 나눠보세요.

 너와 나의 경계 지키기

'무조건 동의 구하기' 이후, 상대방과 나의 경계를 알아보고, 나와 상대방의 경계가 다를 수 있음을 시각적으로 이해해보는 활동입니다. '모두를 위한 경계 교육 바운더리' 카드를 이용하면 더욱 좋습니다.

교구 참고
모두를 위한 경계 교육 바운더리 카드

1. 랜덤 뽑기

'누가' '언제/어디서' '무엇을'에 대한 정보가 담긴 카드 뭉치에서 각각 한 장씩 랜덤으로 뽑습니다.

• 예시 •

» 아는 오빠가 / 공원에서 / 어깨를 주물주물했다.

» 아는 친구가 / 온라인에서 / (원치 않는) 사진을 보여주었다.

이때의 감정을 감정 카드에서 골라 이야기합니다.

> **• 예시 •**
>
> 당황스러웠다, 불편했다.

2. 나의 항성계 만들기

항성계 게임판에 나의 경계를 표현해보는 활동입니다.

게임판에는 태양, 나, 가족, 친구, 친척, 지인, 모르는 사람 순으로 궤도가 그려져 있습니다. 어떤 행동에 대한 경계를 표현해볼지 정한 후, 각자의 궤도에 행성을 올려놓고 이야기를 나눠봅니다.

> **• 예시 •**
>
> 나는 볼을 꼬집는 것이 가족, 친구까지 가능한데, ○○이는 가족까지만 가능하다고 했다. ○○이가 귀여워서 볼을 꼬집은 적이 있는데 하지 말아야겠다.

활동 3 존중 인형 만들기

동의 구하기, 경계 지키기 활동을 종합하여 존중으로 나아갈 수 있도록 돕는 활동입니다. 아이들이 저마다의 개성을 담은 인형을 만들고, 다양한 포즈를 만들어보며 정말 아껴주는 모습을 볼 수 있습니다.

1. 존중 인형 만들기

① 남들이 나의 동의 없이 함부로 보거나 만질 수 없는
   신체 부위가 어디인지 생각해봅니다.
② 나의 소중한 신체 부위가 있는 인형의 몸통
   부분을 예쁘게 장식합니다.
③ 얼굴과 헤어스타일 등을 자유롭게 꾸밉니다.

무브원목인형(사람)

2. 경계 우주복 만들기

색종이 또는 색상환지를 이용하여 나와 타인의 경계를 시각적으로 확인해보는
활동입니다. 아기 우주복의 별 모양을 떠올리고, 여섯 가지 색상의 층이 나오도
록 색종이를 오리고 붙이는 것을 반복합니다. 겉은 비닐(아세테이트지 또는 색종이
비닐)로 감싼 후, 지퍼와 얼굴 부분을 오려내면 우주복이 완성됩니다. 경계 우주
복의 색깔이 각각 무엇을 의미하는지, ○△×로 경계 허용의 말도 적어볼 수 있
게 해주세요.

색깔	의미	○△× 경계 허용의 말말말!
빨	나	나는 내 몸의 주인! 나는 내 몸을 소중히 지켜요.
주	가족	○ : 나를 포옹하고, 뽀뽀해도 좋아요!
노	친구	○ : 나에게 어깨동무해도 좋아요!

연	친척	△ : 내 머리를 만질 때에는 꼭 동의를 구해주세요.
초	지인	○ : 악수하는 것은 괜찮아요.
파	모르는 사람	× : 절대 나를 만지지 마세요!

• 예시 •

네 번째 주제
성교육과 생명 존중

고귀한 생명의 탄생
『헬로, 새벽이』
중고학년 | 허혜란 글, 안혜란 그림, 샘터사, 2024

3학년 아이들에게 임신 사실을 알렸을 때, 두 가지 반응이 기억납니다.

"어휴…… 남자아이는 힘들어요, 선생님……" 무기력하게 앉아 있던 한 남자아이가 고개를 저으며 깊은 한숨을 내쉬더군요.

"선생님, 태명이 뭐예요? 자연분만이에요? 제왕절개예요? 아니면 자연주의예요?" 한 여자아이는 눈을 반짝이며 마치 출산을 경험한 또래 친구처럼 전문 용어를 사용해서 물었습니다. 열 살밖에 안 된 아이였는데 말이지요.

동화 『헬로, 새벽이』에 나오는 남자 주인공 새벽이는 현실 속 많은 남자아이가 그렇듯이 늘 똑부러지는 수지와 자기 자신을 비교하며 자신감 없고, 무기력하게 일상을 보내고 있었습니다. 새벽이는 자신의 이름부터 성격, 성적 무엇 하나 마음에 드는 것이 없습니다.

동화 속 사건은 새벽이의 열세번째 생일날, '헬로, 모차르트' 음악회장에서 벌어집니다. 새벽이 옆에 앉은 이모는 뱃속의 아기에게 음악을 잘 들어보라 하고 야무진 친구 수지는 아직 보이지도 않는 아기가 귀엽다며 이모의 배를 만져보고, 아기의 태명을 묻는 등 관심을 보이고 있습니다. 새벽이는 이 모든 일에 시큰둥한 반응입니다. 그런데 연주회 음악이 흘러나오자 이모가 재빨리 새벽이의 손을 자신의 배에 가져다댑니다. 꿈틀, 난생처음 이모 배를 통해 생명력을 느낀 새벽이는 온몸이 전율합니다. 이때, 『헬로, 새벽이』만의 특별한 요소가 나오는데, 바로 이모 배를 통해 태아의 생명력을 느낀 새벽이가 엄마 뱃속으로 들어가 태아 시절 자신과 마주한다는 설정입니다. 엄마 뱃속으로 들어가 태아 시절 자신의 모습을 마주하면 어떤 기분이 들까요?

새벽이는 천천히 꼼지락거리는 아기의 발가락을 만져보며 환상적이고 황홀한 기분을 느낍니다. 그런데, 뭔가 이상합니다. 산부인과에 가서 초음파를 보던 엄마가 아들은 안 된다며 울부짖는 소리를 듣게 됩니다. 새벽이는 아들인데 말이지요. 엄마는 아들을 가지면 아기가 죽을 운명이라는 말을 어디서 들었다며, 앞서 생긴 아들이 이미 세 번이나 유산이 되었다고 했습니다. 태아 새벽이는 자신이 죽을 운명일지도 모른다는 말에 공포에 질린 얼굴로 몸을 떨기 시작합니다.

운명의 저주인지 막달에 엄마가 교통사고를 당하고, 아기는 서서히 의식을 잃어갑니다. 새벽까지 버티기 힘들 거라고 합니다. 매사 시큰둥하고 소극적이었던 새벽이는 태아 새벽이가 무사히 살아나올 수 있도록 온 힘을 다해 싸웁니다. 축 처진 아기를 다독이고, 정신을 잃어가는 아기에게 살 수 있다고 힘을 북돋아줍니다. 아이들과 이 책의 전반에 걸쳐 흐르는 음악인 모차르트의 〈아이네 클라이네 나흐트무지크〉에 맞춰 노랫말을 지은 뒤 함께 새벽이를 응원하며 뒷이야기를 읽었습니다. 새벽이가 살아서 세상 밖으로 나왔을 때, 아이들과 함께 안도의 한숨을 내쉬며 축하의 박수를 쳤지요. 다시 음악회장으로 돌아온 새벽이는 달라졌습니다. 나라는 생명이 얼마나 고귀한지, 내가 얼마나 특별한 존재인지 깨달았거든요. 이 책을 읽은 아이들도 다음 활동을 하며 나라는 생명의 고귀함과 특별함을 느낄 수 있길 바랍니다.

너무도 고귀한 생명

동화『헬로, 새벽이』를 읽고 나서 생명의 고귀함과 고유성을 느낄 수 있는 수업 활동을 해봅시다.

활동 1 클레이 태아 만들기

엄마 뱃속에 있던 나(태아)의 모습을 떠올려보며 클레이로 만들어봅시다. 처음 수정되었을 때의 태아는 깨알만큼 작지만, 10주 차가 되면 곰 모양 젤리만해지고, 12주 차가 되면 자두만해지고, 40주 차가 되면 수박만해져서 나옵니다. 영상을 통해 태아의 성장 과정을 알아본 뒤, 12주 차 자두 크기(약 6센티미터) 정도로 클레이 태아를 만드는 것을 추천합니다. 너무 작거나 크면 만들기 쉽지 않으니까

요. 이때, 나의 태명과 태몽, 엄마 뱃속에 있었을 때의 에피소드 등을 미리 알아오
도록 하면 아이들이 동화와 활동에 더욱 몰입합니다.

참고 영상
〈'생명의 신비' 아기가 태어나는 과정〉

활동 2 나를 키운 기적의 노랫말 만들기

이 동화의 테마곡은 모차르트의 〈아이네 클라이네 나흐트무지크〉입니다. 실제로
엄마들이 뱃속에서 잘 자라라고 아기에게 좋은 말이나 음악을 들려주듯 태아가
무사히 탄생하여 건강히 자랄 수 있도록 응원하는 노랫말을 만들어봅시다.

• 예시 •

너	v	는	너	v	는	멋	진	아	가	야	!	세	v	상	에	v	서	제	일	로	멋	져	!

	v			v						!		v			v							!	

활동 3 엄마 뱃속에서부터 온 힘을 다했던 나 응원하기

클레이 태아를 엄마 뱃속에 넣어서 쉽게 상상해보기 힘든, 엄마 뱃속에서의 자신
의 모습을 시각화해볼 수 있게 하는 활동입니다. 엄마 배는 투명 반구(소형 9센티
미터, 중형 12센티미터)를 이용해서 만들 수 있습니다. 나를 품고 있던 엄마의 모습

을 그린 다음 엄마와 나의 생명을 잇는 탯줄(철사 등을 이용)로 연결해주세요. 배경
을 꾸미고, (활동2)에서 만든 노랫말이나 책 속 구절, 그 밖의 응원의 말을 적어서
엄마 뱃속에서부터 온 힘을 다했던 나, 존재 그 자체로 특별한 나를 응원할 수 있
도록 해주세요. 나라는 존재의 특별함을 느낄 수 있을 뿐 아니라 나를 사랑으로
품어준 부모님에게 감사함을 느낄 수 있습니다.

한 걸음 더

생명 탄생과 존중에 대해 알려주는 책

그림책

『곧 수영 대회가 열릴 거야!』
니콜라스 앨런 글·그림, 김세실 옮김, 위즈덤하우스, 2021
#정자 #난자 #생명의탄생 #수영대회

수학은 못하지만 수영을 아주 잘하는 브라운 아저씨의 몸속에
사는 조그만 정자 윌 리가 이 그림책의 주인공입니다. 작은 정자
하나에 캐릭터를 부여하고, 정자와 난자가 만나는 과정을 수영
대회에 빗대어 표현한 것이 무척 신선합니다. 생명의 탄생이 궁
금한 아이들에게 이 책을 추천합니다.

에세이툰

『웅크 1~6』
나유진 글·그림, 휴먼큐브, 2024
#태아 #웹툰 #엄마뱃속 #성장기

사랑스러운 웹툰 그림으로 아이들이 굉장히 좋아하는 만화책입
니다. 약 280일간 엄마 뱃속에서 성장한다는 과학적 사실을 토대
로 태아가 엄마 뱃속에서 성장하면서 어떤 감정을 느끼고 어떤 생
각을 할지에 관한 상상을 한 스푼 더했습니다. 『웅크』 1권에서는
작은 세포 수정란에서 시작해 8주 차까지 자라난 태아 '웅크'의 이
야기를 만날 수 있습니다. 내가 엄마 뱃속에서부터 얼마나 넘치는
사랑을 받았고, 치열하게 성장했는지 느껴보세요.

어린이
교양서

『아홉 살 성교육 사전: 여자아이 몸+마음』

손경이 지음, 원정민 그림, 다산에듀, 2024

『아홉 살 성교육 사전: 남자아이 몸+마음』

손경이 지음, 방인영 그림, 다산에듀, 2024

#저학년성교육 #몸 #마음

저학년 아이들이 쉽게 접근할 수 있는 어린이 교양서 시리즈입니다. 여자아이의 몸, 마음, 남자아이의 몸, 마음 총 4권으로 구성되어 각 성별의 아이들이 필요한 부분을 익힐 때 좋습니다. 교실에 비치해두고 서로 다른 성별의 책도 바꿔 읽게 해주시면 좋습니다.

청소년
교양서

『오늘 몇 번의 동의를 구했나요?』

오승현 지음, 사계절, 2023

#동의 #경계 #존중 #성교육

이 책에서는 친구의 머리를 장난삼아 툭툭 건드리는 일부터, 싫다는 말을 들었지만 좋아하는 사람에게 또 고백하는 것까지 사람 간의 관계에서 동의를 받아야 할 것들이 수없이 많음을 알려줍니다. 특히 성과 관련된 일에서는 'No Means No'를 넘어 'Yes Means Yes'로 나아갈 때라고 강조합니다. 성에 본격적으로 눈뜬 청소년들이 꼭 읽으면 좋을 책입니다.

좋아하는 것, 잘하는 것,
되고 싶은 것이 없는데요?

『장래 희망이 뭐라고』

중고학년 | 전은지 글, 김재희 그림, 책읽는곰, 2017

"좋아하는 것, 잘하는 것, 되고 싶은 것이 없는데요?"

장래 희망을 묻는 질문에 이렇게 대답하는 아이들이 있습니다. 이 아이들을 어쩌면 좋습니까. 마침 반가운 주인공이 등장하는 책이 있습니다. 주인공 수아는 남보다 잘하는 것이 벌렁 누워서 빈둥거리기요, 슬슬 돌아다니며 이것저것 구경하기입니다. 공부는 못하고요, 죽을 만큼 노력할 생각도 없습니다. 그래도 기특한 구석이 있는 주인공입니다. 학교 숙제인 장래 희망에 관한 글쓰기를 하려고 고민에 고민을 거듭하거든요.

사실, 수아에게는 숨겨둔 장래 희망이 있습니다. 바로 '성형외과 의사'인데요, 남들에게 이야기할 수가 없습니다. 공부를 못하니까요. 망신만 당할 게 뻔하지요. 그래서 수아는 다른 장래 희망을 찾아보기로 합니다. 이 책에서 수아가 장래 희망을 찾아가는 과정은 굉장히 흥미진진할 뿐 아니라, 다양한 생각할 거리를 줍니다. 좋아하고 잘하는 것, 또는 되고 싶은 것이 없는 아이들, 자신의 꿈을 당당히 이야기하지 못하는 아이들과 함께 '공부 못하는 수아의 장래 희망 찾기 프로젝트'에 동참해봅시다.

'빈둥거리기'나 '슬슬 돌아다니며 구경하기'와 관련된 장래 희망에는 무엇이 있을까요? 수아는 친구 지원이에게 장래 희망을 물어봅니다. 그랬더니 지원이는 '대학교수'가 꿈이랍니다. 공부는 수아만큼이나 못하는데 말입니다. 지원이는 만화 그리는 걸 좋아해서 지난달에는 웹툰 작가나 캐릭터 디자이너가 되고 싶다고 했었는데 갑자기 엄마 아빠가 간절히 바라는 교수가 멋져 보인다며 장래 희망을 바꿨답니다. 그러더니 지원이는 수아한테 뭐든 간에 후지지 않은 멋진 걸로 정하라고 말합니다.

장래 희망은 꼭 멋져야 할까요? 왜 장래 희망이 후지면 안 되는지 납득하지 못한 수아는 다른 친구 민경이에게 묻습니다. 그랬더니 민경이는 되고 싶은 것이 많아서 고민이라고 합니다. 패션 모델, 경찰, 요리사. 셋 다 멋진 것이니 그중에서 제일 하고 싶은 것을 하나 고르라고 하자 민경이는 장래 희망은 아무거나 멋진 거로 정하면 안 된답니다. 할 수 있는 것, 가능한 것으로 정하는 것이 핵심이라고요. 문제는 민경이가 과연 그 직업들을 할 수 있는 사람인 것인가였지요.

멋진 직업은 다 시험을 봐야 하거나 공부를 잘해야 하는 등 되기 어려운 것들이고, 장래 희망을 후진 걸로 정할 수도 없는데 어쩌지요? 수아는 가족들에게 장래 희망을 물어봅니다. 그랬더니 글쎄, 이런 답이 돌아왔습니다.

엄마는 영화 〈스타워즈〉의 제다이 기사, 아빠는 연금이 나올 때까지 회사에 다니다가 정년퇴직하는 것, 할머니는 자다가 곱게 죽는 '자연사'라고 하는 겁니다.

가족들의 대답이 허무맹랑하거나 지나치게 현실적이어서 웃음이 납니다. 그래도 친구들, 가족들에게 묻고 또 물어보는 과정은 수아가 자신의 장래 희망을 당당히 밝히게 하는 데 큰 도움이 됩니다. 다음 활동을 하며 수아처럼 자신이 되고 싶은 장래 희망에 당당히 한 발짝 다가가봅시다.

○○이의 장래 희망 찾기 프로젝트

동화 『장래 희망이 뭐라고?』를 읽고 나서 좋아하는 것, 잘하는 것, 되고 싶은 것이 없는 아이들도 희망을 갖도록 이끄는 수업 활동입니다.

활동 1 장래 희망 밸런스 게임

수아의 고민 과정을 따라가다보면, 직업에 관한 다양한 가치를 생각해보게 됩니다. 다음 문항을 보고, 자신의 직업 가치는 어느 쪽인지 답해보세요.

1	남들이 보기에 멋진 거여야 해!	내가 좋으면 그만이지!
2	돈보다 내 관심사가 우선이야!	관심사보다 돈이 우선이지!
3	장래 희망은 스스로 정해야 해!	나를 잘 아는 남의 의견을 들어보는 것이 중요해!

<스타워즈> 속 '제다이 기사'가 장래 희망이라고?
장래 '희망' 찾기

수아의 엄마는 <스타워즈> 속 '제다이 기사'가 되는 게 장래 희망이라고 했습니다. 수아도 처음에는 장래 희망은 '실제로 될 수 있는 것'이어야 하지 않느냐며 엄마의 대답이 말도 안 된다고 생각했지요. 그런데 엄마가 왜 제다이 기사가 되고 싶은 건지 그 이유를 들어보니 생각이 좀 바뀝니다. 엄마는 제다이 기사처럼 언제나 정의롭고 용감하게 살고 싶어서 그런 '희망'을 품게 되었다고 말합니다. 살면서 어떤 어려운 일이 닥쳐도 꿋꿋하게 맞서고 싶다고요. 수아의 엄마처럼 장래 희망으로 직업이 아닌, '희망'에 집중해보는 것도 멋지다는 생각이 듭니다. 이런 식으로 나의 장래 '희망'을 찾아봅시다.

> • 예시 •
>
> 내 장래 '희망'은 (아이언맨   )이야.
> 아이언맨처럼 어려움을 겪는 사람들을 돕고 싶기 때문이야.
> 내가 아이언맨처럼 무거운 급식 박스 잘 들어올리는 것 봤지? 얼마나 멋지냐.
> 나는 살면서 사람들의 생명을 살리고, 지구를 지키고 싶어.
> 아이언맨처럼 말이야.

위 문장을 참고하여 장래 '희망'을 생각해보면, 아이들이 미래에 선택하고 싶은 직업이 더욱 다양하게 떠올라서 좋습니다.

 활동 3
직업을 찾아드립니다!

수아와 친구들이 장래 희망을 고민하자, 한 친구가 고민할 게 무엇이냐며 친구들의 직업을 턱턱 추천해줍니다. 수아 역시 본인이 스스로 장래 희망을 찾기 어려운 경우에는 자신을 잘 아는 다른 사람에게 추천을 받는 것이 좋다고 생각하여 주변 사람들의 직업을 추천해봅니다. 수아와 동화 속 친구처럼 주변 사람들의 직업을 추천해봅시다. 이때, 선생님의 직업도 아이들에게 추천해달라고 하면 재미있는 답변을 들을 수 있습니다.

구분	관계 또는 이름	추천 직업	추천 이유
동화 속 인물	친구(조민경)	미식가	요리하는 것보다 먹는 것을 더 좋아하므로.
	엄마	반찬 가게 사장님	엄마 반찬은 맛있으므로.
	아빠	헬스클럽 사장님	아빠도 운동하고 남도 운동시켜주면서 돈도 벌 수 있으니까.
내 주변 인물	예) 선생님	판사	친구들의 잘잘못을 잘 판단해주셔서.

주변 사람들의 직업을 추천해주고 나면, 다른 친구들이 나에게 어떤 직업을 추천해줄지 궁금해집니다. 친구들을 직접 찾아가 나에게 어울리는 직업을 추천해달라고 해봅시다. 정말로 누군가가 나에게 딱 맞는 직업을 찾아줄지 모르는 일이지요!

내 이름	직업을 추천해준 친구	추천 직업	추천 이유

4월 세번째 주제
꿈과 진로

꿈을 향한 도전 응원하기
『지혜 문방구 랩 스타 문지혜』

중고학년 | 안수민 글, 심윤정 그림, 키큰도토리, 2022

친구들이 모두 아이돌 스타에 열광할 때, 이름 없는 힙합 가수를 좋아해서 학교 역사상 처음으로 '힙합 동아리'를 만든 한 소녀가 있습니다. 바로 『지혜 문방구 랩 스타 문지혜』를 쓴 안수민 작가의 이야기입니다. 작가님은 어릴 때 힙합을 좋아해서 음악을 만드는 프로듀서가 꿈이었다고 해요. 지금은 이야기 속에서 랩 스타를 탄생시킨 작가이자, 그런 아이들의 꿈을 응원하는 교사가 되었지만요.

꿈을 향해 달려가는 이들의 간절함을 서바이벌 프로그램만큼 잘 보여주는 것이 또 있을까요. 작가님은 아이들이 꿈을 향해 다가가는 이야기를 서바이벌 프로그램의 형식을 빌려와 펼칩니다. 책을 읽다보면 인기 있던 서바이벌 프로그램들의 면모를 하나씩 발견할 수 있습니다. 한마디로 이 책은 〈고등 래퍼〉도 아닌, 무려 〈초등 래퍼〉의 동화 버전입니다. 그럼, 일찍이 힙합과 랩을 좋아해서 래퍼를 꿈꾸게 된 초등학생들의 불꽃 튀는 세계로 들어가볼까요?

주인공 '문지혜'는 '지혜 문방구' 주인 할머니의 손녀입니다. 문방구 이름 때문에 '지혜문 방구'라는 별명으로 고통받고 있지요. 스스로를 랩 천재라 여기는 지혜는 〈방과후 랩 스타〉에서 우승하여 지혜 문방구 간판부터 바꾸는 게 꿈입니다. '김호진'은 지혜와 같은 반이자, 우연히 본선 진출까지 같이 하게 된 얄미운 인물입니다. 지혜가 문방구 쪽방에서 산다는 사실을 방송에서 공개적으로 밝혀버리기도 했지요.

첫번째 경연은 자기소개 싸이퍼(정해진 공통 주제를 가지고 여러 래퍼들이 돌아가며 랩을 하는 공연)입니다. 지혜는 자신의 어떤 점에 관해 이야기할지 고민합니다. 밖에서는 힙합을 좋아하고 랩을 잘하는 것이 자신의 개성이지만, 대회 안에서는 모두가 같은 상황이니까요. 처음에는 부모님 없이 오래된 문방구 쪽방에서 할머니와 단둘이 살고 있다는 사실이 밝혀질까봐 전전긍긍합니다. 하지만 그 이야기를 빼고는 자신에 대해 솔직하게 말할 수 없음을 인정하고, 세상에 당당히 밝히기로 합니다.

반응은 폭발적이었지요. 지혜는 열정을 더욱더 불태우기로 마음먹습니다. 다음 미션은 짝 미션! 함께 공연한 후, 둘 중 한 명은 떨어지게 되는 미션입니다. 운명의 장난처럼 지혜는 얄미운 김호진과 짝이 됩니다. 앙숙 같던 사이였는데, 랩을 맞춰가다보니 무슨 일인지 둘의 합이 맞아갑니다. 꿈을 향해 달려간다는 공통점이 있기 때문이었을 겁니다. 과연 서바이벌 결과는 어떻게 될지 아이들과 함께 예상해보세요. 지혜가 이긴다면, 지혜는 문방구 이름을 어떻게 바꿀까요? 호진이가 이긴다면 지혜는 어떻게 될까요? 아니면 둘 다 이기지 못할까요? 아이들과 다채롭게 뒷이야기를 상상해본 뒤, 쫄깃하게 서바이벌 결과를 확인해보세요. 그다음에는 우리만의 꿈을 담은 싸이퍼 대축제를 펼쳐보는 건 어떨까요?

우리 반 ★★스타 도전!

동화 『지혜 문방구 랩 스타 문지혜』를 읽고 나서 각자의 꿈을 담은 랩 가사를 만들고, 싸이퍼 대축제를 열어 우리만의 무대를 꾸미는 수업 활동입니다. 랩보다 다른 것이 어울리는 반이라면 각 반의 상황에 맞게 또다른 ★★스타를 발굴해보세요.

 자기소개 싸이퍼 만들기

싸이퍼를 할 때는 자신의 차례가 된 래퍼만 주목을 받으며 솔로 무대를 펼친다는 특징이 있습니다.

1. 문지혜를 따라 해봐! 네 줄 랩 만들기

동화 속 문지혜는 〈방과후 랩 스타〉 오디션 예선에서 〈바스락바스락 부스럭대〉라는 제목의 자작 랩을 만들어 부릅니다. 지혜가 좋아하는 행동을 의성어를 사용해 표현하고, 반복하면서 랩의 특징을 살렸지요. 내가 좋아하는 행동을 의성어나 의태어로 표현하고 반복하여 간단한 네 줄 랩을 만들어보세요.

바스락바스락 부스럭대 바스락바스락 부스럭대 내 머릿속은 뭔가가 늘 바스락바스락 부스럭대 - 〈바스락바스락 부스럭대〉 중에서

→

예
스윽스윽 슥슥대 스윽스윽 슥슥대 내 손은 늘 연필을 잡고 스윽스윽 슥슥대

네 줄 랩을 쉽게 만들었다면, 아래를 참고하여 여섯 줄 랩을 만들어볼까요?

어른들 물어봐 왜 항상 부스럭대? 정답을 찾을래 나 늦더라도 - <바스락바스락 부스럭대> 중에서

→

(예)
어른들 물어봐 왜 항상 슥슥대? 그리는 게 좋아 난 슥슥대

여섯 줄 랩도 어렵지 않게 만들었다면, 여덟 줄, 열 줄 랩도 만들 수 있을 거예요. 반복되는 말의 맛을 살려 자신이 좋아하는 것, 잘하는 것, 하고 싶은 것을 가사에 넣어볼 수 있도록 해주세요.

2. 차노을을 따라해봐! 랩의 일부 패러디하기

학교 숙제로 올린 영상으로 화제가 된 차노을 어린이의 랩 〈HAPPY〉를 감상합니다. 약한 ADHD를 앓고 있어서 친구 사귀는 것에 어려움을 겪던 노을이가 친구를 사귈 기회가 되길 바라며 아빠가 올린 영상입니다. 다음 밑줄 친 가사를 자신에게 맞게 바꿔봅니다.

차노을 〈Happy〉

차노을, <HAPPY>

1) 나는 2학년 차노을
   차미반의 친구
   춤추고 랩하는 걸 좋아하는 친구!

2) 나를 보면 인사 건네줘
   반갑게 먼저 말을 걸어줘

3) 어른들이 자꾸 물어봐
   커서 뭐가 되고 싶은지를 물어봐

4) 정말 힘든 질문이야 답이 너무 많아
   먹고 싶은 게 많아서 꿈도 너무 많아

5) 나쁜 사람 체포하는 경찰
   위용위용 불 끄는 소방관
   지금처럼 랩을 하는 래퍼
   얍얍얍 멋진 태권도장 관장

6) 뭐가 됐든 행복하면 됐지
   뭐가 됐든 함께라면 됐지
   사실 내가 진짜 되고 싶은 건
   세상에서 가장 행복한 사람

 우리들의 싸이퍼 대축제

1. 모둠 친구들과 네 줄 랩 더하기

(1번 아이)	(2번 아이)	(3번 아이)
스윽스윽 슥슥대	휘오휘오 쌔애앵	뚝딱뚝딱 뚝딱딱
스윽스윽 슥슥대	휘오휘오 쌔애앵	뚝딱뚝딱 우당탕
내 손은 늘 연필을 잡고	내 몸과 발은 바람을 가르며	내 손은 늘 무언가 만들어
스윽스윽 슥슥대	휘오휘오 쌔애앵	뚝딱뚝딱 탕탕탕

① 네 줄 랩 더하고 순서 정하기.

② 모두 함께 부를 훅 부분 정하기.

(모두)
스윽스윽 쌔애앵
뚝딱뚝딱 쌔애앵
우린 바빠 늘 바빠
스윽스윽 쌔애앵
뚝딱뚝딱 쌔애앵

③ 무대를 직접 꾸며도 좋고, 영상으로 찍어서 소개해도 좋습니다.

2. 뮤직비디오 만들기

차노을 어린이의 랩은 #차노을챌린지 등 해시태그를 단 다양한 패러디 영상으로
도 화제가 되었습니다. 몇 가지 패러디 영상을 살펴본 뒤 모둠 또는 학급 전체 뮤
직비디오를 만들어보세요. 아래는 학생 수 27명 기준, 1, 2절로 나누어서 만든 '꾸
다반'의 〈HAPPY〉 뮤직비디오 1절 가사 예시입니다.

• 예시 •

꾸다반, <HAPPY>

모두) 우린 <u>2학년 2반 꾸다반</u>의 친구
<u>꿈꾸고 뛰노는 걸 좋아하는 친구!</u>

나를 보면 인사 건네줘 반갑게 먼저 말을 걸어줘	<u>비행기를 조종하는 조종사</u> <u>바삭바삭 요리하는 요리사</u> <u>아픈 사람 고쳐주는 의사</u> <u>쓱!쓱!쓱! 그림 잘 그리는 화가</u>
어른들이 자꾸 물어봐 커서 뭐가 되고 싶은지를 물어봐	
정말 힘든 질문이야 답이 너무 많아	<u>동물들을 치료해 수의사</u> 자동차 만드는 엔지니어 만들기를 사랑하는 화가 슛! 슛! 슛! 골을 넣는 축구 선수
먹고 싶은 게 많아서 꿈도 너무 많아	<u>사람들을 도와주는 변호사</u> 치어리딩 잘하는 치어리더 멋진 글을 펼쳐내는 작가 <u>도! 마! 뱀! 마뱀 파충류장 사장</u>

모두) 뭐가 됐든 행복하면 됐지
뭐가 됐든 함께라면 됐지
사실 내가 진짜 되고 싶은 건
세상에서 가장 행복한 사람

활동 3 방과후 ○○ 스타! 오디션을 개최합니다!

방과후 '랩' 스타가 아닌 또 어떤 스타 서바이벌을 기획해볼 수 있을까요? 아이들이 각자 자기 관심사를 담아서 오디션 기획을 해볼 수 있게 하는 활동입니다. 각자의 관심사를 담은 오디션 포스터를 만들어보세요. 아이들의 의견을 받은 뒤, 공부 시간, 쉬는 시간에 실제로 해볼 수 있는 것들은 직접 개최해봅니다. 이때, 경쟁보다는 즐겁게 참여하는 것에 중점을 둘 수 있게 심사 내용을 정해보면 더욱 좋습니다.

● 예시 ●

쉬는 시간 치어리딩 스타! 치어리딩 오디션을 개최합니다!

참가 자격	춤추는 걸 좋아하는 누구나!
심사 내용	쭈온쭈온(균형 잠자리)을 올리고, <질풍가도>에 맞춰서 치어리딩하기!
심사 위원	우리 반 선생님, 친구들 모두
우승자 혜택	우리 반 치어리딩 스타로 임명! 한 주 동안 치어리딩을 할 때 센터를 할 수 있음

● 예시 ●

쉬는 시간 꿈구슬 스타! 테이프볼 만들기 오디션을 개최합니다!

(※ 그림책 『똥구슬과 여의주』 읽은 후 활동)

참가 자격	테이프볼 만들기를 좋아하는 누구나!
심사 내용	꿈구슬을 멋지게 가르고 친구들 앞에서 꿈 발표하기
심사 위원	우리 반 선생님, 친구들 모두
우승자 혜택	우리 반 모두가 너의 꿈을 응원해주겠습니다!

활동 참고 영상

가능성을 모색하고 꿈을 찾아가는 것을 돕는 책

그림책

『똥구슬과 여의주』

미우 글·그림, 노란상상, 2024

#나에게소중한것 #남이부러워하는것 #나만의가치 #꿈

주인공 쇠똥구리는 남들이 보기에는 보잘것없으나 자신에게 무척 소중한 똥구슬을 빚으며 살아갑니다. 어느 날, 쇠똥구리는 똥구슬을 잃어버리고, 모두 부러워하는 흑룡의 여의주를 발견합니다. 이 책을 읽고 '나에게 소중한 것 vs 남들이 부러워하는 것'에 관한 생각을 나누며 나에게 소중한 꿈을 찾아보세요. 쇠똥구리가 똥구슬을 굴리듯 테이프볼을 굴려 나만의 똥구슬(꿈구슬)을 만들어보면 더욱 좋습니다.

그림책

『깜깜한 어둠 속에서』

미로코 마치코 글·그림, 고향옥 옮김, 트리앤북, 2022

#너는어떤씨앗이니 #무한한가능성 #감각적표현 #꿈

내 안에 숨쉬고 있는 무궁무진한 가능성을 흠뻑 느끼고 싶은 아이들에게 추천하는 책입니다. 깜깜한 어둠 속, 자그마한 씨앗 하나에서 식물이 자라나는 모습이 코뿔소, 거북, 기린 등으로 펼쳐지며 굉장히 감각적으로 표현됩니다. 이 책을 읽고 아이들 각자가 품고 있는 씨앗의 무한한 가능성을 함께 나눠보세요.

동화책

『봉주르 요리 교실 실종 사건』
김근혜 글, 안은진 그림, 보랏빛소어린이, 2021
#진로를묻지마세요 #내가진짜원하는것 #추리 #성장

무조건 일등만 하려 하는 주인공 수지는 전학 오자마자 선행상, 모
범상까지 휩쓴 유명 셰프의 아들 호태를 팬케이크 요리 대회에서
이기기 위해 호태와 같은 봉주르 요리 교실에 다닙니다. 그러다가
요리 선생님의 실종 사건을 겪게 되는데요. 자신이 진짜 원하는 것
을 찾아가고 싶은 아이들에게 이 책을 추천합니다.

**청소년
소설**

『턴아웃』
하은경 지음, 특별한서재, 2023
#꿈 #열등감 #질투 #나를정말행복하게하는것

유전자 조작과 나노칩 시술이 성행하는 시대에 과학 시술을 받은
발레리나 이야기를 다루는 청소년 소설입니다. 천재 발레리나지
만, 엄마의 강요로 선택한 발레가 행복하지 않은 제나, 발레를 너
무나 사랑하지만 늘 제나에게 열등감을 느끼는 소율. 이들의 이야
기를 통해 진정으로 자신을 위한 꿈이 무엇인지 생각해볼 수 있습
니다. 부모님의 강요가 아닌 내 마음이 가리키는 꿈을 찾아가고 싶
은 아이들에게 추천합니다.

교육과정과 이렇게 연계해요(2022 개정 성취 기준)

5월 첫번째 주제 갈등과 관계

[2바01-03] 가족이나 주변 사람을 배려하며 관계를 맺는다.

[2국01-02] 바르고 고운 말로 서로의 감정을 나누며 듣고 말한다.

[2국05-03] 작품 속 인물의 모습, 행동, 마음을 상상하여 시, 노래, 이야기, 그림 등으로 표현한다.

[4도02-02] 친구 사이의 배려에 대한 올바른 이해를 바탕으로 일상생활에서 배려에 기반한 도덕적 관계를 맺을 수 있는 방안을 탐색한다.

[4도02-03] 공감의 태도가 필요한 이유를 이해하고 도덕적 상상력을 바탕으로 대상과 상황에 따라 감정을 나누는 방법을 탐구하여 실천한다.

[6국05-05] 자신의 경험을 시, 소설, 극, 수필 등 적절한 갈래로 표현한다.

[6미02-05] 미술과 타 교과의 내용과 방법을 융합하는 활동을 자유롭게 시도할 수 있다.

5월 두번째 주제 언어 사용과 문제 해결

[2바04-04] 지금까지의 생활 습관과 학습 습관을 되돌아본다.

[2국01-02] 바르고 고운 말로 서로의 감정을 나누며 듣고 말한다.

[4국01-04] 상황과 상대의 입장을 이해하고 예의를 지키며 대화한다.

[4국04-05] 언어가 의사소통과 관계 형성의 수단임을 이해하고 국어를 소중히 여기는 태도를 지닌다.

[4도02-02] 친구 사이의 배려에 대한 올바른 이해를 바탕으로 일상생활에서 배려에 기반한 도덕적 관계를 맺을 수 있는 방안을 탐색한다.

[6국05-05] 자신의 경험을 시, 소설, 극, 수필 등 적절한 갈래로 표현한다.

[6국05-06] 작품을 읽고 자신의 삶과 연관지어 성찰하는 태도를 지닌다.

5월 세번째 주제 학교 폭력과 우정

[4국05-01] 인물과 이야기의 흐름을 중심으로 작품을 감상한다.

[4국05-02] 자신의 경험을 바탕으로 작품 속 세계와 현실 세계를 비교하여 작품을 감상한다.

[4도01-04] 다른 사람의 관점을 수용할 수 있는지를 도덕적으로 검토하고 도덕규범을 내면화하여 도덕적으로 행동할 수 있는 자세를 기른다.

[4도02-02] 친구 사이의 배려에 대한 올바른 이해를 바탕으로 일상생활에서 배려에 기반한 도덕적 관계를 맺을 수 있는 방안을 탐색한다.

[4도02-03] 공감의 태도가 필요한 이유를 이해하고 도덕적 상상력을 바탕으로 대상과 상황에 따라 감정을 나누는 방법을 탐구하여 실천한다.

[6국05-03] 소설이나 극을 읽고 인물, 사건, 배경을 파악한다.

[6국05-05] 자신의 경험을 시, 소설, 극, 수필 등 적절한 갈래로 표현한다.

5월

상처 주지 않고
단단하게
관계 맺기

진심으로 친구를 아끼는 마음
『무영이가 사라졌다』

저학년 | 임수경 글, 김혜원 그림, 뜨인돌어린이, 2023

며칠째 교실의 책장이 엉망진창이에요. 늘 반듯하던 책장이었는데, 어질러진 모습을 보니 친구 얼굴이 떠오르죠. 바로 무영이! 교실에 있는지 없는지 모를만큼 조용하던 무영이의 빈자리가 오늘따라 크게 느껴집니다. 무영이가 학교에 오지 않은 것을 알아차린 아이들은 술렁이기 시작합니다. 그리고 무영이가 학교에 오지 않은 갖가지 이유를 상상하기 시작하죠.

한결이는 지난주 국어 시간이 떠오릅니다. 글을 한 문장씩 읽는 도미노 읽기에서 흐름을 놓쳐 당황하던 무영이에게, 한결이는 무슨 생각을 하고 있었느냐며 핀잔을 주었어요. 그러자 반 친구들도 모두 합세해 무영이를 비웃고, "우우!" 하는 소리를 냈어요. 무영이의 얼굴은 홍당무처럼 빨개졌지요. 한결이는 무영이가 그때 친구들에게 망신당해서 학교에 오지 않은 건 아닐까 하고 걱정합니다.

재원이는 꼬리잡기 놀이중 무영이의 꼬리를 빼앗았던 기억을 떠올립니다. 꼬리를 빼앗기고는 쓸쓸한 표정을 한 무영이를 위로해준 사람은 아무도 없었습니다. 재원이는 만약 그 순간에 무영이에게 괜찮냐고 한마디했더라면 어땠을까 하며 후회로 마음이 무거워집니다.

아이들이 무영이와 있었던 일을 떠올리며 자신이 무영이에게 혹시나 상처 주지는 않았을까 하고 고민합니다. 그 모습이 참으로 배울 만하다는 생각이 듭니다. 우리는 상처를 주고도 그게 그 사람에게 상처인지도 모르는 경우가 많으니까요.

또한 아이들은 무영이가 돌아오자 진심으로 사과합니다. 지난주 국어 시간에 면박 줘서 미안하다고, 지난주 체육 시간에 네 기분을 무시해서 미안하다고요. 아이들은 사과를 하면서 자기 행동에 대해 핑계를 대거나 변명을 하지 않습니다. 그저 자기 행동을 진심으로 사과합니다.

저는 교실에서 아이들에게 친구가 상처받으면, 그 즉시 자기 잘못을 사과하라고 가르치곤 합니다. 사과하지 않고 핑계를 대거나 회피하는 것은 오히려 문제 상황을 더욱 크게 만들기도 하고, "미안해" 한마디는 문제를 해결하는 가장 빠르고 효과적인 방법이니까요.

그러나 아이들은 한목소리로 저에게 말합니다. "선생님, 근데 사과하는 게 어려워요"라고요. 이 동화를 통해서 교실의 아이들과 친구와 있었던 일을 떠올리고, 사과하는 방법을 배워보면 어떨까요? 이번 수업에서는 무영이가 학교에 오지 않은 일을 상상하고, 연극으로 표현해보는 활동을 통해 사과하는 방법을 배워보도록 하겠습니다. 교실에서 실제로 있었던 일을 바탕으로 연극을 만들어 수업해보는 방식도 추천합니다.

친구의 마음을 이해하고 사과 잘하는 법

동화 『무영이가 사라졌다』를 읽고 나서 진심을 담아 사과하는 방법을 연극을 통해 알아보는 활동입니다.

 무영이에겐 무슨 일이?

동화 전체를 읽지 않고 부분을 끊어 읽으며 활동을 진행합니다. 동화책의 1장 학교 가는 길에 무영이가 학교에 오지 않은 것을 아이들이 알아챈 부분까지 읽은 후 시작합니다.

1. 무영이와 아이들 사이에 있었던 문제 상황을 하나 상상해 써봅시다.

무영이가 학교에 오지 않은 이유는 무엇일까요? 여러분들은 학교에 가기 싫었던 적이 있나요? 나의 경험을 돌아봐도 좋고, 무영이가 학교에 가기 싫었던 이유를 상상해봐도 좋습니다.

● 예시 ●

무영이와 있었던 일	
언제?	① 글을 한 문장씩 읽는 도미노 읽기에서 흐름을 놓쳐 당황한 무영이에게 한결이가 너 무슨 생각하고 있냐며 무심코 한마디함.
1교시 국어 시간	② 반 친구들도 모두 합세해 무영이를 비웃고, "우우!" 하는 소리를 냄.
	③ 무영이의 얼굴이 빨개짐.

무영이와 있었던 일	
언제?	

2. 무영이와 있었던 일을 모둠 친구들과 연극으로 만들어 발표합니다.

 무영이의 뇌 구조

과 같은 일이 있었을 때 무영이는 과연 어떤 생각을 했을까요? 무영이의 입장에서 무영이의 마음을 상상해보고, 그때 무영이의 감정을 골라 써봅시다.

• 예시 •

무영이의 뇌 구조	무영이의 감정
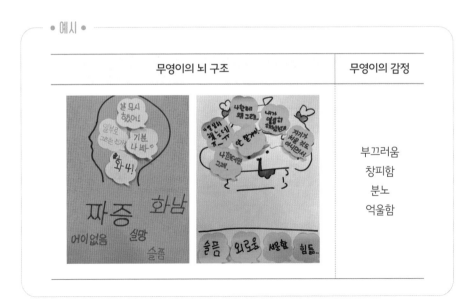	부끄러움 창피함 분노 억울함

활동 3 사과 잘하는 법 '인공약'으로 무영이에게 사과하기

1. 사과 잘하는 법 '인공약'을 알아봅시다.

무영이에게 있었던 일과 무영이의 마음을 살펴보았다면 이제 진심으로 사과하는 일만 남았습니다. 사과를 잘하는 방법은 첫째는 나의 실수를 인정하기, 둘째로 상대의 마음에 공감하기, 마지막으로 앞으로의 각오를 약속하기입니다.

사과 잘하는 법 '인공약'		
단계	방법	예시
1. 나의 실수 **인정하기**	문제의 원인을 파악합니다. 나의 잘못을 변명하지 않고 인정합니다.	'도미노 읽기에서 흐름을 놓친 너에게 무심코 한마디했어.'
2. 상대의 마음에 **공감하기**	상대의 아픈 마음에 집중합니다.	'당하는 사람은 하나도 재미가 없고 창피하구나.'
3. 앞으로의 각오를 **약속하기**	다시는 그 일이 벌어지지 않도록 약속하고, 고칩니다.	'네가 실수하거나 어려워하는 것이 있을 때 다시는 놀리지 않을게.'

무영이에게 사과하기

"국어 시간에 도미노 읽기 할 때, 내가 무심코 던진 말 때문에 창피했을 것 같아. 미안해.
다시는 그렇게 놀리지 않고, 네가 실수하면 도와줄게."

2. 활동 1 과 같은 상황일 때, 무영이에게 어떻게 사과하고 싶나요? 사과의 글을 써봅시다.

무영이에게 사과하기

3. 빈 의자 기법을 활용해 무영이에게 사과해봅시다.

> ※ 빈 의자 기법: 상상의 인물이 의자에 앉아 있다고 생각하고, 내가 하고 싶
> 은 말을 전하는 연극 기법입니다.

　① 빈 의자를 두 개 준비한 후, 마주보게 둡니다.

　② 의자 하나에는 무영이가 앉아 있다고 상상합니다.

　③ 한 사람씩 돌아가면서 무영이 맞은편 의자에 앉아 준비한 사과의 말을

　　건넵니다.

4. 활동 후 소감 나누기

활동이 끝난 후에는 수업을 통해 느꼈던 감정과 생각을 나눕니다.

친구와의 고민을 해결해줍니다
『우정 자판기』

중고학년 | 정선애 글, 박우진 그림, 파란정원, 2022

친구와 우정을 쌓는 일은 학교에서 배우는 것 중 가장 중요하고 가치 있는 일입니다. 아이들은 학교에서 친구와 관계를 쌓으며 삶에서 친구와의 관계 비중을 키워나갑니다. 6학년쯤 되면 어린이들은 가족과 보내는 시간보다 친구와 보내는 시간을 더욱 선호하기도 하죠. 삶의 큰 부분을 친구가 차지하게 되는 이 시기에 친구와 갈등을 겪으면 어린이들은 무척 힘들어합니다. 친구와 다투고 혼자 끙끙대다가 상담을 요청하는 어린이도 있고요, 친구와 화해하고 다시 친하게 지내고 싶은데 어쩔 줄 몰라 고민하는 어린이도 있습니다.

『우정 자판기』는 친구 관계로 울고 웃으며 성장하는 또래들의 이야기를 담고 있습니다. 『우정 자판기』의 주인공 새미는 보라, 분홍이와 삼총사입니다. 그런데 어느 날부터 삼총사 관계에 금이 가기 시작합니다. 그 이유는 자기밖에 모르는 새미 때문이죠. 새미는 보라에게 뚱뚱해 보인다고 말해서 상처를 주기도 하고, 분홍이의 새 색연필을 빌려놓고는 제때 돌려주지도 않아 분홍이의 기분을 상하게 합니다. 새미는 협동화를 그릴 때 분홍, 보라의 의견은 무시하고, 친구들에게 자신이 원하는 대로 그리라고 시키기까지 합니다.

새미에게 기분이 상할 대로 상한 분홍이와 보라는 속상한 마음을 털어놓는 교환 일기를 단둘이서만 쓰기로 합니다. 분홍, 보라는 새미에게 당한 일을 속시원하게 털어놓으며 점점 가까워집니다. 새미는 점점 친구들과 멀어지게 되지요. 보라와 분홍이가 몰래 주고받는 교환 일기를 발견한 새미는 그제야 자신이 친구들에게 잘못했다는 걸 깨닫습니다. 새미는 이전처럼 삼총사가 다시 뭉쳐 친하게 지내길 바라지만 차마 사과할 용기가 나지 않습니다.

그때 새미는 수상한 간식 자판기를 발견합니다. 용서방 달고나, 믿음직한 쫀드기 등 아홉 가지의 간식이 들어 있는데, 이름도 참 특이하죠. 소원을 간절하게 빌고 누르면 간식이 뽑힌다는 말을 듣고 새미는 삼총사의 우정이 다시 돌아올 수 있게 해달라고 간절하게 소원을 빕니다. 새미의 간절함이 통했는지 자판기에서 사과맛 젤리가 나옵니다. 젤리를 먹은 새미는 친구들에게 진심으로 사과해야겠다고 결심합니다. 사과맛 젤리를 먹는다는 것은 사과할 마음을 먹는다는 의미가 아니었을까요? 친구 관계에서 생긴 문제는 마법처럼 쉽게 해결되지 않지만, 새미는 우정 자판기를 통해 사과도 하게 되고, 친구의 소중함도 다시 깨닫게 됩니다.

『우정 자판기』는 우정을 지키는 데 필요한 가치를 깨닫게 합니다. 교실에도 우정 자판기가 있으면 얼마나 좋을까요? 친구 관계로 고민할 때마다 버튼을 누르면 친구 간의 문제 해결을 도와줄 마법 같은 간식이 나오니까요.

새미는 한 자 한 자 진심을 눌러 담아 사과 편지를 씁니다. 분홍이는 간식 자판기에서 믿음직한 쫀드기를 뽑고, 보라는 용서방 달고나를 뽑습니다. 간식을 먹은 후, 삼총사는 어떻게 되었을까요? 아이들과 간식 이름에 들어 있는 우정 단어를 찾아보면서 동화책을 읽어보시길 추천합니다.

우리 반 우정을 지켜라!

동화 『우정 자판기』를 읽고 또래 상담을 통해 공감하는 시간을 갖고, 함께 해결책을 고민하며 우정을 지키는 방법을 찾아봅시다.

 친구와의 우정을 지키기 위해 필요한 것

친구와의 우정을 지키기 위해 무엇이 필요할까요? 필요하다고 생각하는 것과 그 이유를 작성하세요.

● 예시 ●

필요한 것	공평
이유	세 명의 친구가 함께 잘 지내려면 누구 한 명이 소외되지 않도록 공평하게 대우받아야 한다.

● 예시 ●

눈치　정직　취향존중
사랑　　　　　　경청
미안함　도움　공감　관심　위로
믿음　인정　　　배려　협동
용기　이해　칭찬　용서
긍정　평등
협력　감사　신뢰
겸손　예의　존중
예절

우정 고민 작성하기

친구와의 관계 때문에 속상했던 경험이 있나요? 친구와 있었던 일을 떠올리고 육하원칙에 따라 써봅시다. 익명으로 작성해도 좋습니다.

• 예시 •

누구와의 일인가요?	○○, △△
언제 일인가요?	1학기
어디서 있었던 일인가요?	체육 시간
무엇을 어떻게 했나요? (어떤 일이 있었나요?)	플로어볼 게임 팀을 나누고 있었다. ○○과 △△이 단둘이 손 꼭 잡고 친구들에게 둘이 같은 팀을 시켜달라고 했다. 평소 셋이 다니는데, 둘이 그러니까 나는 소외되는 것 같았다.
친구는 왜 그런 행동을 했나요?	둘만 같은 팀 하고 싶어서
어떤 생각 또는 감정이 들었나요?	소외감, 외로움

나의 우정 소원을 써보세요.

• 예시 •

나, ○○, △△ 셋 중 아무도 소외되지 않고 지냈으면 좋겠어요.

 우리 반 '우정 마켓' 그림책 창작하기

친구들의 우정 고민을 해결해주는 우정 간식을 개발하고, 우리 반의 그림책을 창작해봅시다.

① 친구의 우정 고민을 보고, 친구에게 주고 싶은 우정 간식을 떠올립니다.

② 친구의 고민과 관련된 우정 가치를 떠올려요.

③ 내가 개발한 간식에 어울리는 포장 디자인을 해요.

④ 우정 간식의 이름과 설명에는 우정 가치가 포함되도록 합니다.

⑤ 우정 간식의 가격, 우정 간식의 효과를 씁니다.

● 예시 ●

	간식 이름	공평한 세 쌍 바
	간식 설명	세 명이 놀 때, 한 명이 외롭다면 셋이 함께 세 쌍 바를 나눠 먹어봐. 세 개로 나눈 세 쌍 바를 먹으면서 원래 하나였던 것을 떠올리며 단단한 우정을 만들 수 있어.
	간식 가격	셋이 함께 웃는 미소
	이런 친구에게 추천해요	세 명이 함께 단단한 우정을 이어가고 싶은 친구에게 추천해요.
	간식 이름	나의 소중함을 알릴 수 있는 Magic Bubble Gum
	간식 설명	친구들이 나만 쏙 빼고 놀 때는 서운한 친구에게 이 마법의 풍선껌을 먹여봐. 껌의 쫄깃쫄깃함에 누구 한 명 소외되지도 않고, 친구 관계는 끈끈해질 거야.
	간식 가격	걱정 두 가지
	이런 친구에게 추천해요	소중한 친구 관계를 지키고 싶은 친구에게 추천해요.

창작 예시 북크리에이터

한 걸음 더

진정한 친구 관계를 맺도록 도와주는 책

그림책

『진짜 진짜 멋진 친구』
이지 글·그림, 페이퍼독, 2023
#내가생각하는친구란 #여정을함께하는일

친구의 진정한 의미를 알려주는 포근한 그림책. 진짜 진짜 멋진 친
구를 만나기 위한 거북이의 여정에 나무늘보가 동행하게 됩니다.
거북이는 말도 행동도 느린 나무늘보가 믿음직스럽지 않아요. 나
무를 오르는데, 자꾸만 미끄러지는 거북이에게 나무늘보는 자기
등을 내어주고, 나무늘보는 거북이를 업고 나무를 오르기 시작합
니다. 거북이는 진짜 진짜 멋진 친구를 찾을 수 있을까요?

그림책

『우리 반 문병욱』
이상교 글, 한연진 그림, 문학동네, 2023
#친구에게먼저물어봐 #넌뭘좋아해?

편견 없이 친구에게 한 발짝 다가가는 용기를 보여주는 책. 예지는
아무 말도 하지 않고 주머니에 손만 꼭 넣고 있는 병욱이가 신경쓰
입니다. 예지는 다른 친구들처럼 병욱이를 바보라고 부르지 않고,
먼저 말을 걸지요. 예지로부터 시작된 말과 행동은 서서히 친구들
을 바꿔놓습니다.

동화책

『너의 베프가 되고 싶어』
김지원 글, 김도아 그림, 한솔수북, 2024
#친구가되려면 #진심으로아껴주기

친구가 되기 위해 필요한 것을 스스로 질문하게 하는 책. 전학생 소은이는 지연이와 친해지고 싶습니다. 소은이는 지연이에게 구하기 어려운 스티커를 선물로 주고 마음을 얻어 단짝 클럽에 들어가게 됩니다. 하지만 단짝 클럽에서도 베프 등급이 되어야 지연이의 생일 잔치에 갈 수 있다고 합니다. 소은이는 지연이의 마음을 사로잡기 위해 노력하지만 쉽지 않습니다. 소은이는 지연이와 정말 단짝이 될 수 있을까요?

동화책

『달빛초등학교 귀신부』
임정순 글, 김푸른 그림, 웅진주니어, 2023
#친구고민상담 #가장중요한건우정

빨간 휴지 줄까? 파란 휴지 줄까? 사람들을 놀라게 했던 화장실이 고민을 해결해주는 '해우소'로 재탄생합니다. 아이들이 찾아오지 않는 오래된 화장실의 주인 측신이 깨어나고, 측신은 소원을 들어준다는 초대장을 미끼로 아이들을 유인합니다. 여기에 귀신 이야기를 공유하는 모임인 귀신부에서 퇴출당한 도아율이 찾아오지요. 과연 측신은 소원을 해결해줄 수 있을까요?

언어 사용과 문제 해결①

비속어 대신
바르고 고운 말 사용하기
『개 사용 금지법』

저학년 | 신채연 글, 김미연 그림, 잇츠북어린이, 2018

"아 진짜, 개 싫어!" 소란스러운 쉬는 시간, 한 아이의 쩌렁쩌렁한 목소리가 귓가를 찌릅니다. 이 아이는 왜 개를 싫어할까요? 개가 들으면 정말 서운해할 것 같은데요. 교실에 있다보면 개를 찾는 목소리가 자주 들려옵니다. 개 좋아, 개 맛있어, 개 짜증나, 개 웃겨, 개 이상해, 개 꿀잼. 아이들은 의미도 모른 채 '개'를 붙인 표현을 습관적으로 사용합니다.

낱말 앞에 개를 붙이면 무슨 의미가 될까요? 본래 우리말에서 '개'는 쓸데 없는 것, 헛된 것, 정도가 지나치게 심한 것을 표현할 때 단어 앞에 붙이는 접두사로 사용합니다. 예를 들어 개살구, 개꿈, 개고생, 개망신 같은 단어가 있지요. 앞서 아이들이 자주 사용하는 표현들은 본래 우리말인 접두사로 쓰이는 말이 아닌, 비속어입니다. 그러나 '개'를 붙여 말하지 않으면 오히려 어색하게 느껴질 만큼 '개'라는 표현은 우리 언어 생활에 깊숙이 자리잡고 있습니다.

'개'가 비속어인 줄도 모르고 사용하는 우리 아이들이 비속어 없는 안전한 울타리 안에서 긍정적인 언어로 서로 마음을 주고받으면 좋겠습니다. 이를 위해 아이들과 함께 읽으면 좋은 동화가 바로 『개 사용 금지법』입니다. 사람들이 습관적으로 뱉는 '개'라는 말 때문에 상처받는 친구들이 있습니다. 바로 사랑스럽고 귀여운 강아지 망망이와 토토입니다. 망망이와 토토는 봉달이의 반려견으로, 산책중 우연하게 사람들의 대화를 듣게 됩니다. "개 싫어!" 이 소리에 망망이와 토토의 꼬리는 바닥으로 툭 내려갑니다. "아웅, 개 맛있어." 이 소리에 망망이와 토토의 심장은 바닥으로 쿵 떨어집니다.

사람들이 부정적인 말 앞에 '개'를 사용하는 유행이 퍼지자, 개들은 긴급회의를 열게 됩니다. 개들의 명예를 지키기 위해 '개 사용 금지법'을 만듭니다. 그리고 최고의 개 사용자를 찾아, 전설의 마법을 쓰기로 하죠. '개'를 많이 사용하는 아이는 '개'라는 말을 사용할 수 없게 되고, 개로 변해버리는 무시무시한 마법입니다. 개를 남용하는 아이에게 내리는 벌이라고 할 수 있죠.

동화 속 최고의 '개' 사용자는 바로 봉달이입니다. 봉달이는 태권도 검은띠를 한 형들처럼 멋져 보이고 싶어 '개'를 사용하게 되었고, 모든 말 앞에 '개'를 붙입니다. "개 피곤해." "개 맛없어." "개 싫어." 봉달이는 전설의 마법에 걸리게 되죠. 개들은 봉달이에게 복수하기 위해 봉달이가 사용했던 '개' 대신에 봉달이의 이름을 넣어 말하기 시작하죠. "뽕달 피곤해." "뽕달 맛없어." "뽕달 싫어." 그제야 봉달이는 무턱대고 '개'를 붙여 사용하던 자신의 잘못을 깨닫고 습관을 고치기로 마음먹습니다.

가정이나 교실에서 '개'를 특히 많이 사용하는 친구가 있다면, 개로 변하는 전설의 마법이 있다는 이야기를 들려주면 어떨까요? 그리고 '개'를 사용하지 않고 바르고 고운 말을 써보는 캠페인을 통해 아이들의 올바른 언어 사용 문화를 함께 만들어봐요!

우리 반 바른 언어 생활 도전!

동화 『개 사용 금지법』을 읽고 우리 반의 언어 사용 실태를 돌아보고, 캠페인을
통해 바르고 고운 언어를 사용하는 분위기를 만들어보는 활동입니다.

 우리 반 언어 사용의 문제점 찾기

1. 우리 반 언어 사용 문제 조사

우리 반 친구들의 언어 사용에는 어떤 문제가 있나요?

> • 예시 •
>
> 개를 많이 사용한다.

2. 조사 계획 세우기

쉬는 시간, 방과후, 수업 시간중 우리 반 친구들의 언어 사용 문제를 조사해봅시다.

• 예시 •

조사 내용	우리 반 친구들이 쉬는 시간에 사용하는 '개'가 붙은 말
조사 날짜와 시간	하루 중 쉬는 시간
조사 장소	우리 반 교실
준비물	메모장, 필기도구
조사 방법	친구들이 사용한 말을 듣고, 메모장에 옮겨 적는다.

3. 조사 내용 정리하기

조사 결과	개 싫어, 개 좋아, 개 극혐, 개 짜증나
조사 후 생각과 느낌	우리 반 친구들은 '개'가 붙은 말을 자연스럽게 사용한다. '개'를 사용하지 않고, 바른 우리말을 쓰는 습관을 기르기 위해 노력해야 한다.

4. 우리 반 언어 사용 문제 조사 분석하기

우리 반 친구들의 언어 사용 실태에서 문제는 무엇인가요?	• '개'를 많이 사용한다. • 줄임말을 자주 사용한다. • 친구를 놀리는 말을 많이 사용한다.
우리 반의 바르고 고운 말 습관 형성을 위해 노력해야 할 점은 무엇일까요?	• 비속어인 '개' 사용을 줄여야 한다. • 친구의 기분을 상하게 하는 말을 사용하지 말고, 칭찬하는 말을 사용한다. • 상대가 들었을 때 기분이 좋아지는 말을 사 용한다.
'개' 사용 금지법처럼 우리 반에 필요한 언어 사용 규칙은 무엇이 있나요?	• '개' 대신 진짜, 아주, 정말, 매우, 무척 같은 표현을 사용한다.

바르고 고운 말 사전 만들기

1. 비속어인 '개' 대신에 내 생각과 감정을 더욱 깊이 있게 전달하는 방법을 찾아봅
시다.

개 졸려	예) 금방이라도 눈꺼풀이 달라붙을 것처럼 졸려.
개 배고파	예) 배에서 요란하게 천둥이 칠 만큼 배고파.
개 부드러워	
개 맛있어	

2. 우리 반 친구들이 사용하는 말 중 바르고 고운 표현으로 고치고 싶은 말을 찾아
보세요.

우리 반 친구들이 사용하는 문제의 말	바르고 고운 말
예) 갓띵작	예) 최고의 명작

3. 우리 반의 바르고 고운 말 사전을 만들어봅시다.

• 예시 •

~할 때

너무 졸릴 때

이렇게 말해보세요.

"금방이라도 두 눈꺼풀이
착 달라붙을 것 같이 졸려."

활동 3 바르고 고운 말 사용하기 30일 도전

• 예시 •

바르고 고운 말 사용하기
30일 도전

목표 _____ 시작 날짜 _____

DAY 1	DAY 2	DAY 3	DAY 4	DAY 5	DAY 6
DAY 7	DAY 8	DAY 9	DAY 10	DAY 11	DAY 12
DAY 13	DAY 14	DAY 15	DAY 16	DAY 17	DAY 18
DAY 19	DAY 20	DAY 21	DAY 22	DAY 23	DAY 24
DAY 25	DAY 26	DAY 27	DAY 28	DAY 29	DAY 30

30일 도전을 마치고 잘된 점

30일 도전을 마치고 아쉬운 점

언어 사용과 문제 해결 ②

상처 주지 않고 말하는 방법
『왕주먹 대 말주먹』

중고학년 | 유순희 글, 김고은 그림, 가나출판사, 2023

　"선생님! 큰일났어요!" 한 아이가 다급하게 저를 찾습니다. 무슨 일인가 싶어 발바닥에 불이 나게 달려가보니, 재민이가 바닥에 쓰러져 웅크려 있고, 주변이 소란스럽습니다. 재민이가 무심코 내뱉은 한마디, "넌 그것도 못하냐?"를 듣고 화가 난 도현이가 재민이의 명치를 발로 찼다고 합니다. 재민이는 도현이에게 언어 폭력을 가했고, 도현이는 재민이에게 신체 폭력을 가했습니다. 여러분이 저라면 이 상황에서 아이들을 어떻게 지도하시겠습니까?

　아이들의 다툼 양상을 살펴보면 도현이와 재민이의 경우처럼 말로 시작된 장난이 신체 폭력으로 이어지는 경우가 많습니다. 또는 작은 말싸움이 학교 폭력으로 이어지는 일도 많습니다. "넌 그것도 못하냐?"라는 말은 도현이의 마음을 아프게 하는 '말주먹'이었을 겁니다. 재민이의 폭력도, 도현이의 폭력도 용인될 수 없는 일입니다.

　만약 재민이가 친구를 비난하지 않았더라면, 재민이가 발차기가 아닌 대화의 방법을 선택했다면 어땠을까요? 사건의 발단은 장난이라는 이름으로 던진 '말' 때문이었습니다. 아이들은 장난이라며 친구를 놀리는 말, 무시하는 말을 아무렇지 않게 뱉습니다. 가장 많은 시간을 보내는 학교에서 친구에게 아무렇지 않게 말로 상처를 주고, 또 상처받으며 지내는 모습을 보면 어떤 공부보다 말 공부가 가장 중요하게 느껴집니다.

친구와의 관계에서 올바른 언어 사용 습관을 기르는 데 도움이 될 동화가 있으니, 『왕주먹 대 말주먹』입니다. 책에는 왕주먹 태오와 말주먹 선우가 등장합니다. 태오는 커다랗고 힘센 주먹, 이름하여 왕주먹을 가졌습니다. 선우는 아는 것도 많고 말도 재밌게 잘하여 말주먹이라고 불립니다. 태오는 주먹 힘은 무척 세지만, 말로 제 생각을 표현하기를 매우 어려워합니다. 선우는 주먹 힘은 약하지만, 말을 조리 있게 잘하고, 말싸움에도 탁월합니다.

왕주먹 태오와 말주먹 선우의 다툼은 급식으로 치킨이 나온 어느 날부터 시작됩니다. 급식실 앞에서 줄을 서서 기다리던 태오의 어깨를 선우가 치고 지나갑니다. 선우는 미안하다고 사과도 한마디 않더니, 태오의 줄 앞에 턱 하니 새치기까지 합니다. 화가 치밀어오른 태오는 선우에게 달려가 어깨를 칩니다. 그러자 선우는 날카로운 말로 태오에게 맞섭니다. 태오는 선우에게 하고 싶은 말이 굴뚝 같았지만 끊임없이 말을 쏘아대는 선우의 기세에 아무런 대꾸도 못합니다. 대신 태오의 왕주먹이 울끈불끈거립니다. 급식실 사건 이후로 왕주먹과 말주먹의 다툼은 매일 이어지는데요. 친구와의 갈등의 모습을 실감나게 보여줍니다.

아이들 중에는 태오처럼 생각과 감정을 말의 그릇에 제대로 담아 전달하지 못하는 경우가 많습니다. 소통이 되지 않으니 답답해서 신체 폭력을 쓰기도 하죠. 그리고 선우처럼 말로 친구를 아프게 하는 경우도 많지요. 태오는 왕주먹을 쓰지 말고 말에 생각을 담아 전달하는 방법을 배워야 하고, 선우는 말로 친구에게 상처 주지 않는 방법을 배워야 합니다. 언어를 배우는 가장 효과적인 방법은 직접 말을 해보는 겁니다. 연극 활동을 통해 직접 표현해보며 바른 언어 사용 방법을 익혀봅시다!

말주먹 말고 긍정 말로 친구와 관계 맺기

동화 『왕주먹 대 말주먹』을 읽고 상처 주는 말 대신 올바른 언어를 사용하여 긍정적인 관계를 형성하는 방법을 익히는 수업입니다.

 말주먹의 힘

선우가 했던 말주먹을 듣고, 그 말에 대한 느낌을 술래와의 거리로 표현합니다.

① 학급 전체가 원 모양으로 섭니다.

② 술래를 한 명 뽑습니다. 술래는 원의 한가운데에 섭니다.

③ 술래는 선우가 했던 말을 하나 골라 말합니다.

④ 나머지 학생들은 그 말에 대한 느낌을 거리로 표현합니다. 말이 편안하고 듣기 좋으면 술래와 가까워지고, 말이 불쾌하고 듣기 싫으면 술래와 멀어집니다.

질문 가장 듣기 싫었던 말은 무엇인가요?

  말주먹을 맞았을 때 어떤 느낌이 들었나요?

활동 업그레이드

동화책에 나온 말 외에도 내가 들었던 말, 내가 했던 말 중에서 기분을 상하게 했던 말을 활용해볼 수도 있습니다.

 긍정 말소리 터널

소리 터널 활동을 통해 긍정의 말을 들어보고, 말주먹을 들었을 때의 기분과 긍정 말을 들었을 때의 기분을 비교해보는 활동입니다.

① 들으면 기분이 좋아지는 긍정의 말을 떠올려봅니다.

② 술래를 한 명 정합니다.

③ 나머지 학생은 간격을 두고 두 줄로 서서 터널을 만듭니다.

④ 술래는 줄의 한쪽 끝에서부터 천천히 걸어 반대 끝으로 이동합니다.

⑤ 나머지 학생은 술래가 내 앞을 지나갈 때, 술래에게 긍정의 말을 합니다.

질문 가장 듣기 좋았던 말은 무엇인가요?

  긍정 말을 들었을 때 어떤 기분이 들었나요?

활동 3 우리 반 최고의 말! 최악의 말!

① **활동 1**에서 나온 말 중 가장 듣기 싫은 최악의 말을 떠올려봅니다.
② 최악의 말을 모두 칠판에 기록합니다.
③ 투표를 통해 최악의 말을 1위부터 10위까지 뽑습니다.
④ **활동 2**에서 나온 말 중 가장 듣기 좋은 최고의 말을 떠올려봅니다.
⑤ 최고의 말을 모두 칠판에 기록합니다.
⑥ 투표를 통해 최고의 말을 1위부터 10위까지 뽑습니다.

활동 4 바꿔! 문제 상황 체인지!

동화 속 갈등 상황을 연극으로 재현하고, 갈등 상황을 즉흥으로 바꿔보는 활동을
통해 친구 사이의 올바른 언어 사용 방법을 익히는 활동입니다.

1. 동화 속 왕주먹과 말주먹 사이의 갈등 상황을 적어봅시다.

1 ROUND	급식실에서 선우가 태오의 어깨를 치고 간다.
2 ROUND	선우는 태오에게 빌려준 연필이 구석에 처박힌 것을 발견한다.
3 ROUND	선우가 백록담을 백두산의 호수라고 우기고, 태오는 틀렸다고 얘기한다.
4 ROUND	선우는 태오에게 자기 일에 참견하지 말라고 얘기한다.
5 ROUND	선우와 태오는 서로의 말꼬리를 잡으며 다툰다.
6 ROUND	태오는 선우의 메달을 찌그러뜨린다.

2. 활동 방법

갈등 상황 연극으로 보여주기

① 짝과 함께 활동을 진행합니다.

② 여섯 개의 상황 중 연극으로 표현할 상황을 하나 정합니다.

③ 한 명씩 각각 태오, 선우 역할을 맡습니다.

④ 3분 동안 짝과 함께 연극으로 보여줄 핵심 대사, 행동을 연습합니다.

⑤ 한 팀씩 앞으로 나와 둘의 갈등 상황을 1분가량의 짧은 연극으로 보여줍니다.

문제 상황 바꿔 재연하기

① 관객들은 태오와 선우의 언어 사용에서 잘못된 부분, 바꾸고 싶은 부분을 생각하며 연극을 봅니다.

　⑩ '급식실에서 선우가 어깨를 치고 새치기한 상황에서 태오가 폭력을 쓰지 않고, 부탁의 말을 했더라면 갈등이 커지지 않았을 것 같아.'

② 관객이 직접 연극의 배우로 들어가 자신이 문제 상황을 해결할 방법을 넣어 재연합니다. 이때 언어나 신체 폭력을 사용할 수 없음을 꼭 안내합니다.

　⑩ "저는 태오 역할이 되어보겠습니다." 이때, 원래 선우 역할이던 학생은 그대로 등장하고, 관객이 태오 역할이 되어 즉흥으로 표현합니다.

③ 문제 상황을 바꿔 즉흥극을 한 후, 소감을 이야기합니다.

　⑩ 선우 역할을 한 학생: 태오가 따지지 않고, 부탁을 하니까 미안한 마음이 들었습니다.

활동 업그레이드

아이들의 실제 경험을 바탕으로 연극 활동을 진행할 수도 있습니다.

한 걸음 더

말의 힘을 알려주는 책

동화책

『내가 말할 차례야』

크리스티나 테바르 글, 마르 페레로 그림, 유 아가다 옮김, 다봄, 2021

#존중과배려의말하기 #비폭력대화법

감정 표현이 미숙한 아이들에게 상대를 존중하고 배려하는 비폭
력 대화법에 대해 차근차근 알려주는 책. 공놀이를 하던 중 공을
두고 두 아이가 다투기 시작합니다. 말싸움은 몸싸움이 되고, 화
를 참지 못한 아이들은 급기야 울음을 터트립니다. 어떻게 하면 나
의 입장과 생각을 제대로 전달할 수 있을까요? 이 책은 그 방법을
친절하게 알려줍니다. 책을 읽은 후, 역할극을 통해 비폭력 대화법을 익혀보세요.

그림책

『친구를 지키는 말』

스테파니 보이어 글, 엘리사 곤잘레스 그림, 윤선희 옮김, 노는날, 2023

#용기의말 #위로와공감의말

말은 한 영혼을 상처 입히기도 하지만, 한 영혼을 살릴 수도 있다
는 깨달음을 주는 책. 교실에서 친구들이 한 아이를 괴롭힙니다.
놀리는 말, 괴롭히는 말과 같은 못된 말로 친구에게 상처를 줍니
다. 이때, 그만하라는 용감한 말 한마디만 있었다면 어땠을까요?
괜찮냐고 물어봐주는 말, 내 마음도 아프다는 말을 친구에게 건넸
다면 어땠을까요?

동화책

『진짜 일 학년 욕 두꺼비를 잡아라!』
신순재 글, 김이랑 그림, 천개의바람, 2022
#불편한욕 #욕은이제그만

욕을 두꺼비로 표현하여 욕을 사용하면 안 된다는 경각심을 주는
책. 무심코 뱉은 욕은 "웩! 웩!" 소리와 함께 입에서 튀어나오며 흉
측한 두꺼비의 모습으로 표현됩니다. 욕 두꺼비는 친구의 이마에
철썩 달라붙는데요, 좀처럼 쉽게 떨어지지 않는 두꺼비는 들으면
머릿속에서 쉽게 지워지지 않는 욕의 특징을 보여줍니다. 화가 차
오르는 순간, 입에서 나도 모르게 두꺼비가 나와 고민이라면 욕 두
꺼비를 잡으러 떠나봅시다.

 동화책

『말 거품 펑!』
공수경 글, 국민지 그림, 북멘토, 2023
#진정성있는말 #책임감있는행동

진정성 있는 말의 무게를 느끼게 해주는 책. 동생한테 말로 지고,
지각한 이유를 설명하지 못해 선생님께 혼나는 유창. 말을 잘하길
바라던 유창은 수상한 가게에서 '말이 술술 치약'을 얻게 되고, 이
마법의 치약 덕분에 유창이는 유창하게 말하게 됩니다. 유창이는
말문이 막힐 때마다 치약을 애용하지만, 뜻밖의 상황이 벌어지지
요. 중요한 건 진심을 담은 말과 책임감 있는 행동이 아닐까요?

5월의 세번째 주제
학교 폭력과 우정

학교 폭력과 우정 ①

왕따 놀이는 장난이 아니야!
『일주일 왕따』

중고학년 | 최은영 글, 이갑규 그림, 마루비, 2022

학교 폭력은 왜 발생하는 걸까요? 피해자의 몸과 마음에 오랜 상흔을 남기는 학교 폭력은 사실 아무 이유 없이 발생하는 경우가 많습니다. 실제로 교육부에서 진행한 2022년 2차 학교 폭력 실태 조사에 따르면 학교 폭력 가해 이유를 '장난이나 특별한 이유 없이'라고 응답한 사례가 44.5퍼센트로 가장 높았습니다. 아이들은 아직 미성숙하여 폭력을 폭력인 줄 몰라서, 혹은 옳고 그른 행위를 구별하지 못해서 폭력을 행하기도 합니다. 학교 폭력 예방 교육에서 가장 먼저 지도해야 하는 점은 장난도 학교 폭력이 될 수 있다는 것입니다. 친구를 따돌리는 놀이를 즐기는 아이들의 이야기를 다룬 동화 『일주일 왕따』를 소개합니다. 이 동화를 통해 학교 폭력의 문제와 심각성에 대해 이해하고, 피해자의 심정에 공감하는 활동으로 연결해볼 수 있습니다.

『일주일 왕따』는 훈서가 건우가 없는 학급 단체 채팅방에 올린 사진 한 장에서 시작합니다. 훈서가 올린 사진은 건우가 폐지를 담은 리어카를 끄는 할머니

앞을 가로막고는 긴 막대기를 휘두르는 모습이었습니다. 평소에 폐지 할머니와 가족처럼 지내던 건우가 저런 행동을 했다니 믿기지 않습니다. 반 친구들도 건우의 행동을 보고 적잖게 놀라 술렁이기 시작합니다. 이때, 훈서는 친구들에게 건우를 따돌리자고 합니다. 훈서는 건우가 괴로워봐야 할머니의 마음을 알게 될 것이고, 후회할 것이라고 말하며 친구를 따돌리는 행위를 정당화합니다.

훈서의 무리는 직접적으로 건우를 괴롭힙니다. 급식 시간에 일부러 건우에게 반찬을 주지 않기도 하고 건우의 몰카를 찍어 퍼트리기도 합니다. 이런 분위기 속에서 훈서네 무리 외에 다른 친구들도 은근하게 건우를 따돌립니다. 건우에 대한 괴롭힘의 수위가 점점 높아져가던 어느 날, 담임 선생님께 단체 채팅방이 발각되고, 왕따를 주동한 훈서는 꾸중을 듣습니다. 훈서는 반성하지 않고, 도리어 건우를 평생 따돌리자고 하는데다, 나아가 건우 외에 싫은 친구들을 일주일씩 왕따시키는 놀이를 제안합니다. 훈서의 무리는 일주일에 한 명씩 왕따를 정하고, 괴롭히기 시작합니다.

그러던 어느 날 훈서의 무리에 끼어 놀았던 주인공 주환이도 일주일 왕따로 지목당합니다. 훈서 무리의 아이들은 주환이에게도 급식 반찬을 주지 않고, 신발에 풀칠을 하고, 어깨를 일부러 치고 지나가기도 합니다. 주환이는 교실에 앉아 있는 시간이 너무나 괴로워 눈물을 흘립니다. 훈서가 건우를 따돌리자고 했을 때 아무 말도 못했던 게 후회되기도 합니다. 그러나 친구를 왕따시켰던 지난날을 되돌리기엔 너무 멀리 와버린 것 같습니다.

동화 속에서 주환이는 학교 폭력의 방관자, 가해자, 피해자가 됩니다. 건우와 친하게 지냈던 주환이는 가해자의 무리에 들어가게 되고, 건우가 따돌림당하는 모습을 방관했습니다. 그러다 왕따 놀이에 합류해 반 친구들을 괴롭히는 가해자가 되었고, 결국 일주일 왕따가 되어 피해자가 됩니다. 각각의 상황에서 주환이는 어떤 마음이 들었을까요? 만약 내가 주환이였다면 훈서가 건우를 따돌리자고 할 때 어떻게 행동했을까요? 연극 수업을 통해 주환이가 되어 가해자, 방관자, 피해자가 되어보면서 학교 폭력의 상황에서 내가 할 수 있는 일들을 찾아봅시다.

학교 폭력의 방관자, 가해자, 피해자로 살아보기

동화 『일주일 왕따』를 읽고 연극을 통해 학교 폭력의 방관자, 가해자, 피해자의 입장을 체험하며 이를 예방하고 해결하기 위해 우리가 할 수 있는 일을 생각해보는 활동입니다.

 나의 선택은? (방관자 또는 가해자로 살아보기)

건우가 없는 학급 전체 채팅방에 훈서의 메시지가 올라옵니다. 내가 이 채팅방에 있었다면 훈서의 메시지를 받고 무슨 말을 했을까요? 떠올려 적어봅시다.

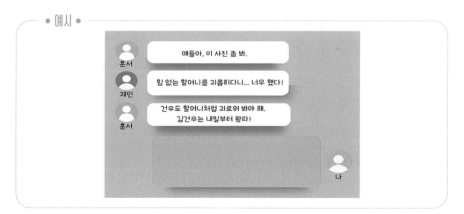

왕따 놀이 장면 만들기(가해자로 살아보기)

학생들은 가해자의 역할이 되어 건우가 학급에서 따돌림당하는 상황을 연극으로 표현합니다.

1. 장면 만들기

　① 모둠별로 활동을 진행합니다.

　② 등장인물은 건우(피해자) 한 명, 주환(가해자) 한 명을 포함합니다. 나머지는
　　　동화에 나오는 인물로 구성해도 좋고, 장면에 넣고 싶은 가상 인물을 추가해
　　　도 좋습니다.

　③ 모둠 친구들과 1분 정도의 짧은 장면을 만듭니다. 동화 속 상황을 연극으로
　　　만들어도 좋고, 상황을 상상해 추가해도 좋습니다.

　④ 연극 발표하기.

　　(예) 숨바꼭질 놀이 중 숨어 있는 건우를 일부러 찾지 않는다.

　　　　일부러 건우의 어깨를 치고 간다.

　　　　건우가 빈자리에 앉으려고 하자, 자리 주인이 있다고 하며 못 앉게 한다.

2. 활동 후 느낌 나누기

　• 피해자의 역할이 되어 따돌림당했을 때 어떤 기분이 들었나요?

　　(예) 외롭고 슬펐어요. 더이상 학교에 다니기 싫었어요.

　• 따돌림의 장면을 보고 어떤 생각이 들었나요?

　　(예) 친하게 지냈던 주환이까지 건우를 괴롭힐 때, 건우는 하늘이 무너지는 기
　　　　분이 들었을 것 같아요.

활동 3 내가 일주일 왕따라고? [피해자로 살아보기]

이번 활동에서는 학생들이 학교 폭력 피해자가 되어보는 경험을 통해 피해자의 감정을 이해하고 공감하는 시간을 가집니다. 학생들은 괴롭힘을 당하는 순간의 감정을 종이를 활용해 표현합니다.

1. 역할 설정

모든 학생은 피해자가 되어봅니다.

2. 분위기 조성

교실의 조명을 어둡게 하여 몰입도를 높입니다.

3. 장면 읽어주기

선생님은 활동2에서 학생들이 표현했던 괴롭힘의 장면을 해설합니다.

4. 감정 표현하기

학생들은 괴롭힘을 당할 때 느낀 감정을 종이를 활용해 표현합니다. 이때, 가위나 풀을 사용하지 않고 손으로만 종이를 구기거나 자르고, 접으며 표현합니다.

5. 표현 이유 설명하기

활동 후 각 학생은 자신이 종이를 왜 그렇게 표현했는지 설명합니다.

진행 순서

교사 여러분은 이제 모두 학교 폭력의 피해자가 된 주환이가 되어봅니다. 우리는 주환이의 감정을 느껴볼 것입니다. 주환이가 괴롭힘당하는 모습을 상상하고, 주환이의 감정을 종이에 표현해보세요. 가위나 풀은 사용하지 않고, 손으로만 종이를 구기거나 자르고, 접으며 표현해주세요.
(교실의 조명을 어둡게 하고 조용한 음악을 틀어 분위기를 조성합니다.)

교사 "친구들은 내가 게임을 잘 못하자 일주일 왕따로 지정하고, 괴롭힌다. '박주환, 다음주 왕따는 너야!' 훈서, 재민, 성현이는 차례대로 내 어깨를 치고 간다. 나는 바닥으로 쓰러진다."

교사 이제 종이를 어떻게 표현했는지, 그리고 그 이유를 설명해볼까요?

학생 A 저는 종이를 찢었어요. 괴롭힘을 당할 때 마음이 찢어지는 것 같아서요.

학생 B 저는 종이를 접었어요. 마음이 움츠러드는 기분이 들었거든요.

6. 활동 느낌 나누기

피해자인 주환이의 마음을 상상해보며 어떤 생각이 들었나요?

예) 학교 폭력이 한 사람의 마음을 죽일 수도 있다는 생각이 들었어요. 친구들을 괴롭히는 일은 일어나면 안 될 것 같아요.

학교 폭력 이제 그만!

1. 우리 반에 왕따 사건이 발생한다면 내가 할 수 있는 일은 무엇일까 떠올려봅니다.

우리 반에 일주일 왕따 사건이 발생한다면 내가 할 수 있는 일은 무엇일까?

내 생각

2. 모둠 친구들과 왕따 사건이 발생했을 때 우리가 할 수 있는 일은 무엇이 있을지 이야기 나눠봅니다.

우리 반에 일주일 왕따 사건이 발생한다면 우리가 할 수 있는 일은 무엇일까?

우리의 생각

3. 모둠 친구들과 나눈 이야기를 연극 장면으로 만들어 표현해봅니다.

● 예시 ●

단체 채팅방에 건우를 따돌리자고 얘기할 때,
훈서에게 그러지 말라고 이야기한다.
훈서, 재민, 성현이가 건우의 어깨를 쳐서 건우가 넘어졌을 때,
건우에게 손을 내밀어 일으켜준다.

학교 폭력과 우정 ②

친구를 괴롭히면 꼬리표가 붙는다
『선우와 나무군』

중고학년 | 최소희 글, 김진미 그림, 봄볕, 2022

    뉴스나 신문 기사로 유명 아이돌이나 배우가 어릴 적 학교 폭력 가해자였다는 폭로가 끊이지 않고 나옵니다. 모 배우는 드라마 방영을 앞두고 학폭 의혹이 불거져 드라마에서 하차하게 되었고, 피해자에게 사과하였습니다. 사과로 끝이 아닙니다. 법원은 학폭 가해자였던 배우의 소속사가 학폭 논란으로 피해를 본 드라마 제작사에 14억 원을 배상하라는 판결을 내렸습니다. 판결이 피해자의 아픔도 씻어주었는지는 모르겠지만, 가해자에게는 성인이 되어서도 '학교 폭력 가해자'라는 꼬리표가 붙는다는 사실을 알 수 있었습니다. 잘못을 반성하지 않으면 그 꼬리표는 평생 가해자에게 붙어 발목을 잡는다는 것을 상징적으로 담아낸 동화책『선우와 나무군』을 소개합니다.

    『선우와 나무군』은 옛이야기인『선녀와 나무꾼』을 학교 폭력 이야기로 재구성한 동화책입니다. 옛이야기에서 나무꾼은 선녀의 날개옷을 숨깁니다. 선녀는 옷이 없어 다시 하늘나라로 돌아가지 못하죠. 나무꾼을 꼬드겨 선녀의 옷을 숨기도록 한 사슴은 『선우와 나무군』에서 고라니로 변신해 등장합니다. 옛이야기 속 나무꾼은 『선우와 나무군』에서 친구를 만들고 싶어 친구의 옷을 숨겨버리는 '나무군', 선녀는 학교 폭력의 피해자 '선우'로 각각 대치되어 등장합니다. 그리고 고라니는 예나 지금이나 사람들을 꼬드기며 못된 짓을 하고 다닙니다. 고라니는 특히 남을 골탕먹이고, 괴롭히는 일을 좋아합니다. 고라니를 애타게 찾아다니는 누군가가 있는데, 바로 잘못한 이를 처벌하며 엉덩이에 기다란 꼬리표를 쏘는 사냥꾼입니다.

사냥꾼을 피해 도망다니던 고라니는 평범한 학생인 나무군의 도움을 받습니다. 고라니는 자신을 숨겨준 나무군에게 감사의 의미로 소원을 하나 들어주겠다고 합니다. 친구가 없던 나무군은 고라니에게 친구를 사귀게 해달라고 빌죠. 고라니는 나무군에게 오늘 전학 온 학생의 점퍼를 훔치라고 얘기합니다. 순진무구한 무군이는 전학생의 점퍼를 훔치면 친구가 생길 거라 믿고, 전학생이 자리를 비운 사이에 점퍼를 숨겨버립니다.

이때부터 이야기는 더욱 흥미진진해집니다. 전학생 진구는 점퍼를 잃어버렸다고 친구들과 선생님께 얘기합니다. 그러나 반 친구들은 진구의 말을 믿어주지 않습니다. 진구가 전 학교에서 학교 폭력을 했던 가해자라고 소문이 났기 때문이죠. 반 친구들은 전학생이 첫날부터 반의 분위기를 어지럽히기 위해 거짓말을 한다고 의심하기 시작하고, 진구를 정신을 차리게 한다는 명목으로 교실 옆에 달린 수업 준비실에 가둬버립니다. 그리고 밀대로 문을 고정시켜서 문을 열고 나올 수 없도록 막습니다. 진구는 이전 학교가 미치도록 그리워집니다. 그리고 자신이 괴롭혔던 피해자 선우가 떠오릅니다. 진구는 강제 전학 오기 전에 다니던 학교로 돌아가고 싶어 선우에게 사과하기로 마음을 먹고 선우를 찾아가지만, 선우는 진심으로 잘못을 뉘우치지 않은 진구의 사과를 받아주지 않습니다.

동화『선우와 나무군』은 가해자, 피해자, 학교 폭력의 상황이 명확히 드러나 독자들이 상황에 공감하기 쉽고, 진실한 사과의 필요성을 느끼게 합니다. 또한 반성하지 않으면 꼬리표가 붙는다는 설정은 가해자에게 따라붙는 처벌 또는 죄책감을 실감나게 보여주기도 합니다. 동화책을 읽고 모의 재판과 즉흥 대화 활동을 통해 잘못에 대한 책임과 반성하는 태도란 무엇인지 알아보세요.

반성의 힘, 꼬리표 떼기 도전!

동화『선우와 나무군』을 읽고 학교 폭력의 구체적인 상황을 찾아본 후, 그에 따른 책임과 반성의 과정을 모의재판과 사과 활동을 통해 체험하는 수업입니다.

활동 1 동화책 속에서 학교 폭력 상황 찾기

동화 속에서 발생하는 다양한 학교 폭력 상황을 찾아보고, 그 유형을 알아봅시다.

상황	학교 폭력의 유형
진구는 선우를 화장실에 가둔다.	신체 폭력 (감금)
영진이가 진구를 수업 준비실에 가둔다.	신체 폭력 (감금)
선우의 실내화를 가지고 친구들과 축구를 한다.	따돌림
선우의 바지를 장난으로 내렸다.	성폭력
선우의 점퍼를 빌리고 돌려주지 않는다.	금품 갈취

재경이의 말 "너 변태야? 왜 그러고 가만히 있어?" 명진이의 말 "자랑하는 거야?"	언어 폭력
진구가 선우에게 전학을 취소해달라며 찾아간다.	강요

학교 폭력의 유형

유형	상황
신체 폭력	• 신체를 손, 발로 때리는 등 고통을 가하는 행위(상해, 폭행) • 일정한 장소에서 쉽게 나오지 못하도록 하는 행위(감금) • 강제(폭행, 협박)로 일정한 장소로 데리고 가는 행위(약취) • 상대방을 속이거나 유혹해서 일정한 장소로 데리고 가는 행위(유인) • 장난을 빙자한 꼬집기, 때리기, 힘껏 밀치기 등 상대방이 폭력으로 인 식하는 행위
언어 폭력	• 여러 사람 앞에서 상대방의 명예를 훼손하는 구체적인 말(성격, 능력, 배경 등)을 하거나 그런 내용의 글을 인터넷, SNS 등으로 퍼뜨리는 행 위(명예 훼손) ※ 내용이 진실이라고 하더라도 범죄이고, 허위인 경우에는 가중 처 벌 대상이 됨. • 여러 사람 앞에서 모욕적인 용어(생김새에 대한 놀림, 병신, 바보 등 상대 방을 비하하는 내용)를 지속적으로 말하거나 그런 내용의 글을 인터넷, SNS 등으로 퍼뜨리는 행위(모욕) • 신체 등에 해를 끼칠 듯한 언행("죽을래" 등)과 문자메시지 등으로 겁 을 주는 행위(협박)
금품 갈취 (공갈)	• 돌려줄 생각이 없으면서 돈을 요구하는 행위 • 옷, 문구류 등을 빌린다며 되돌려주지 않는 행위 • 일부러 물품을 망가뜨리는 행위
강요	• 속칭 빵 셔틀, 와이파이 셔틀, 과제 대행, 게임 대행, 심부름 강요 등 의사에 반하는 행동을 강요하는 행위(강제적 심부름) • 폭행 또는 협박으로 상대방의 권리 행사를 방해하거나 해야 할 의무 가 없는 일을 하게 하는 행위(강요) • 돈을 걷어오라고 하는 행위

따돌림	• 집단적으로 상대방을 의도적이고, 반복적으로 피하는 행위 • 싫어하는 말로 바보 취급 등 놀리기, 빈정거림, 면박 주기, 겁주는 행동, 골탕 먹이기, 비웃기 • 다른 학생들과 어울리지 못하도록 막는 행위
성폭력	• 폭행·협박을 하여 성행위를 강제하거나 유사 성행위, 성기에 이물질을 삽입하는 등의 행위 • 상대방에게 폭행과 협박을 하면서 성적 모멸감을 느끼도록 신체적 접촉하는 행위 • 성적인 말과 행동을 함으로써 상대방이 성적 굴욕감, 수치감을 느끼도록 하는 행위
사이버 폭력	• 사이버 언어 폭력, 사이버 명예훼손, 사이버 갈취, 사이버 스토킹, 사이버 영상 유포 등 정보통신기기를 이용하여 괴롭히는 행위 • 특정인에 대해 모욕적 언사나 욕설 등을 인터넷 게시판, 채팅, 카페 등에 올리는 행위. 특정인에 대한 저격글이 그 한 형태임 • 특정인에 대한 허위 글이나 개인의 사생활에 관한 사실을 인터넷, SNS 등을 통해 불특정 다수에 공개하는 행위 • 성적 수치심을 주거나 위협하는 내용, 조롱하는 글, 그림, 동영상 등을 정보통신망을 통해 유포하는 행위 • 공포심이나 불안감을 유발하는 문자, 음향, 영상 등을 휴대폰 등 정보통신망을 통해 반복적으로 보내는 행위

(출처: 교육부 · 이화여자대학교 학교폭력예방연구소, 『학교 폭력 사안 처리 가이드북』, 7쪽)

활동 2 피해자의 마음 상상하기

학교 폭력의 상황에서 선우는 어떤 생각을 했을까요?

① 교실 가운데에 의자를 준비합니다.

② 학생 중 한 명은 피해자 역할이 되어 의자에 앉습니다.

③ 나머지 학생들은 한 명씩 교실 앞 무대에 등장합니다. 피해자의 의자 쪽으로 가서 학교 폭력의 상황을 표현합니다. 이때 동작, 소리, 대사를 반복하며 표현합니다.

例 학생 1: "너 변태냐?"라고 말하며 팔짱을 낀다.

학생 2: 학생 1 앞으로 등장하며, "선우 운다!"라고 말하며 비웃는다.

학생 3: 학생 1 맞은편으로 등장하며, "으악, 내 눈!"이라고 말하면서 눈을 가린다.

학생 4: 학생 3 앞으로 등장하며, "자랑하는 거냐?"라고 말하면서 손가락질한다.

④ 피해자 역할을 한 학생은 폭력을 당할 때 든 생각, 마음을 한마디로 표현합니다.

例 "화살이 저를 쏜 것같이 아파요."

활동 3 꼬리표를 붙여봐

친구를 괴롭힌 아이에게는 '꼬리표'가 붙습니다. 고라니, 무군, 진구에게는 어떤 꼬리표가 붙을까요?

고라니	• 나무꾼을 꼬여내 선녀의 날개옷을 숨기게 한 죄 • 무군이를 꼬여내 진구의 점퍼를 숨기게 한 죄 • 반성하지 않는 죄
나무군	• 진구의 옷을 숨긴 죄
진구	• 선우를 화장실에 가둔 죄 • 울상이 된 선우를 보고도 잘못을 뉘우치지 않은 죄
재경	• 친구에게 변태라고 얘기한 죄

• 예시 •

 모의재판하기

1. 문제 상황 정하기

모의재판으로 다룰 문제 상황을 설정합니다.

예 진구가 선우의 바지를 내린 사건

2. 모의재판 역할 나누기

모의재판에 등장할 인물들을 정해봅시다. 그리고 역할을 분담해봅시다.

판사	재판을 진행하고 최종 결정을 내리는 사람
검사	문제 상황에 대해 설명하고 피고인의 잘못을 밝히는 사람
피고인	문제 상황에서 잘못된 행동을 한 사람
변호인	피고인을 변호하고 피고인의 입장을 설명하는 사람
증인	문제 상황을 목격한 사람

등장인물	역할 분담
판사	
검사	
피고인(진구)	
변호인	
증인(현경)	

3. 모의재판 시나리오 작성하기

• 예시 •

장면 1: 재판 시작

[판사] 지금부터 피고인 진구에 대한 재판을 시작하겠습니다. 먼저 검사측은 공소 사실을 말씀해주시기 바랍니다.

[검사] 피고인 진구는 친구들이 있는 자리에서 선우의 바지를 일부러 내려 선우가 성적 수치심을 느끼도록 했습니다. 선우는 사건 이후 우울증에 시달리며, 학교에 가기 싫어하는 등 심각한 정신적 피해를 입었습니다.

[판사] 피고인은 공소 사실을 인정하나요?

[피고인(진구)] 네. 저는 선우와 친해지기 위한 장난이라고 생각해 행동했습니다.

장면 2: 검사 신문

[판사] 피고인이 공소 사실을 인정했습니다. 검사측, 신문하세요.

[검사] 피고인은 모든 것이 장난이라고 했는데, 바지를 내리며 장난을 한 이유는 무엇인가요?

[피고인(진구)] 대부분의 아이들은 제가 바지를 내리려고 다가가면 눈치를 채고 바지를 꼭 움켜잡아서 바지가 내려간 적이 한 번도 없습니다. 선우의 팬티를 공개할 의도는 없었고, 실수였습니다. 그날 선우가 저에게 아무 말도 하지 않아서 저는 선우가 기분이 상한 줄 몰랐습니다.

장면 3: 변호인 발언

[판사] 피고인측은 공소 사실에 대해 의견을 말씀해주십시오.

[변호인] 피고인 진구는 지금까지 학교 폭력인 줄 모르고 자신이 장난으로 했던 일을 뉘우치고 있습니다. 선우에게 진심으로 사과하고 싶어합니다.

장면 4: 증인 신문

[판사] 검사측, 증거 자료를 제출해주시기 바랍니다.

[검사] 피고인의 같은 반 친구 현경이를 증인으로 요청합니다.

[판사] 증인을 소환합니다. 증인, 증언을 위해 앞으로 나와주십시오.

[판사] 증인은 진술에 앞서, 자신이 하는 말이 모두 사실임을 선서합니다. 선서문을 읽어주십시오.

[증인(현경)] 저는 진실만을 말하고, 허위 진술을 하지 않을 것을 선서합니다.

[판사] 검사측, 증인 신문을 시작하십시오.

[검사] 증인, 피고인 진구와 선우의 관계에 대해 알고 있는 사실을 말씀해주시겠습니까?

[증인(현경)] 네. 진구는 평소에도 선우에게 장난을 많이 쳤습니다. 선우는 자주 진구 때문에 괴로워했어요.

[검사] 진구가 선우에게 장난을 친 일이 이번 한 번뿐이었나요?

[증인(현경)] 아니요, 여러 번 그랬어요. 선우는 진구의 장난 때문에 많이 힘들어했어요. 특히 바지를 내린 날 이후로는 더 심하게 우울해했어요.

[검사] 피고인의 장난이 선우에게 심각한 영향을 미쳤다고 보시나요?

[증인(현경)] 네, 맞아요. 선우는 그 이후로 학교에 나오기 싫어하고, 혼자 있는 시간이 많아졌어요.

[판사] 변호인, 증인에 대한 반대 신문을 하시겠습니까?

[변호인] 네. 증인, 피고인이 장난을 친 이유가 무엇이라고 생각하십니까?

[증인(현경)] 진구는 그냥 장난이라고 생각했을 거예요. 하지만 선우에게는 그게 큰 상처였어요.

[변호인] 피고인은 선우에게 사과할 의사를 보였나요?

[증인(현경)] 네, 하지만 선우는 진구가 무서워서 피하고 있어요.

[판사] 변호인은 신문을 마치셨습니까?

[변호인] 네, 마쳤습니다.

[판사] 이제 검사측의 최종 변론을 듣겠습니다.

[검사] 피고인은 자신의 행동이 장난이라고 주장하지만, 그로 인해 선우는 심각한 정신적 고통을 겪고 있습니다. 따라서 피고인에게 적절한 처벌이 필요하다고 생각합니다.

[판사] 다음은 변호인의 최종 변론을 듣겠습니다.

[변호인] 피고인 진구는 자신의 행동이 잘못되었음을 깊이 반성하고 있습니다. 그는 선우에게 진심으로 사과할 의사가 있으며, 앞으로는 이런 일이 다시 일어나지 않도록 주의할 것입니다. 피고인은 아직 어린 학생이며, 이번 사건을 통해 많은 것을 배웠습니다. 피고인에게 너무 가혹한 처벌을 내리기보다는, 교화와 교육을 통해 다시는 이런 일이 일어나지 않도록 하는 것이 더 중요하다고 생각합니다. 진구에게 기회를 주어 선우와 화해하고, 다시 좋은 친구로 지낼 수 있도록 도와주십시오.

장면 6: 판결

[판사] 모두의 진술과 증거를 종합해보니, 피고인 진구의 행동이 선우에게 큰 상처를 주었음을 확인할 수 있었습니다. 피고인에게 다른 학교로 전학 갈 것을 명령합니다. 다시는 이런 일이 발생하지 않도록 주의하며, 피고인이 새로운 출발을 할 수 있도록 돕겠습니다. 또한, 선우에게도 진구가 진심 어린 사과를 할 수 있도록 하겠습니다. 이로써 재판을 마칩니다.

장면 1: 재판 시작

[판사] 지금부터 피고인 ○○○에 대한 재판을 시작하겠습니다. 먼저 검사측은 공소 사실을 말씀해주시기 바랍니다.

[검사] 피고인 ○○○은 _____

[판사] 피고인은 공소 사실에 대해 인정하나요?

[피고인] _____

장면 2: 검사 신문

[판사] 피고인이 공소 사실을 인정했습니다. 검사측, 신문하세요.

[검사] _____

[피고인] _____

_____

장면 3: 변호인 발언

[판사] 피고인측은 공소 사실에 대해 의견을 말씀해주십시오.

[변호인] _____

_____

_____

장면 4: 증인 신문

[판사] 검사측, 증거 자료를 제출해주시기 바랍니다.

[검사] _____

_____

[판사] 증인을 소환합니다. 증인, 증언을 위해 앞으로 나와주십시오.

[판사] 증인은 진술에 앞서, 자신이 하는 말이 모두 사실임을 선서합니다. 선서문을 읽어주십시오.

[증인] 저는 진실만을 말하고, 허위 진술을 하지 않을 것을 선서합니다.

[판사] 검사측, 증인 신문을 시작하십시오.

[검사] _____

_____

[증인] _____

_____

[판사] 변호인, 증인에 대한 반대 신문을 하시겠습니까?

[변호인] ＿＿＿＿＿＿＿＿＿＿＿＿＿＿＿＿＿＿＿＿＿＿

＿＿＿＿＿＿＿＿＿＿＿＿＿＿＿＿＿＿＿＿＿＿＿＿＿＿

[증인] ＿＿＿＿＿＿＿＿＿＿＿＿＿＿＿＿＿＿＿＿＿＿＿

＿＿＿＿＿＿＿＿＿＿＿＿＿＿＿＿＿＿＿＿＿＿＿＿＿＿

[판사] 변호인은 신문을 마치셨습니까?

[변호인] 네, 마쳤습니다.

장면 5: 최종 변론

[판사] 이제 검사측의 최종 변론을 듣겠습니다.

[검사] ＿＿＿＿＿＿＿＿＿＿＿＿＿＿＿＿＿＿＿＿＿＿＿

＿＿＿＿＿＿＿＿＿＿＿＿＿＿＿＿＿＿＿＿＿＿＿＿＿＿

[판사] 다음은 변호인의 최종 변론을 듣겠습니다.

[변호인] ＿＿＿＿＿＿＿＿＿＿＿＿＿＿＿＿＿＿＿＿＿＿

＿＿＿＿＿＿＿＿＿＿＿＿＿＿＿＿＿＿＿＿＿＿＿＿＿＿

장면 6: 판결

[판사] 모두의 진술과 증거를 종합해보니, ＿＿＿＿＿＿＿＿

＿＿＿＿＿＿＿＿＿＿＿＿＿＿＿＿＿＿＿＿＿＿＿＿＿＿

＿＿＿＿＿＿＿＿＿＿＿＿＿＿＿＿＿＿＿＿ 이로써 재판을 마칩니다.

4. 모의재판 시나리오를 연극으로 만들어 발표합니다.

활동 5 진심으로 사과하기 (즉흥 대화)

1. 진구의 사과 방식 중 잘못된 점은 무엇인지 동화에서 찾아 적어봅시다.

> (예) 무턱대고 선우가 입원한 병원에 불쑥 찾아갔다.
>
> 진심으로 반성하거나 미안해서 사과한 것이 아니라, 대가를 바랐다.
>
> 약속도 없이 학교에 불쑥 찾아와 선우를 놀라게 했다.
>
> 미안하다고 말하면 당연히 용서해야 하는 것처럼 말했다.

2. 선우에게 진심이 전해질 수 있도록 사과하는 방법은 무엇일까?

> (예) 선우에게 갑자기 찾아가지 않는다.
>
> 사과를 받아주지 않는다고, 계속 쫓아다니며 미안하다는 말만 하지 않는다.
>
> 선우의 감정을 이해하고, 진심으로 미안한 마음을 전한다.

3. 사과 즉흥 대화하기

① 짝과 둘이 활동합니다.

② 가위바위보를 하고 이긴 사람은 선우, 진 사람은 진구가 되어 즉흥 대화를 나눕니다.

③ 진구는 진심으로 선우에게 사과합니다.

④ 선우는 진구가 정말 반성한다고 느껴지면 진구에게 손을 내밀어 악수합니다. 만약, 진구의 사과에 진심이 느껴지지 않는다면 손을 내밀지 않습니다.

⑤ 제한 시간 5분 동안 즉흥 대화를 진행하고, 시간이 지나면 활동이 종료됩니다.

4. 대화 후 소감 나누기

① 진구와 대화 후 악수했다면, 그 이유는 무엇인가요?

> (예) 진구가 정말로 미안해하는 마음이 느껴졌기 때문이에요.
> 그는 선우의 감정을 이해하고, 진심으로 사과했어요.

② 어떤 말과 행동에서 진구의 진심이 느껴졌나요?

> (예) "정말 미안해. 네가 얼마나 힘들었는지 이제 알겠어"라는 말과 함께
> 슬픈 표정을 지었을 때 진심이 느껴졌어요.

③ 진구와 대화 후 악수하지 않았다면, 그 이유는 무엇인가요?

> (예) 진구의 사과에서 진심이 느껴지지 않았어요.
> 계속해서 변명만 했기 때문이에요.

④ 어떤 말과 행동에서 진구의 거짓이 느껴졌나요?

> (예) 제 고통을 알아주기보다는 장난으로 일어난 일이라고 얘기했어요.
> 진구는 장난도 학교 폭력이 될 수 있다는 사실을 모르는 것 같아요.

⑤ 친구에게 잘못했을 때 진심으로 사과하는 방법은 무엇일까요? 오늘 활동을 통해 알게 된 것을 적어봅시다.

> ㉠ 상대방의 감정을 존중하고 이해하며 진심으로 사과한다.
>
> 사과하기 전에 만날 약속을 정하고, 갑작스럽게 찾아가지 않는다.
>
> 변명하지 않고, 자신의 잘못을 인정한다.
>
> 사과를 받아주지 않더라도 계속 쫓아다니지 않고, 상대방의 시간을 존중한다.

친절하게 행동하고 괴롭힘에서 벗어나는 용기를 주는 책

동화책 『우리 말대로 해!』
리센 아드보게 글·그림, 전시은 옮김, 베틀북, 2024
#괴롭힘에서벗어나는방법 #용감하게말하기

괴롭히는 친구에게 "싫어"라고 말할 수 있는 용기를 주는 책. 뭐든
지 마음대로 결정하는 몇몇 아이들이 있습니다. 이 아이들은 놀이
터에서 놀고 있는 친구들을 내쫓고, 친구들이 만들어놓은 오두막
도 부숴버립니다. 친구들을 괴롭히는 아이들의 행동을 멈추기 위
해 우리는 용기 있게 한목소리를 내어야 합니다. "싫어! 우린 안 할
래!"

그림책 『친절한 행동』
재클린 우드슨 글, E. B. 루이스 그림, 김선희 옮김, 북극곰, 2022
#조금더나은세상을위해 #친절하게행동하기

친구를 무시하고 놀렸던 아이가 친절의 가치를 깨닫는 내면의 서
사를 담은 책. 후줄근한 옷을 입은 마야가 전학 옵니다. 마야는
'나'에게 말을 걸지만, 나는 그런 마야가 불편해 외면합니다. 어느
날 선생님은, 친절은 물결처럼 세상 속으로 퍼지는 것이라고 말하
며 물에 돌을 던집니다. 툭 던져진 작은 돌멩이는 나의 마음속에
파동을 일으킵니다. 친구에게 친절하지 못했던 일이 자꾸 후회되
어 일렁입니다. 나는 왜 그때 친절하지 못했을까요.

동화책

『정글 인 더 스쿨』
오선경 글, 불곰 그림, 라임, 2024
#계속되는폭력 #폭력을멈추려면

교실은 정글이야. 왜냐고? 교실에는 정글의 왕인 사자가 있고, 그
옆에는 사자에게 잘 보이려고 노력하는 하이에나가 있지. 그들은
교실에서 만만한 친구를 골라 괴롭혀. 나는 사자의 눈에 띄지 않
도록 조심조심 행동하지. 아이들이 학교에서 상처받지 않을 수는
없는지, 동화를 읽으며 우리가 만들어가야 할 안전하고 행복한 정
글을 그려봅시다.

동화책

『너에게 사과하는 방법』
임수경 글, 김규택 그림, 풀빛, 2024
#잘못을책임지고 #진심으로사과하기

친구를 통해 자기 잘못을 깨닫고, 진심으로 사과하는 방법을 담은
책. 학교 폭력의 피해자 주민이와 10만 구독자를 둔 어린이 유튜
버 희인이는 편지, 메일, 메신저를 통해 고민을 터놓으며 가까워집
니다. 희인이가 학교 폭력의 가해자라는 사실을 알게 된 주민이는
더이상 희인이를 전처럼 대할 수가 없고, 주민이와 멀어지자 희인
이는 반성하기 시작합니다. 자기 잘못에 책임을 지는 희인이를 통
해 진심어린 사과란 무엇인지 보여줍니다.

157

교육과정과 이렇게 연계해요(2022 개정 성취 기준)

6월 첫번째 주제 소외감과 어울림

[2바01-03] 가족이나 주변 사람을 배려하며 관계를 맺는다.

[2국01-02] 바르고 고운 말로 서로의 감정을 나누며 듣고 말한다.

[2국05-03] 작품 속 인물의 모습, 행동, 마음을 상상하여 시, 노래, 이야기, 그림 등으로 표현한다.

[4도02-02] 친구 사이의 배려에 대한 올바른 이해를 바탕으로 일상생활에서 배려에 기반한 도덕적 관계
를 맺을 수 있는 방안을 탐색한다.

[4도02-03] 공감의 태도가 필요한 이유를 이해하고 도덕적 상상력을 바탕으로 대상과 상황에 따라 감정
을 나누는 방법을 탐구하여 실천한다.

[6국05-05] 자신의 경험을 시, 소설, 극, 수필 등 적절한 갈래로 표현한다.

[6미02-05] 미술과 타 교과의 내용과 방법을 융합하는 활동을 자유롭게 시도할 수 있다.

6월 두번째 주제 새로운 만남과 이별

[2바04-04] 지금까지의 생활 습관과 학습 습관을 되돌아본다.

[2국01-02] 바르고 고운 말로 서로의 감정을 나누며 듣고 말한다.

[4국01-04] 상황과 상대의 입장을 이해하고 예의를 지키며 대화한다.

[4국04-05] 언어가 의사소통과 관계 형성의 수단임을 이해하고 국어를 소중히 여기는 태도를 지닌다.

[4도02-02] 친구 사이의 배려에 대한 올바른 이해를 바탕으로 일상생활에서 배려에 기반한 도덕적 관계
를 맺을 수 있는 방안을 탐색한다.

[6국05-05] 자신의 경험을 시, 소설, 극, 수필 등 적절한 갈래로 표현한다.

[6국05-06] 작품을 읽고 자신의 삶과 연관지어 성찰하는 태도를 지닌다.

6월 세번째 주제 슬기로운 SNS 사용

[4국05-01] 인물과 이야기의 흐름을 중심으로 작품을 감상한다.

[4국05-02] 자신의 경험을 바탕으로 작품 속 세계와 현실 세계를 비교하여 작품을 감상한다.

[4도01-04] 다른 사람의 관점을 수용할 수 있는지를 도덕적으로 검토하고 도덕규범을 내면화하여 도덕적
으로 행동할 수 있는 자세를 기른다.

[4도02-02] 친구 사이의 배려에 대한 올바른 이해를 바탕으로 일상생활에서 배려에 기반한 도덕적 관계
를 맺을 수 있는 방안을 탐색한다.

[4도02-03] 공감의 태도가 필요한 이유를 이해하고 도덕적 상상력을 바탕으로 대상과 상황에 따라 감정
을 나누는 방법을 탐구하여 실천한다.

[6국05-03] 소설이나 극을 읽고 인물, 사건, 배경을 파악한다.

[6국05-05] 자신의 경험을 시, 소설, 극, 수필 등 적절한 갈래로 표현한다.

6월

친구와
갈등하고
소통하기

6월 첫번째 주제
소외감과 어울림

소외감과 어울림 ①

나만 별명이 없어
『우리 반 별명 커플』
저중학년 | 김민정 글, 김고은 그림, 우리학교, 2023

"선생님, 예준이가 또 제 별명 가지고 놀렸어요!" 아이들이 별명으로 놀리는 일이 잦은 학급이라면 이 책을 주목해주세요. 『우리 반 별명 커플』은 놀랍게도 별명이 없어서 고민인 수빈이의 이야기입니다. 별명이 없다면 좋은 거지, 왜 고민이냐고요? 수빈이네 반 친구들은 수빈이 빼고 전부 다 별명이 있기 때문입니다. 친구들 사이에서 인기가 많은 정훈이가 수빈이만 쏙 빼고 모두에게 별명을 지어주었거든요.

수빈이네 반 아이들은 메뚜기, 유치원, 칫솔 등 다양한 별명으로 불리는데 이상하게도 기분 나빠 하지 않습니다. 오히려 별명 때문에 친구들이랑 더 친해졌다고 생각하기도 하죠. 아이들이 기분 나빠 하지 않는 이유는 별명을 만드는 정훈이 때문이기도 합니다. 정훈이는 별명을 지어준 다음 친구가 진짜 싫은 티를 내면 다신 그 별명으로 부르지 않았거든요.

수빈이는 정훈이가 별명을 지어주지 않아 고민이 이만저만이 아니었습니

다. 회장 선거에서 떨어진 것도 별명이 없어서인 것 같았고요. 이에 수빈이는 고민
하다가, 자신이 정훈이에게 먼저 별명을 지어주기로 합니다. 하지만 별명을 짓는
건 생각보다 쉽지 않습니다. 친구를 유심히 관찰해야 하고, 이름에 특이한 구석이
없나 잘 살펴봐야 하죠. 또 친구들이 시시하다고 생각하지 않도록 아주 재밌기까
지 해야 합니다.

수빈이는 정훈이의 이름을 활용해 '박정훈제오리'라는 별명을 지었습니다.
그리고 처음으로 정훈이를 "박정훈제오리"라고 부르던 날, 수빈이의 가슴은 쿵쿵
뛰었죠. 수빈이가 지은 별명은 대성공이었습니다. 정훈이가 "너 되게 웃긴다"라며
인정까지 해주었거든요. 자기 별명을 갖게 된 정훈이는 수빈이에게 별명을 지어주
기 위해 수빈이를 열심히 관찰하기 시작합니다. 그리고 수빈이에게 딱 맞는 별명
을 지어줍니다.

동화 『우리 반 별명 커플』 속 별명은 친구의 약점을 공격하기 위해서 만들
어진 게 아니었습니다. 오히려 친구를 유심히 관찰하고 친구에 대해 잘 알아야 만
들 수 있는 별명들이었어요. 동화 속에서 별명은 아직 어색한 학기초에 친구들과
더 쉽게 이야기를 나눌 수 있는 계기가 되기도 했습니다. 이런 효과가 있다니 별명
이 꽤 괜찮아 보이지 않나요? 어쩌면 별명이 친구 사이를 더 가깝게 만들어줄 수
있을 것 같습니다.

학기초 새로 만난 친구들과 친해지는 건 아이들에게 아주 중요한 과제입니
다. 서로 친해지도록 별명을 짓는 시간을 가져보세요. 자연스럽게 친구의 이름을
유심히 살피고, 친구의 말과 행동에 관심을 기울이는 아이들을 발견할 수 있을 거
예요.

정훈이랑 친해지고 싶었던 수빈이는 큰 용기를 냈습니다. 정훈이가 별명을
지어줄 때까지 기다리지 않고 자신이 먼저 정훈이에게 별명을 지어주었죠. 아이

들에게도 수빈이처럼 용기가 필요한 순간이 있습니다. 바로 친구들에게서 소외감을 느낄 때, 친구들과 친해지고 싶을 때입니다. 좋아하는 친구가 생기면 용기를 내야 친해질 수 있다는 사실을 꼭 기억하세요.

우리 반 별명 콘테스트

동화 『우리 반 별명 커플』을 읽고 나서 친구들에게 관심을 가지고, 용기를 내 친해질 수 있는 수업 활동입니다.

 별명의 조건

별명 때문에 친구가 상처받지 않도록 별명이 될 수 있는 조건을 정해봅시다.

1. 별명 때문에 기분 나쁘거나 상처받았던 경험을 나누어봅시다.

> • 예시 •
>
> 친구들보다 키가 작아서 평소에도 속상한데
> 친구가 '난쟁이'라는 별명을 지어 놀려서 속상했던 적이 있습니다.

2. 경험을 토대로 별명의 조건을 토의해 정해봅시다.

● 예시 ●

	별명의 조건
1	친구의 장점을 바탕으로 만든다.
2	친구의 이름을 터무니없이 바꾸지 않는다.
3	친구에게 허락을 받는다.

활동 2 우리 반 친구들 별명 지어주기

별명의 조건을 토대로 우리 반 친구들의 별명을 지어봅시다.

● 예시 ●

이름	+	특징(장점, 좋은 점)	=	별명
정훈		정이 많다.		초코파이훈

이 별명을 만든 이유는?

정훈이는 맛있는 것을 늘 나누어주는 정이 많은 친구다.
초코파이 광고를 보니 정훈이가 떠올라서 '초코파이훈'이라는 별명을 만들었다.

163

이름	+	특징(장점, 좋은 점)	=	별명

이 별명을 만든 이유는?

 별명 명함 만들기

친구들이 만들어준 별명으로 나만의 별명 명함을 만들어봅시다.

명함에는 별명, 이유, 하고 싶은 한마디 등을 적습니다.

• 예시 •

소외감과 어울림 ②

셋이 함께 행복하게

『셋 중 하나는 외롭다』

고학년 | 박현경 글, 나오미양 그림, 위즈덤하우스, 2021

저에게는 초등학교 시절을 함께 보낸 삼총사가 있습니다. 등하굣길은 물론
이고 공부할 때도 놀 때도 늘 함께라 웃음이 끊이지 않았습니다. 그러나 우리에게
도 난감한 순간이 있었으니 바로 버스에 탈 때였어요. 둘이서만 함께 앉을 수 있
는 좌석을 만났을 때, 어떻게 앉아야 할지 매번 고민에 빠지고는 했습니다.

이뿐만이 아니었어요. 새로운 학년에 올라가 삼총사 중 저를 제외한 두 명
만 같은 반이 되었을 때 엄청난 불안에 휩싸이기도 했어요. 점점 내가 모르는 대
화를 나누며 더 친해진 듯 보이는 둘 사이를 정말 질투했습니다. 이처럼 삼각관계
는 이따금 우리를 큰 질투와 외로움으로 몰아넣는데요, 『셋 중 하나는 외롭다』에
서는 무려 두 가지의 삼각관계에 놓인 친구가 나옵니다.

동화 속 혜슬이는 집에서도 학교에서도 삼각관계 때문에 골치가 아픕니다.
자신만 사랑할 줄 알았던 새엄마는 임신을 했고, 단짝 친구 민송이와의 사이에는
전학생 희수가 끼어들었어요. 집에서도 학교에서도 혜슬이는 삼각관계 속에서 혼

자라는 생각이 듭니다.

　　누군가와 함께 있어도 외로운 기분은 혜슬이에게 부정적인 감정들을 가져다주었습니다. 그게 아니라는 걸 알면서도 상대방을 자꾸 오해하고, 나쁜 쪽으로만 생각이 커졌죠. 그렇게 커져버린 부정적인 생각은 혜슬이를 완전히 장악해버립니다. 혜슬이는 단짝 친구였던 민송이에게 절교를 선언했고, 임신한 새엄마를 넘어지게 만들었죠. 부정적인 감정에 휩싸인 혜슬이는 행동을 점점 멈출 수 없습니다.

　　다행히도 혜슬이는 글방 선생님을 만나 글쓰기로 자신의 마음을 들여다보았습니다. 글쓰기를 하며 자신의 어두운 마음을 발견하고 받아들이죠. 그리고 민송이와 새엄마에게 먼저 손을 내밀어 건강하게 마음을 표현하고 관계를 회복해 나갑니다.

　　저 역시 화가 나고 억울한 일이 있을 때면 나 혼자 쓰는 비밀 일기장에 감정을 토로하고는 했습니다. 어디에도 보여주지 못할 나의 솔직한 마음을 글로 고백하고 나면, 어딘가 모르게 마음이 시원해졌어요. 이 동화 속 혜슬이도 글을 통해 자신의 마음을 여과 없이 표현합니다. 이렇게 한번 부정적인 감정을 털어내고 나면 이후에는 조금 더 정돈하고 다듬어 상대방에게 표현할 수 있습니다.

　　관계를 맺다보면 부정적인 감정은 종종 생겨나기 마련입니다. 이어지는 수업 활동에서는 관계에서 소외되어 느꼈던 부정적인 감정에 대해 이야기를 나누어봅시다. 그리고 삼각관계에서 상처받은 마음을 스스로 잘 들여다보고 올바르게 표현하는 법, 또 셋이서도 행복하게 지내는 법을 알아봅시다.

셋이서도 행복하게

동화 『셋 중 하나는 외롭다』를 읽고 나서 나와 친구들의 관계를 알아보고 모두와
행복하게 지낼 수 있는 방법을 알아보는 수업 활동입니다.

활동 1 나의 삼각관계는?

동화에서의 삼각관계를 그림으로 정리해보고, 나의 삼각관계도 그림에 나타내봅
시다.

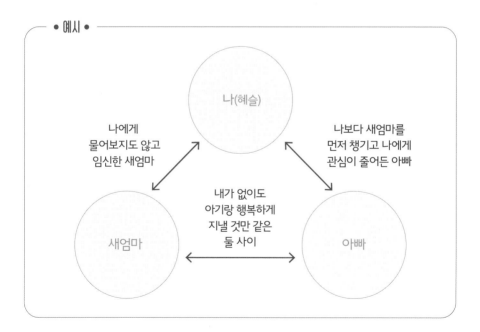

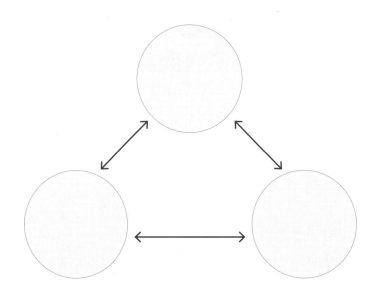

활동 2 소외감을 위로해주는 배려

삼각관계 속에서 종종 서운한 마음이 들거나 상처받는 순간이 생기기도 합니다. 나의 소외감을 위로해주었던 배려는 무엇이었나요? 없다면 어떤 배려가 있을지 생각해봅시다.

내가 소외된 상황	내 마음	나를 위로해준 배려 혹은 내가 바라는 배려
(예) 선생님께서 두 줄 서기를 시켰을 때, 나에게 묻지 않고 두 친구가 함께 줄을 섰을 때.	(예) 나도 친구들과 줄을 서고 싶었는데 나만 남겨져서 속상했다.	(예) 친구 중 한 명이 다음에는 나와 서자고 이야기해주어 고마웠다.

둘이 아닌 셋이 할 수 있는 놀이

둘이 아니라 셋이 함께할 수 있도록 놀이의 규칙을 바꾸어봅시다. 셋이서도 재미
있는 놀이를 만들고 친구들과 놀아봅시다.

• 예시 •

놀이 이름	셋이 타는 그네
준비물	그네 두 개
놀이 방법	① 두 명이 그네 두 개에 앉는다. ② 두 명이 다리를 서로에게 올려 풀리지 않도록 단단하게 고정한다. ③ 나머지 한 명이 둘을 밀어준다. ④ 세 명이 돌아가면서 반복한 후 가장 빨리 둘의 다리를 풀어지게 민 친구가 승리한다.
놀이 후 느낀 점	놀이터에 두 개만 있는 그네를 볼 때마다 친구들과 나까지 세 명이라 난감했는데 이렇게 같이 놀 수 있어서 좋았고, 더 재미있었다.

한 걸음 더

우정을 쌓아가는 즐거움을 배우는 책

그림책 『최고의 단짝 친구』
올리비에 탈레크 글·그림, 이나무 옮김, 이숲아이, 2023
#단짝친구 #단짝은꼭한명이어야할까

단짝 친구는 꼭 한 명이 아니어도 된다고 말해주는 책. 다람쥐에
게는 정말 잘 맞고 모든 것을 나눌 수 있는 단짝 친구가 있습니다.
그런데 단짝 친구가 또 생겼습니다. 단짝 친구는 둘이 될 수 없다
는 혼란스러운 마음에서 시작하는 이야기는 진정한 우정에 대해
생각할 기회를 줍니다.

그림책 『깍두기』
유이지 글, 김이조 그림, 제제의숲, 2023
#짝이안맞을때깍두기 #함께놀자

어리거나 몸이 약해도, 놀이를 못하고 부족해도 함께 놀자고 이야
기하는 책. 매번 놀이에서 깍두기가 되어서 있어도 없어도 그만인
내가, 곰탕집에서 인기 있는 깍두기처럼 누군가에게 힘이 되고 꼭
필요한 존재가 되기까지, 이 책을 통해 '함께'의 즐거움을 알 수 있
습니다.

동화책 『솔이는 끊기 대장』
김리하 글, 윤유리 그림, 크레용하우스, 2022
#삼각관계 #친구도끊어버릴수있을까

친구와의 관계를 자주 망쳐버리는 어린이에게 추천하는 책. 가장 친한 친구에게 새로운 친구가 생겼습니다. 학습지나 학원처럼 친구도 끊어내버리면 그만이라고 생각하는 솔이. 친구도 학원처럼 싹둑 끊어버릴 수 있을까요? 우정의 소중함과 솔직한 대화의 중요함을 솔이를 통해 보여줍니다.

동화책 『흰 머리 아이 천백모』
윤수란 글, 서지현 그림, 가나출판사, 2023
#남들과다른나 #각자를존중하며관계맺기

남들과 달라 친구들과 친해지기 어려운 어린이에게 추천하는 책. 태어났을 때부터 하얀 머리카락 때문에 친구가 없었던 아이 천백모. 사실 이 하얀 머리카락에는 비밀이 숨어 있었습니다. 머리카락으로 친구를 도와주며 백모의 마음은 점차 친구들에게 전달됩니다. 서로를 존중하는 방법과 진심을 전하는 방법을 이 책을 통해 배울 수 있습니다.

6월 두번째 주제
새로운 만남과 이별

수상한 전학생이 진짜
우리 반이 되기까지
『수상한 아이가 전학 왔다!』

저중학년 | 제니 롭슨 글, 정진희 그림, 김혜진 옮김, 뜨인돌어린
이, 2017

전학생은 늘 아이들의 관심을 한몸에 받습니다. 옆 반에 온 전학생을 보러
가는 일도 비일비재하지요. 이렇게 많은 친구들의 관심을 받는 전학생! 그럼 전학
생의 입장은 어떨까요? 저는 초등학교 2학년 때 서울에서 파주로 전학을 갔습니
다. 새로운 학교에 가는 전날에는 잠을 못 이룰 만큼 떨렸어요. 이미 친해진 친구
들 사이에서 어떻게 지내야 할지도 걱정이었지만, 불청객을 보는 듯한 친구들의
시선이 무섭기도 했습니다.

전학생이라는 것 자체만으로도 큰 이슈인데 동화 『수상한 아이가 전학 왔
다!』 속 전학생은 수상하기까지 합니다. 바로 방한모를 뒤집어쓰고 왔기 때문이
죠. 빨강과 주황 줄무늬로 디자인된 방한모를 써서 눈과 입만 보이는 전학생 토미
는 전교생의 이목을 끌게 됩니다. 게다가 토미는 어떤 상황에서도, 심지어 밥을 먹
을 때도 방한모를 벗지 않아 친구들의 궁금증을 더욱 자아냅니다.

4학년 2반 아이들은 토미의 정체를 밝히기 위해 갖은 노력을 합니다. 집에 가는 토미의 뒤를 밟기도 하고 토미가 왜 방한모를 쓰는지 그 이유를 추측해 사전을 만들기도 하죠. 하지만 아이들의 노력에도 불구하고 토미는 "왜냐하면"까지만 이야기할 뿐 진짜 방한모를 쓰는 이유를 말해주지 않습니다. 아이들은 그런 토미를 포기하지도 미워하지도 않은 채 계속해서 토미에게 이유를 듣기 위해 계획을 세웁니다.

하지만 토미의 대답을 기다려주지 않는 이들이 있었으니 바로 5학년 악당들입니다. 토미의 방한모를 가지고 놀리던 5학년 아이들은 결국 토미의 방한모를 강제로 벗기려 합니다. 그 위기의 순간, 4학년 2반 친구들이 달려들어 토미를 구해냅니다. 토미의 정체를 밝히려던 친구들이 오히려 토미의 정체를 지켜준 것이죠.

이제 4학년 2반 친구들과 토미는 마음을 나눈 진짜 같은 반 친구가 되었습니다. 그리고 친구들은 토미를 위해 멋진 계획을 세웁니다. 바로 모두가 방한모를 쓰고 학교에 오는 것이죠. 그렇게 아이들은 방한모를 쓰고 등교해 진심으로 토미를 환영하는 하루를 보냅니다. 친구들의 진심을 느낀 토미는 자신이 방한모를 쓰는 이유를 고백하고 방한모를 벗습니다.

토미가 방한모를 쓴 건 전학생인 자신을 바라보는 친구들의 시선 때문이었어요. 일곱 번이나 전학을 다니며 친구들의 따가운 시선을 받아야 했던 토미는 방한모를 쓰면서부터 보호받는다고 느낄 수 있었거든요. 하지만 4학년 2반은 좀 달랐습니다. 토미를 궁금해하고 토미와 친해지고 싶어하는 아이들의 마음이 고스란히 토미에게 전달되었으니까요. 아이들의 마음 덕분에 토미 역시 자신이 방한모를 쓰는 진짜 이유를 말해도 이해받으리라고 마음을 먹게 됩니다.

전학생이 하루아침에 우리 반 친구가 되기를 바란다면 그건 욕심이지 않을까요? 전학생도 반 아이들도 서로 낯설게 느끼는 것은 당연한 일입니다. 특히나 알록달록한 방한모까지 뒤집어썼다면 말이죠. 토미처럼 수상한 전학생을 만난다면 4학년 2반 친구들처럼 기다려주세요. 스스로 방한모를 벗을 때까지요. 서로가 진심을 가지고 대한다면 어떤 수상한 전학생도 곧 우리 반이 될 수 있을 거예요.

수상한 전학생을 위한 매뉴얼

동화 『수상한 아이가 전학 왔다!』를 읽고 나서 전학생 토미의 감정을 이해하고 우리 반 전학생을 위해 매뉴얼을 만들어보는 수업 활동입니다.

 수상한 전학생 핫시팅 인터뷰하기

책을 읽으며 궁금했던 점들을 모아 토미를 인터뷰할 질문을 만들어봅시다.

	인터뷰 질문
1	예) 전학 온 첫날 친구들이 모두 뚫어져라 너를 쳐다보았을 때 어떤 느낌이었어?
2	
3	

질문을 만든 뒤 모둠별로 토미 역할을 할 친구를 정해 인터뷰를 진행해봅시다.

우리 반에 전학생이 온다면? 전학생 매뉴얼 만들기

1. 우리 반에 전학생이 온다면 어떤 것들을 알려주어야 할지 떠올려봅시다.

※ 전학생이 있다면 바로 적용하고, 전학생이 없더라도 미리 매뉴얼을 만들어두어 이후 활용하도록 합니다.

수업 시간 규칙	예 손을 들고 선생님이 시켜주실 때 발표한다.
쉬는 시간 규칙	예 오른쪽 한 줄로 서서 이동한다.
학교 시설	예 보건실은 1층 교무실 옆에 있다.
기타	예 학급문고 사용법

2. 내가 전학생에게 알려줄 것을 정해 미션을 완료해봅시다.

	알려주고 싶은 것	O / X
1		
2		
3		

 내가 쓸 방한모는?

우리 반에 올 전학생을 환영하는 방한모를 그려봅시다.

175

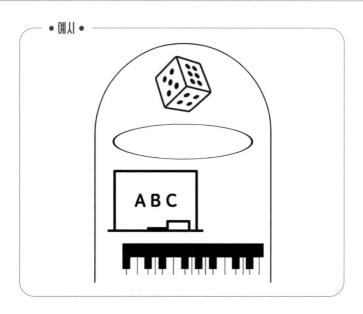

• 예시 •

ABC

방한모에 대한 설명

(예) 안녕? 나는 친구들과 보드게임 하는 걸 좋아해. 다음에 나랑 보드게임 하자!

(예) 나는 요즘 영어 공부가 어려워서 고민이 많아.

(예) 나의 취미는 피아노 치기야. 앞으로 우리 반에서 잘 지내보자!

이별을 대하는 방법

『기소영의 친구들』

고학년 | 정은주 글, 해랑 그림, 사계절, 2022

어느 날 갑자기 같은 반 친구가 죽었다는 소식을 들으면 어떨까요? 슬픔이 밀려와 눈물을 흘릴 수도 있지만, 동화 속 채린이처럼 눈물이 나지 않을 수도 있습니다. 갑작스러운 죽음이 전혀 실감나지 않기 때문이죠. 이처럼 이 동화는 아이들이 죽음을 받아들이는 것에서부터 시작합니다.

『기소영의 친구들』 속 아이들은 어른들이 만들어낸 장례식이 아닌 새로운 방법으로 친구와 이별합니다. 어쩌면 이들이 어른들보다 이별의 방법을 더욱 잘 알고 있는 것 같아요. 누군가와 제대로 이별하는 방법을 알고 싶다면 이 동화를 추천합니다.

소영이의 죽음을 실감하지 못하던 친구들도 시간이 지나면서 소영이의 빈자리를 느끼기 시작합니다. 소영이를 중심으로 친했던 친구들이 모여 소영이를 추억하는데요, 친구들은 대화를 통해 자신이 몰랐던 소영이의 모습을 발견합니다. 연화의 비밀을 지켜준 소영이, 영진이와 브라우니를 챙겨주던 소영이. 교실에

177

서는 점점 소영이의 흔적이 사라져갔지만, 친구들에게는 고스란히 남아 있습니다.

소영이와 제대로 이별할 시간이 없었던 아이들은 분신사바로 소영이를 불러보기도 하고, 성당에서 49재를 지내기도 합니다. 하지만 이런 방법은 왠지 소영이와 작별 인사를 제대로 나눈 것 같지 않습니다. 소영이와 제대로 인사하기 위해 아이들은 소영이의 할머니, 할아버지와 함께 납골당으로 향합니다. 그리고 그곳에서 소영이와의 추억을 울고 웃으며 이야기합니다.

어른들은 때로는 아이들에게 죽음을 숨기기도 합니다. 마치 동화 속에서 아이들을 장례식장에 데려가지 않는 부모들처럼요. 하지만 죽음을 피하지 않고 마주하는 애도의 시간은 아이들에게도 꼭 필요합니다. 그리고 그 애도의 방식은 아이들이 저마다 선택할 수 있습니다. 남은 사람들끼리 충분히 소영이와의 일을 이야기하고 추억하는 것, 눈물이 날 때는 마음껏 울고 그러다 우스꽝스러울 때는 또 웃는 것. 어른들이 만들어낸 49재, 장례식과 달리 아이들의 방법대로 소영이를 추모하는 모습은 어른들에게도 진짜 이별에 대해 생각해보게 합니다.

전학, 죽음 등 아이들이 경험하는 이별의 형태는 차이가 있지만, 이 동화를 통해 이별은 완전히 사라지는 것이 아니라 내 마음속에서 함께하는 것임을 기억했으면 좋겠습니다. 이어지는 수업 활동을 통해 친구들이 소영이를 추억하는 방법을 정리해보고 친구들 마음속에 남아 있는 소영이를 같이 만나보세요.

이별에 대처하는 우리의 자세

동화『기소영의 친구들』을 읽고 나서 이별에 대해 깊게 생각해볼 수 있는 수업 활
동입니다.

 친구들이 기억하는 기소영

친구들은 소영이를 어떻게 기억할까요? 친구들의 입장에서 소영을 기억해봅시다.

	〜〜〜〜〜〜〜 이/가 기억하는 기소영
연화	(예) 무서워하는 날 위해 같이 엄마에게도 가주고, 우리 엄마가 무당이라는 사실을 비밀로 지켜주었다. 소영이는 내 마음을 잘 이해해주고 의리 있는 친구였다. 또한 부당한 말에 맞서 할말도 당당히 하는 당찬 친구였다.
채린	
영진	

활동 2 추억 박물관 만들기

전학, 죽음 등 이별로 인해 만나지 못하는 누군가가 있나요? 있다면 누군지, 마음 속에 어떤 추억들을 간직하고 있는지 추억 박물관을 만들어 소개해주세요.

• 예시 •

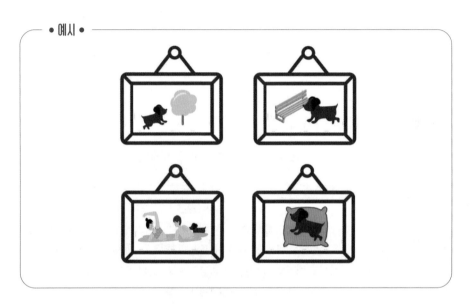

활동 3 내 마음에 콕 박히는 이별 노래

아래의 이별 노래들을 감상한 뒤 내 마음에 남은 가사를 골라 친구들과 나누어 봅시다. 어떤 가사가 마음에 남았는지 그 이유도 이야기해봅시다. 고른 가사는 책 갈피로 만들어 간직해도 좋습니다.

천 개의 바람이 되어 _정동원   이젠 안녕 _015B   졸업 _B1A4   우리에게 _슈퍼주니어

한 걸음 더

이별을 받아들이도록 돕는 책

그림책

『내 친구 ㅇㅅㅎ』

김지영 글·그림, 사계절, 2023

#이사 #낯선곳에서만난친구

이사로 인해 새로운 학교, 새로운 친구들을 만난 마음을 ㅇㅅㅎ로
표현하는 책. 나를 이상하다고 말하며 야속한 감정이 들게 하는
친구들 사이에서 나와 주파수가 맞는 이상형 친구를 만나기까지
의 과정이 산뜻하게 그려집니다. 새로운 곳에서 낯설고 두려운 마
음이 든다면 글자 놀이로 표현해보세요.

그림책

『오늘 아침 우리에게 일어난 일』

에밀리 보레 글, 뱅상 그림, 윤경희 옮김, 문학동네, 2024

#죽음 #있는그대로받아들이기

죽음을 받아들이는 방법을 알려주는 책. 사랑하는 반려묘가 죽
자 엄마는 아이에게 죽음을 돌려 말하거나 포장해 이야기합니다.
그러나 아이들도 어른들과 마찬가지로 죽음을 충분히 슬퍼하며
받아들일 수 있어요. 이 책을 통해 현명한 애도의 방법을 만나보
세요.

『전학생 김마리』

송방순 글, 모예진 그림, 뜨인돌어린이, 2022

#갑자기시작된시골생활 #미움을이해하기까지

낯선 곳에서 서로를 받아들이며 이해하는 과정을 보여주는 책.
반 아이들이 세 명뿐인 시골 학교로 전학을 가게 된 마리는 잘 도
와주는 친구도, 이유 없이 자신을 미워하는 친구도 만나게 됩니
다. 서로를 오해하고 또 이해하는 모습 속에서 나의 모습도 찾아
보세요.

동화책

『긴긴밤』

루리 글·그림, 문학동네, 2021

#연대 #아름다운이별

아름다운 이별도 있음을 보여주는 책. 지구상에서 혼자 남은 흰바
위코뿔소 노든과 버려진 알에서 태어난 펭귄이 함께 바다를 찾아
나가는 긴긴밤의 이야기입니다. 극한의 상황에서도 포기하지 않
고 나아가게 하는 사랑과 연대의 힘, 그리고 이별이 얼마나 아름
다울 수 있는지를 책에서 느껴보세요.

슬기로운 SNS 사용 ①

핸드폰 없이 놀자!

『핫스팟을 켜라!』

저중학년 | 김영인 글, 김상균 그림, 책고래, 2023

학교 수업이 끝나는 종이 치면 우리 반 아이들은 우르르 방과후 학교 수업을 들으러 이동합니다. 그리고 수업을 기다리면서 조르르 앉아 함께 스마트폰을 꺼냅니다. 수업 전 게임을 하기 위해서요. 그리고 나서 학교가 끝나자마자 많은 아이들은 다시 스마트폰의 네모난 세계로 들어갑니다.

『핫스팟을 켜라!』 동화 속 아이들도 다르지 않습니다. 하지만 친구들의 핸드폰 사랑에 끼지 못하는 아이가 있으니 바로 고물 핸드폰을 가지고 있는 풍호입니다. 풍호는 늘어나는 학원과 게임이 안 되는 고물 핸드폰 때문에 친구들과 멀어졌습니다. 특히 윤수와는 쌍둥이라는 소리를 들을 정도로 친했는데 이제는 서먹한 사이가 되었어요. 윤수는 그때그때 신형 핸드폰으로 바꿔가며 아이들에게 인기를 잔뜩 얻었고, 고물 핸드폰을 쓰는 풍호를 놀렸거든요.

여느 날처럼 윤수와 친구들은 핸드폰 게임을 했는데 그러다가 데이터가 부족해졌습니다. 와이파이가 잘 터지는 곳을 찾던 중 지나가던 풍호를 만나게 되고 다 함께 와이파이를 쓰러 풍호네 집으로 향합니다. 풍호네 집에 올라가던 그때, 엘리베이터가 고장나 아이들은 엘리베이터에 갇힙니다. 그리고 무서운 그 순간, 윤수의 최신 핸드폰이 아닌 풍호의 고물 핸드폰으로 도움을 요청해 엘리베이터에서 탈출합니다.

최신 핸드폰을 자랑하며 풍호를 놀리던 윤수는 이 상황이 너무나 민망합니다. 풍호는 민망해하는 윤수에게 먼저 손을 내밀어 옛날처럼 같이 보드게임을 하자며 이끄는데요, 못 이기는 듯 따라가는 윤수의 모습을 보아하니 이제는 핸드폰 세상에서 살짝은 나올 수 있지 않을까 기대가 됩니다.

2024년 여성가족부가 발표한 '청소년 스마트폰·인터넷 이용 습관 진단조사'에 따르면 중학교 1학년은 다섯 명 중 한 명이, 초등학교 4학년은 전체 아이들의 15퍼센트가 인터넷·스마트폰 과의존 위험군이라고 합니다. 이렇듯 많은 아이들이 핸드폰 세상에 빠져 재미있는 놀이들을 잃어가고 있습니다. 누군가를 소외시킬 수 있는 핸드폰 대신 모두와 함께할 수 있는 놀이를 즐겨보면 어떨까요? 작디작은 네모난 핸드폰이 아닌, 넓고 다양한 현실 세상에서요. 이어지는 수업 활동에서 핸드폰 사용 시간을 줄이고 함께 놀 수 있는 방법을 같이 찾아봅시다.

우리 관계에 핫스팟을 켜라!

동화 『핫스팟을 켜라!』를 읽고 나서 핸드폰 게임 대신 친구들과 재미있게 놀 수 있는 방법을 생각해보는 수업 활동입니다.

스크린 타임을 줄여라!

나의 현재 스크린 타임을 직접 재보고 일주일 동안 스크린 타임을 줄이기 위해
노력해봅시다.

1. 현재 스크린 타임은 얼마인가요?

┌─ • 예시 • ─────────────────────────────────┐
│   │
│   3시간   │
│   │
└──┘

2. 일주일 동안의 목표 스크린 타임을 정해봅시다.

시간	DAY1	DAY2	DAY3	DAY4	DAY5	DAY6	DAY7
목표	예 2시간 40분	예 2시간 20분	예 2시간				
달성 여부	O	X	O				

3. 스크린 타임을 줄여나가며 느낀 점을 이야기해봅시다.

┌─ • 예시 • ─────────────────────────────────┐
│   핸드폰을 하는 시간에 다른 많은 일들을 할 수 있다는 것을 알게 되었습니다. │
│   가족들과 대화하는 시간이 늘어 부모님과 사이가 좋아졌습니다.   │
└──┘

핸드폰이 없어도 괜찮아!

핸드폰이 없었던 옛날에는 어떤 놀이가 있었을까요? 예전에는 어떤 놀이를 즐겼는지 찾아봅시다.

	예전에 인기 있던 놀이	놀이 방법
1	㉣ 오목	바둑알을 번갈아 놓으며 가로, 세로, 대각선 중 한 방향으로 먼저 다섯 알을 연속으로 놓는 사람이 이긴다.
2	㉣ 공기	
3	㉣ 윷놀이	

 우리 반 놀이 대회 열기

모둠별로 놀이를 정해 우리 반 놀이 대회 포스터를 만들어봅시다.

• 예시 •

바른 SNS 사용 방법
『좋아요 조작 사건』

고학년 | 임수경 글, 히쩨미 그림, 한솔수북, 2024

"선생님 맞팔해주세요!"

제가 최근 몇 년간 자주 듣는 이야기입니다. 그만큼 아이들이 SNS에서 많이 활동한다는 뜻이죠. 하지만 무턱대고 SNS 세상에 들어온 아이들은 친구의 사진을 함부로 올리거나 해서는 안 될 말을 하는 등 실수를 저지르기도 합니다. 이처럼 아이들의 활동 반경이 SNS까지 넓어진 만큼, 아이들이 올바르게 SNS를 사용할 수 있도록 교육이 필요합니다.

『좋아요 조작 사건』 속 상은이는 새 학년이 된 첫날부터 아린이라는 친구에게 눈길이 갑니다. 긴 생머리에 오밀조밀한 이목구비, 향초 향기를 맡으며 음악을 듣는 게 취미라는 아린이가 어딘지 모르게 특별해 보였거든요. 게다가 아린이는 무려 SNS 팔로워 1만 명을 가진 인플루언서였습니다. 성숙해 보이는 모습에 화려한 SNS까지, 상은이는 아린이와 더욱 친해지고 싶었습니다.

하지만 상은이가 아린이와 친해지는 건 쉽지 않았습니다. 상은이는 새 아파트에 산다고 자랑하는 아린이와 같은 아파트에 살지도 않았고, SNS 팔로워가 많지도 않았으니까요. 상은이는 아린이와 친해지고 싶어서 사진을 찍어주겠다고 나섭니다. 그러나 아린이와 그 무리는 상은이를 이용할 뿐, 상은이만 쏙 빼고 SNS에 게시물을 업로드하는 등 상은이를 은근히 따돌립니다.

친구들에게 상처받은 어느 날, 상은이는 다용도실에서 향초 하나를 발견합니다. 불이 저절로 붙는 이 향초는 상은이에게 SNS를 조작할 기회를 줍니다. 팔로워의 숫자와 댓글 수, '좋아요' 수까지 모두 마음대로요. 상은이는 친구들과 가까워지기 위해 자신의 팔로워를 늘리는 등 조작을 시작합니다.

팔로워를 늘린 상은이는 친해지고 싶었던 아린이 무리와 가까워집니다. 아린이와 친구들은 한순간에 팔로워를 많이 얻은 상은이의 말을 신뢰하며 잘 따라주었거든요. 신이 난 상은이는 계속해서 SNS를 조작하며 친구들과의 관계를 이어갑니다. 그러다 한 친구에게 자신의 비밀을 들킬 위기에 처하자 상은이는 친구의 SNS에 거짓말을 올려 친구들 사이를 갈라놓습니다.

친구에게 큰 상처를 주고 나서야 상은이는 자신의 행동을 되돌아봅니다. 인기를 얻기 위해 부풀렸던 SNS 속 거짓된 모습을 걷어내고 자신이 정말 좋아하는 나다운 모습을 찾아 돌아가죠. SNS 계정과 앱을 지우니 가슴속이 뻥 뚫린 기분이었다는 상은이의 이야기는 우리에게 많은 것을 생각하게 합니다.

인기를 얻기 위해 SNS를 조작하는 상은이의 모습이 남처럼 느껴지지 않았습니다. 저 역시 어떤 게시물을 올려야 사람들이 더 좋아할지 고민한 순간들이 많았기 때문입니다. SNS는 이처럼 나를 있는 그대로 솔직하게 드러내기보다 다른 사람의 눈을 신경쓰는 곳이 되기도 합니다.

『좋아요 조작 사건』은 인플루언서를 부러워하는 아이들의 마음이 어떻게 잘못된 SNS 사용으로 이어지는지를 잘 보여줍니다. SNS 속에서 유행을 좇기보다 현실에서 내가 행복한 순간에 집중해보는 건 어떨까요? 이어지는 수업 활동을 통해 더 많은 '좋아요'를 받기 위해 내 일상을 꾸며내는 것이 아닌, 슬기롭게 SNS를 사용하는 방법을 알아봅시다.

슬기롭게 SNS를 사용하려면

동화 『좋아요 조작 사건』을 읽고 나서 슬기롭게 SNS를 사용하는 방법을 생각하고 익히는 수업 활동입니다.

 SNS가 할 수 없는 것

향초의 힘을 빌리더라도 조작할 수 없는 것은 무엇일까요? 향초로 조작할 수 없는 것과 더불어 SNS가 할 수 없는 것은 무엇인지 함께 생각해봅시다.

향초로 조작할 수 있는 것	향초로 조작할 수 없는 것
예 팔로워의 숫자	예 마음을 나눌 수 있는 친구의 숫자
예 원하는 상대와의 맞팔	예 친구와의 진정한 소통

SNS가 할 수 없는 것은 ～～～～～～～～ 다.	

 슬기로운 SNS 생활

1. SNS의 장점과 단점을 생각해봅시다.

장점	단점
예 취향이 같은 사람들과 소통할 수 있다.	예 시간을 많이 뺏긴다.

2. SNS를 슬기롭게 하기 위한 규칙을 정해봅시다.

규칙	이유
예 시간을 정해두고 하기 ⇨ 주말 저녁 7~8시	예 시간을 정해두지 않으면 계속 보게 되어 시간을 많이 뺏기기 때문입니다.

슬기로운 SNS 생활

SNS의 장점을 생각하며 우리 반 소통망에 주말에 있었던 일 중 친구들과 나누고 싶은 일을 게시물로 올려봅시다. 친구들의 게시물을 살펴보며 건강한 댓글을 서로 주고받아봅시다.

• 예시 •

<할머니께 선물한 피아노 연주>

할머니 생신 선물로 생일 축하곡 연주와 노래를
한 달 동안 연습했어!
처음에는 오른손, 왼손 따로 연습하면서
한 달 안에 연주를 해낼 수 있을지 걱정이 많았는데
매일매일 연습했더니 결국 해냈어!
기뻐하시는 할머니 모습을 보니
나도 너무 행복한 하루였어.

> 우와! 할머니께서 정말 좋아하셨겠다.
> 나도 곧 있을 부모님 생신 선물로 준비해봐야겠어!

> 피아노 연주와 노래를 같이 하는 것은 정말 힘들던데 대단해!
> 다음에 우리 반 생일 파티에서도 들려줘~^^

스마트폰을 현명하게 사용하는 이야기가 담긴 책

 그림책

『좋아요』
시적 글·그림, 제제의숲, 2024
#좋아요 #숫자가중요할까

'좋아요' 숫자가 행복과 연결되는 건 아니라고 보여주는 책. '좋아요'를 받기 위해 남들에게 보여지는 것에만 집중하는 동물들의 모습을 보며 나를 되돌아볼 수 있습니다. SNS 속 행복해 보이는 순간 대신 일상에서 내가 행복을 느끼는 순간을 찾아보세요.

 그림책

『배고픈 늑대가 사냥하는 방법』
밤코 글·그림, 미래엔아이세움, 2022
#스마트폰중독 #우리가놓치고있는 것

스마트폰에 푹 빠진 어린이에게 추천하는 책. 배고픈 늑대는 인간을 사냥하기 위해 무엇을 할까요? 정답은 '아무것도 하지 않는다'입니다. 스마트폰만 보며 걸어다니는 인간들이 알아서 늑대의 입속으로 들어가기 때문입니다. 그림책 속 인물들과 나의 공통점을 찾아보고 스마트폰 때문에 놓치고 있던 것들을 붙잡아보세요.

동화책

『스마트폰 10분만요』
조윤주 지음, 좋은땅, 2022
#게임중독 #게임을마음껏할수있다면

스마트폰 게임을 계속한다면 어떻게 되는지 보여주는 책. 가족들
과 외식하는 자리에서도 스마트폰 게임을 하고 싶다며 떼를 쓰던
아이는 꼬꼬 할머니 덕분에 스마트폰 게임을 마음껏 할 수 있는
나라에 가게 됩니다. 스마트폰 게임 천국에서 나타나는 문제점들
을 보며 스마트폰 사용 규칙을 만들어 스스로 절제하는 마음을
키워보세요.

동화책

『언니 폰좀비 만들기』
제성은 글, 주성희 그림, 푸른숲주니어, 2023
#스마트폰좀비 #스마트폰중독확인하기

처음 스마트폰을 갖게 된 어린이에게 추천하는 책. 하리는 한 살
더 많다고 스마트폰을 갖게 된 언니가 부럽습니다. 그래서 AI와
함께 언니를 스마트폰 좀비로 만들 위험천만한 계획을 세웁니다.
SNS에서 얼굴도 모르는 사람과 연애를 할 정도로 폰 좀비가 되어
버린 언니! 스마트폰이 주는 위험성을 하리 자매를 통해 확인해보
세요.

교육과정과 이렇게 연계해요(2022 개정 성취 기준)

7월 첫번째 주제   가족 탐구

[2슬01-03]   가족이나 주변 사람에게 관심을 갖고 함께 살아가는 모습을 탐구한다.

[2바02-03]   차이나 다양성을 서로 존중하면서 생활한다.

[2바01-03]   가족이나 주변 사람을 배려하며 관계를 맺는다.

[4도02-01]   효, 우애의 의미와 필요성을 명료하게 이해하고 가족의 행복을 위해 할 수 있는 일을 탐색하여 실천 계획을 세운다.

[4국05-01]   인물과 이야기의 흐름을 중심으로 작품을 감상한다.

[6도02-01]   봉사의 의미와 중요성을 이해하고, 타인이 처한 상황과 환경에 대한 주의 깊은 관심을 바탕으로 봉사를 실천한다.

[6국02-03]   글이나 자료를 읽고 내용의 타당성과 표현의 적절성을 평가한다.

7월 두번째 주제   가족 소통

[2즐01-03]   가족이나 주변 사람과 소통하며 어울린다.

[2국01-02]   바르고 고운 말로 서로의 감정을 나누며 듣고 말한다.

[2국01-03]   상대의 말을 집중하여 듣고 말차례를 지키며 대화한다.

[4국03-03]   대상에 대한 자신의 의견과 그렇게 생각한 이유가 드러나게 글을 쓴다.

[4도02-02]   친구 사이의 배려에 대한 올바른 이해를 바탕으로 일상생활에서 배려에 기반한 도덕적 관계를 맺을 수 있는 방안을 탐색한다.

[6국01-06]   토의에 협력적으로 참여하며 서로의 의견을 비교하고 조정한다.

[6국01-02]   주장을 파악하고 이유나 근거가 타당한지 평가하며 듣는다.

7월 세번째 주제   가족의 죽음

[2국03-02]   쓰기에 흥미를 가지며 자신의 생각이나 느낌을 문장으로 표현한다.

[2슬03-04]   우리의 생활과 관련된 지속가능성의 다양한 사례를 찾고 탐색한다.

[4사03-01]   최근 사회 변화의 양상과 특징을 파악하고, 그로 인해 나타난 생활 모습의 변화를 탐색한다.

[4도04-01]   생명 경시 사례를 조사하고 문제 해결 방법을 탐구함으로써 생명의 소중함을 이해한다.

[4국05-02]   자신의 경험을 바탕으로 작품 속 세계와 현실 세계를 비교하여 작품을 감상한다.

[6도01-03]   자기가 하고 싶은 일을 선택할 때 도덕적 고려의 필요성을 알고 자신의 특기와 적성을 탐색하여 진로 계획을 수립한다.

[6도02-01]   봉사의 의미와 중요성을 이해하고, 타인이 처한 상황과 환경에 대한 주의 깊은 관심을 바탕으로 봉사를 실천한다.

7월.

가족을
이해하고
가족과
소통하기

우리 가족 탐구하기
『갑자기 악어 아빠』

저중학년 | 소연 글, 이주희 그림, 비룡소, 2021

"만약에 가족들이 동물로 변한다면 어떤 동물이 어울릴까?"

상담과정에서 아이들이 가족에 관한 이야기를 꺼내기 어려워할 때, 저는 주로 이렇게 질문하며 동물 가족화 검사를 진행합니다. 동물 가족화 검사는 아이들 눈에 비친 가족의 모습을 파악하기 위한 그림 검사입니다. 사실, 아이들 입장에서는 선생님께 가족 이야기를 꺼내기가 조금 부담스러울 수 있습니다. 하고 싶은 말은 있지만, 있는 그대로 털어놓으면 왠지 모르게 고자질하는 것처럼 느껴지거든요.

하지만 이럴 때 가족을 동물에 비유해서 그려보면 조금 달라질 수 있어요. "엄마를 참새로 그렸네. 참새로 그린 이유가 있을까? 엄마 참새는 평소 어떤 말을 많이 해?"라고 질문하면 아이들의 마음속 빗장이 스르르 열립니다. 그리고 '엄마'가 아닌 '참새인 엄마'의 이야기를 하게 되죠. 자신의 마음을 언어로 표현하기 어려워하는 아이들, 방어적인 태도로 속마음을 이야기하지 않는 아이들과도 동물이라는 친숙한 주제를 통해 가족 이야기를 나누면 조금 더 편안하고 자유롭게 이야기할 수 있어요.

　　이렇게 가족 구성원들을 동물로 비유하여 다양한 이야기를 나눌 수 있는 동화가 있으니, 바로 『갑자기 악어 아빠』입니다. 동화 속에서는 부모님들이 갑자기 동물로 변하는 이상한 일이 발생합니다. 주인공 윤찬이와 동생 윤이는 맨날 "그만!" "안 돼!"라고 소리치는 악어 같은 우리 아빠가 잔소리 좀 안 했으면 좋겠다고 생각해요. 그런데 맙소사! 아빠가 정말 악어로 변해버렸지 뭐예요!

　　막상 아빠가 악어로 변하니 꼭 나쁘지만은 않습니다. 이전과는 다르게 못 먹게 하던 피자도 마음껏 사주고 신나게 놀아주거든요. 악어로 변한 아빠도 거실 바닥을 마음껏 뒹굴고, 물놀이터에서 장난도 치며 이 상황을 은근히 즐깁니다. 아이들에게 잔소리도 하지 않고요! 하지만 시간이 지나자, 아이들의 걱정이 점점 커져만 갑니다. 이제는 진짜 아빠도 보고 싶고, 무엇보다 하품할 때마다 커져버리는 아빠의 몸집 때문에 집이 무너질 것 같거든요.

　　동화 『갑자기 악어 아빠』를 읽다보면 자연스레 이런 질문이 떠오릅니다. "우리 가족들이 동물로 변한다면 어떻게 될까?" "진짜 동물로 변해서 나와 함께 놀 수 있다면 어떨까?" 그렇다면 연결 수업 '우리 가족, 동물로 변신!'을 해봅시다. 가족들을 동물에 비유하는 활동을 하며 가족에 대한 아이들의 생각을 탐색해보세요. 학교에서 활동하는 것도 좋지만, 가정에서 아이들과 부모님이 함께 활동하며 서로를 이해하는 시간을 가져보는 것도 매우 추천합니다.

우리 가족, 동물로 변신!

동화 『갑자기 악어 아빠』를 읽고 나서 가족들을 동물에 비유해보며 가족에 대한 인식을 서로 나눠볼 수 있는 수업 활동입니다.

 어떤 동물이 어울릴까?

우리 가족이 동물로 변신한다면 어떤 동물이 어울릴까요? 나를 포함한 우리 가족을 동물로 변신시키고 색칠해주세요. 그리고 해시태그로 키워드 소개를 해보세요.

※ 가족의 범위는 내가 '가족'이라고 했을 때 떠오르는 구성원들을 모두 포함하면 됩니다.

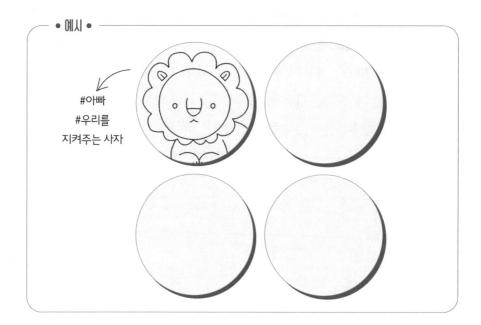

활동 2 가족 탐구 인터뷰

이 활동은 가족과 함께하는 활동입니다. 아래의 인터뷰 활동지를 학급에서 부모님과 소통 창구로 이용하는 프로그램(클래스팅, 하이클래스 등)으로 전달하거나 프린트해서 전달해주세요.

가족 탐구 인터뷰

» **왜 이 활동을 하는 걸까요?**

- 가족을 동물로 표현하는 과정에서 서로가 생각하는 가족의 성격과 특징이 동물에 반영될 수 있습니다.
- 이를 바탕으로 대화를 나누면 그동안 표현하지 못한 서로의 속마음을 파악할 수 있어 가족을 이해하는 데 도움이 됩니다.

» **이렇게 해보세요!**

1. 만약 우리 가족이 동물로 변한다면, 어떤 동물이 가장 어울릴까요? 인터뷰를 진행하기 전에 가족들과 어울리는 동물을 생각해보고 종이에 그려보세요. 그런 다음, 가족들이 그린 '가족 동물 그림'을 바탕으로 아래 질문들을 통해 인터뷰를 진행해보세요. 질문은 자유롭게 바꾸어도 좋습니다.

   질문 예시

   ① 이 가족 구성원을 이 동물로 변신시킨 이유는 무엇인가요?
   ② 동물로 변신시킬 때 가장 고민되었던 가족이 있었나요?
   ③ 이 동물의 어떤 부분이 가족과 비슷한가요?
   ④ 이 동물의 성격은 어떤가요?
   ⑤ 이 동물은 지금 기분이 어떤가요?
   ⑥ 이 동물은 무엇을 좋아하나요?

⑦ 이 동물이 말을 할 수 있다면 뭐라고 말을 할까요?

⑧ 내가 만약 속상한 일이 생기면 어떤 동물에게 말할까요?

⑨ 내가 동물들과 마음껏 무언가를 할 수 있다면 무엇을 하고 싶나요?

⑩ 동물의 어떤 부분을 바꿀 수 있다면 어떻게 바꾸고 싶나요?

2. 활동을 통해 서로 새롭게 알게 된 점, 느낀 점을 나누는 시간을 가져보세요.

 우리 가족의 새로운 모습

'가족 탐구 인터뷰' 활동을 통해 새롭게 알게 된 것은 무엇인지 함께 나눠보세요.

— • 예시 • —

나는 아빠가 우리 가족을 잘 지켜줄 거라고 생각해서 사자가 어울린다고 생각했는데, 아빠는 강아지가 되고 싶다고 하셨다. 아빠가 강아지로 변하고 싶은 이유는, 우리가 강아지를 예뻐하고 잘 안아주기 때문이었다. 생각해보니 내가 아빠를 안아드린 적은 별로 없는 것 같다. 앞으로 먼저 다가가서 아빠를 안아드려야겠다고 생각했다.

가족 탐구 ②

서로의 마음 이해하기

『레기, 내 동생』

저중학년 | 최도영 글, 이은지 그림, 비룡소, 2019

　　"싸우지 말고 사이좋게 지내야지!" 이 말은 학교에서만 들리는 말이 아닙니다. 형제자매가 있는 집에서도 자주 들을 수 있죠. 어디 그뿐인가요? 그마저도 안 통하면 "너희들 계속 싸우면 한 명은 할아버지 집으로 보내버린다!"라며 부모님이 엄포를 놓기도 합니다. 동화 『레기, 내 동생』 속 자매 리지와 레미도 하루가 멀다 하고 싸우기 바쁩니다. 언니 리지는 동생이 너무 얄밉습니다. 동생도 아홉 살이나 되어서 다 컸는데, 엄마가 아직도 항상 동생은 아기 취급을 하는 것 같거든요.

　　동생 레미도 그걸 아는지, 불리하면 엄마에게 이르고 언니 탓을 하며 떠넘깁니다. 그러니 똑같이 장난을 쳐도 늘 언니 리지만 혼이 나죠. 내 마음은 알아주지 않고 맨날 나만 혼내는 부모님께 서운한 리지는 화가 난 나머지 동생도 갖다버리라는 말도 서슴지 않습니다. 그러고는 수첩에 동생의 이름을 레기로 바꾸고 "내 동생 쓰레기"라고 손이 아플 때까지 적으며 짜릿함을 느끼죠.

　　하지만 다음날 아침, 레미가 사라졌습니다. 대신 레미가 있던 자리에는 속이 꽉 찬 10리터 쓰레기봉투가 누워서 언니라고 부르면서 몸이 안 움직인다고 말합니다. 맙소사! 레미가 정말 쓰레기로 변해버린 거예요! 리지는 어젯밤 낄낄거리며 쓴 '내 동생 쓰레기'라는 말을 떠올립니다. '혹시 나 때문인 건 아닐까?' '이러다 부모님께 혼나면 어쩌지!' 걱정되기 시작한 리지는 잔뜩 울상인 레미와 함께 해결할 방법을 찾기 시작합니다.

바위산을 올라 소원을 빌어도 변하는 게 없어 좌절하던 순간, 동생 레미는 마법랜드에 가서 샀던 마법수첩을 떠올립니다. 정말 바라는 것이 있을 때 백 번을 쓰면 이루어진다는 마법수첩! 그제야 언니 리지는 자기가 매일 밤 썼던 그 수첩이 마법수첩이라는 걸 알게 돼요. 혹시 어젯밤이 백번째 쓴 날이라면? 리지를 원래 모습으로 되돌아오게 만드는 방법도 그 마법수첩 아닐까? 실마리를 찾은 것 같은 느낌이에요. 과연 동생 레미는 다시 돌아올 수 있을까요?

사실 언니 리지와 동생 레미가 자주 다투기는 했지만, 서로를 죽도록 싫어했던 건 아니었어요. 다만 내 마음을 알아주지 않아 서운했던 마음, 언니라서, 동생이라서 억울했던 마음, 나를 괴롭혀서 얄미웠던 마음이 해소되지 않고 쌓여서 단단해졌던 거죠. 만약 서로의 입장을 미리 알았더라면 다툴 일도 줄어들지 않았을까요? 동화 『레기, 내 동생』을 읽고 나서 나와 자주 갈등하는 가족 구성원의 마음을 헤아려보는 활동을 해보세요. 그동안 알지 못했던 가족의 속마음을 이해하게 되면 한 뼘 더 가까워질 수 있을 거예요.

우리 마음 한 걸음 더

동화 『레기, 내 동생』을 읽고 서로의 입장을 생각해보는 과정에서 나와 자주 갈등
하는 가족 구성원의 마음을 조금 더 깊이 이해해보는 수업 활동입니다.

 **두 개의 의자**

교실 중앙에 두 개의 의자를 놓고 이 책의 등장인물인 언니 리지와 동생 레미가
앉아 있다고 상상합니다. 그리고 등장인물의 마음과 비슷해서 공감되었던 부분
이나 궁금했던 점, 해주고 싶은 말 등을 발표해봅니다. 그리고 등장인물이 의자에
앉아 있다면 뭐라고 대답할지 상상해본 뒤 직접 말해봅시다. 이러한 과정에서 아
이들은 자신의 비슷한 경험을 말하며 속마음을 표현할 수 있고, 상대방의 입장에
서도 생각해볼 수 있게 됩니다.

• 예시 •

» **리지에게 공감하기** "나도 부모님이 동생 편만 들어줘서 속상했던 적이 있었어."
» **리지의 예상 답변** "내 마음을 알아줘서 정말 고마워."

» **레미에게 질문하기** "왜 네가 컵을 깼으면서 언니 탓을 한 거야? 솔직하게 말할 수
있었잖아."
» **레미의 예상 답변** "사실 나도 엄마한테 혼날까봐 겁이 났어. 언니한테 미안한 마
음도 있었어."

활동 2 **내 마음을 들어줘!**

나와 주로 갈등하는 가족을 떠올려보며 아래의 질문에 답해주세요.

① 나는 가족 구성원과 주로 어떤 갈등을 경험하나요?

② 최근 내가 가족 구성원과 겪은 갈등은 무엇인가요?

③ 그때 그 상황에서 나는 어떤 생각이 들었나요?

• 예시 •

갈등 대상	여동생, 엄마	
갈등 상황	여동생이 허락 없이 내 옷을 자주 입는데 엄마는 내 편을 들어주지 않는다.	
내 속마음	내 허락도 없이 마음대로 내 옷을 입어서 나를 무시하는 것 같아. 그러다 내 옷을 망가뜨리면 어쩌나 걱정도 돼. 엄마는 내 편도 안 들어줘서 서운하고 속상해.	

활동 3 **내가 ○○라면?!**

를 바탕으로 모둠 활동을 아래와 같이 진행해보세요.

① 가족과의 갈등 상황을 모둠원들에게 소개해보세요. 모둠원들은 발표자의 이야기를 경청하며 발표자가 어떤 마음이었을지 공감해주세요.

② 이번에는 발표자가 갈등을 겪었던 다른 가족의 입장이 되어봅시다. 그때 그 상황에서 가족 구성원의 속마음은 어땠을까요? 포스트잇에 적어서 모둠원의 활동지에 함께 붙여주세요.

• 예시 •

» **공감하기**
나도 친구가 내 허락도 안 받고 내 물건을 쓸 때면 화가 나. 그래서 동생이 나한테 물어보지도 않고 마음대로 옷을 입으면 화가 날 수 있을 것 같아.

» **내가 ○○이라면?**
내가 여동생이라면? 언니 옷이 예쁜 게 많은데 언니에게 물어보면 안 빌려줄 것 같아서 그냥 안 물어보고 입을 수도 있을 것 같아.

내가 엄마라면? 똑같은 옷을 두 벌 사기에는 돈이 부족해서 서로 양보하면 좋겠는데 자주 싸우면 속상할 것 같아.

가족의 의미를 생각해보게 하는 책

그림책 『가족은 서로 닮아』
장준영 글·그림, 천개의바람, 2023
#우리가닮은점 #가족의소중함

가족은 태어날 때부터 닮기도 하지만, 살아가면서 닮아가는 부분
도 있습니다. 우리 가족은 어떤 점이 닮았나요? 이 책을 읽으며 서
로의 닮은 점을 찾아보세요. 생김새를 넘어서 가족 간 말투, 습관,
취미 등을 탐색하는 과정은 서로에 대한 이해를 넓힐 수 있게 도
와줍니다. 닮은 점을 함께 나누는 과정에서 우리 가족만이 가지고
있는 문화와 개성을 이해하는 시간이 될 거예요.

그림책 『엄마 자판기』
조경희 글·그림, 노란돼지, 2019
#내맘대로엄마뽑기 #아이의소망탐색

가족에게 바라는 것은 무엇인지 서로의 소망을 탐색하기에 더없
이 좋은 책. 자판기에서 원하는 음료수를 선택하는 것처럼, 내가
원하는 엄마를 뽑을 수 있다면 어떤 엄마를 뽑고 싶을까요? 그림
책을 바탕으로 'OO 자판기' 활동을 함께해보세요. 가족에게 진
심으로 원하는 것이 무엇인지 아이들의 말 속에서 숨은 욕구를 찾
으며 서로를 이해해보는 시간을 가져보면 어떨까요?

동화책

『바꿔!』
박상기 글, 오영은 그림, 비룡소, 2018
#역지사지의마음 #가족의마음이해하기

서로 몸이 바뀌며 비로소 서로를 이해하게 되는 엄마와 딸의 이야기. 마리는 학교에서 따돌림을 받아 학교에 가기 싫습니다. 집에서도, 학교에서도 자신의 마음을 몰라주니 속이 상합니다. 그러다 우연한 기회에 다른 사람과 몸이 바뀌는 스마트폰 앱을 발견합니다. 엄마와 몸이 바뀌어 일주일 동안 살아가면서 비로소 엄마를 이해하게 됩니다. 그동안 내 생각과 시선으로만 가족을 판단했다면 이 책을 통해 서로를 따뜻하게 바라보며 한 걸음씩 다가가보세요.

청소년
소설

『페인트』
이희영 지음, 창비, 2019
#가족이란무엇인가 #부모의역할

부모가 원치 않아 국가가 대신 키워준 아이들이 있습니다. 이 아이들은 13세가 되면 '부모 면접'을 통해 부모를 선택해요. 피를 나누지 않은 어른을 부모로 선택할 수 있다면, 누구를 골라야 할까요? 이 책을 통해 좋은 부모란 어떤 사람인지, 가족의 진정한 의미는 무엇인지 한번 생각해보세요.

가족 소통 ①

공감하는 가족 대화 나누기

『신비 아이스크림 가게』

저중학년 | 김원아 글, 김무연 그림, 주니어김영사, 2021

"선생님, 오늘 제가 한 말 좀 엄마한테 대신 전해주세요."

아이들과 상담할 때 종종 듣는 말입니다. 최근에 어떤 일이 있었는지, 마음이 어땠는지 제게는 다 털어놓지만, 부모님 앞에 서면 도저히 입이 떨어지지 않는다는 거예요. "부모님도 네 마음이 궁금하실 것 같은데, 직접 말해보면 어때?"라고 말해도, 돌아오는 아이들의 답변은 대개 비슷합니다. "엄마는 잔소리만 해요." "아빠는 맨날 바빠요." 하지만 부모님의 사정도 비슷합니다. "제가 무슨 이야기를 해도, 귀를 막아버려요." "제 이야기는 다 잔소리처럼 들리나봐요." "아이들과 대화할 수 있는 좋은 방법 어디 없을까요?"

가족들과 즐겁게 대화를 나누고 싶은데 방법을 잘 모르겠다면 동화 『신비 아이스크림 가게』를 함께 읽어보세요. 푹푹 찌는 7월의 여름, 놀이터에 나가자는 막내 소율이의 말에 어쩔 수 없이 온 가족이 놀이터로 출동합니다. 소율이를 제외한 모든 가족이 더위에 지쳐가던 순간, 눈앞에 신비 아이스크림 가게가 등장해요. 어랏? 그런데 주인이 없습니다. 대신 이용 안내문이 떡하니 붙어 있어요. 아이스크림 메뉴도 독특합니다. '가장 달콤했던 때로 돌아가는 체리맛' '가장 통쾌했던 때로 돌아가는 민트맛' '가장 상큼했던 때로 돌아가는 딸기맛' '가장 행복했던 때로 돌아가는 초코맛' '가장 즐거웠던 때로 돌아가는 요거트맛'.

가족들이 아이스크림을 한 입씩 베어물 때마다 안개가 자욱해지며 특별한 순간들이 구름 속에서 재생됩니다. 달콤했던 때로 돌아가는 체리맛 아이스크림을 고른 소진이에게는 남자친구가 생겼던 순간이 펼쳐져요. 늘 아기처럼 여겨졌던 소진이에게 남자친구가 있다는 사실을 안 부모님은 깜짝 놀라지만, 잔소리하고 싶은 마음을 내려놓고 요즘 우리 딸은 첫사랑이 가장 달콤한가보네, 엄마도 그랬는데라며 공감해줍니다. 자신의 마음에 공감해주는 엄마의 말에 소진이는 마음이 활짝 열려 엄마는 언제였느냐고 묻죠.

가장 통쾌했던 때로 돌아가는 아빠의 민트맛 아이스크림에서는 힘들게 승진한 뒤 바쁘게 일하는 아빠의 모습이 재생됩니다. 집에만 오면 벌러덩 누워만 지내는 아빠에게 늘 불평했던 소진이는 그제야 아빠를 이해하게 되지요. 자신을 이해해주는 딸들의 모습에 아빠는 그동안 미안했던 마음이 가벼워집니다. 이렇게 신비 아이스크림 가게를 통해 서로의 시간을 들여다본 가족들은 비로소 서로를 이해하게 돼요.

이렇게 소율이네 가족이 서로를 이해할 수 있었던 비결은 신비 아이스크림 때문만은 아니었습니다. 아무리 특별한 능력이 있는 아이스크림이라고 하더라도, 서로 비난하거나 핀잔만 주었다면 결코 즐겁게 대화를 마무리하지 못했을 겁니다. 소율이네 가족은 서로의 시간을 이해하려고 노력하고, 때로는 질문하며 궁금해합니다. 그리고 서로를 존중하고 이해하는 공감의 대화를 나누죠. 여러분은 가족들의 특별한 시간을 얼마나 알고 있나요? 한집에 사는 가족이라는 이유로 서로를 깊이 이해하려는 노력이 부족하지는 않았나요? 이어지는 수업 활동에서 나만의 '신비 아이스크림 가게' 메뉴판을 만들어보세요. 물론, 서로를 존중하고 공감하며 대화를 나눠야 한다는 사실도 잊지 말고요.

나타났다! 신비 아이스크림 가게

동화 『신비 아이스크림 가게』를 읽고 나서 가족들과 대화할 때 필요한 공감 대화법을 이해하고 이를 활용하여 가족들의 특별한 경험을 나누는 활동을 계획하는 수업 활동입니다.

 대신 이렇게 말해주세요!

평소 우리 가족의 대화를 떠올려보세요. 기분 좋게 시작했던 대화가 짜증으로 번지거나 도리어 입을 꾹 닫게 만든 순간이 있었나요? 우리 가족의 대화를 방해했던 말을 떠올려보고, 어떻게 말하면 좋을지 새롭게 작성해보세요.

이런 말은 힘들어요.	대신 이렇게 말해주세요!
(예) 학생인데 숙제하는 건 당연하지.	(예) 숙제하는 게 힘들지? 엄마도 어렸을 때는 숙제하기 싫을 때가 있었어.
(예) 그렇게 말하니까 친구들이 싫어하지!	(예) 친구 마음은 어땠을까?

마음이 활짝 열리는 대화 비결은?

친구나 선생님, 가족들과 서로 공감하며 대화했던 경험을 떠올려보고 우리 가족
의 대화 규칙을 만들어보세요.

	이렇게 대화를 나누면 마음이 활짝 열려요.
1	예 엄마가 내 눈을 바라보며 대화할 때 나를 이해해주는 느낌을 받았다.
2	예 친구가 내가 좋아하는 가수 이름을 물어보며 관심을 보여줘서 나도 더 얘기하고 싶어졌다.

> • 우리집 대화 규칙 예시 •
>
> ① 대화할 때 핸드폰을 보지 않는다.
> ② 가족들이 말할 때 귀기울여 듣고 궁금한 건 질문해본다.

활동 3 나만의 아이스크림 메뉴판 만들기

신비 아이스크림 가게가 내 눈앞에 나타났다? 게다가 이번에는 내가 메뉴를 정할
수 있다고? 가족들과 특별한 대화를 나눌 수 있는 신비 아이스크림 게임 메뉴판
을 만들어보세요. 어떤 게임으로 메뉴판을 만들지는 자유롭게 결정할 수 있습니
다. 그리고 가족들과 메뉴판 게임을 통해 이야기를 나누어보세요.

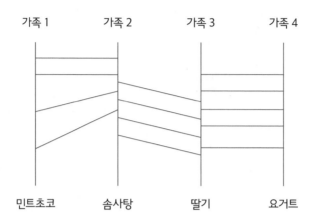

메뉴	
민트초코맛	가장 서운했던 때로 돌아가는 아이스크림
솜사탕맛	가장 즐거웠던 때로 돌아가는 아이스크림
딸기맛	가장 행복했던 때로 돌아가는 아이스크림
요거트맛	가장 아쉬웠던 때로 돌아가는 아이스크림

가족소통②

진심을 담아 마음 전달하기

『목소리 교환소』

중고학년 | 김경미 글, 김미연 그림, 잇츠북어린이, 2020

'사랑한다고 하는 엄마 말은 듣기도 싫어요!' 동화 『목소리 교환소』의 주인 공 지운이의 말입니다. 아니, 도대체 무슨 일이 있길래 이런 말을 하는 걸까요? 사실 지운이에게도 속사정은 있습니다. 지운이는 뭐든지 엄마 마음대로인 게 불만입니다. 친구들과 모둠별 숙제를 해야 해서 학원을 하루 빠지고 싶어도, 엄마는 이야기를 끝까지 들어보지도 않고 안 된다며 화를 내시거든요. 하지만 엄마는 늘 대화 끝에 "사랑해!"라는 말을 덧붙입니다. 그러니까 지운이가 화가 날 수밖에요.

아이들은 이런 말을 '영혼이 없는 말'이라고 부릅니다. 말 자체는 좋은 말이지만, 그 사람의 표정이나 몸짓, 목소리 톤과 같은 비언어적인 요소에서 진심이 느껴지지 않는다는 거죠. 그러니 이런 말을 들어도 기분이 좋기는커녕 마음만 불편해집니다. 만약 가장 자주 마주치고 가까운 관계라고 할 수 있는 가족 간에 이러한 일이 반복되면 어떻게 될까요? 서로를 이해하지 못하고 오해가 쌓이게 됩니다. 자연스레 대화는 뜸해지겠죠. 동화 속 주인공 지운이와 엄마처럼 말이에요.

투덜거리며 결국 학원으로 향하는 엘리베이터를 탄 지운이는 우연히 '목소리 교환소'에 도착합니다. 원할 때만 목소리를 바꿀 수 있는 신비한 교환소에 간 지운이는 엄마의 목소리를 갖고 싶다고 말합니다. 그러면 원하는 대로 학원을 빠질 수 있을 테니까요. 대신 조건이 있어요. 목소리를 교환하려면 돈 대신 엄마의 "사랑해"와 맞바꿔야 합니다. 엄마의 목소리를 얻는 대신, 평생 엄마의 "사랑해"라는 말을 들을 수 없는 거죠. 하지만 이미 엄마의 "사랑해"에 진심을 느끼지 못한 지운이는 망설이지 않고 그 제안을 수락합니다.

사실 지운이는 엄마를 정말 미워했던 건 아니었어요. 비록 "사랑해"라는 말을 엄마의 목소리와 교환했지만, 사실 지운이가 싫었던 건 자신의 마음을 몰라주는 엄마의 태도였어요. 엄마가 진심으로 이야기를 들어주지 않고, 그저 형식적으로 '사랑해'라는 말을 반복해서 서운함이 쌓였던 거예요.

여러분들은 가족과 어떤 대화를 나누고 있나요? 혹시 해야 할 말만 전하는 형식적인 대화를 나누고 있진 않나요? 가족 간의 진심어린 대화는 단순한 말 이상의 의미를 지닙니다. 서로의 마음을 깊이 이해하게 되고, 가족의 유대가 강해지죠. 그동안 가족에게 전하지 못했던 마음이 있다면, 연결 수업을 통해 진심을 전해보세요. 진심을 나누면서 멀어졌던 마음이 더 가까워질 수 있을 거예요.

진심을 담아, 마음을 담아

동화 『목소리 교환소』를 읽고 나서 가족에게 전하고 싶었던 진심을 떠올리고 전달해보는 수업 활동입니다.

 속이 비어 있는 말을 찾아라!

동화 속에서 지운이는 왜 엄마의 "사랑해"라는 말이 '속이 텅텅 비어 있는 말'이라
고 생각했을까요? 가족들과 대화하며 '속이 비어 있는 말'이라고 느껴질 때는 언
제인지, 그때 내 느낌이 어땠는지 작성해보세요.

속이 비어 있는 말	나의 느낌
(예) 아빠한테 같이 놀자고 할 때 아빠가 "알 겠어. 그런데 좀만 이따가 놀자"라고 했다.	(예) 이따가 놀자고 했지만 귀찮아하는 아빠 표정을 보니까 서운하기도 하고, 아빠를 힘들게 하는 것 같아 아빠한테 미안한 마음이 들기도 한다.
(예) 엄마가 나한테 게임 그만하라고 할 때 "네, 알겠어요"라고 말하고는 게임을 계 속했다.	(예) 엄마도 쳐다보지 않고 대답하면서 게임 도 계속하는 내 모습을 보니까 엄마를 존중하지 않았던 것 같아 죄송하다.

 소중한 말 카드 만들기

『목소리 교환소』의 주인 할아버지는 "사랑해" "자랑스러워" "믿어"와 같은 소중
한 말을 보관하고 있습니다. 이처럼 가족과의 대화 중 오래도록 간직하고 싶은 소
중한 말은 무엇인가요? 카드에 소중한 말을 적고 그림이나 스티커로 꾸며보세요.

내가 간직하고 싶은 우리 가족의 '소중한 말'	
(예) '괜찮아, 다음에 잘하면 되지!'	(예) 시험을 잘 못 봤을 때 엄마에게 혼날까봐 걱정했는데, 오히려 괜찮다며 나를 격려해주셔서 힘이 났다.
(예) '우리집 복덩이.'	(예) 아빠가 나를 부를 때 하는 말인데 내가 복덩이라는 말이 기분이 좋고, 아빠의 애정이 느껴진다.

활동 3 진심을 담은 나의 목소리

활동1과 활동2를 바탕으로 구체적인 사례와 감정을 담아 가족에게 전하는 편지를 작성해보세요. 그리고 편지를 직접 읽어 녹음해 나의 진심이 목소리에 담겨 있는지 확인해보세요. 마지막으로 편지와 녹음한 음성메시지를 가족에게 함께 전달하며 느낀 점을 나눠봅시다.

─ • 예시 • ───

아빠, 저 ○○이에요.

아빠한테 하고 싶었던 말이 있어서 이렇게 편지를 써봤어요. 어렸을 때는 아빠랑 많이 놀았던 것 같은데 요즘에는 그럴 시간이 많이 줄어들어서 아쉬웠어요. 그래서 아빠한테 놀자고 말했는데, 아빠가 "알겠어. 그런데 조금만 이따가 놀자"라고 하실 때마다 '혹시 귀찮아서 나랑 놀기 싫으신가?' 싶어서 속상했어요. 아빠도 주말에는 쉬셔야 하는데 제가 아빠를 괜히 귀찮게 하는 건 아닌가 죄송하기도 했고요. 그래도 제 마음을 전하지 않으면 아빠 마음을 오해할 것 같아서 용기 내서 편지를 써봤어요. 아빠, 사랑해요.♡

한 걸음 더

가족과 소통하는 이야기가 담긴 책

그림책

『하트방구』
윤식이 글·그림, 소원나무, 2023
#가족간의소통 #우리가족의행복나누기

가족들과 마음을 나누는 소통을 하기 위해 무엇이 필요할까요? 하트방구만 있으면 서로에게 마음을 전할 수 있을 거라 생각했던 고구마 가족은 어느 날 갑자기 하트방구를 뀔 수 없게 됩니다. 과연, 고구마 가족은 하트방구를 되찾을 수 있을까요? 하트방구는 정말 내 마음을 전하는 좋은 방법이었을까요? 이 책을 통해 가족 간의 진정한 소통을 위해 필요한 것은 무엇인지 생각해보세요.

그림책

『우리 집 식탁이 사라졌어요!』
피터 H. 레이놀즈 글·그림, 류재향 옮김, 우리학교, 2022
#가족식탁문화 #가족대화를위해필요한것

가족과 함께하는 시간이 부족하다고 느껴질 때 펼치면 좋은 책. 함께 장을 보고 음식을 만들며 식탁에 모여 앉아 시간을 보내던 가족이 있습니다. 하지만 가족들이 각자의 자리로 흩어지면서 아무도 앉지 않게 되자 식탁이 줄어들어요. 식탁을 되찾으려면 무엇이 필요할까요? 책을 읽은 뒤 우리집 식탁 문화에 대해 이야기를 나눠보세요. 우리집의 식탁 문화는 어떠한가요? 행복한 식탁 대화가 이어지려면 어떤 노력을 해야 할까요?

동화책

『화해하기 보고서』
심윤경 글, 윤정주 그림, 사계절, 2011
#가족과의갈등 #화해하는방법

가족에게 억울함이 쌓여 대화가 어렵게 느껴질 때 추천하는 책.
주인공 은지는 엄마와의 관계에서 쌓인 억울함을 풀기 위해 '화해
하기 보고서'를 작성합니다. 꼬리에 꼬리를 무는 보고서를 작성하
는 과정에서 은지와 엄마는 서로의 마음을 조금씩 이해하게 됩니
다. 가족에게 나의 억울함을 표현하고 싶은데 어떤 이야기부터 시
작해야 할지 모르겠다면 화해하기 보고서를 함께 작성해보세요.

동화책

『내 마음 배송 완료』
송방순 글, 김진화 그림, 논장, 2018
#서로에게꺼내는속깊은이야기 #그동안하지못한말

가까운 가족에게도 속마음을 털어놓지 못하는 어린이에게 추천
하는 책. 내 마음도 알아주지 않는 엄마에게 서운한 송이는 홈쇼
핑에서 엄마를 팔 수 있다는 이야기에 엄마를 팔아버립니다. 하지
만 엄마가 반품되며 계약 조건에 따라 송이가 팔려가고, 다시 반품
되어버려요. 그제야 송이와 엄마는 그동안 못했던 이야기를 나누
며 서로의 마음을 확인합니다. 이 책을 읽고 가족에게 그동안 말
하지 못했던 서운한 마음을 솔직하게 이야기해보세요.

가족의 죽음 ①

소중한 사람과의 추억 떠올리기

『안녕, 나의 하비』

저중학년 | 오미경 글, 이지현 그림, 키다리, 2023

아직도 그날이 생생합니다. 어느 날 아빠가 저를 깨우며 할아버지가 돌아가셨다는 소식을 전해주셨어요. 그날 저는 침대에서 일어나지도 못한 채 3시간을 엉엉 울었습니다. 장례식장에서 힘겹게 앉아 있는 저와 달리, 아이스크림을 먹으며 웃고 있는 친척 언니들을 보면서 '할아버지와 친하지 않았다면 이렇게 힘들지 않았을 텐데'라는 철없는 생각도 했답니다. 그만큼 미처 준비하지 못한 할아버지와의 이별을 받아들이기가 힘들었거든요.

소중한 사람과의 이별은 매우 가슴 아프고 힘이 듭니다. 특히 영원한 이별을 처음 경험하는 아이들에게는 더욱 그렇지요. 이때 적절한 애도의 시간을 통해 이별과 상실의 아픔을 받아들이는 과정이 필요합니다. 이를 통해 아이들은 곁에 있는 사람들의 소중함을 느끼며 자신의 감정을 표현하고 치유하는 법을 배울 수 있어요. 이때 함께 읽을 동화로 『안녕, 나의 하비』를 추천합니다.

아홉 살 무무에게는 단짝처럼 가까운 할아버지 '하비'가 있습니다. 무무와 하비에게는 추억이 많아요. 무무는 하비가 만들어준 '용의 배꼽'이라는 비밀 기지에서 하비가 깎아준 나무 인형을 가지고 놀기도 하고요, 하비와 물고기를 함께 잡았다 놓아주기도 하고, 하비에게 돌로 새를 만드는 방법도 배웁니다. 때로는 친구에게 속상했던 일도 털어놓으며 하비에게 위로를 받기도 하죠. 그러던 어느 날, 하비가 큰 병에 걸려 입원하게 됩니다.

　하비를 찾아간 무무는 이제 하비와 함께할 수 없다는 생각에 눈물이 납니다. 속상해하는 무무에게 하비는 우리의 추억이 담긴 살구나무는 쓰러졌어도 네 마음속엔 살아 있는 것처럼, 네가 잊지 않으면 나는 영원히 죽지 않는다고 이야기해줍니다. 하비가 하늘나라로 떠난 뒤, 무무는 슬퍼하지만, 하비와의 추억을 떠올리며 상실을 천천히 받아들입니다. 하비가 늘 곁에 있다는 사실을 잊지 않은 채 말이죠.

　저 역시도 할아버지와 나누었던 둘만의 추억을 아직도 보물처럼 가지고 있습니다. 언니들은 알지 못하는, 오로지 저만 알고 있는 그런 추억들이요. 처음 경험했던 이별이라 아프고 힘들었지만, 그 과정에서 제가 배운 것이 참 많았어요. 그후로 현재의 삶을 더욱 소중하게 여기게 되었거든요. 소중한 대상과의 이별로 힘들어하는 아이들이 있다면 동화 연결 수업 '이별이 남긴 보물'을 통해 추억을 되새기며 이별을 받아들이는 시간을 가져보세요.

이별이 남긴 보물

동화 『안녕, 나의 하비』를 읽고 나서 소중한 대상과의 추억을 떠올려보며 상실을
받아들이고 이별의 진정한 의미를 이해하는 수업 활동입니다.

활동 1 이별의 경험 떠올려보기

내가 소중하게 여겼던 대상의 죽음으로 인한 이별을 경험한 적이 있나요? 당시의
상황을 떠올리며 아래의 질문을 바탕으로 함께 이야기 나누어보세요. (나와 가까
운 사람이나 반려동물, 내가 키웠던 식물 등도 모두 포함합니다. 만약 최근에 죽음을 경험
한 적이 없다면, 동화 속 주인공 '무무'의 입장을 상상해서 이야기해도 좋습니다.)

» 죽음을 접했던 적이 있나요? 내가 이별했던 대상은 누구인가요?

» 내가 소중하게 여겼던 대상과 이별했을 때, 나는 어떤 마음이었나요?

» 그때 힘들었던 나에게 도움이 되었던 말이나 주변의 행동은 무엇이었나요? 그 이유는 무엇인
가요?

» 힘들었던 나에게 도움이 되지 않았던 말은 무엇이었나요? 그 이유는 무엇인가요?

활동 2 이별 나무 그리기

에서 떠올렸던 대상과의 추억을 떠올리며 나만의 특별한 이별 나무를 그

려보세요. (만약, 죽음을 경험한 적이 없다면, 동화 속 주인공 '무무'와 '하비'의 추억을 떠올리며 이별 나무를 그려보아도 좋습니다.)

> » 이별한 대상과 내가 함께 나누었던 추억이 자라 나무가 된다면, 그 나무의 키는 어떨까요?
> 나뭇가지는 얼마나 있을까요? 자유롭게 나무를 그려보세요.
> » 이별한 대상과 나누었던 소중한 추억, 기억에 남는 말이 있다면 나뭇잎에 작성하고
> 꾸며보세요.
> » 나무 주변에는 이별한 대상을 떠올릴 수 있는 물건 등을 함께 그려보세요.

 보내지 못한 편지 쓰기

더이상 만날 수는 없지만 내가 사랑하는 사람에게 전하고 싶었던 말이나 감사한 마음, 함께했던 소중한 추억 등을 편지에 씁니다.

─── • 예시 • ───────────────

보고 싶은 할아버지께

안녕하세요, 할아버지. 하늘나라에서 건강히 잘 계시죠? 저는 학교 잘 다니고 있어요. 할아버지와 함께 공원에서 산책하던 날이 생각나요. 할아버지께서 나무와 꽃 이름을 알려주셔서 정말 신기하고 즐거웠어요. 지금도 나무와 꽃 이름을 많이 기억하고 있어요. 할아버지와 함께 자전거를 타던 날도 기억나요. 제가 넘어지지 않게 뒤에서 꼬옥 잡아주시던 모습이 떠올라요. 할아버지와의 소중한 추억들이 많아서 행복해요. 할아버지가 많이 보고 싶어요. 할아버지도 저를 기억하고 계시겠죠? 저도 할아버지를 잊지 않을게요. 할아버지께서 항상 건강하시길 바라요. 사랑해요, 할아버지.

○○○ 올림

가족의 죽음 ②

장례식에 대한 생각 바꾸기
『모두 웃는 장례식』

중고학년 | 홍민정 글, 오윤화 그림, 별숲, 2021

혹시 '풍선 장례식'에 대해 들어본 적 있으신가요? 풍선 장례식은 저출산이나 고령화 문제로 묘지 공간이 점차 부족해지자 일본에서 새롭게 확산되고 있는 장례식 문화입니다. 커다란 풍선에 고인의 뼛가루를 넣어 날려 보내면 약 40~50킬로미터 상공에서 풍선이 터지며 유골이 하늘에 흩어진다고 해요. 바람에 날려온 유해가 토양에서 분해되는 과정이 친환경적이고, 다시 자연으로 돌아간다는 점에서 주목받고 있다고 합니다.

이처럼 최근 장례 문화가 다양해지면서 죽음에 대한 의미도 새롭게 조명되고 있습니다. 전통적인 매장이나 화장 방식에서 벗어나 친환경적인 방법을 고려하거나 고인이 생전에 직접 준비하는 등 새로운 형태의 장례식이 등장하고 있다고 해요. 이러한 변화는 죽음을 두려워하기보다는 삶의 일부분으로 받아들인다는 점에서 주목할 필요가 있습니다. 장례식에 대한 다양한 생각을 나눠보고 싶다면 동화 『모두 웃는 장례식』을 추천합니다.

병이 악화되어 죽음을 앞둔 할머니는 돌아오는 생일이 본인의 마지막 생일이라고 생각합니다. 그래서 그 생일날, 생전 장례식을 진행하고 싶다고 자식들에게 이야기해요. 할머니의 뜻을 이해하지 못한 자식들은 반대하지만 할머니는 죽은 뒤에 몰려와서 울고불고 하는 건 아무 소용 없으니 살아 있을 때 한번 더 보는 게 낫다고 이야기합니다. 그런 할머니의 마음을 조금은 알 것 같은 열세 살 손녀 윤서도 할머니의 생전 장례식에 관한 생각을 바꾸고, 할머니와 가족들에게 멋진 추억이 될 수 있도록 노력합니다.

드디어 할머니의 생신날. 그동안 떨어져 지내던 할머니의 자식들이 모두 모였습니다. 그뿐만이 아니에요. 할머니의 아이디어를 듣고 신문에 광고를 내자 할머니를 기억하는 사람들이 찾아왔고, 모두 함께 할머니의 마지막 생신을 축하합니다. 할머니 뒤로 참석한 모든 사람이 서서 웃으며 찰칵! 그렇게 할머니의 소원이었던 '모두 웃는 장례식'이 끝났습니다.

사실 '죽음'은 우리가 쉽게 꺼내지 못하는 대화 주제입니다. 하지만 언제 찾아올지 모르는 죽음에 관한 이야기를 나누다보면, 지금의 삶을 더욱 의미 있고 소중하게 바라볼 수 있게 됩니다. 동화 연결 수업 '장례식, 다르게 생각하기'를 통해 죽음의 의미와 장례식 문화에 대한 생각을 나눠보면 어떨까요? 장례식을 새롭게 바라보고 지금 이 순간을 더욱 가치 있게 만들어갈 수 있는 방법을 찾아보세요.

장례식, 다르게 생각하기

동화 『모두 웃는 장례식』을 읽고 나서 장례식을 새롭게 바라보며 삶과 죽음의 의미를 깊이 이해할 수 있는 수업 활동입니다.

활동 1 장례식의 틀을 깨보자!

나는 장례식에 대한 어떤 고정관념을 가지고 있나요? 세계 각국의 다양한 장례식 문화를 조사해보면서 죽음과 장례식에 대해 열린 마음으로 폭넓게 이해하는 시간을 가져보세요.

• **장례식에 대한 나의 고정관념은 무엇인가요?**

　예 장례식은 항상 슬프다, 검은 옷을 입어야 한다 등

다양한 장례식 문화를 조사해보며 죽음과 장례식의 의미는 무엇인지 생각해보세요.

• 예시 •

나라	장례식 문화	소개
미국	녹색 장례식	환경을 보호하고 지속가능성을 중요시하는 장례 방식. 화학 물질이나 인공 재료를 사용하지 않고, 자연 친화적인 방법으로 고인을 안치해서 삶과 죽음을 자연스럽게 연결시킨다.

가나	판타지 관 장례식	고인의 삶과 성격을 반영한 독특한 형태의 관을 만들어 고인의 삶을 기념하고 그의 이야기를 전달한다.

 나만의 생전 장례식 계획해보기

나의 생전 장례식을 직접 계획해보세요. 나는 어떤 장소에서, 어떤 방식으로, 어떤 사람들과 함께하고 싶나요?

• 예시 •

재엽이의 '생전 바다 장례식'

장소	내가 좋아했던 바다가 보이는 큰 언덕 위에서 생전 장례식을 열고 싶다.
의상	밝은 색깔의 옷. 내 장례식에서 사람들이 나를 생각하며 슬퍼하기보다는 밝고 행복한 모습이었으면 좋겠다.
음식	내가 좋아하는 피자, 치킨, 아이스크림을 마음껏 먹으면 좋겠다.
음악	내가 좋아하는 걸그룹 노래를 함께 들으며 떼창을 부르고 싶다.
장례식 활동	• 나와의 추억이 담긴 작은 물건이나 편지를 가져와서 함께 나누면 좋겠다. • 내가 직접 고른 관에 사람들이 한마디씩 작성해서 꾸미면 좋을 것 같다.

활동 3 생전 장례식 초대장 만들기

활동 2 에서 계획한 나만의 장례식을 바탕으로 생전 장례식 초대장을 써보세요. 나는 나의 삶과 죽음을 어떻게 바라보고 있나요? 소중한 사람들과 함께할 수 있는 특별한 순간을 어떻게 소개하고 싶은지 작성해보세요.

• 예시 •

안녕하세요.

여러분, 저는 재엽입니다.

여러분을 저의 생전 장례식에 초대하게 되어 기쁩니다. 죽음에 대해 생각해본 적이 없는데, 이번 기회를 통해 제가 살아온 시간을 되돌아보면서 저를 아껴줄 수 있는 소중한 사람들이 얼마나 많았는지 깨닫게 되었어요. 그래서 제가 살아온 시간을 되돌아보며 함께한 소중한 추억을 나누고 싶어요.

밝은 옷을 입고 오셔서, 제가 좋아하는 축구 경기를 함께하면서 즐거운 시간을 보내고 싶어요. 혹시 여러분이 저와 나누고 싶은 소중한 추억이 담긴 물건이나 편지가 있다면 함께 들고 와주신다면 감사하겠습니다.

재엽 드림.

한 걸음 더

상실의 슬픔을 건너가는 책

그림책 『무릎딱지』
샤를로트 문드리크 글, 올리비에 탈레크 그림, 이경혜 옮김, 한울림어린이, 2010
#엄마와의이별 #사별의상실을통과하는법

사랑하는 엄마를 잃은 아이가 있습니다. 엄마의 죽음을 마주한 아이는 분노하고 때론 부정하면서 자신의 무릎 딱지를 떼어냅니다. 무릎에 상처가 나야 엄마의 목소리가 들리거든요. 엄마와의 이별을 부정하던 아이는 할머니와의 대화를 통해 엄마의 죽음을 가슴으로 받아들이게 됩니다. 그리고 그제야 아이의 마음속 무릎 딱지가 떨어져요. 이 책을 통해 떠나간 사람은 내가 기억하는 한 언제나 나와 함께한다는 깊은 위로를 전해보세요.

그림책 『오소리의 이별 선물』
수잔 발리 글·그림, 신형건 옮김, 보물창고, 2009
#죽음에대한이야기 #죽음이후에남겨진것들

죽음에 대한 이야기를 나누고 싶을 때 펼쳐보면 좋은 책. 동물들이 믿고 의지하는 오소리는 자신의 죽음이 가까워졌다는 것을 알게 됩니다. 자신의 죽음을 슬퍼할 친구들을 위해 오소리는 특별한 편지를 남기는데요, 오소리가 전한 이별 선물은 무엇일까요? 친구들은 오소리의 죽음을 어떻게 받아들일까요? 이 책을 통해 죽음의 진정한 의미를 생각해보세요.

동화책

『꽝 없는 뽑기 기계』

곽유진 글, 차상미 그림, 비룡소, 2020

#갑작스러운이별 #상실의아픔을회복하는법

가족과의 갑작스러운 이별로 힘들어하는 아이와 함께 펼쳐보면
좋은 책. 주인공 희수는 말이 없습니다. 교통사고로 부모님을 잃
고 언니와 단둘이 남게 된 뒤, 일시적으로 실어증이 왔거든요. 그
러던 어느 날, 희수는 꽝 없는 뽑기 기계에서 1등 상품을 받게 됩니
다. 그것도 두 번이나요. 1등 상품을 받은 희수에게는 어떤 일이 펼
쳐질까요? 책을 읽으며 슬픔과 상실감에 빠졌던 희수가 일상을 회
복하는 과정을 함께 응원해주세요.

동화책

『나의 꼬마 집사에게』

김은주 글, 우거진 그림, 이지북, 2024

#반려동물과의이별 #따뜻한이별을준비하는법

반려동물과의 이별이 걱정되는 어린이에게 추천하는 책. 아홉 살
다연이는 평생을 함께한 개 '꼬미'와의 이별을 받아들이기가 힘듭
니다. 그러던 어느 날, 동물이 죽으면 가는 장소인 '레인보 마을'에
서 꼬미와 특별한 시간을 보내며 비로소 이별을 받아들이고 슬픔
을 표현합니다. 아이들이 반려동물과의 이별을 무서워하지 않고
따뜻하게 받아들일 수 있게 돕고 싶다면 이 책을 읽어보세요.

229

교육과정과 이렇게 연계해요(2022 개정 성취 기준)

8월 첫번째 주제 **다양한 가족**

[2국05-03] 작품 속 인물의 모습, 행동, 마음을 상상하여 시, 노래, 이야기, 그림 등으로 표현한다.

[4국03-04] 목적과 주제를 고려하여 독자에게 마음을 전하는 글을 쓴다.

[4국05-01] 인물과 이야기의 흐름을 중심으로 작품을 감상한다.

[4사03-01] 최근 사회 변화의 양상과 특징을 파악하고, 그로 인해 나타난 생활모습의 변화를 탐색한다.

[4사03-02] 우리 사회에 다양한 문화가 확산되면서 나타나는 긍정적 효과와 문제를 분석하고, 나와 다른 사람이나 집단의 문화를 존중하는 태도를 기른다.

[6도02-02] 편견이 발생하는 이유를 탐색하여 해결 방안을 살펴보고, 다양성 존중을 바탕으로 다른 사람과 올바른 관계를 맺기 위한 실천 방안을 탐구한다.

[6국06-01] 정보 검색 도구를 활용하여 자신의 목적에 맞는 매체 자료를 찾는다.

8월 두번째 주제 **조부모**

[4국05-01] 인물과 이야기의 흐름을 중심으로 작품을 감상한다.

[4국05-02] 자신의 경험을 바탕으로 작품 속 세계와 현실 세계를 비교하여 작품을 감상한다.

[4국05-05] 재미나 감동을 느끼며 작품을 즐겨 감상하는 태도를 지닌다.

[4국03-03] 대상에 대한 자신의 의견과 그렇게 생각한 이유가 드러나게 글을 쓴다.

[4도02-01] 효, 우애의 의미와 필요성을 명료하게 이해하고 가족의 행복을 위해 할 수 있는 일을 탐색하여 실천 계획을 세운다.

[6도03-01] 인권과 관련된 다양한 사례를 살펴보고 인권에 관한 감수성을 길러 이를 실천하려는 의지를 함양한다.

[6국05-06] 작품을 읽고 자신의 삶과 연관지어 성찰하는 태도를 지닌다.

8월 세번째 주제 **가정 폭력**

[4국05-01] 인물과 이야기의 흐름을 중심으로 작품을 감상한다.

[6도03-01] 인권과 관련된 다양한 사례를 살펴보고 인권에 관한 감수성을 길러 이를 실천하려는 의지를 함양한다.

[6국03-04] 독자와 매체를 고려하여 내용을 생성하고 표현하며 글을 쓴다.

[6국05-01] 작가의 의도를 생각하며 작품을 읽는다.

[6국05-03] 소설이나 극을 읽고 인물, 사건, 배경을 파악한다.

[6국05-04] 인상적인 부분을 중심으로 작품에 대한 의견을 나눈다.

[6국05-06] 작품을 읽고 자신의 삶과 연관지어 성찰하는 태도를 지닌다.

8월

다양한
가족과
더불어 살기

새로운 가족을 맞이하는
사춘기 어린이의 성장통 들여다보기
『엄마의 결혼식』

중고학년 | 윤주성 글, 박지윤 그림, 마음이음, 2021

『엄마의 결혼식』은 새로운 가정이 만들어지는 과정에서 혼란을 겪는 사춘기 아이의 마음에 주목한 작품입니다. 한창 사춘기를 건너고 있는 열세 살 다온이는 엄마와 남동생 하온이와 삽니다. 아빠는 다온이가 여덟 살 때 돌아가셨어요. 엄마는 대학병원 응급실 간호사로 아주 바쁜 탓에 다온이가 집안일과 남동생 챙기는 일을 거의 도맡아 합니다. 어느 날부터인가 엄마가 조금 달라졌습니다. 다온이는 달라진 엄마의 모습을 눈치챕니다. 귀찮은 것을 꺼리는 엄마가 마스크팩을 붙이고, 곱게 화장도 하고, 예쁜 옷을 입고 출근하는 거예요. 엄마가 꽃다발을 한아름 안고 퇴근한 날, 청천벽력 같은 말을 건넵니다. "엄마 결혼하고 싶어." 엄마가 결혼을 한다니. 이게 무슨 소리인가 어이가 없습니다.

아직 생각이 채 정리되지도 않았는데 다온이는 상견례 자리에서 아저씨와 민혁이를 처음 만나는데요, 민혁이에게 너무나 다정한 엄마의 모습을 보고는 다온이의 서러움이 폭발합니다. 엄마는 바빠서 꼬질꼬질한 하온이 실내화 가방을 빨아주지도 않고, 학교에서 무슨 일이 있었는지 궁금해하지도 않으면서, 민혁이가 한다는 야구팀 선발전 일정을 꿰고 있었거든요. 심지어 엄마와 아저씨, 하온이와 민혁이는 대화도 잘 통하고 아주 죽이 잘 맞습니다. 다들 즐거워 보이는데 자기만 이 결혼을 반대하는 불청객이 된 것 같아 다온이는 큰 소외감을 느낍니다. 처음 보는 사람끼리 가족이 되는 엄청난 일인데 어떻게 이렇게 아무렇지 않을 수 있는 것인지 의구심을 가진 채로요. 첫 만남이 그리 즐겁지는 않았지만, 이후에도 아저씨와 민혁이는 다온이네와 자주 시간을 보냅니다. 다온이의 마음을 살피고 존중해주려는 아저씨, 민혁이와 즐겁게 노는 하온이의 모습을 보며 다온이는 나만 인정하면 되는데 왜 이렇게 힘이 들까, 내가 이 가족에 들어가도 되는 것인가 고민에 빠집니다.

　　다온이는 아저씨의 '존중'의 태도 덕분에 아저씨를 가족으로 받아들입니다. 함께 나들이를 가도 될지 조심스럽게 물어보는 아저씨를 보며 다온이는 마음이 편치 않긴 했지만 존중받는 기분이 들었거든요. 아저씨가 다온이의 아빠 무덤에 가서 인사드리고, 다온이네 가족이 되어도 될지 허락을 받으러 갔었다는 이야기를 듣고 다온이는 깨닫습니다. 처음부터 가족이 아니었더라도, 결국 힘들 때 찾을 수 있는 내 편, 빈자리를 묵묵히 채워주고 곁에 있어주는 존재가 가족이라는 것을요.

　　이 책이 출판되기 전, 한국안데르센상 출품 당시 원고의 원래 제목은 '우리 함께할 수 있을까'였다고 합니다. 함께하면 좋은 점도 많지만, 감내해야 할 부분들도 생깁니다. 익숙했던 나의 일상에 낯선 타인이 개입하며 함께 '우리'가 되기 시작하니까요. 어린이에게 가장 편안한 안식처인 가족의 해체 또는 결합은 가정 내에서 생길 수 있는 가장 큰 변화인 만큼, 가족 구성원 모두의 노력이 필요합니다. 주변인들의 차별 없는 시선 또한 필수이고요.

한 가족이 되기까지 다온이와 민혁이, 엄마와 아저씨가 어떤 노력을 해나가는지 살펴보세요. 새로운 가족을 맞이하는 다온이를 지켜보며 아이들이 정상 가족과 비정상 가족을 구분하는 차별적 시선을 거둬낼 수 있기를 바랍니다. 이어지는 수업 활동에서는 다양한 가족의 상황과 노력을 있는 그대로 이해하는 태도를 기를 수 있도록 기획하였습니다.

차근차근 가족이 된다는 것

인물의 속마음을 입체적으로 이해하고, 가족이 되기 위해 중요한 것은 무엇인지 생각해볼 수 있는 활동입니다.

 역할극으로 인물의 속마음 살펴보기

① 이야기 속에서 인물의 속마음을 살펴보고 싶은 장면 한 개를 고릅니다.

② 모둠원별로 이야기 속에서 인물의 역할을 하나씩 맡습니다. (모둠원 1은 해설 낭독을 맡습니다.)

③ 모둠원 2, 3, 4는 각자 맡은 인물의 대사, 행동, 표정 묘사에 따라 실감나게 연기합니다.

③ 역할극 중간에 선생님 또는 관객이 어깨를 치면 해당 인물은 한 발 앞

으로 나와 인물이 그 순간에 느꼈을 속마음을 얘기합니다.

⑤ 속마음을 얘기한 후 다음 장면을 이어서 연기합니다.

활동 2 등장인물을 위한 '내일의 운세' 카드 만들기

등장인물을 한 명 고른 뒤, 등장인물의 잘한 점, 잘못한 점, 공감되는 부분, 당부하는 말, 응원하는 말 등을 넣어 내일의 운세 카드를 만들어봅시다.

• 예시 •

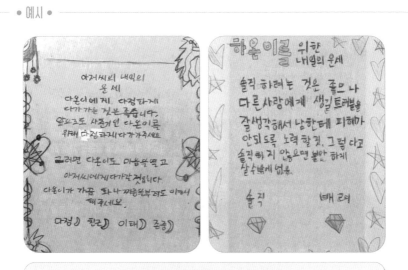

다온이 엄마를 위한 내일의 운세

커리어에 열심인 것은 좋으나 다온이가 사춘기 시기를 잘 건너갈 수 있도록 다온이의 이야기를 잘 들어주고, 학교 생활에 대해 질문도 자주 할 것. 그럼 행복이 찾아올 것임. 다온이는 책임감이 강하고 생명을 소중히 여기므로 다온이가 동물을 키우자고 할 때 되도록 믿어주고 긍정적으로 고려하는 것이 좋음.

신뢰 ○ 경청 ○ 존중 ○ ▲△☆★

다온이의 프로필 화면 꾸미기

책 속에서 주말 가족 나들이를 다녀온 후 민혁이의 프로필은 온 가족이 다 같이 찍은 사진으로 바뀌었고, '내 동생'이라는 스티커도 붙어 있습니다. 다온이 남매를 새로운 동생으로 반갑게 맞이한 민혁이의 마음이 잘 드러나 있었죠. 이제 아저씨와 민혁이를 새로운 가족으로 맞이한 다온이네. 결혼식이 끝나고 다 같이 제주도 여행을 다녀온 뒤 다온이의 프로필 사진은 어떻게 바뀌어 있을까요? 가족 나들이로 공원을 다녀온 뒤 바뀌어 있던 민혁이의 프로필 화면을 참고하여 다온이의 프로필 화면을 꾸며보세요.

※ 저학년이라면 다온이가 전화번호부에 저장했던 민혁이의 이름이 '그 녀석'에서 어떻게 바뀌었을지 상상하여 바꿔볼 수도 있습니다.

• 예시 •

다양한 가족 ②

다양성을 채워 빚은
고로케에서 풍기는 사랑의 맛
『반반 고로케』

중고학년 | 김송순 글, 김진화 그림, 놀궁리, 2021

한국교육개발원의 다문화 학생—국제결혼가정의 자녀(국내 출생과 중도 입국 자녀)와 외국인가정의 자녀—관련 교육 통계 조사에 따르면, 다문화 학생 수는 2022년 기준 약 17만 명으로 10년 전과 비교했을 때 약 세 배를 훌쩍 뛰어넘는 수치로 증가했습니다. 이 같은 사회 변화에 발맞추어 요즘 초등학교에서는 다문화 특별학급이 개설되고 이주 학생 맞춤형 교육이 이루어지고 있으며 가정통신문이 5개 국어로 발송되는 곳도 있습니다. 다문화가정 지원을 위한 여러 정책 지원이 이루어지고 있는 가운데, 학교에서 이루어지는 다문화 교육의 핵심은 '문화 이해'와 '다양성 존중'으로 요약할 수 있습니다. 이 메시지를 어린이의 눈높이에 맞게 잘 전달하는 동화책 『반반 고로케』를 소개합니다.

엄마와 둘이 사는 4학년 민우는 큰 고민이 있습니다. 엄마가 가구 공장에서 만난 이사드 아저씨와 결혼을 한다는 겁니다. 부리부리한 눈에 까만 콧수염을 가진 아저씨가 무섭기만 한 민우는 엄마가 도무지 이해되지 않습니다. 엄마는 한국에 온 지 오래되었지만 여전히 말도 글도 떠듬떠듬이고요. 아저씨는 엄마보다도 먼 나라에서 와서 우리나라 말을 잘 못합니다. 게다가 민우가 고로케를 가장 좋아한다고 했더니 고로케에는 햄이 들어간다며, 돼지고기는 안 된다고 말하는 거예요. 가장 좋아하는 고로케를 먹으면 안 된다고 하다니, 민우는 아저씨에 대해 더이상 알고 싶지가 않습니다. 한편, 전학 온 학교에서는 민우의 한글 실력을 두고 다들 놀립니다. 4학년이 아직 한글도 못 쓴다고, 1학년 교실로 가야 하는 것 아니냐며 호들갑이에요. 설상가상으로 민우네 반 친구들이 이사드 아저씨에 관해 알게 되면서 민우네 가족에 관해 수군수군하는 상황이 벌어집니다.

이 책은 민우가 생김새도, 언어도, 식문화도 다른 이사드 아저씨를 만나며 겪는 혼란과 거부감 등을 있는 그대로 보여줍니다. 한편 이사드 아저씨는 민우와 가까워지기 위해 노력하지만, 마냥 민우에게 맞춰주지 않습니다. 민우와 소통하기 위해 한국어 공부를 열심히 하면서도, 자신의 고향에 대해서도 민우에게 설명해주고, 옷과 음식 등 자신의 문화를 그대로 표현하지요. 쉽지 않지만 조금씩 가까워지는 이사드 아저씨와 민우의 관계를 통해 독자들은 다른 문화에 조금씩 마음을 열어가며 적응하는 과정을 간접적으로 체험할 수 있습니다.

이야기의 백미는 마지막 장면에서 이사드 아저씨가 민우를 위해 직접 만든 아주 특별한 고로케입니다. 어떤 일들이 이들을 가족으로 묶어주는지 동화를 읽으며 확인해보세요. 또한 민우네 가족을 향한 주위 시선을 살펴보며 다문화가정을 만났을 때 가져야 할 바람직한 태도는 무엇인지 생각해보기를 바랍니다. 이어지는 수업 활동에서는 민우와 이사드 아저씨의 관계 변화를 살펴보며 가족이 되기 위해 필요한 것은 무엇인지 생각해보고, 우리 주변의 다문화가정을 대하는 태도를 살펴봅시다.

가족이 되어간다는 것

다양한 문화를 존중하며 여러 가족 형태를 자연스럽게 받아들이는 태도를 기를
수 있는 수업 활동을 소개합니다.

활동 1 인물의 심정, 행동 변화 짚어보기

민우와 이사드 아저씨의 마음속 거리는 한번에 쉽게 좁혀지지 않습니다. 민우와
이사드 아저씨가 한 걸음 더 가까워지게 된 계기들을 이야기 속에서 찾는 활동을
소개합니다. 아래의 보기에서 두 가지 단어를 고르고, 이와 관련하여 인물의 심
정과 행동이 어떻게 변화하는지 정리해봅시다.

• 예시 •

오토바이 열쇠	달리기	고로케	콧수염	따뜻한 차	우리말	웃음

키워드	전	중	후
오토바이 열쇠	민우는 이사드 아저씨가 아빠의 오토바이 타는 것이 싫어서 오토바이 열쇠를 숨겨버림.	아저씨에게 엄마를 데리고 병원에 가라고 하면서 오토바이 열쇠를 넘겨줌.	엄마를 위해 아저씨가 열쇠를 갖고 있어야 할 것 같아 오토바이 열쇠를 넘겨줌. 엄마를 위해 양보함.

아저씨의 콧수염	아저씨의 시커먼 콧수염이 무섭고 싫음.	엄마가 수술을 받는 동안 아저씨와 함께 있으면서, 숨쉴 때마다 실룩거리는 아저씨의 콧수염을 보고 웃기다고 느낌.	한마음 축제에 민우를 위해 콧수염을 말끔하게 밀고 온 아저씨. 민우는 자신을 위하는 이사드 아저씨의 마음을 느낌.
우리말 (소통)	우리말을 못하는 이사드 아저씨 때문에 엄마가 아저씨랑 말할 때 영어로 말함. 민우는 못 알아들어 기분이 나쁨.	이사드 아저씨가 학교에 열심히 다니더니 우리말을 잘 알아듣고 말도 잘함. 이제는 엄마랑 영어로 말하지 않음.	병훈이랑 싸운 날 이사드 아저씨가 민우에게 공감해줌. 그러자 민우도 아저씨에게 학교에서 있었던 속상한 일을 털어놓음. 아저씨가 민우에게 주먹은 가장 마지막에 쓰라며 중요한 조언을 해줌.
달리기	민우는 이사드 아저씨를 보고 힘껏 달려 도망침.	이사드 아저씨가 숨쉬는 방법을 알려줌.	한마음 축제에서 달리다가 넘어진 민우는 이사드 아저씨와 발맞추어 함께 결승선을 통과함.
고로케	아저씨가 고로케를 먹으면 안 된다고 함.	이사드 아저씨가 안 된다고 한 이후로 민우는 그렇게 좋아하던 고로케를 먹을 때 망설임이나 죄책감을 느낌.	윤서 아빠에게 고로케 만드는 법을 직접 배운 이사드 아저씨. 집에서 민우를 위해 고로케를 만들어줌.

 엄마와 이사드 아저씨의 고향은 어디일까?

1. 이야기에서 엄마와 이사드 아저씨의 고향이 어디인지 직접적으로 드러나지는 않지만, 곳곳에 실마리가 제시되어 있습니다. 엄마와 이사드 아저씨는 어디에서 왔을까요? 아래의 쪽수를 바탕으로 엄마와 이사드 아저씨의 고향에 관한 실마리가 드러난 부분을 찾아 정리해봅시다. 어린이 독자의 읽기 수준에 따라 힌트

를 제공하는 정도를 조절하여 제시할 수도 있습니다.

힌트

28쪽. 이사드 아저씨의 고향에서 보낸 전통 의복.

33쪽. 이사드 아저씨의 종교, 먹지 않는 음식.

40쪽. 이사드 아저씨의 고향 자연 환경.

65~66쪽. 이사드 아저씨가 나를 위해 만들어준 따뜻한 차.

70쪽, 120쪽. 엄마의 고향에서 전해져오는 망고에 관한 옛날이야기.

111쪽. 이사드 아저씨가 입은 옷.

	실마리가 드러난 부분
엄마	• '망고의 두 얼굴'이라는 그림책을 주며 큰 소리로 읽어보라고 했다. (70쪽)
이사드 아저씨	• 이사드 아저씨의 고향에서 두파타라는 전통 의상을 보내왔다.(28쪽) • 이사드 아저씨는 무슬림이라 돼지고기를 먹지 않는다고 했다.(33쪽)

2. 이야기 속에서 드러난 실마리를 토대로 자료를 조사하여 엄마와 이사드 아저씨의 국적을 추측해봅시다.

	엄마	이사드 아저씨
고향	필리핀	인도
조사한 내용	필리핀 동화 '망고의 두 얼굴'	전통 의상 두파타

3. 엄마와 이사드 아저씨의 고향을 찾았나요? 그렇다면 책을 읽으며 이사드 아저씨의 고향에 관해 궁금했던 부분에 대해 간략히 조사해봅시다.

(예) **이사드 아저씨가 만든 두부 부침 위에 뿌려져 있는 냄새나는 가루는 무엇일까?**

인도는 날씨가 매우 더워서 음식을 오랫동안 보관할 수 없기 때문에 음식의 신선도를 오래 유지하게 해주는 향신료가 발달하였다. 그래서 인도의 음식은 향신료를 이용한 향이 강한 요리가 대부분이다. 그중에서도 마살라 가루는 우리나라의 '장'과 같이 인도 요리에서 꼭 쓰이는 재료인데, 이사드 아저씨가 두부 위에 뿌린 가루는 아마 마살라 가루가 아닐까 추측하였다.

활동 3 다문화 음식 체험의 날 급식 메뉴 기획하기

우리 학교에 만약 이사드 아저씨처럼 인도에서 온 친구가 있어서 돼지고기를 먹을 수 없다면 어떤 메뉴로 급식을 준비하는 것이 좋을까요? 혹시 민우의 엄마처럼 필리핀에서 온 친구를 위한 메뉴를 구성한다면 어떤 메뉴가 좋을까요? 일일 영양사 선생님이 되어, 다문화 음식 체험의 날 급식 메뉴를 기획해봅시다.

① 국가를 정합니다.
② 해당 국가의 식문화, 자주 먹는 음식, 주의할 점 등에 관해 조사해봅니다.
③ 어떤 메뉴로 구성할 것인지 결정한 뒤, 식판 위에 그림을 그려 설명합니다.

● 예시 ●

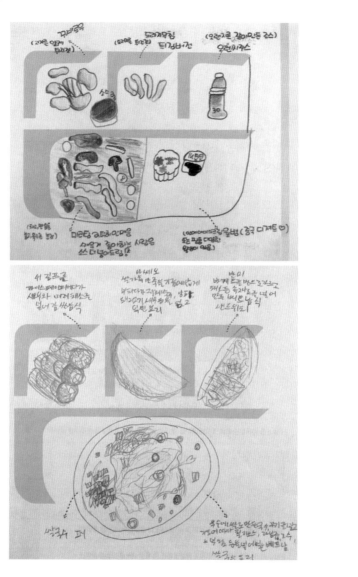

문화적 다양성에 대해 열린 마음을 키워주는 책

그림책

『어린 엄마』

김주경 지음, 씨드북, 2024

#청소년미혼모 #사회적편견 #포용력 #열린마음

어린 엄마들은 M4725에서 잠시 머물며 아기를 만날 준비를 한 뒤, 아기를 만나면 큰 별로 가야 합니다. 큰 별에 도착한 엄마와 아기는 따가운 시선과 날카로운 말에 부딪히게 되는데요. 그럼에도 어린 엄마는 굴하지 않습니다. 그러던 중 엄마가 꿈을 찾아가도록 돕는 응원의 손길을 만납니다. 함께 성장해가는 어린 엄마와 아이의 모습을 따라가다보면 온 마음으로 이 가족을 응원하게 될 거예요.

동화책

『우리 둘이 두리안』

유혜진 글, 한지윤 그림, 여름아이, 2023

#새로운가족을만들어가는 #재민이의여정을응원하며 #두리안으로짠

두리안은 냄새는 고약하지만 그 안에 달콤한 과육이 숨어 있어 열대과일의 여왕이라고 불립니다. 두리안의 맛을 느끼려면 시간과 노력이 필요하듯, 가족이 되어가는 과정도 그렇습니다. 아빠의 국제결혼을 위해 필리핀으로 떠난 재민이가 필리핀에서 만난 메르나 아주머니와 새로운 가족이 되어가는 여정을 함께해봅시다. 누구와 함께하든, 가족이 되려면 서로를 이해하는 마음이 필요하단 것을 알려주는 작품입니다.

244

동화책

『우리 동네 별별 가족』
최은영 글, 김정진 그림, 아르볼, 2020
#우리주변에 #이렇게나다양한가족이 #다함께살고있어요 #가족다양성

옴니버스식 구성을 통해 우리 주변의 여러 가족에 관해 폭넓게 전달하는 작품입니다. 은우네 동네 이웃들에게 벌어진 일들을 하나하나 살펴보면서 다양한 가정의 상황을 아이들이 이해하도록 쉽게 담아냈습니다. 다문화가정, 재혼 가정, 이혼 가정, 일인 가족, 입양 가족, 이산 가족과 북한 이탈주민 가족까지, 각 가족의 이야기를 읽으며 아이들이 문화적 포용력을 키울 수 있는 책입니다.

**청소년
소설**

『훌훌』
문경민 지음, 문학동네, 2022
#입양가정 #돌봄의부재 #피한방울보다진한사랑

유리를 입양하고는 할아버지에게 맡긴 채 사라진 엄마. 어느 날 엄마의 사망 소식과 함께 엄마의 아들 어린 연우가 찾아옵니다. 엄마를 향한 원망을 뒤로한 채 갑작스럽게 함께 살게 된 연우를 보듬어나가는 유리와 할아버지. 서로를 향한 걱정과 관심이 피보다 더 진한 사랑이 될 수 있음을 보여주는 작품입니다. 괴로운 일이 밀려올 때 '가족'의 이름으로 함께 건너가보려는 이들의 이야기를 들어보세요.

조부모①

타인을 너그럽게 기다려주고
응원할 수 있는 마음 갖기

『1000% 충전 완료』

전학년 | 정연숙 글, 이수영 그림, 천개의바람, 2024

'날짜와 시간 선택하고, 좌석 고르고, 결제 누르고, 절대 새로고침하면 안되고!'

부모님을 위해 저도 '피켓팅'(피가 튀길 정도로 치열한 티켓팅)이라고 불리는 콘서트 예매에 도전한 적이 있는데요, 이거 정말 쉽지 않았습니다. 철저한 준비와 순발력이 필요한 일이었거든요. 비밀번호를 잊어버려서 핸드폰 인증을 반복하고, 0.1초까지 정확하게 알려주는 포털사이트 시계도 띄워놓고 정각이 되기를 기다렸습니다. 이게 대체 뭐라고 제 심장 박동 소리가 들릴 정도로 긴장이 되는 거 있죠. 예매하고 결제하기까지 화면 속 수많은 단계들은 저에게도 이리 복잡한데 부모님이 하시기엔 정말 불가능에 가까운 일이겠구나 싶었습니다. 이처럼 따라가기 벅찰 만큼 빠르게 변화하는 세상에서는 소외되는 이들이 생기기 마련입니다. 기차표를 예매하려고 새벽같이 집을 나섰는데, 창구에서 돌아오는 대답은 온라인으로 예매해야 한다고 합니다. 손주에게 햄버거 하나 사주려고 들어선 가게에서는 키오스크로 주문해야 한다는데 주문 방법이 뭐가 이리 복잡한지 헤매다보면, 금세 누가 뒤에 줄을 서서 차례를 얼른 비켜주기 일쑤입니다.

쉽지 않은 디지털 세상 속에서 고군분투하는 할머니의 이야기를 밝게 담아낸 동화가 있으니 바로 『1000% 충전 완료』입니다. 오들희 할머니의 소원은 좋아하는 가수의 콘서트 티켓을 예매하는 것입니다. 세상이 너무 빨리 변해서 따라가기 벅차다고 말씀하시면서도 폰맹탈출교실에 등록하여 키오스크 사용 방법, 온라인 티켓 예매 방법을 열심히 익힙니다. 할머니, 할아버지의 속마음을 들여다보니 하고 싶으셨던 것들이 참 많았어요. 어플로 기차표 예매하기, 손주에게 케이크 기프티콘 선물하기, 키오스크로 주문하기 등등.

이 책의 매력은 오들희 할머니의 핸드폰이 화자가 되어 이야기를 들려준다는 점입니다. 핸드폰은 처음에 자신의 주인이 할머니인 것을 알고는 실망해요. 자신이 갖춘 최신 기능을 이것저것 다 사용해서 능력을 최대한 발휘할 수 있는 주인을 만나고 싶었거든요. 그러나 할머니와 함께하면서 점차 할머니가 꼭 콘서트 티켓 예매에 성공하기를 바라게 되고, 할머니를 있는 힘껏 돕게 됩니다. 오들희 할머니가 콘서트 티켓 예매에 도전하기까지 모두 한마음으로 할머니의 성공을 기원하는데요, 폰맹탈출교실의 선생님은 할머니의 눈높이에 맞게 쉽게 차근차근 설명해주고요, 온 동네 사람들이 오들희 할머니를 위해 다같이 콘서트 티켓 예매에 동참하기까지 해요.

세상 살기가 참 편해졌다고들 하는데, 과연 오늘날 이 세상은 모두에게 편한 세상일까요? 디지털 세상이 만들어내는 경계 너머에 홀로 소외되는 사람이 없도록 지금 내가 할 수 있는 것은 무엇인지 살펴봅시다. 한 걸음 나아가 타인의 미숙함을 너그럽게 기다려주고 응원하는 어린이가 되기를 바랍니다. 빠르고 편리한 세상보다는 천천히 기다려주는 여유를 가진, 편안한 세상으로 가기 위해서요.

할머니, 할아버지, 그리고 나

....

『1000% 충전 완료』를 읽고 할머니, 할아버지를 이해하고 가까이 다가갈 수 있는
수업 활동입니다.

 나의 경험 떠올리기

1. 지금은 익숙해졌지만 처음에는 어렵고 연습이 많이 필요했던 일에는 무엇이 있나요?

> • 예시 •
>
> 친구들 앞에서 발표하기, 두발자전거 타기,
> 훌라후프 돌리기, 혼자서 지하철 타기, 컴퓨터 타자 치기,
> 영화 볼 때 끝까지 앉아서 보기, 방에서 부모님 없이 혼자 자기,
> 혼자서 집이나 학교 가기, 과자 봉지 뜯기, 단소 불기, 밤에 혼자서 화장실 가기

2. 나는 능숙하게 하지만 할머니, 할아버지께서는 어렵거나 불편할 수 있는 일, 시간이
   오래 걸리는 일에는 무엇이 있을까요?

> • 예시 •
>
> 영어로 적혀 있는 간판 읽기, 핸드폰 화면 속의 작은 글씨 읽기,
> 차가운 아이스크림 먹기, 핸드폰으로 문자 보내기, 통화 목소리 듣기,
> 사이트에 회원 가입, 로그인하기

3. 할머니, 할아버지께서 그 일을 어려워하시거나 혹은 시간이 오래 걸릴 때 나는 어떤

생각이 들었나요? 그리고 어떻게 행동했나요?

— ● 예시 ● —

» 할머니는 차가운 음식, 딱딱한 음식을 잘 못 드시니까
할머니와는 따뜻하고 부드러운 음식을 먹어야겠다고 생각했다.

» 전화할 때 내 목소리를 잘 못 들으시는 때가 있어서,
할아버지와 전화할 때에는 입을 크게 벌려서 천천히 큰 소리로 얘기한다.

» 할머니가 내 번호를 입력하시는 것을 어려워하셔서
핸드폰 전화번호부에 단축번호로 내 번호를 입력해두었다.

» 할머니, 할아버지께 드릴 생신 축하 카드를 쓸 때 잘 보실 수 있도록 글씨를 크게
썼다.

» 딱딱하거나 질긴 음식을 드릴 때 작게 잘라서 드렸다.

» 할머니, 할아버지와 함께하는 시간을 늘리려고 한다.
→ 매주 두 번 이상 영상 통화를 드린다.

 할 동 2 **할머니, 할아버지 인터뷰하기**

할머니, 할아버지께 한걸음 더 가까이 다가가기 위한 인터뷰입니다. 할머니, 할아
버지를 더욱 잘 알기 위해 여쭤보고 싶은 질문을 정리해 인터뷰를 해봅시다.

1. 인터뷰 질문 만들기

— ● 예시 ● —

» 최근에 '한번 배워보고 싶다'고 생각하신 것이 있다면 무엇인가요?

» 요즘 가장 관심이 가는 분야나 즐기고 있는 취미는 무엇인가요?

» 새롭게 시작하고 싶은 취미가 있다면 무엇인가요?

» 최근에 속상하셨던 일은 무엇인가요?

» 핸드폰을 쓸 때 불편하신 점, 어려운 점은 무엇인가요?

» 제가 도와줬으면 좋겠다고 생각하신 것이 있다면 무엇인가요?

» 다시 돌아가고 싶은 시절이 있다면 언제인가요?

2. 인터뷰하기

할머니, 할아버지께 질문을 드린 뒤 말씀해주신 답변을 요약하여 써봅시다. 직접
뵙는 것이 어렵다면 전화 인터뷰도 좋습니다. 나의 할머니, 할아버지를 인터뷰하
는 것이 어렵다면, 주변에서 뵐 수 있는 이웃 할머니, 할아버지도 좋습니다.

● 예시 ●

날짜, 장소	7/21, 내 방
질문	**답변**
요즘 관심이 가거나 갖고싶은 것은 무엇인가요?	손주들의 교육, 어떤 방법으로 러/앗 치밀한 교육 중에서 건강하게 즐겁게 공부해 좋은 결과를 얻을 수 있을지에 대해서 관심이 많다.
다시 태어난다면 소원이 무엇인가요?	더욱더 똑똑하고 몸이 건강한 할머니가 되어서 손녀들에게 자랑스러운 할머니가 되고 싶다.
지금 배우고싶으신 것이 무엇인가요?	일본어나 중국어를 배워서 여행할 때 그나라 사람들과 자연스럽게 그 나라 말을 하면서 소통하고 싶다.

날짜, 장소	7.21th (집 거실)
질문	**답변**
할머지, 할아버지가 좋으신 이유	여러가지가 있지만 할아버지가 학자관아고 건강해서 좋다. (다른 할아버지는 내기력은) 할아버지도 어 어른 사람 말씀시 디사봉이 (우리 할아버지 를 잔깨로 잘씨고 건강내라)
할아버지가 살아가고 좋으신 아유.	여러가지가 있지만 할아버지 건강은 많이 생각을 해요. 좋은 건강을 우리로 계속 시켜주신다. 오래동안 같이 있어줘서 고맙다. (오래내라)
신기술 제품 (키오스크, 핸드폰 앱)로에 불편한 점, 원하는 길	1. 식당 (무인 키오스크) 주문이 어려워요. 2. 기차표, 호텔 숙박 예약 카드먼 사람의 일일 출독. (디지털 문외한) 어렵다.

250

날짜, 장소	
질문	답변
1.	
2.	
3.	

3. 인터뷰를 한 소감

할머니, 할아버지의 답변을 다시 한번 살펴보면서 인터뷰를 진행하고 느낀 점, 소감을 나누어봅시다.

활동 3 할머니, 할아버지 맞춤형 신제품 기획하기

할머니, 할아버지에게 꼭 필요한 기능을 갖춘 디지털 기기를 직접 기획해봅시다. 평소에 할머니, 할아버지께서 불편해하셨던 부분을 잘 떠올려보세요. 활동 2의 인터뷰 결과를 참고해도 좋습니다. 할머니, 할아버지가 편리하게 사용하실 수 있는 맞춤형 신제품을 디자인해봅시다.

1. 기능 구상하기

> (예) 어떤 화면이든 확대가 가능해서 글씨를 최대한 크게 볼 수 있는 기능

> (예) "핸드폰을 어디에 뒀더라?"라는 말이 들리면 크게 "저 여기 있어요!" 하고 외치는 기능

2. 맞춤형 신제품 기획서 만들기

위에서 떠올린 기능을 갖춘 제품을 소개하는 기획서를 만들어봅시다. 기획서는
제품명, 기능, 디자인을 포함해서 작성합니다.

• 예시 •

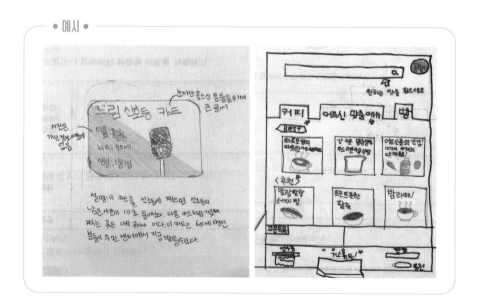

252

8월 두번째 주제
조부모

마음을 촉촉하게 적시는
할머니의 너른 사랑과 헌신
『할머니의 비밀 일기』

중학년 l 윤자명 글, 손영경 그림, 스푼북, 2018

    아이 한 명을 키우기 위해서는 온 마을이 필요하다는 아프리카의 속담에서 알 수 있듯, 아이가 올바르게 자라려면 많은 이의 도움이 필요합니다. 대한민국의 영유아 양육 실태를 살펴보면, 맞벌이 부부나 한부모 가정, 다자녀 가정 등 양육 공백이 발생하기 쉬울 때, 조부모의 육아 참여가 높은 경향을 보입니다. 부부의 힘만으로는 아이를 키우며 동시에 경제 활동을 하는 것이 쉽지 않기에 가장 먼저 자신들의 부모님께 도움을 요청하게 되지요. 어린이집이나 초등학교에서도 수업이 끝난 아이를 데리러 할머니, 할아버지가 오시는 풍경을 쉽게 볼 수 있고요. 그만큼 조부모 육아, 황혼 육아도 흔한 말이 되었습니다. 쌍둥이로 태어난 저도 어렸을 때부터 할머니, 할아버지와 참 많은 시간을 보내며 자랐는데요, 아기 한 명 육아하는 것도 힘든데 쌍둥이니 얼마나 힘드셨겠어요. 그래서 할머니께서 번갈아가며 한 명씩 돌봐주셨다고 해요.

    할머니, 할아버지의 사랑은 부모님의 사랑과는 사뭇 다릅니다. 마냥 응석을 부려도, 잘못을 저질러도 할머니, 할아버지께서는 귀엽게 봐주시거든요. 저의 어린 시절을 떠올리면, 할머니 댁에서 놀다가 그릇 하나씩 깨먹어도 혼나지 않고 넘어갔던 기억이 제일 먼저 나요. 할머니, 할아버지와 시간을 보내는 날이면 숙제를 하지 않아도 되었던 것, 할머니댁 밭에 놀러가서 옥수수도 따보고, 햇볕에 고추도 말리며 놀았던 시간들이 새록새록 떠오릅니다. 그렇게 어린 시절에 할머니, 할아버지의 따뜻하고 무한한 사랑을 받으며 큰 기억이 어른이 되어서도 단단하게 절 받쳐주고 응원해주는 힘이 되었고요.

할머니, 할아버지는 내가 모르는 엄마, 아빠의 모습을 가장 잘 알고 있는 분이라는 점에서도 아주 특별합니다. 『할머니의 비밀 일기』의 윤서네 할머니께서도 윤서에게 제 어미가 어릴 때 하던 짓이랑 똑같다고 말씀하십니다. 이 작품은 할머니의 비밀 일기 한 편을 제시한 뒤, 그와 관련해 윤서네 가족에게 있었던 에피소드를 보여주는 흥미로운 방식으로 전개됩니다. 일하느라 바쁜 엄마와 아빠 대신 윤서와 윤솔이를 돌보고 집안일을 도와줄 사람이 필요해지자, 시골에 계시던 할머니께서 서울로 오셨어요. 그러자 전쟁터 같았던 집 안이 금세 평화로워집니다. 살림의 여왕이었던 할머니의 솜씨 덕분에 윤서네는 맛있는 집밥을 먹을 수 있었고, 집에 문제가 생기면 할머니가 슈퍼맨처럼 나서서 척척 해결하셨거든요.

엄마는 할머니가 오시고 집이 확 바뀌었다며 너무 행복하다는 말을 자주 했는데요, 시간이 갈수록 할머니의 도움에 익숙해졌는지 고마움을 표현하기보다는 할머니에게 요구 사항만 점점 늘어납니다. 육아 방식을 두고 할머니와 의견이 충돌하자, 엄마는 할머니께 '평생 살림만 하고 산 엄마가 뭘 아느냐'고 말하고 할머니는 서운해하시며 잠을 못 이루죠. 그뒤 할머니가 갑자기 사라지십니다. 온 가족이 할머니를 찾다가 우연히 할머니의 일기장을 발견하고는 뒤늦게 할머니의 속마음을 알게 되지요. 과연 윤서네 가족은 할머니를 찾을 수 있을까요?

　　할머니, 할아버지께서 주셨던 큰 사랑을 지금까지 당연하게만 여겼다면, 이후 수업 활동을 통해 할머니, 할아버지께서 오랜 세월 동안 쌓아오신 경험과 지혜를 존경하는 태도와 조부모님의 사랑과 헌신을 귀하게 여길 수 있는 마음가짐을 길러봅시다.

할머니, 할아버지의 사랑 되새겨보기

조부모님의 사랑과 헌신을 귀하게 여기는 마음가짐을 기를 수 있는 수업 활동입니다.

활동 1 　슈퍼우먼 윤솔이네 할머니의 사랑 읽기

1. 윤솔이네 집에 할머니가 오신 뒤, 윤솔이네 가족에게는 많은 것이 바뀝니다. 이야기를 읽으며 할머니의 사랑이 느껴졌던 부분을 고른다면 어떤 부분인가요? 그 내용을 고른 까닭은 무엇인가요?

2. 위의 상황과 비슷하게 조부모님의 사랑을 느낀 경험이 있다면 언제인가요?

 다시 돌아간다면?

1. 할머니의 비밀 일기에는 서운하고 무거웠던 마음이 담겨 있었습니다. 이야기 속에서 할머니의 마음을 힘들게 한 말과 행동에는 어떤 것들이 있었나요?

─ • 예시 •

» 엄마가 할머니에게 평생 살림만 하고 산 엄마가 뭘 아느냐고 톡 쏘아붙여서 할머니의 표정이 굳어졌다.

» 할머니가 아빠의 USB를 실수로 버린 일에 아빠가 예민하게 반응해 할머니가 스스로를 한심하게 여기고 자책하며 힘들어하셨다.

» 윤서가 부모님 대신 학교에 교통 봉사를 해주러 오신 할머니에게 창피하다고, 교통 도우미를 하지 말라고 했다.

2. 같은 상황에서 나라면 할머니께 어떻게 할까요?

─ • 예시 •

» 엄마는 할머니가 엄마를 사랑으로 애지중지 키우셨던 시절을 잊지 말아야 한다. 할머니가 사랑해주시는 방식 그대로를 존중해야 하고, 그래도 얘기하고 싶은 의견이 있다면 대화를 통해 부드럽게 해결해야 한다.

» 할머니가 헷갈려 하실 만한 중요한 물건이 있다면 스스로 간수를 잘 해야 하고, 할머니 탓을 하면 안 된다.

» 윤서는 할머니가 학교에 왜 오셨는지를 잘 생각해보고 감사해야 한다. 나라면 할머니께 교통 봉사 하러 와주셔서 고맙다고 말씀드릴 것이다.

3. 같은 상황으로 돌아간다면 어떻게 하는 것이 좋을지 인물의 말과 행동을 바꾸어 네 컷 만화로 표현해봅시다.

• 예시 •

활동 3 할머니, 할아버지께 별명 선물하기

윤솔이네 할머니는 알아주는 '살림의 여왕'이셨는데요, 오랜 세월 동안 쌓아오신 경험에서 우러나오는 할머니, 할아버지의 특별한 지혜 또는 솜씨에는 무엇이 있을까요? 이를 바탕으로 할머니, 할아버지께 별명을 선물해봅시다.

1. 할머니, 할아버지의 특기는 무엇인가요?

> • 예시 •
>
> » 간장게장을 정말 맛있게 잘 담그신다.
> » 내가 어릴 때 단발머리로 정말 예쁘게 잘 잘라주셨다.
> » 내가 어렸을 때 안 아프게 순식간에 이를 잘 뽑아주셨다.
> » 정말 지혜롭게 조언을 잘 해주신다.

2. 할머니, 할아버지의 지혜, 특기, 솜씨를 담은 멋진 별명을 지어봅시다. 별명에 담긴 의미도 함께 설명해주세요.

> • 예시 •
>
> » **가족 나침반** 우리 할머니께서는 내가 고민이 있을 때, 어떤 방향으로 나아가
> 야 할지 진심을 담은 조언을 잘 해주신다.
> » **우렁각시** 할머니의 손길이 닿은 곳은 반짝반짝 윤이 나고 깨끗해진다. 늘
> 맛있는 진수성찬을 차려주신다.

활동 4 할머니, 할아버지 성함으로 삼행시 시화 만들기

1. 할머니 또는 할아버지의 성함을 쓴 뒤, 그 글자로 시작하는 단어들을 생각나는
대로 써봅시다. 생각이 잘 나지 않는 경우 사전을 이용하여 찾아도 좋습니다.

○ :

○ :

○ :

2. 1에서 떠올린 내용 중 할머니 또는 할아버지를 사랑하고 존경하는 마음을 나
   타내기에 적절한 표현들을 골라 문장으로 만들어봅시다.

3. 2에서 만든 문장을 바탕으로 삼행시 시화를 완성합니다.

• 예시 •

활동 5 사랑 가득 3대 가족사진 찍기

이야기의 마지막에 윤솔이와 엄마, 할머니는 모녀 3대 사진을 찍습니다. 여러분도

엄마 또는 아빠, 할머니 또는 할아버지와 함께 모여 3대 가족사진을 찍어보세요. 사진을 찍고 우리 가족이 어떤 점이 닮았는지, 찬찬히 살펴보세요. 외모뿐만 아니라 성격, 습관, 태도 등에서 닮은 점을 찾아봐도 좋습니다. 사진을 찍은 후 할머니 또는 할아버지께 감사한 것, 앞으로 해드리고 싶은 것을 써봅시다.

사진을 붙여주세요.

(예) 할머니, 할아버지가 주시는 사랑을 당연하게 생각하지 않고,

소중하고 귀하게 여기고 감사하다는 표현을 자주 하고 싶다.

(예) 할머니, 할아버지와 세대 차이를 느끼는 일이 생기더라도,

자연스러운 일로 받아들이고 존중해드리고 싶다.

(예) 할머니, 할아버지께 자주 연락드리고,

할머니, 할아버지의 근황도 여쭤보고 나의 근황도 알려드릴 것이다.

한 걸음 더

할아버지, 할머니와 가까워지는 책

그림책
『레미 할머니의 서랍』
사이토 린·우키마루 글, 구라하시 레이 그림, 고향옥 옮김, 문학과지성사, 2022
#낡은물건의 #아주멋진새로운역할 #새로운삶

레미 할머니가 아끼는 서랍장 안에는 다시 쓰일 날을 기다리는 낡은 물건들이 있습니다. 리본과 유리병, 털실뭉치 사이에서 갈색 상자는 자신의 차례를 간절히 기다립니다. 새로운 쓰임새가 생겼을 때 다시 생명을 얻게 되는 물건의 이야기를 따라가다보면, 물건이든, 사람이든 나의 쓰임이 아직 있다는 것, 내가 해낼 수 있는 것이 아직 존재한다는 게 얼마나 큰 용기와 활력을 주는지 깨닫게 됩니다.

그림책
『우리가 함께한 시간은』
신혜진 글·그림, 글로연, 2024
#기억이사라져도 #마음속에영원히

할아버지가 찍어주신 사진 한 장 한 장에는 무럭무럭 자라며 할 수 있는 일이 많아지는 손녀의 모습이 생동감 있게 담깁니다. 반대로 할아버지는 점점 머리칼이 바래고, 기억들은 점점 흐려지고 조각조각 끊어지게 됩니다. 자애롭고 푸근한 할아버지의 사랑과, 이제는 할아버지를 아끼고 보듬어줄 만큼 잘 자란 손녀의 사랑이 카메라를 통해 어떻게 연결되는지 살펴보세요.

동화책

『할머니의 어쩌다 패션쇼』
서서희 글, 해랑 그림, 크레용하우스, 2024
#용기있는도전 #진정한멋

시장에서 열심히 국밥을 팔며 성실하게 살아온 지수네 할머니는
동문시장 대표 모델입니다. 그러나 지수는 시니어 모델인 슬비네
할머니의 세련된 사진을 SNS에서 본 뒤로 할머니가 촌스럽다고
생각합니다. 시장의 활기를 되찾고자 열린 패션쇼에서 평소 모습
그대로 오른 지수네 할머니. 타인이 아닌 내 것을 그대로 가꿀 때
진짜 멋있다는 걸 제대로 보여준 할머니의 패션쇼! 지금 바로 초대
합니다.

청소년
소설

『할머니들의 비키니 여행』
펑수화 글, 도아마 그림, 류희정 옮김, 웅진주니어, 2024
#할머니의가장젊은오늘 #할머니의용감한도전 #할머니와의여행

한평생 가족을 위해 살아왔지만, 이제는 아쉬움 없이 살고 싶은
네 할머니. 그리고 할머니가 이해되지 않을 때도 있지만, 할머니
를 위하는 마음만큼은 진심인 열 살 손녀 카이팅. 이들이 함께 떠
나는 여행이 펼쳐집니다. 자신의 솔직한 마음을 들여다보고 처음
으로 용감한 도전을 하는 할머니를 온 마음으로 응원하게 될 거예
요. 문득 우리 할머니의 속마음도 들여다보고 싶어지는 책입니다.

가정 폭력①

가정 폭력의 도돌이표에
마침표를 찍기 위한 용기
『도돌이표 가족』

중고학년 | 최은영 글, 서영아 그림, 마음이음, 2019

가정 폭력을 주제로 한 동화 수업에서 첫번째로 다룰 내용은 신체 폭력입니다. 아이에게 가장 단단한 첫 울타리가 되어주는 곳은 '가정'입니다. 태어나 처음으로 만나서 가장 오랜 시간을 보내는 가정에서 익힌 감각은 모든 것의 출발점이 됩니다. 그런데 만약 가정이 아이에게 안전한 울타리가 되어주지 못한다면, 아이는 어디에서 보호받을 수 있을까요?

가정 폭력 피해 아동은 자신이 잘못해서 맞은 것이라고, 앞으로 내가 더 잘하면 엄마, 아빠가 날 때리지 않을 것이라고 생각하는 등 스스로에게서 원인을 찾는 경향이 있습니다. 보호자의 훈육과 학대를 구분하기가 아직 어렵기 때문입니다. 너를 위해서 그런 거라는 말도 철석같이 믿을 만큼, 어린이에게 부모는 너무나 절대적인 존재니까요. 그런 아이들에게 아프면 아프다고, 힘들면 힘들다고 크게 소리지르라고 얘기해주는 동화가 있으니, 바로 『도돌이표 가족』입니다.

도훈이는 술을 먹으면 폭력을 휘두르는 아빠를 피해 인자암 동굴에 숨었다가 과거로 시간 여행을 하게 됩니다. 동굴에서 나갔더니 어린 아빠가 지금의 도훈이와 똑같이, 술을 먹고 가족에게 폭력을 휘두르는 할아버지를 피해 숨어 있었어요. 나중에 자기도 폭력적인 할아버지의 모습을 닮을까봐 걱정하면서요. 할아버지의 폭력 때문에 고통스러워하는 어린 아빠를 보며 도훈이는 때리고 욕하는 미래의 아빠 모습을 떠올립니다. 도훈이는 이 폭력이 할아버지에서 아빠에게로 또 자신에게로 도돌이표처럼 반복되고 있다는 사실을 깨닫고는 어떻게든 여기에서 끊어내야겠다고 마음먹습니다. 그러면 미래의 아빠도 달라질 거라고 굳게 믿으면서요.

폭력적인 아빠에게 저항하지 못하고 숨기만 했던 도훈이는 어린 아빠 곁에서 용기를 냅니다. 아버지의 폭력을 경험하는 아이들의 표정이 어떤지 보라며 폭력의 도돌이표를 멈추라고 얘기하죠. 어린이 독자들이 도훈이와 시간 여행을 함께하며 스스로를 지키는 용기를 기를 수 있었으면 좋겠어요. 자신에게 가해지는 그 어떤 폭력도 정당하지 않음을 알고, 아플 때 아프다고, 힘들다고 크게 외칠 수 있는 용기를 내기를 바랍니다.

온전히 어른의 잘못 때문에 벌어진 일에 관하여 아이들과 어떤 이야기를 나눌 수 있을까요? 이때 가장 중요한 것은 아이 스스로 자신의 보호받을 권리를 능동적으로 지켜낼 수 있도록 실질적인 대처 방법을 익히는 것입니다. 이어지는 수업 활동에서는 보호의 대상에서 나아가, 아이가 자신의 권리를 지키는 주체로 성장하기 위한 방법은 무엇일지 함께 생각해봅시다.

폭력을 인식하고 해결하기

아동 학대 상황을 정확히 파악하고 자신의 권리를 위해 능동적으로 대처하는 자세를 기르는 수업 활동입니다.

활동 1 도돌이표 가족의 과거와 현재 인물 관계표 정리하기

1983년과 2019년 도돌이표 가족의 관계를 정리해보고 인물의 특징을 써봅시다.

1983년(과거)	2019년(현재)	성격 및 특징
민기의 할아버지	증조할아버지	한국전쟁 때 전쟁터로 끌려갔고, 전쟁 이후로 사나워졌다.
민기의 할머니	증조할머니	민기 아빠의 폭력을 막다가 다친 적이 있다. 민기 아빠를 안타깝게 여기신다.
민기 아빠	할아버지	사고로 인해 한쪽 다리를 다쳐 발을 절뚝거린다.
민기	아빠	가정 폭력의 피해자이자 가해자. 아빠를 무서워한다. 훗날 구도훈의 아빠가 된다. 어린 시절에는 싱글벙글 잘 웃고 밝은 성격이었으나 나중에 사나워진다.
민기의 누나	고모	민기와 세 살 차이가 난다. 엄마가 계시지 않아 민기의 방학 숙제도 도와주려고 한다. 책임감이 강하다.
민기의 형	큰아빠	거친 말투, 고분고분하지 않은 성격을 지녔다. 아빠에게 대든 끝에 가출하였다.

도돌이표 가족, 무엇이 반복되고 있었나?

도훈이는 동굴 속 여행을 하면서 대물림되는 폭력을 발견합니다. 폭력이 어떻게 반복되고 있었는지 살펴봅시다.

시간의 흐름	증조할아버지	전쟁에 동원되어 끔찍한 폭력을 경험하였다. 조금만 큰 소리가 나도 벌벌 떨고, 막대기만 보이면 마구 휘두르곤 한다.
	할아버지	전쟁의 트라우마가 있는 아버지에게 폭력을 경험하였다.
	아빠 (구민기)	아버지의 폭력을 경험했다. 화가 날 때 감정을 잘 조절하지 못하고 강아지 마자에게 폭력을 휘두른다. 아버지처럼 될까봐 두려워한다.
	나(구도훈)	특별한 이유도 없이 툭하면 화가 불쑥 치밀곤 한다.
폭력이 반복되는 까닭은 무엇일까요?		폭력에 점점 익숙해지면 폭력적인 행위가 아무렇지 않게 느껴지게 된다.

 가정 폭력 신고합니다!

가정 폭력을 신고할 때 전달해야 하는 정보는 다음과 같습니다. 아래의 내용을 바탕으로 이야기 속에 드러난 가정 폭력 상황을 전화로 신고한다면 어떻게 할 것인지 연습해봅시다. 전화 신고 상황을 가정하여, 작성한 내용을 바탕으로 2인 상황극을 진행해볼 수도 있습니다.

무엇을	• 신고자의 이름, 연락처 • 아동의 이름, 성별, 나이, 주소 • 학대 행위자로 의심되는 사람의 이름, 성별, 나이, 주소 • 아동이 위험에 처해 있거나 학대를 받고 있다고 믿는 이유 　※ 아동이나 학대 행위자의 정보를 파악하지 못해도 신고는 가능하며, 　　가능한 한 많은 정보를 제공하도록 합니다.
어떻게	• 전화: 국번없이 112 • 신고자의 신분은 아동 학대 범죄의 처벌 등에 관한 특례법 제10조, 제62조에 의해 보장됩니다. 　※ 출처: 아동권리보장원 〉 사업소개 〉 아동 보호 〉 아동 학대 　　예방 및 보호 〉 아동 학대 신고

• 예시 •

안녕하세요. 저는 ○○○입니다.

가정 폭력을 신고하려고 전화를 걸었어요.

창인동 봉제공장 인자암 아랫동네에 사는 구민기 어린이가 가정 폭력을 당하며 학대받고 있어요. 남자아이이고, 열 살이에요.

민기네 아빠가 술을 먹으면 민기와 누나, 형을 때립니다. 눈에 보이는 물건들을 다 던지고, 밥상을 뒤집어엎고요,

아빠가 툭하면 때리고 치고 욕한다고 말하는 것을 민기에게 직접 들었습니다.

엄마는 안 계시고, 할머니가 민기 아빠를 막으려고 하지만 역부족이에요. 도움이 필요한 상황입니다.

 활동 4 이름 선물하기

1. 도돌이표를 끊어내기로 결심한 도훈이네! 도훈이네 가족의 밝은 미래 모습을 상상하며 '도돌이표 가족' 대신 멋진 이름을 지어줍시다.

이름	이름에 담긴 의미, 바람

2. 맞아야 정신을 차린다고 민기 아빠가 지은 강아지 이름 '마자'. 부를 때마다 마음에 멍이 드는 듯한 이름입니다. 이사를 가고 나서도 툭하면 찾아오는 얼룩 강아지 마자에게 애정이 담긴 새 이름을 선물해주세요.

이름	이름에 담긴 의미, 바람

• 예시 •

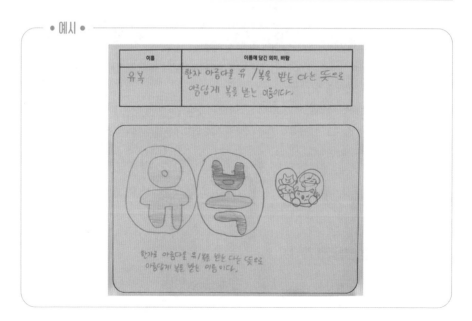

8월 세번째 주제
가정 폭력

가정폭력②

어린이에게 이런 말은 그만!
과잉억압과 정서적 학대의 위험성
『어디 갔어 고대규』

고학년 | 최은영 글, 박현주 그림, 그린애플, 2022

　　가정 폭력에 관한 동화 수업에서 두번째로 다룰 내용은 정서적 폭력입니다. 신체적 폭력만큼 깊은 상처를 내지만, 겉으로 드러나지 않아 더욱 위험한 폭력이지요. 정서적 학대는 범위나 기준이 모호하다보니, 신체적 폭력에 비해 심각성에 대한 인식이 미흡한 실정입니다. 또한 '널 위해서야'라는 말로 쉽게 포장이 되어버리기 때문에 아동이 정서적 학대를 인지하는 것은 매우 어렵습니다. 특별한 증거가 있지 않는 한 주변에서 문제삼기도 굉장히 조심스럽지요.

　　지각이나 결석은커녕, 체험 학습 한 번 쓴 적 없는 모범생 대규가 어느 날 학교에 오지 않습니다. 그날 이른아침부터 담임 선생님께 대규의 부모님이 찾아옵니다. 대규가 전날 저녁에 집에 들어오지 않았다며, 학교에서 무슨 일이 있었던 것은 아닌지 확인해달라는 부탁과 함께요. 늘 바른 생활을 했던 대규가 학교에 오지 않자 반 친구들은 이를 이상하게 여깁니다. 희진이는 반 전체의 의견을 들으며 대규에 관한 정보를 모으지만 친구들도 대규에 대해서 알고 있는 것이 별로 없었어요. 그제야 친구들은 대규에 대해서 평소에 너무 관심이 없었구나 하고 깨닫습니다.

희진이는 예찬이를 통해 대규가 엄마의 폭언에 시달려왔다는 것을 알게 됩니다. 대규네 집 바로 아래층에 사는 예찬이가 윗집에서 폭언이 들릴 때마다 녹음을 해두었거든요. 희진이와 예찬이는 힘을 합쳐 대규를 찾아내기 위한 계획을 세웁니다. 대규가 다니는 학원의 과학 선생님도 만나보고요, 근처 CCTV 확인을 위해 편의점에 갔다가 직원에게 매몰차게 거절을 당합니다. 이곳저곳을 찾아 헤매지만 대규의 흔적은 보이지 않고, 아무도 대규에게 큰 신경을 쓰지 않아요. 마지막으로 대규가 혹시 남겼을지 모를 기록을 찾아 SNS를 샅샅이 뒤져봅니다. 그러던 중 대규가 평소에 학교 뒤 느티나무 휴게소의 체험 텃밭에 자주 갔었다는 사실을 생각해내고는 다시 학교로 향하는데요, 이곳에서 대규를 날카롭게 할퀴었던 무서운 말이 적힌 쪽지들을 발견합니다.

'지지리도 못났다.' '대가리는 뒀다 뭐에 쓰는 거야?' '너한테 돈을 얼마나 쓰고 있는데 이것밖에 못해?'

과연 희진이와 예찬이는 대규를 구할 수 있을까요?

정서적 학대 해결을 위해서는 가족 간의 오고가는 '말'부터 재정비할 필요가 있습니다. 어린이의 마음속에 맺혀 있었던, 꾹 참아왔던 상처는 없었는지 살펴보고 위로와 공감을 통해 치유가 필요하지요. 대규의 마음을 할퀴었던 엄마의 말들은 폭력이며, 대규의 잘못이 아니라는 것을 정확하게 알고 넘어가야 합니다.

대규와 같은 고민을 하는 어린이들에게 이 수업을 소개합니다. 이를 통해 나의 주변에 관심을 갖고 마음을 하나로 모아 해결하기 위한 자세를 길러봅시다.

어린이의 마음을 어루만지는 말

어린이의 속마음에 맺혀 있는 말들을 어루만지고, 말의 중요성에 대해 다 함께 확인할 수 있는 활동입니다.

활동 1 망친 시험지를 부모님에게 보여드려야 한다면?

이야기 속 과학 선생님께서는 수행평가 시험지 아래에 부모님의 한 줄 확인을 받아오라고 하십니다. 잘 못 본 시험지를 부모님께 보여드려야 한다면 여러분의 속마음은 어떨까요?

> • 예시 •
>
> 엄마, 아빠를 보고 싶지 않다. 숨고 싶다.
> 난처하고 가슴이 쿵쾅거린다. 집에 들어가기 싫다. 시험지를 숨기고 싶다.

활동 2 망친 시험지에 써줄 부모님의 멘트 상상하기

망친 시험지 아래에 부모님의 한 줄 확인을 받아야 한다면 어떤 말을 남겨주시길 바라나요? 또는 내가 만약 부모님이라면 어떤 말을 적어줄지 생각해보는 것으로 바꾸어 활동할 수 있습니다.

다음에는 더 열심히 해서 점수 높이자. 다음번에는 더 열심히 하자.

괜찮아. 다음에 더 열심히 하면 돼.

너 충분히 노력했어.

다음번에 더 잘하면 돼.

 응원의 말 한마디로 표지 디자인하기

대규를 찾았으니, 대규에게 전하는 응원의 말 한마디로 제목을 바꾸어봅시다. 표지도 제목과 어울리도록 만들어보세요.

• 예시 •

272

우리 가족 대화 습관 점검하기

다음은 우리 가족의 대화 습관을 점검해볼 수 있는 설문지입니다. 답변을 적은 후, 부모님과 답변을 바꾸어 읽어보세요. 답변을 읽으며 느낀 점, 앞으로의 대화에서 변화해야 할 점은 무엇인지 살펴봅시다.

• 어린이용

질문	답변
부모님과 대화를 많이 나누나요? 1~10 중에 얼마만큼인지 표시해주세요.	
주로 언제, 얼마 동안 대화하나요?	
부모님이 내게 자주 하시는 말은 무엇인가요?	
요즘 부모님과 대화할 때 나의 기분은 어떤가요?	
부모님이 어떤 말을 하실 때 가장 기분이 좋은가요?	
나를 춤추게 만드는 부모님의 칭찬은 무엇인가요?	
부모님의 말 중에 내게 상처가 되었던 말이 있나요?	

질문	답변
그 말 대신 어떻게 말해주었으면 좋겠나요?	
부모님의 대화에서 바라는 점은 무엇인가요?	

• 부모님용

질문	답변
자녀와 대화를 많이 하시나요? 1~10 중에 얼마만큼인지 표시해주세요.	
주로 언제, 얼마 동안 대화하나요?	
○○이가 부모님에게 자주 하는 말은 무엇인가요?	
요즘 ○○이와 대화할 때 어떤 기분인가요?	
○○이가 어떤 말을 할 때 가장 기분이 좋으신가요?	
부모님을 춤추게 만드는 ○○이의 칭찬은 무엇인가요?	
○○이의 말 중에 상처가 되었던 말이 있으신가요?	

그 말 대신 어떻게 말해주었으면 좋겠나요?	
○○이와의 대화에서 바라는 점은 무엇인가요?	

나

~~~~~~

~~~~~~

~~~~~~

부모님

~~~~~~

~~~~~~

~~~~~~

가정 폭력의 아픔을 알려주는 책

 그림책

『그렇게 나무가 자란다』
김홍식 글, 고정순 그림, 씨드북, 2019
#아이의몸에새겨진 #아픈열매들 #폭력의대물림

아빠는 주인공 어린이의 몸에 밤마다 나무를 심습니다. 어린이의
몸에 새겨진 학대의 흔적을 나무에 열린 '열매'라는 은유로 표현
하는데요, 가정 폭력을 경험하며 자란 어린이가 성인이 되어 자신
이 만든 가족에게까지 나무를 옮겨 심는 장면을 통해 폭력이 대물
림되는 끔찍한 현실을 담아냈습니다.

 그림책

『우리 집에 늑대가 살아요』
발레리 퐁텐 글, 나탈리 디옹 그림, 유아가다 옮김, 두레아이들, 2020
#가장안전해야할공간에서일어나는 #가정폭력의심각성

어느 날 우리집으로 들어온 늑대. 시간이 지나자 집에는 웃음이
사라지고 거친 말들이 쏟아지고, 집안의 물건에는 금이 가고 '나'
의 팔에는 멍자국이 새겨집니다. 가정 폭력 가해자를 '늑대'로 상
징적으로 그려내는 한편 피해자의 고통과 상처를 매우 사실적으
로 드러내 가정 폭력의 심각성을 피부로 와닿게 전하는 작품입니
다. 가정 폭력의 상처를 입은 인물들의 용감한 선택을 살피다보면
이들에게 관심을 기울이고 응원하는 마음이 절로 길러질 거예요.

『투명인간 주의보』
노혜영 글, 이경석 그림, 휴먼어린이, 2019
#투명인간판타지로그려낸 #어린이인권

아동 학대 피해 아동에게 충분히 관심을 기울이지 않는 사회에서 외면당한 어린이들이 투명인간으로 변하게 되는데요, 판타지적 요소와 재치 있는 삽화를 통해 사회의 어둡고 불편한 진실을 아이의 눈높이에 맞게 전달하는 작품입니다. 스스로를 지키기 위한 어린이들의 용감한 모험을 따라가며 지금 우리가 할 수 있는 일은 무엇인지 생각해봅시다.

『그 형』
이영아 글, 이현민 그림, 고래뱃속, 2023
#어린이의시선으로관찰한 #피해아동의내면

이사 온 후 효민이가 처음 알게 된 형, 진우는 뭐든 잘하는 우등생입니다. 아버지의 가정 폭력으로 생긴 두려움과 내면의 혼란을 예상치 못한 방법으로 해소하는 진우의 모습을 발견하면서 효민이는 진우의 그림자를 처음으로 알아차립니다. 거친 붓의 흔적이 투명하게 드러나는 삽화를 보며 피해아동의 부서져간 내면을 함께 살펴보는 기회가 되기를 바랍니다.

교육과정과 이렇게 연계해요(2022 개정 성취 기준)

9월 첫번째 주제 생태와 환경 오염

[2바01-04]	생태환경에서 더불어 살기 위해 노력한다.
[2바03-04]	공동체 속에서 지속가능성을 위한 삶의 방식을 찾아 실천한다.
[4국05-01]	인물과 이야기의 흐름을 중심으로 작품을 감상한다.
[4국05-02]	자신의 경험을 바탕으로 작품 속 세계와 현실 세계를 비교하여 작품을 감상한다.
[4국06-01]	인터넷에서 학습에 필요한 다양한 자료를 탐색하고 목적에 맞게 자료를 선택한다.
[6국05-06]	작품을 읽고 자신의 삶과 연관지어 성찰하는 태도를 지닌다.
[6국06-01]	정보 검색 도구를 활용하여 자신의 목적에 맞는 매체 자료를 찾는다.
[6국06-03]	적합한 양식과 수용자의 반응을 고려하여 복합 양식 매체 자료를 제작하고 공유한다.
[6도04-01]	지구의 환경 위기 상황을 이해하고, 이를 극복하기 위한 다양한 방안을 찾아 자신의 일상에서 실천하고자 노력한다.

9월 두번째 주제 동물권

[2슬01-04]	사람과 자연, 동식물이 어우러져 사는 생태를 탐구한다.
[4국05-02]	자신의 경험을 바탕으로 작품 속 세계와 현실 세계를 비교하여 작품을 감상한다.
[4국05-05]	재미나 감동을 느끼며 작품을 즐겨 감상하는 태도를 지닌다.
[4도04-02]	인간과 자연이 함께 살아야 하는 이유를 이해하고 공생을 위한 구체적인 실천 계획을 세우며 생태 감수성을 기른다.
[4미02-01]	관찰과 상상으로 아이디어를 떠올려 표현 주제를 구체화할 수 있다.
[6국01-07]	절차와 규칙을 지키고 타당한 이유와 근거를 제시하며 토론한다.
[6국05-04]	인상적인 부분을 중심으로 작품에 대한 의견을 나눈다.
[6국06-01]	정보 검색 도구를 활용하여 자신의 목적에 맞는 매체 자료를 찾는다.
[6국06-03]	적합한 양식과 수용자의 반응을 고려하여 복합 양식 매체 자료를 제작하고 공유한다.
[6미02-05]	미술과 타 교과의 내용과 방법을 융합하는 활동을 자유롭게 시도할 수 있다.

9월 세번째 주제 평등과 성인지

[4국05-01]	인물과 이야기의 흐름을 중심으로 작품을 감상한다.
[4국05-02]	자신의 경험을 바탕으로 작품 속 세계와 현실 세계를 비교하여 작품을 감상한다.
[4도01-01]	자신의 감정을 소중히 여기며 존중하는 태도를 바탕으로 내가 누구인가를 탐구한다.
[6국03-06]	쓰기에 적극적으로 참여하며 자신의 글을 독자와 공유하는 태도를 지닌다.
[6국05-01]	작가의 의도를 생각하며 작품을 읽는다.
[6국05-03]	소설이나 극을 읽고 인물, 사건, 배경을 파악한다.
[6국05-04]	인상적인 부분을 중심으로 작품에 대한 의견을 나눈다.
[6도02-02]	편견이 발생하는 이유를 탐색하여 해결 방안을 살펴보고, 다양성 존중을 바탕으로 다른 사람과 올바른 관계를 맺기 위한 실천 방안을 탐구한다.
[6도03-01]	인권과 관련된 다양한 사례를 살펴보고 인권에 관한 감수성을 길러 이를 실천하려는 의지를 함양한다.

9월

사회 문제를
향해
한 걸음
나아가기

안녕, 바다 안녕, 플라스틱
『안녕, 바다 안녕, 별주부』

전학년 | 장지혜 글, 양수홍 그림, 어린이나무생각, 2021

　　과학자들이 기증받은 육십여 개의 모든 인간 태반에서 미세플라스틱이 발견됐다는 신문기사를 읽은 적이 있어요. 일부 미세플라스틱은 너무 작아서 세포막을 통과할 수 있는 정도래요. 플라스틱이 태반까지 영향을 미치기 시작했다면 사실상 지구상의 모든 포유류가 플라스틱의 위협을 받고 있는 셈이에요. 단 8개월 동안만 성장하는 인간의 태반마저도 미세플라스틱이 존재한다니, 다른 신체 기관에는 얼마나 많은 미세플라스틱이 축적되어 있을까요?

　　문제는 이 플라스틱 세상이 약 10년마다 두 배로 커지고 있다는 점이에요. 교실에서도 다회용 물통에 개인 물을 챙겨 오는 아이들보다 일회용 플라스틱 물통을 매일 한 병씩 가져오는 아이들이 점점 늘어나는 추세예요. 플라스틱 물통이 자연으로 돌아가기까진 오백여 년, 플라스틱 쓰레기에서 쪼개져 나온 플라스틱 가루도 저절로 없어지려면 오백여 년이나 걸린대요. 그런데 정작 우리의 플라스틱 사용량은 2040년에 두 배, 2050년에는 지금보다 세 배가 된다니, 대책이 필요한 시점입니다.

우선, 플라스틱 세상 속 바다 생명체들의 사정을 속속들이 만날 수 있는 동화 『안녕, 바다 안녕, 별주부』를 살펴볼까요? 주인공 은이는 바다에서 우연히 별주부를 만나 바닷속 구경을 떠나게 되지요. 예쁜 물고기들이 은이를 보며 활짝 웃어주고 아름다운 산호초가 반겨주는 여행일 줄 알았는데, 실제 바닷속 세상은 은이의 예상과 달랐어요. 모래 바닥에 버려져 뒤엉킨 그물, 구석에 처박힌 자동차 바퀴, 둥둥 떠다니는 비닐 등 바다 밑에는 산호초보다 쓰레기가 더 많았거든요. 심지어 바다 한쪽엔 플라스틱 쓰레기가 모이고 모여 거대한 섬이 되어 있었어요. 플라스틱 쓰레기로 오염된 바닷속에서 은이는 바다 동물들의 고충과 마주하게 됩니다.

바다거북은 바다에 떠다니는 비닐을 해파리로 착각해 먹으려 하고, 작은 물고기들은 무심코 페트병에 들어갔다가 나오는 길을 못 찾아서 죽을 뻔해요. 인간이 쓰고 버린 그물에 몸이 걸려 빠져나오질 못한 아기 상어, 플라스틱 섬에서 나온 미세플라스틱 때문에 원인 모를 병에 걸려 서서히 죽음을 맞이하는 산호초와 성게까지. 사람들이 습관처럼 플라스틱을 소비하는 동안 바다는 우리가 쓰고 버린 플라스틱 쓰레기들로 시름시름 앓고 있었어요.

2023년 기준 우리나라는 1인당 1년에 약 19킬로그램의 플라스틱을 소비한다고 해요. 이 쓰레기들은 모두 어디로 갈까요? OECD에서는 전 세계 플라스틱 폐기물 중 약 9퍼센트만이 재활용된다고 말합니다. 나머지 플라스틱의 19퍼센트는 태워지고, 50퍼센트는 매립되고, 22퍼센트는 통제를 벗어나 바다와 같은 자연으로 흘러간다는 거죠.

우리 일상에 광범위하게 존재하는 플라스틱. 지구가 더 많은 플라스틱에 잠식되기 전에 행동해야 합니다. 그동안 재활용될 거라는 막연한 믿음만으로 플라스틱을 사용하고 있었다면, 플라스틱의 실상에 대해 제대로 공부할 필요가 있어요. 이어지는 수업 활동에서 무심코 플라스틱을 사용했던 나의 행동을 되돌아보며 지속 가능한 지구를 위한 의미 있는 실천을 연구해보아요.

우리는 별주부를 살리는 기후 활동가

동화『안녕, 바다 안녕, 별주부』를 읽고 나서 우리가 사용하는 플라스틱의 실상을 탐구하고 줄일 수 있는 방안을 찾아보는 수업 활동입니다.

활동 1 바닷속 동물들의 고충 ─ 세 장면 내러티브 팬터마임

팬터마임이란 대사 없이 몸짓 표현만으로 생각과 감정을 표현하는 극을 뜻합니다. 모둠별로 바다 동물들을 고른 뒤 바다 동물들의 고충을 세 장면으로 표현해보세요. 모둠원 중 한 친구가 이 세 장면을 읽어나가면, 다른 모둠 친구들은 각각 역할을 맡아 문장 속 상황을 팬터마임으로 표현합니다.

『안녕, 바다 안녕, 별주부』 속 바다 동물들의 고충	
바다거북	비닐을 해파리로 착각해 먹으려 함.
작은 물고기	호기심에 페트병 속으로 들어갔다가 나오는 길을 못 찾아서 죽을 뻔함.
아기 상어	그물이 몸통을 조여와 빠져나오질 못함.

물고기, 산호초, 성게	플라스틱 섬에서 나온 미세플라스틱으로 서서히 죽음을 맞이함.
바다거북 엉금씨	플라스틱 빨대가 콧속에 박혀 숨쉴 때마다 아픔.

• 예시 •

» 바다거북(내러티브 역할 한 명, 바다거북 역할 두 명, 비닐 역할 한 명, 바위 역할
한 명)
» 내러티브 역할 친구가 세 장면의 문장을 하나씩 읽으면 해당 역할 친구들은 문장
에 알맞은 몸짓 표현을 합니다.

장면 1	장면 2	장면 3
① 점심식사 시간이에요. ② 바위 위에서 놀고 있던 바다거북들이 유유히 헤엄치며 먹을 것을 찾아 두리번거려요.	① 저멀리 해파리처럼 생긴 하얀 물체가 흐물흐물거려요. ② 배가 고픈 바다거북들은 하얀 물체를 향해 달려가 덥석 물어요.	① 불쾌하게 미끄덩거리는 식감이 평소와 달랐지만 바다거북들은 하얀 물체를 서로 경쟁하듯 꿀꺽 삼켰어요. ② 비닐을 삼킨 바다거북들은 하루종일 배가 아파 바위 틈에 기대어 끙끙거리며 힘들게 숨을 쉬어요.

활동 2 우리가 사용한 플라스틱

이번주에 내가 사용한 플라스틱을 떠올려보세요. 모둠 바구니에 놓인 자투리 색
종이 조각에 어떤 플라스틱을 사용했는지 각각 적어 모둠판에 이어 붙여보아요.
아침부터 저녁, 잠들기 전까지 모든 시간을 되짚어보세요. 우리 모둠이 사용한 플

라스틱 중 일회용품에는 스티커를 붙여봅시다.

• 예시 •

모둠 활동

전체 게시

활동 3 우리는 기후 활동가—플라스틱 줄이기 연대

일상에서 플라스틱을 줄일 수 있는 행동은 구체적으로 어떤 것들이 있을까요? 모둠별로 세부 주제를 정해 조사해보세요.

• 예시 •

» 우리 모둠 친구들이 사용한 일회용품을 여러 번 재사용하는 방법.

» 분리수거를 잘하는 방법.

» 플라스틱을 줄이기 위한 발명품.

» 폐플라스틱으로 만들 수 있는 물건—업사이클링.

» '설마 이게 플라스틱인가?' 싶었던 플라스틱 물건들.

» 플라스틱 감축을 위한 기업과 정부의 노력.

» 초등학생이 플라스틱을 줄이기 위해 현실적으로 실천하는 모습을 담은 브이로그 촬영.

활 동 4 우리는 기후 활동가―플라스틱 줄이기 실천 캠페인

플라스틱 줄이기 실천을 위한 캠페인 활동을 기획해보아요. 모둠별로 어떤 캠페인 활동을 펼칠지 의논하고, 실천을 위한 계획을 세워보세요.

• 예시 •

» 주제를 담은 아코디언북을 만들어 학교 공용 공간에 게시하기.

» 캠페인 포스터 만들어 게시하기.

» 학년 혹은 학교 공용 공간에서 플라스틱 퀴즈 이벤트 진행하기.

» 캠페인 영상 제작해 홍보하기.

» 캠페인 피켓 만들어 홍보하며
  참여 인원 모으기.

» 플라스틱을 줄이는 대안 투표 및
  설문조사.

생태와 환경 오염 ②

매일 실천하는 탄소 중립,
우리는 모두 연결되어 있어요
『지금부터 하면 돼!』

중고학년 | 이성희 글, 김푸른 그림, 한권의책, 2024

"선생님, 아빠가 그러셨는데 그래도 저희 때까진 괜찮을 거래요."

기후 위기 수업 시간, 인도네시아의 플라스틱 마을과 관련한 이야기를 하던 중이었습니다. 아이의 천진한 목소리엔 우리는 저렇게 되지 않을 거라는 작은 확신이 묻어 있었어요. 아이다운 솔직함이 귀여워 피식 웃음이 나왔지요. 어릴 적 저도 한동안 비슷한 생각을 하며 세상을 바라보았었거든요.

'우리는 괜찮을 거야'라는 방패는 기후 불안감을 잠재우는 데에는 효과적이지만 더 나은 논의로 나아갈 여지도 함께 막아버립니다. 지구 반대편에서 산호들이 하얗게 죽어가는 장면을 보고, 거대한 플라스틱 더미 위에 생긴 플라스틱 마을이 점점 커지는 이야기를 들어도 기후 행동으로 이어지기보단 감정적 공감에 머물고 말죠. 아이들의 일상이 기후 행동으로 채워지길 바라며 지구본을 책상 위에 올려놓았어요. 지구본을 빠르게 돌리면 나타나는 색상은 파란색입니다. 지구의 70퍼센트 이상이 바다로 이루어져 있기 때문이지요.

우리는 지구라는 물로 이어진 세계, 거대한 수영장에 살고 있어요. 지구를 떠나지 않는 이상 이 수영장 안에선 우리가 무얼 하든 지구에 있는 모든 생명체에게 영향이 가게 되지요. 나의 작은 발장구가 지구 수영장의 운명을 뒤바꿀지도 몰라요. 마찬가지로 다른 나라에서 뿜어져나오는 유해 물질에도 국경은 없습니다. 지구 수영장 물을 차근차근 오염시키며 우리에게 다가오고 있지요. 전 세계인의 오물로 가득한 지구 수영장에서 평생 수영해야 한다면 상상만으로도 끔찍합니다. '괜찮을 거야' 방패가 고개를 들 때마다 지구 수영장을 떠올려보아요. 여러 번 떠올릴수록 생태적 사고를 할 수 있는 힘이 생깁니다.

생태적 사고를 갖췄다면, 이제 행동할 차례입니다. 무엇을 어떻게 시작하면 좋을까요? 동화 『지금부터 하면 돼!』의 주인공 2학년 은우의 일기장을 열어보아요. 은우 일기장엔 은우가 행동할 때마다 소비되는 탄소 발자국 수치도 함께 기록되어 있거든요. 탄소 발자국이란 우리가 일상생활을 하면서 발생되는 탄소의 양을 말합니다. 지구를 뜨겁게 만드는 주된 원인인 온실가스에는 특히 이산화탄소의 양이 가장 많지요.

아침 7시, 은우는 기지개를 쭉 켜고 졸린 눈을 비비며 화장실로 씻으러 갑니다. 이때 사용한 화장실 전등과 물 사용량의 탄소 발자국은 각각 7그램이에요. 은우는 화장실에서 총 14그램의 탄소를 배출한 셈이지요. 이후 학교에서의 생활, 태권도 학원에 갔다가 엄마랑 마트에 장을 보러 다녀와서 저녁 먹고 잠자리에 들기까지, 24시간 동안 은우가 배출한 탄소 발자국들을 따라가봅니다. 은우와 우리는 매일매일 얼마만큼의 탄소 발자국을 만들어내고 있을까요?

우리는 살기 위해 탄소를 배출해야만 합니다. 하지만 얼마만큼의 탄소를 배출할지는 매번 선택할 수 있지요. 우리의 일상은 매일의 작은 선택으로 이루어져 있으니까요. 나의 어떤 선택이 온실가스를 더 많이 발생시키고 있었는지 정확히 파악해보아요. 탄소 발자국을 공부한 우리는 이전과는 다른 방향을 선택할 수 있습니다. 거창하게 변화하지 않아도 좋아요. 아주 작은 시도도 내 주변의 누군가와 지구에게 영향을 미칩니다. 우리는 모두 연결되어 있어요.

하루 24시간 내가 남기는 탄소 발자국

동화 『지금부터 하면 돼!』를 읽고 탄소 발자국의 의미와 발생 원인, 줄이는 방법 그리고 실천까지! 지속 가능한 지구를 위한 활동으로 배워봅니다.

활동 1 이것도 탄소 발자국?

은우가 하루 동안 남긴 탄소 발자국 중에 새롭게 알게 된 탄소 발자국이 있었나요? 모둠 친구들과 함께 탄소 발자국 카드를 살펴보고, 이번 시간에 새롭게 알게 된 탄소 발자국 카드를 챙겨보세요. 동화 『지금부터 하면 돼!』에서 해당 탄소 발자국에 대한 설명을 확인하고, 친구들에게 설명해보세요.

전등 사용	물 틀어놓고 세수	식사 만들 때	음식을 포장한 비닐	남긴 음식물 쓰레기
종이컵 사용	내가 입은 옷	엘리베이터 사용	자동차 등교	현수막 사용

컴퓨터 사용	에어컨 사용	국어책	활동 학습지	핸드 타월 사용
화장실 사용, 샤워	플라스틱 폐기물	인스턴트식품 생산	육류 생산	스마트폰 게임, 동영상 시청
생활 쓰레기	물 틀어놓고 설거지	우유 생산	세탁기 사용	캠핑장

활동 2 기후 위기! 탄소 그물 잇기

앞 활동에서 선택한 탄소 발자국 카드는 어떤 과정을 거쳐 지구 기온을 상승시킬까요? 선택한 탄소 발자국 카드가 어떻게 '지구 기온 상승'에 도착하는지 탄소 그물을 이어보세요. 전체 카드 중 모둠별로 희망 카드를 3~5장 선택해 최대한 다양한 탄소 그물이 나오도록 합니다.

• 예시 •

에어컨 사용
↓
전기 많이 사용
↓
발전소 돌아감
↓
화석 에너지 사용
↓
이산화탄소 발생
↓
지구 기온 상승

플라스틱 사용
↓
더 많은 플라스틱 생산
↓
플라스틱 공장 돌아감
↓
화석 에너지 사용
↓
이산화탄소 발생
↓
지구 기온 상승

활동 3 **탄소 발자국 크기를 줄여요!**

우리 모둠이 만든 탄소 그물의 시작 부분을 살펴봅시다. 어떻게 행동하면 탄소 발자국 크기를 줄일 수 있을까요? 에어컨 사용을 어떻게 하면 좋을지, 플라스틱 사용을 어떻게 하면 좋을지 등 우리 모둠의 탄소 그물을 보며 탄소 발자국 크기를 줄일 수 있는 구체적인 실천 방법을 찾아보세요. 찾은 실천 방법은 탄소 발자국 카드 옆에 게시합니다.

● 예시 ●

에어컨 사용을 줄일 수 있는 방법

» 에어컨 대신 선풍기를 켜기.

» 5, 6월에는 최대한 에어컨을 틀지 않기.

» 가정별로 에어컨 기종을 확인해 전기세를 아낄 수 있는 방법을 찾아보기.

» 에어컨 설정 온도를 1도 높이기.

» 에어컨 사용 줄이기 캠페인을 벌이기.

» 잠시 있을 공간에서는 에어컨을 틀지 않으려 노력하기.

'탄소 중립 DAY' 지속 가능한 우리 반 만들기

1. 탄소 발자국 줄이기 운동을 시작하지 않은 우리 반의 하루 탄소 발자국을 측정해보세요.

2. 다음날 혹은 매주 수요일 등 '탄소 중립 DAY'를 지정해 의식적으로 탄소를 줄이기 위한 노력을 모두 함께 실천합니다.

3. 실천을 위해 탄소 발자국을 측정하는 역할을 지정할 수 있어요. 역할 담당 친구가 아래 표에 사용량을 기록하고, 종례 시간에 모두 함께 오늘의 탄소 발자국 수치를 계산해보세요.

'탄소 중립 DAY' 지속 가능한 우리 반

실천 활동 ＼ 도전 횟수 (일자)	도전 전 (/)	첫번째 도전 (/)	두번째 도전 (/)	세번째 도전 (/)
등교(걷기, 자전거, 자동차)				
교실 전등				
교실 컴퓨터, TV				
음식물 쓰레기(잔반 없음, 잔반 두 손가락)				
화장실(양치컵 사용, 핸드 타월 사용, 화장실 전등)				
우리 반 생활 쓰레기 (일반 쓰레기 및 재활용 쓰레기)				

활 동 5 ZERO 탄소 습관 달력

탄소를 줄이기 위해 내가 일상에서 실천할 수 있는 습관은 어떤 것들이 있을까요? ZERO 탄소 습관 달력에 이번달에 실천하고 싶은 습관을 적고, 실천해보세요. 습관은 '구체적'이고, '내가 오늘부터 당장 적용할 수 있는 일'을 떠올리는 것이 좋습니다.

_____의 _____월 ZERO 탄소 습관 달력

습관 성공한 날	습관 성공한 날	습관 성공한 날	습관 성공한 날

● 예시 ●

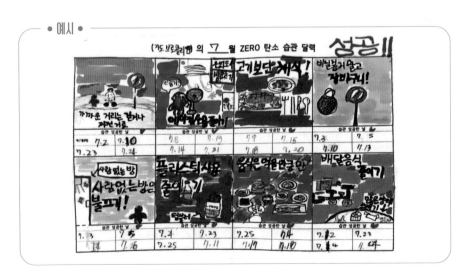

환경 문제에 깊게 다가갈 수 있는 책

동화책

『미세미세한 맛 플라수프』
김지형·조은수 글, 김지형 그림, 안윤주 감수, 두마리토끼책, 2022
#내가먹는음식에 #미세플라스틱있다

미세플라스틱이 어떤 과정을 거쳐 내 입으로 들어오게 되는지 궁금한 어린이에게 추천하는 책. 쓰다가 싫증나면 휙 버리고 또다른 플라스틱을 들여오는 플라스틱 천국, 이대로 괜찮을까요? 보이지 않아서 느끼지 못했던 식탁 위 미세미세한 맛이 우리 눈앞에 생생하게 펼쳐집니다.

그림책

『Somewhere 집으로』
위샤오루 지음, 신순항 옮김, 섬드레, 2024
#물에잠긴도시 #온기를추억하는일

지구 온난화로 대부분의 세계가 바닷물에 잠겨버린 이후의 삶을 상상하는 책. 잠수복을 입고 공기통을 메고 물속 도시로 들어갑니다. 파란 도시를 걷다보면 세상이 물속에 잠겨버린 이유가 고스란히 드러나지요. 과거와 현재를 교차하며 이어지는 이 책의 섬세한 감정선은, 오지 않길 바라는 어느 미래의 시간으로 우리를 데려다 놓습니다.

동화책

『종말 후 첫 수요일, 날씨 맑음』
임지형·정명섭·김민성 글, sujan 그림, 우리학교, 2024
#기후위기전쟁속 #용기와함께의힘

기후 위기가 닥쳐와도 잘 살아갈 수 있을지 기후 불안감이 찾아오는 어린이에게 추천하는 책. 기후 변화가 불러온 전쟁과 자연재해로 인류의 80퍼센트가 죽음에 이르게 된 지구의 이야기를 담은 SF 동화 세 편이 실려 있습니다. 특히 어른들의 이기심과 갖은 위험 속에도 기어이 꿈을 좇는 카이와 율의 이야기는 위기 앞에서 용기를 내는 일, 함께하는 일의 가치를 일깨웁니다.

청소년
소설

『노 휴먼스 랜드』
김정 지음, 창비, 2023
#아무도살지않는서울 #세계기후재난의결과

기후 위기 이후에 생겨날 사회 문제들을 흡입력 있는 서사로 미리 경험하고 싶은 어린이에게 추천하는 책. 사람이 살지 못하는 땅으로 지정된 서울, 인간의 이기심은 어디까지 뻗어나갈 수 있을까요? 이 책은 근미래의 서울을 배경으로 유전자 변형, 기후 난민, 기후 권력과 같은 이슈들을 살펴볼 수 있는 작품입니다. 한 편의 SF 영화처럼 몰입감 있게 펼쳐지는 '노 휴먼스 랜드'에서 진짜 인간을 위한 행동은 무엇일지 생각해보세요.

내 주변 동물들은
무슨 말을 하고 있을까?
『별마트 햄스터 탈출기』

저중학년 | 방민경 글, 윤정미 그림, 봄볕, 2024

우리는 다양한 처지에 놓인 동물들과 함께 살아갑니다. 일상을 함께하는 반려동물부터 다가가도 본 척 만 척 자기 할 일 하느라 바쁜 비둘기, 동네에서 우연히 만난 길고양이, 아파트 구석에 멋들어지게 집을 지어놓은 까치, 대형 마트 반려동물 코너에 가면 만날 수 있는 도마뱀과 햄스터, 동물원 우리 속 당나귀와 사자, 수족관 유리창 너머 가자미와 돌고래까지, 예상보다 훨씬 다양한 동물들이 우리 가까이에서 살고 있어요. 우리 주변의 동물들이 우리에게 어떤 말을 건네고 있을지 상상해본 적 있나요?

저는 서울 상암동에 위치한 대형 마트 주차장에서 멧돼지와 마주친 적이 있어요. 갈색 털로 뒤덮인 몸에 얼굴 주변에만 흰 털이 수북했던 멧돼지는 제 눈을 피하지 않고 매섭게 저를 응시하고 있었지요. 등에 식은땀이 주룩 났지만 애써 침착하게 주차된 차들 사이로 재빨리 몸을 숨겼어요. 다행히 멧돼지가 쫓아오는 것 같지는 않았어요. '다그닥 다그닥' 멧돼지 발이 주차장 바닥에 부딪히는 소리가 멀어져갔거든요.

　　종종 주차장에서 저와 눈이 마주쳤던 멧돼지의 얼굴이 떠올라요. 멧돼지는 제게 무슨 말이 하고 싶었던 걸까요? 산에서부터 먹을 것을 찾아 아래로 아래로 내려오다 만난 생경한 마트 풍경에 놀랐을까요? 너무 배고픈 나머지 마트 앞에서 어슬렁거렸던 걸까요? 아니면 그냥 호기심에 마트 구경을 왔던 걸지도 몰라요. 멧돼지의 이야기를 들을 수 있었다면 좋았을 텐데요. 동화 『별마트 햄스터 탈출기』의 주인공 단비처럼요.

　　단비는 오래전부터 반려동물을 키우고 싶었어요. 강아지도, 햄스터도 안 된다는 엄마 때문에 진짜 햄스터 같은 인공지능 햄스터 '햄찌랑'이라도 정말 가지고 싶었지요. 햄찌랑이 세일하기를 기대하며 별마트에 간 단비는 진짜 햄스터가 단돈 3천 원이라는 사실을 알게 되어요. 진짜 햄스터에게 왠지 슬프고 미안한 마음이 들지요. 작디작은 발, 흑구슬처럼 새까만 눈, 보송보송한 금빛 털을 가진 진짜 햄스터는 가짜 햄스터 햄찌랑과는 비교도 안 되게 정말 귀여웠거든요.

　　시간이 얼마나 지났을까요? 햄스터에 홀딱 반해버린 단비에게 마법처럼 신비한 일이 펼쳐집니다. 유리창에 갇힌 햄스터가 단비에게 하는 말이 들리기 시작했거든요. 단비는 유리창 너머 햄스터 네 마리의 부탁대로 우리에서 햄스터를 꺼내주었어요. 햄스터들은 단비의 주머니 속으로 쏙 들어갔지요. 단비는 햄스터들에게 서둘러 물을 주고, 시식 코너에서 햄스터들이 먹고 싶어하는 치즈와 아몬드도 나누어주어요. 마트 보안요원을 피해 햄스터들을 햄스터 마을로 무사히 데려다주지요.

　　인간의 삶이 나아지고 있는 동안 동물의 삶은 오히려 더 나빠지고만 있어요. 제가 갔던 마트도 이전엔 멧돼지가 뛰놀던 숲을 깎아 만든 곳이죠. 동물은 우리와 함께 살아가야 하는 지구 공동체의 일원입니다. 동물과 조화롭게 공존하기

위해 우리 주변 동물들의 목소리에 귀를 기울이는 일부터 시작해보아요. 동물들
은 우리에게 어떤 말을 건네고 있을까요?

동물이 내게 들려주는 말

동화 『벌마트 햄스터 탈출기』를 읽고 나서 우리 주변의 동물들에게 관심을 가져
보는 시간입니다. 우리 주변의 동물을 떠올려보고 해당 동물의 특성을 조사한 뒤
동물이 우리에게 어떤 말을 들려주고 싶을지 생각해보세요.

활동 1 내가 만난 동물 꺼내기—내 머릿속 동물 사진

붙임쪽지 한 장당 한 마리씩 내가 만난 동물을 떠오르는 대로 적어봅시다. 동물
의 이름과 만났던 장소와 시간대, 동물이 무엇을 하고 있었는지, 내가 동물을 만
났던 장면을 머릿속에서 사진 찍듯이 떠올려 글과 그림으로 표현해보세요. 완성
한 붙임쪽지는 모둠판에 붙여봅시다.

내가 만난 동물		
동물 이름	장소와 시간	무엇을 하고 있었나요?
햄스터	3시, 친구 집	구석에서 쿨쿨 자고 있었어요.
내가 만난 동물 장면 그림		

활동 2 내가 만난 동물 완전 정복! ― 나는야 동물 조사원

모둠판에 붙여진 붙임쪽지 중 우리 모둠원의 마음을 사로잡는 동물 장면 두 장을 골라주세요. 우리 모둠이 선택한 동물을 조사하는 시간입니다. 동물의 생김새, 특징, 무리 생활, 사는 곳, 먹이 등 동물의 모든 습성을 조사합니다. 동물도감, 인터넷, 사전, 과학책 등 가능한 모든 방법을 활용하세요.

햄스터 탐구 보고서	
햄스터의 생김새	
특징	

사는 곳	
먹이	
좋아하는 음식	

활 동 3 내가 만난 동물이 건넨 말

우리 모둠이 선택한 동물 장면 속 동물에 대해 조사를 마쳤다면, 이제 내가 만난 동물 장면 그림 속 동물이 우리에게 어떤 말을 건네고 있을지 상상해보는 시간입니다. 내 머릿속 동물 붙임쪽지를 도화지 가운데에 붙인 뒤 말풍선을 그려 동물이 우리에게 건네는 말을 적어봅시다.

내가 만난 동물		
동물 이름	장소와 시간	무엇을 하고 있었나요?
햄스터	3시, 친구 집	구석에서 쿨쿨 자고 있었어요.
내가 만난 동물 장면 그림		

동물권②

동물의 생명을
우리가 마음대로 조정할 순 없어요
『애니캔』

고학년 | 은경 글, 유시연 그림, 별숲, 2022

"반려동물 키우는 사람은 손을 들어볼까요?"

30명 남짓한 교실, 절반 정도의 아이들이 손을 듭니다. 강아지와 고양이가 대다수이고 도마뱀, 달팽이를 키우는 아이가 한 명씩 있었어요.

"이중에 우리집은 유기견이나 유기묘를 데려와서 키우고 있다?"

두번째 질문엔 아무도 손을 들지 않습니다. 대부분 펫숍이나 가정 분양을 통해 구매했을 테지요.

2023년 기준 700만이 넘는 가구가 반려동물을 키우고 있다고 합니다. 네 가구 중 한 가구는 반려동물을 키우고 있는 셈이지요. 대략 300만 정도였던 2012년과 비교하면 반려동물을 키우는 가구수는 근 10년 사이 배가 넘게 늘어 났습니다. 반려동물을 키우는 가구수가 빠르게 늘어나면서 반려동물 관련 사업도 급속도로 성장하고 있어요. 하지만 우리의 동물권 의식도 함께 성장하고 있는지는 의문입니다. 유기동물 수가 11만 마리에 육박하는데다 자극적이고 참혹한 동물 학대 소식이 곳곳에서 들려오고 있어요.

동화 『애니캔』은 동물권 의식이 갖춰지지 않은 채로 반려동물 관련 사업과 기술만 발전했을 때 벌어질 수 있는 일을 사실적으로 그려낸 작품입니다. 주인공 새롬이는 강아지를 너무 키우고 싶지만, 매번 부모님의 반대에 부딪혔죠. 그러다 우연한 기회로 '애니캔' 회사에서 반려견 별이를 데려올 수 있게 됩니다. 애니캔은 고객에게 '맞춤 반려동물'을 제공하는 회사예요. 태어난 지 얼마 안 된 강아지를 잠이 들게 한 뒤 고농축 산소와 영양액이 든 캔에 밀봉하는 인공 동면 기술을 사용하지요.

애니캔에서는 반려동물의 외모, 신체 조건, 성격까지 모두 고객이 원하는 대로 맞춰 제공해줍니다. 심지어는 반려동물의 수명도 정할 수 있지요. 단, 애니캔 동물들은 애니캔에서 나온 정해진 사료만 먹어야 한다는 조건이 있어요. 애니캔 사료가 아닌 음식을 먹었다가 시름시름 앓기 시작한 별이를 간호하며 새롬이는 애니캔 회사의 실체를 깨닫게 됩니다. 애니캔 회사와 부모님이 멋대로 정해버린 별이의 수명까지도요. 동물의 생명을 인간의 편의대로 조정해도 되는 걸까요?

1978년 유네스코가 세계동물권리선언을 공포한 이후 45년이나 흘렀음에도 동물들의 권리는 더디게 변화하고 있습니다. 애니캔 회사의 미성숙한 윤리 의식은 동화 속에만 존재하는 이야기가 아니에요. 동물생산업 신고를 하지 않고 뜬장에서 품종견들을 기르는 강아지 공장, 산 채로 털과 가죽을 빼앗기는 의류용 동물들, 공장식 축산 환경, 무분별하게 행해지는 동물 실험, 각종 체험과 축제에서 고통받는 유희용 동물 등 현실의 수많은 동물들이 그들을 존중하지 않는 환경에서 살아갑니다.

앞선 수업에서 동물들의 마음을 헤아려보았다면, 이젠 동물들의 삶의 문제를 깊숙이 알아볼 시간입니다. 지구상에 중요하지 않은 생명은 없습니다. 모든 동물은 소중한 생명으로 대우받아 마땅하지요. 우리가 동물을 대하는 여러 사례들을 살펴보아요. 무엇이 왜 잘못되었고, 해결책은 무엇일지 알아야 합니다.

함께 외치는 세계동물권리선언

동화 『애니캔』을 읽고 나서 생명의 소중함을 생각해보고, 우리 사회 속 동물의 권리가 침해받는 사례를 조사한 뒤 해결 방안을 찾아보는 수업 활동입니다.

활동 1 『애니캔』 가치 저울 PMI 토론

동화 『애니캔』 속 동물의 생명과 인간의 편리함 및 즐거움 중 어느 가치가 더 우선일지 택하여 모둠 토론을 진행해보세요.

• 예시 •

주제	『애니캔』 속 동물의 생명 vs 인간의 편리함 및 즐거움 어떤 가치가 더 중요할까요?	
우리 모둠의 선택	『애니캔』 속 동물의 생명	
Plus: 긍정적인 면	Minus: 부정적인 면	Interesting: 흥미롭고, 새로운 면
동물을 포함한 모든 생명이 존중받을 수 있다.	동물이 병에 걸리거나 늙었을 때 돈이 많이 든다.	한 생명을 죽을 때까지 책임질 수 있는 사람만 동물을 키울 것이다.

활동 2 우리 사회 속 애니캔 카드 뉴스

동화 『애니캔』 주인공 새롬이처럼 사회 문제를 세상에 알려봅시다. 우리 사회 속에서 동물의 권리가 침해받는 사례를 조사한 뒤 고발해보아요. 모둠별로 아래 주제 중 한 주제를 골라 실태를 조사한 뒤 카드 뉴스를 만들어보세요. 완성된 카드 뉴스는 학급 혹은 학교 공용 공간에 게시합니다.

● **동물의 권리가 침해받는 사례 예시** ●

» 동물생산업 신고를 하지 않고 뜬장에서 품종견을 기르는 강아지 공장
  ※ 동물생산업은 입양 보낼 동물을 기르는 업체를 말해요. 동물생산업자는 동물생산업 신고를 통해 동물복지법에 따른 기준을 통과한 뒤 정부의 허가를 받아 동물을 기를 수 있답니다.

» 산 채로 털과 가죽을 빼앗기는 의류용 동물

» 열악한 환경에서 닭, 소, 돼지를 키우는 공장식 축산

» 무분별한 동물 실험

» 각종 체험과 축제에서 고통받는 유희용 동물

● **동물권 침해 카드 뉴스 활동 예시** ●

강아지 공장			
카드 뉴스 제목	문제 상황 1	문제 상황 2	해결책 및 바라는 점
3천 곳이 넘는 불법 강아지 공장의 실태	펫숍에서 꼬물거리는 귀엽고 작은 강아지들은 어디에서 태어났을까요?	강아지 공장은 강아지들을 생명이 아닌 번식 기계로 취급합니다.	동물보호법을 개정하고 동물생산업을 허가제로 바꿔 동물권을 보호해야 합니다!

고발합니다! 함께 외치는 세계동물권리선언

반에 게시된 네 컷 카드 뉴스를 읽고, 해당 사례는 유네스코 세계동물권리선언의 어떤 조항을 위반했는지 조항과 함께 고발장을 작성해 카드 뉴스 아래에 붙여보세요.

세계동물권리선언(1978년 10월 15일)

<서문>

모든 동물은 권리를 가지고 있다. 동물권에 대한 무시와 경멸은 자연과 동물에 반하는 인간의 범죄를 유발하였을 뿐 아니라 지속적으로 유발하고 있다. 인간이 다른 동물 종의 존재할 권리를 인정하는 것이야말로 이 세상에서 모든 종이 상생할 수 있는 토대이지만 인간은 동물에 대한 대량 학살을 자행해왔고 이러한 위협은 여전히 지속되고 있다. 동물을 존중하는 것은 인간이 다른 인간을 존중하는 것과 다를 것이 없기에, 아이 시절부터 인간은 동물을 관찰하고 이해하고 존중하고 사랑하도록 배워야 하기에 따라서 다음과 같이 선언한다.

제1조
모든 동물은 태어나면서부터 평등한 생명권과 존재할 권리를 가진다.

제2조
1. 모든 동물은 존중받아야 한다.
2. 인간은 동물의 한 종으로서 다른 동물을 몰살시키거나 비인도적으로 착취할 권리를 사칭해서는 안 된다. 또한 동물 복지를 위해 인간의 지식을 사용할 의무가 있다.
3. 모든 동물은 인간의 관심과 돌봄 그리고 보호를 받을 권리를 가진다.

제3조
1. 어떤 동물도 잘못된 처우나 잔인한 행위의 대상이 되어서는 안 된다.
2. 동물을 죽여야 하는 경우 즉각적으로 고통 없이 이루어져야 한다.

제4조
1. 모든 야생동물은 땅이건 하늘이건 물이건 본연의 자연환경에서 자유롭게 살아가고 생육할 권리를 가진다.
2. 교육적인 목적을 위해서조차 동물의 자유를 박탈하는 것은 이 권리를 침해하는 것이다.

제5조

1. 통상적으로 인간의 환경에서 살고 있는 동물 종은 그들 종 고유의 삶과 자유를 보장하는 조건과 리듬으로 살아가고 성장할 권리를 가진다.
2. 인간이 자신의 이익을 위해 이러한 리듬이나 조건에 간섭하는 것은 이 권리를 침해하는 것이다.

제6조

1. 모든 반려동물은 자연 수명을 누릴 권리를 가진다.
2. 동물을 유기하는 것은 잔인하고 타락한 행위이다.

제7조

모든 가축은 합리적인 시간과 강도로 일하고 필수적인 영양을 공급받고 휴식할 수 있어야 한다.

제8조

1. 신체적이거나 심리적 고통을 수반하는 동물 실험은 그것이 과학적이든 의학적이든 아니면 어떤 다른 연구를 위한 것이든 동물의 권리와는 상반되는 것이다.
2. 동물 실험을 대체할 수 있는 방법이 사용되고 개발되어야 한다.

제9조

동물이 식품 산업에 사용되는 경우 고통을 가하지 않는 방식으로 사육, 운송, 휴식, 도살되어야 한다.

제10조

1. 어떤 동물도 인간의 오락 목적으로 착취당해서는 안 된다.
2. 동물을 전시하거나 구경거리로 만드는 일은 동물의 존엄성을 침해하는 일이다.

제11조

타당한 이유 없는 동물 살해는 생명 파괴이자 생명에 반하는 범죄 행위이다.

제12조

1. 야생동물의 대량 살해는 집단 학살이자 종에 반하는 범죄 행위이다.
2. 자연환경의 오염이나 파괴는 집단 학살을 불러올 수 있다.

제13조

1. 동물의 사체는 존중하여 다루어야 한다.

2. 동물이 포함된 폭력적인 장면은 인도적 교육 목적이 아니라면 영화 및 텔레비전에서 금
   지되어야 한다.

제14조

1. 동물권 증진 운동의 대표들은 정부의 모든 단위에 대해 영향력을 가져야 한다.

2. 동물권은 인권과 마찬가지로 법의 보호를 받아야 한다.

고 발 장

위 사례는 유네스코 세계동물권리선언 조항 중

~~~~~~

~~~~~~

~~~~~~ 을(를) 위반했기에 고발합니다.

왜냐하면,

~~~~~~

~~~~~~

~~~~~~

 우리는 동물 대변인—세계동물권리선언을 지키는 방법

동물 대변인이 되어 우리 모둠이 조사한 카드 뉴스 상황에서 세계동물권리선언
을 지킬 수 있는 구체적인 방법을 찾아봅시다. 인간이 동물권을 침해하지 않고 서

로 공생할 수 있는 방법엔 어떤 것들이 있을까요? 구체적인 방법을 찾았으면, 우리가 찾은 방법을 포스터, 피켓, 플래카드, 영상 같은 홍보물 제작을 통해 여러 사람에게 알려보아요.

● 홍보물 예시 ●

동물권에 대해 더 궁금할 때 읽는 책

그림책

『에덴 호텔에서는 두 발로 걸어주세요』
나현정 글·그림, 길벗어린이, 2024
#호캉스하는동물은 #행복할까

동물이 동물다울 수 있는 환경에 대해 생각하게 만드는 책. 동물을 최우선시하는 쾌적한 시설의 호텔과 위험이 도사리고 있는 본래 서식지. 어디가 더 살기 좋은 장소일까요? 동물의 행동반경만큼 충분히 뛰어다닐 수 있는 공간은 본래의 자연 말곤 없습니다. 인간에 의해 갇혀 사는 모든 동물이 과연 동물다움을 잃지 않고 자신의 삶을 살고 있는지 동물의 입장에서 생각해볼 때입니다.

그림책

『할 수밖에 없는 말』
로저 올모스 글·그림, 삽화가들의사랑방, 2020
#동물을착취하는 #우리의민낯

인간이 동물을 어떠한 방식으로 착취하고 있는지 고스란히 보여주는 책. 무자비하게 동물을 착취하면서 유희를 즐기는 인간의 이중성을 끄집어낸 작품입니다. 인간과 동물, 모두가 공생하는 길로 나아갈 수 있을까요? 작품의 마지막 부분에서 작가가 보여주는 작은 희망은 우리 손에 달려 있습니다.

동화책

『**고양이 2424**』

한라경 글, 송선옥 그림, 우리학교, 2023

#도시동물권 #도시에사는동물들의고충

우리와 가장 가까이에서 살고 있는 동물, 도시에 사는 동물들의 어려움이 궁금한 어린이에게 추천하는 책. 투명한 방음벽, 이용자를 고려하지 않은 생태 통로 등 도시에 사는 동물들을 배려하지 않는 인간들 때문에 동물들의 고충이 끊이질 않습니다. 이 작품은 '자연은 동물, 도시는 인간'이라는 구분 짓기에서 벗어나 동물과 인간이 함께 잘살 수 있는 도시를 이야기합니다.

동화책

『**닭답게 살 권리 소송 사건**』

예영 글, 수봉이 그림, 김홍석 감수, 뜨인돌어린이, 2015

#동물권을침해받는 #여섯가지동물이야기

동물권 침해 사례에 대해 현사회에 살고 있는 동물의 입장에서 이야기를 듣고 싶은 어린이에게 추천하는 책. 여러 번 버림받은 유기견, 동물원에 사는 북극곰, 실험용 토끼, 공장식 닭장에 살고 있는 닭, 무조건 빨리 달려야 하는 경주마, 모피 코트를 위해 키워지는 밍크까지 동물권을 침해받는 동물들의 여섯 가지 이야기를 편지, 일기, 대화, 재판과정 등 모두 다른 형식으로 풀어내어 공감과 몰입을 부르는 작품입니다.

9월 세번째 주제
평등과 성인지

여자, 남자 말고 나답게 존재하기
『우렁 소녀 발 차기』

중고학년 | 황선애 글, 서영 그림, 스푼북, 2023

"남자는 역시 핑크지."

교실 활동 중 분홍색을 선택하는 남자아이들에게 종종 듣는 말입니다. 교실에 자연스럽게 정착한 저 문장만 놓고 보면 여자는 분홍, 남자는 파랑이라는 전통적인 젠더 구분은 고리타분한 옛날 유물처럼 느껴져요.

"선생님, 성차별하지 마세요!"

이 말 또한 교실에서 정말 많이 듣습니다. 어떤 일의 순서나 결과가 여자와 남자로 나뉘어 있을 때 꼭 들리는 말이지요. 교실 속 아이들의 말에는 여성과 남성은 서로 평등하고, 차별하면 안 된다는 인식이 전제되어 있는 것처럼 보입니다. 정말 우리 사회 속 젠더 규범들은 '옛것'이 되었을까요?

아기를 양육하는 중인 저는 슬프게도 사회 깊숙이 녹아 있는 젠더 규범들을 매일 마주하는 중이에요. 아기와 산책할 때면 왜 남자아이에게 여자애처럼 꽃무늬 모자를 씌워놓았냐는 타박을 듣습니다. '여자애 색깔 옷'을 입혀놓았다고 신기하게 바라보는 사람들도 만나죠. 아기 아빠가 아기와 함께 장 보러 갔을 때 가장 많이 듣는 말이 "엄마는 어디 가고 아빠가 아기 데리고 나왔어요?"라고 해요. 여기에 한 술 더 뜨자면, 아기 아빠와 같이 있는 아기에겐 '프로 참견러'들이 아기와 아빠를 직접적으로 만지며 간섭하기 시작합니다. 남자는 육아에 미숙할 것이라는 편견이 깔려 있기 때문이겠죠.

반면에 동화『우렁 소녀 발 차기』속 리영이네는 전통적인 젠더 규범과는 사뭇 다른 형태를 띤 가정입니다. 회사 다니는 엄마가 가장이고, 아빠는 집안일을 하는 전업주부거든요. 리영이 아빠는 꼼꼼하고 가족들의 감정을 잘 읽어주며 요리까지 잘하는 만능 주부입니다. 우렁각시처럼 매번 집안일을 완벽하게 처리하고, 둘째인 일곱 살 리하와 놀아주기 위해 손톱에 매니큐어까지 바르는 아빠지요. 하지만 태권도를 좋아하는 소녀 리영이는 매니큐어를 바른 아빠도, 집안일을 하는 아빠도 왠지 창피하게 느껴져요. 아빠를 흉보는 이웃 사람들의 편견이 리영이의 마음을 흔들었기 때문입니다.

아빠가 부끄러웠던 리영이는 선생님의 도움으로 자신이 지니고 있던 집안일에 대한 편견을 발견하게 됩니다. 집안일에 재능이 필요하다는 점도, 모든 일엔 그에 알맞은 자격이 필요하다는 것도 깨닫게 되죠. 태권 소녀 리영이의 꿈은 경찰이에요. 리영이는 본인이 가장 좋아하는 수식어, 리영이다운 수식어인 '씩씩하고 힘찬 발 차기'를 선보이며 우렁찬 자신의 미래를 꿈꿉니다. 리영이가 앞으로 살아갈 세상은 성별과 관계 없이 자신의 인생을 자유롭게 그려나갈 수 있을 테니깐요.

아이를 키우면서 저도 모르게 아이에게 하는 말과 행동에 깜짝 놀랄 때가 있습니다. 그럴 때면 제 안에 '남자는 이래야 자연스럽다'는 믿음이 오랜 시간 깊게 스며 있었구나 깨달아요. 우리 자신도 모르게 여자아이에겐 여자다움을 덧칠하고, 남자아이에겐 남자다움을 덧칠하고 있진 않은지 되짚어보세요. 아이들에겐 각자 고유한 색깔이 있습니다. 이 세상 모든 아이들이 각자의 나다움으로, 개성 있는 내 모습 그대로 건강하게 살아가는 세상을 꿈꾸며 이어지는 수업 활동을 소개합니다.

편견 타파! 나다운 발 차기

동화 『우렁 소녀 발 차기』를 읽고 나서 일상 속 성별과 관련된 편견을 찾아보고, 성별의 틀에서 벗어나 나다움을 찾아가는 수업 활동입니다.

활동1 동화 속 편견 돋보기

리영이가 아빠를 부끄러워했던 이유를 떠올려보고, '편견'을 정의내려보아요. 동화 『우렁 소녀 발 차기』 속엔 어떤 편견이 숨어 있는지 찾아봅시다.

'편견' 정의 내리기

편견이란?
공정하지 못하고 한쪽으로 치우친 생각 한쪽으로 치우친 생각 때문에 상대에게 공감하지 못하는 태도

• 예시 •

『우렁 소녀 발 차기』 속 편견	편견인 이유
발을 휘둘렀다고 해서 남자애인 줄 알았다, 여자애한테 사내 녀석이 맞고 다니느냐고 한 승우 할머니의 말	발을 휘두르는 사람이 당연히 남자일 거라는 치우친 생각을 지니고 있다. 폭력을 당한 사람은 남자든 여자든 성별과 관련 없이 보호받아야 하는데 여자에게 맞은 남자라는 이유로 비난받는다.

활동 2 일상 속 편견 돋보기

여러분도 동화 『우렁 소녀 발 차기』 속 편견들처럼 주위 사람들의 편견을 느낀 적이 있나요? 편견 때문에 내가 좋아하는 것을 마음껏 좋아하지 못했던 경험, 편견 때문에 오해받은 경험 등을 떠올려봅시다. 모둠별로 친구들이 겪은 일이 편견인 이유를 함께 찾아보아요.

• 예시 •

내가 겪었던 편견	편견인 이유
남자애가 맨날 집에만 있으려고 하고 왜 놀이터에는 안 나가느냐는 말을 들었다.	남자는 밖에서 노는 것을 좋아하고, 여자는 집에서 노는 것을 좋아한다는 생각은 한쪽으로 치우쳤다. 여가 시간을 잘 보내려면 성별과 관계 없이 자신이 좋아하는 방법을 택하면 된다.

활동 3 편견 타파! 나다운 액션 창작하기

성역할에 대한 편견과 차별에서 벗어나 내가 좋아하는 나의 모습, 진짜 좋아하는 활동, 가장 나다운 행동은 무엇인지 떠올려보아요. 동화 『우렁 소녀 발 차기』 표지 속 리영이의 발 차기처럼 '나다운 액션'을 창작해봅시다. 나다움이 잘 드러나고, 4박자에 어울리는 움직임을 만들어보세요. '나다운 액션'은 말(예 "저는 짧은 머리가 좋아요")과 움직임(예 짧은 머리를 안쪽에서 바깥쪽으로 양손 번갈아 튕김)을 포함합니다.

• 예시 •

(짧은 머리를 안쪽에서 바깥쪽으로 양손 번갈아 튕기며) "저는 저의 짧은 머리가 좋아요."	(아이돌 춤 핵심 안무를 빠르게 반복하며) "저는 여자 아이돌 춤을 따라 추는 것을 좋아해요."

활동 4 나다운 액션 뽐내기—우리다움 기차놀이

나다운 액션을 뽐내며 기차놀이를 해보아요. '나다운 액션'의 '말' 부분을 라벨지에 크게 적어 몸에 붙여봅시다. 반 친구들에게 나다운 액션을 소개하고, 친구의 나다움도 알아가는 시간을 가져보아요.

우리다움 기차놀이 활동

1. 음악이 나오면, 나다운 액션을 뽐내며 교실을 걸어다닙니다.

2. 음악이 멈추면, 교실을 걸어다니며 만난 친구와 서로 나다운 액션을 소개한 뒤, 가위바위보를 합니다.

3. 진 친구는 이긴 친구의 나다운 액션을 따라 하며 이긴 친구 뒤에 서서 기차를 만듭니다.

4. 다시 음악이 나오면, 두 짝은 우리다움 기차가 되어 함께 교실을 돌아다닙니다. 이때 가위바위보에서 진 친구는 이긴 친구의 나다운 액션을 함께해요.

5. 음악이 멈추면, 가까운 기차들끼리 서로 만나 나

다운 액션을 소개합니다. 맨 앞에 있는 기차 대장은 서로 가위바위보를 합니다.

6. 진 기차는 이긴 기차의 나다운 액션을 따라 하며 이긴 기차 뒤에 서서 기차를 만듭니다.

7. 음악이 나오면, 넷은 나란히 기차가 되어 돌아다닙니다. 이때 진 기차는 이긴 기차의 나다운 액션을 함께합니다.

8. 하나의 기차가 완성될 때까지 놀이합니다.

평등과 성인지 ②

이야기 속
성역할 고정관념 깨부수기
『깨어 있는 숲속의 공주』

고학년 | 리베카 솔닛 글, 아서 래컴 그림, 홍한별 옮김, 반비, 2023

우리는 이야기를 좋아합니다. 제가 양육중인 아기는 다양한 소리가 나오는 그림책을 좋아해요. 아기가 조금 더 크면 그림책 말고도 여러 애니메이션, 동화, 소설 속 이야기에 푹 빠지겠지요. 이야기는 오늘날에도 수없이 생산되고 있어요. 유튜브나 대형 스트리밍 서비스를 통해 전 세계에 보급되는 수많은 영화와 방송 드라마는 이야기를 향한 인간의 열망이 얼마나 강한지 보여줍니다. 영상 매체 말고도 웹툰, 웹소설, 오디오북과 같이 이야기를 보여주는 수단 또한 굉장히 다양해졌지요.

각종 미디어에서 보여주는 이야기의 홍수 속에서 아이들은 우리 사회의 문화적 문법을 배웁니다. 마르고 예쁜 아이돌이 나오는 뮤직비디오, 남성의 강인한 체력과 경제 활동을 강조하는 예능을 시청하며 여가 시간을 보내지요. 하지만 이런 이야기에 속속들이 숨어 있는 젠더 규범들은 전통적 성별 고정관념을 답습하고 있는 경우가 많습니다. 우리에게 익숙한 이야기에서 편견과 차별이 끊임없이 만들어지고 있는 셈이에요. 이야기를 생산하고 소비하는 모두에게 일상적 요소에서 성역할 고정관념을 발견하는 예민함, '성인지 감수성'이 필요한 이유이지요.

'맨스플레인'이라는 용어를 탄생시킨 작가 리베카 솔닛은 동화 『깨어 있는 숲속의 공주』를 통해 기존의 '잠자는 숲속의 공주' 이야기를 현대적으로 재해석합니다. 작가는 옛이야기 속 어떤 부분이 여전히 즐거움을 주는지 그리고 어떤 부분이 이제는 불편함을 주는지 치밀하게 고심하여 모두를 위한 이야기를 완성했다고 해요. 이야기는 총 세 부분으로 구성되었는데, 첫번째 이야기는 잠자는 공주가 저주에 걸린 과정을 담았어요. 기존 동화의 세계는 군주제로 왕이 절대 권력을 가지고 있었지만, 새로운 동화는 민주국가를 배경으로 이야기가 펼쳐진다는 점이 새롭습니다. 이곳엔 왕은 없고 여왕만 존재하는데, 의식적 지위만을 지닌 여왕이지요.

두번째 이야기는 잠자는 공주의 동생인 둘째 공주의 이야기예요. 한 세기 동안 잠만 자는 인물을 주인공으로 둘 수 없었던 작가는 둘째 공주를 동화의 실질적 주인공으로 내세웁니다. 기존 동화의 주인공이 잠자는 공주였다면, 재탄생한 동화에서는 깨어 있는 공주의 활약상이 새 이야기를 풍성하게 만들어주었지요. 세번째 이야기엔 잠자는 공주와 함께 성을 빠져나오는 소년이 등장합니다. 공주를 깨우는 남자가 왕자가 아니라는 점이 흥미로워요. 옛이야기 속 왕자들의 무거웠던 책임감으로부터 남성을 해방해주려는 작가의 의도를 생각해보게 됩니다.

작가는 인물 각자의 이야기에 주목합니다. 기존의 동화처럼 잠자는 공주가 왕자의 도움으로 깨어나 결혼한 뒤 '그들은 오래오래 행복하게 살았습니다'로 끝을 맺지 않아요. 작가는 공주 두 명과 소년 각각의 이야기, 그리고 그 주위의 많은 이야기가 서로 얽혀 있음을 보여줍니다. 마지막으로 많은 이야기 중 독자들의 이야기는 무엇인지 물으며 이야기를 완성하지요. 리베카 솔닛이 재탄생시킨 옛 동화는 기존의 폭력성과 획일적인 젠더 규범에서 자유로울 뿐 아니라 우리 주변 새로운 이야기들을 발견해보도록 이끕니다.

　　이전 수업에서 전통적인 젠더 규범을 벗어나 자신만의 정체성을 찾아보았다면, 이젠 나다운 정체성으로 새로운 이야기를 창조할 때입니다. 아무래도 처음부터 새로운 이야기를 만들어내긴 어려우니, 기존에 있던 옛이야기를 리모델링해보아요. 이야기를 비판적으로 해석하는 연습, 이야기의 메시지가 나의 이목을 끌기 위해 어떤 요소를 활용했을지 찾아내는 연습과 더불어 능동적인 이야기꾼으로 성장하는 시간을 만들어보세요.

옛이야기는 리뉴얼 공사중

동화 『깨어 있는 숲속의 공주』를 읽고 나서 이 새로운 옛이야기가 기존의 옛이야기와 어떤 점이 다른지 찾아본 뒤, 차별적, 폭력적 요소를 배제한 새로운 옛이야기를 직접 만들어보는 수업 활동입니다.

활동 1 잠자는 숲속의 공주 vs 깨어 있는 숲속의 공주

동화 『깨어 있는 숲속의 공주』는 우리가 알고 있던 동화 『잠자는 숲속의 공주』와 비교했을 때 어떤 점들이 다른지 모둠별로 찾아보아요. 다른 점들을 찾고 난 후에는 작가가 왜 이런 이야기를 만들었을지 작가의 창작 의도에 대해 토의해보세요.

● 예시 ●

두 이야기의 다른 부분	『잠자는 숲속의 공주』	『깨어 있는 숲속의 공주』
왕의 존재 여부	공주의 아빠인 왕이 있음.	공주의 엄마인 여왕이 있음.
잠자는 공주의 동생 이야기	공주의 동생 이야기가 없음.	깨어 있는 공주 마야의 이야기가 있음.
『깨어 있는 숲속의 공주』 작가의 의도		

활동 2 우리가 다시 만드는 옛이야기

작가 리베카 솔닛처럼 옛이야기 중 하나를 선택해 새롭게 바꿔봅시다. 옛이야기 속의 차별적, 폭력적 요소는 무엇이 있는지 이야기 나눠보고, 우리 모둠이 만든 이야기에는 성역할 고정관념 및 폭력적 요소가 들어가지 않도록 유의해보세요.

● 옛이야기 목록 예시 ●

신데렐라	백설공주	라푼젤	인어공주
심청전	선녀와 나무꾼	우렁각시	콩쥐팥쥐

• 활동 예시 •

옛이야기 속 성역할 고정관념 및 폭력적 요소

『신데렐라』: 사악한 계모, 여자(주인공)가 구두를 남기고
남자(왕자)가 찾으러 다님, 예쁜 드레스를 입은 공주.

우리가 다시 만든 옛이야기 제목:
『신데렐라의 첫 무도회』

발단	일찍 엄마를 떠나보낸 신데렐라에게 새엄마와 새언니들이 생겼어요. 새엄마는 신데렐라가 언니들 사이에서 소외감을 느끼지 않도록 많은 노력을 기울였죠. 하지만 신데렐라는 새엄마와 새언니들이 어색했어요. 잘해주려고 노력한다는 건 알았지만, 항상 겉도는 느낌을 받았어요.
전개	그러던 어느 날, 마을에 무도회가 열린다는 소식이 들려왔어요. 신데렐라에겐 첫 무도회였죠. '무도회에 참석하려면 드레스를 입어야 하나?' 신데렐라는 드레스를 좋아하지 않아요. 치마를 입는 일은 생각만으로도 낯간지러웠죠. 하지만 새엄마에게 드레스를 입기 싫다고 말하자니 차마 입이 안 떨어졌어요. 드레스를 입어야 한다는 생각에 신데렐라는 몇 날 며칠 밤을 설쳤지요.
절정	무도회 당일, 신데렐라의 침대 위에 옷 상자가 놓여져 있었어요. 무거운 마음으로 상자를 열어보니, 상자 안엔 드레스가 아닌 근사한 블라우스와 바지가 들어 있는 것 아니겠어요? 그것도 신데렐라가 가장 좋아하는 하늘색! 상자 안엔 새엄마와 언니들의 쪽지도 있었어요. 정말 고심해서 무도회 옷을 골랐는데, 부디 마음에 들었으면 좋겠다는 내용이었죠. 신데렐라는 뛸 듯이 기뻤어요. 어서 이 근사한 옷을 입고 무도회에서 친구들을 많이 사귀고 싶었죠. 서둘러 옷을 입어본 신데렐라는 거실로 나가 신문을 읽고 있는 새엄마의 등을 꼭 안아드렸어요.

결말	그날 밤, 신데렐라와 언니들은 함께 손을 잡고 무도회에 갔어요. 무도회엔 신데렐라처럼 형형색색의 바지를 입은 친구들, 드레스를 입은 친구들 등 다양한 친구들이 개성을 뽐내고 있었어요. 신데렐라는 무도회에서 여자친구, 남자친구와 함께 신나게 춤을 추며 다양한 친구들을 사귀었답니다. 더없이 행복한 밤이었어요.

 FREE-고정관념 이야기 극장

우리 모둠이 만든 이야기의 4단계 중에 성역할 고정관념과 폭력적 요소에서 가장 자유로운 단계를 하나 선택하세요. 선택한 단계의 이야기로 연극 대본을 작성해 봅시다. 모둠별로 역할극을 선보이면, 관객들은 기존의 이야기에서 어떤 부분이 달라졌는지 찾아보아요.

— ● 활동 예시 ● —

우리 모둠이 선택한 이야기 단계	절정
위 단계를 선택한 이유	다른 이야기 단계에도 조금씩 성역할 고정관념을 바꾸어보았지만, '절정' 부분에 우리가 바꾼 요소가 가장 많이 들어가 있어 선택하였다. (바꾼 요소: 드레스가 아닌 바지, 따뜻한 새엄마와 언니들, 평소 집에서의 새엄마 모습, 무도회에서 왕자가 아닌 친구들을 기대하는 신데렐라.)
대본	등장인물: 해설, 신데렐라, 새엄마, 새언니. 시간 및 장소: 무도회 날 아침, 신데렐라의 집. 무도회 날 아침, 샤워하고 돌아온 신데렐라의 침대 위엔 하늘색 옷상자가 놓여져 있었어요.

신데렐라: (걱정 가득한 목소리로) 이 옷상자는 새엄마가 준비해주신 무도회 의상이겠지? 어휴, 난 치마 입기 정말 싫은데. 어떻게 새엄마에게 말씀드리지? 벌써부터 마음이 무거워지네……

상자를 열어보니 상자 안엔 신데렐라가 걱정했던 드레스가 아닌, 근사한 블라우스와 바지가 놓여 있었어요.

신데렐라: (기뻐서 옷을 들고 소리지르고 춤추며) 꺄악~~ 정말 멋진 옷이잖아? 그것도 어쩜 내가 좋아하는 하늘색 바지야!

신데렐라가 옷을 들고 춤을 추는데 무언가 바닥에 툭 떨어졌어요. 새엄마와 언니들이 신데렐라에게 보내는 쪽지였어요. 신데렐라는 신나는 춤사위를 멈추고 침대에 걸터앉아 두근거리는 마음으로 쪽지를 열어보았죠.

대본

편지(새언니): 신데렐라야, 무도회 의상이 네 마음이 쏙 들었으면 좋겠다! 둘째 룰루와 엄마랑 열심히 옷가게를 찾아다니며 고른 옷이야. 마지막까지 드레스와 고민했지만, 우리는 블라우스와 바지를 택했어. 첫 무도회인만큼 씩씩하고 맑은 너의 개성을 가장 잘 드러내는 옷이었으면 했거든. 교환이나 환불이 언제든 가능하니까 조금이라도 마음에 안 들면 언니랑 바꾸러 가자. 언니도 오늘 시간 비워놓았으니 눈치보지 말고 편하게 말해줘! 무도회에서는 새로운 사람을 많이 만나게 될 거야. 너와 비슷한 결을 가진 친구들, 전혀 다른 개성을 뽐내는 매력적인 친구들과 함께 이야기 나누며 더 넓은 세계를 경험하고 오렴! 너는 정말 매력적인 아이라서 네 존재만으로도 빛이 나. 그러니 떨지 말고 첫 무도회 마음껏 즐기고 와! 축하해, 사랑하는 신데렐라!

쪽지를 읽은 신데렐라의 눈엔 어느새 눈물이 맺혔어요. 촉촉한 눈가를 서둘러 닦고, 거실로 나갔죠. 신문을 읽고 계시는 새엄마의 뒷모습이 보였어요. 새언니는 그 옆에서 책을 읽고 있었어요. 신데렐라는 새엄마의 등을 꼬옥 안아드렸어요. 새엄마는 신데렐라의 마음을 다 안다는 듯 신데렐라의 손등을 천천히, 그리고 아주 부드럽게 쓰다듬어주셨답니다.

차별과 고정관념을 넘어서는 책

그림책

『야, 그거 내 공이야!』
조 갬블 글·그림, 남빛 옮김, 후즈갓마이테일, 2021
#여자도 #축구잘해

축구하는 여자에 대한 고정관념을 뻥 날려버리는 책. 마당에서 공을 너무 세게 차버린 앨리스는 사라진 공을 찾아 동네를 헤맵니다. 그러다 마침내 하루 종일 찾아 헤매던 축구공을 만나게 된 앨리스! 축구공의 움직임에 따라 나도 모르게 세워두었던 옛 관념도 함께 허물어집니다. 앨리스의 발 차기가 우리에게 선물하는 거침없는 카타르시스를 경험해보세요.

그림책

『소녀와 소년, 멋진 사람이 되는 법』
윤은주 글, 이해정 그림, 서한솔 감수, 사계절, 2019
#여자아이남자아이 #모두가멋지게사는꿀팁

젠더 규범이 만연한 사회 속에서 중심을 잡고 멋지게 살기 위해선 어떻게 행동해야 하는지 친절하게 알려주는 안내서. 성별과 관계없이 하고 싶은 일을 선택하고, 자유롭게 즐길 수 있는 세상을 꿈꾸나요? 이 안내서는 멋져지고 싶지만 망설이고 있는 모든 이들을 향해 유쾌하고 구체적으로 응원을 보냅니다. 당연하다고 여기는 것들에 질문을 던져가며 세상을 조금씩 바꿔보아요.

동화책

『**다름없는 우리**』
조아라 글, 추현수 그림, 엠앤키즈, 2023

#전교회장선거 #젠더갈등

학교 안에서 일어나는 이야기를 통해 젠더 갈등에 대한 근본적인
해결 방법을 보여주는 책. 우리 사회는 다양한 성별이 함께 살아
갑니다. 특정 성별만을 위한 정책과 주장은 결국 서로를 혐오하게
만들고 말지요. 편협하고 이기적인 마음을 내려놓고, 상대의 처지
에서 생각해본다면 모두가 즐거운 학교, 나아가 모두가 행복한 사
회를 만들어나갈 수 있습니다. 이곳 하나초 어린이들처럼요.

동화책

『**선녀는 참지 않았다**』
구오 지음, 위즈덤하우스, 2019

#다시쓰는 #전래동화

뿌리깊은 가부장제와 성차별적 이데올로기로 범벅되어 있는 대다
수의 한국 전래동화에 통쾌한 한 방을 날리는 책. 작가가 새롭게
쓴 전래동화 속 주인공들은 기존의 성역할 고정관념에서 벗어나
주체적으로 자신의 길을 선택합니다. 차별과 폭력적 요소를 지운
새 전래동화를 기존의 이야기와 비교하며 읽고, 숨어 있는 이데올
로기를 발견해보세요. 익숙한 이야기에 어색하면서도 생생하게
살아 있는 이야기를 덧입혀보아요.

교육과정과 이렇게 연계해요(2022 개정 성취 기준)

10월 첫번째 주제 — 경제 활동

[6실02-01] 시간이나 용돈과 같은 생활자원이 제한되어 있음을 이해하고, 생활자원의 사용가치를 높이는 방법을 탐색한다.

[4사07-01] 자원의 희소성으로 인해 경제 활동에서 선택의 문제가 발생함을 이해하고, 경제 활동에서 합리적 선택의 방법을 탐색한다.

[6사11-01] 시장경제에서 가계와 기업의 역할을 이해하고, 근로자의 권리와 기업의 자유 및 사회적 책임을 탐색한다.

[6사11-02] 경제 성장이 우리 생활에 미치는 영향을 파악하고, 빠른 경제 성장으로 발생한 문제의 해결 방안을 탐색한다.

[4사07-02] 생산과 소비 활동을 파악하고, 인적·물적 교류의 사례를 통해 각 지역 및 사람들이 상호 의존 관계를 맺고 있음을 탐색한다.

[4사09-01] 생활 주변에서 찾을 수 있는 여러 가지 문제를 파악하고, 그 문제를 합리적으로 해결하는 능력을 기른다.

[4도02-02] 친구 사이의 배려에 대한 올바른 이해를 바탕으로 일상생활에서 배려에 기반한 도덕적 관계를 맺을 수 있는 방안을 탐색한다.

10월 두번째 주제 — 역사와 사람

[6사05-01] 조선 시대 사람들의 생각과 생활에 유교 문화가 미친 영향을 파악한다.

[6사05-02] 조선 후기 사회·문화적 변화와 개항기 근대 문물 수용 과정에서 달라진 사람들의 생활을 이해한다.

[6사06-02] 8·15 광복과 6·25 전쟁이 사회와 생활에 미친 영향을 파악한다.

[6사07-01] 분단으로 나타난 문제점과 분단과 관련된 장소를 평화의 장소로 만들려는 노력 등을 알아보고, 평화 통일을 위해 우리가 할 수 있는 일을 탐색한다.

[4도03-03] 통일의 필요성을 이해하고, 통일 감수성을 길러 바람직한 통일의 방향을 모색한다.

[6도03-03] 통일과정과 통일 이후 사회의 여러 가지 상황을 예상하고 바람직한 통일과정과 통일 국가의 사회상을 제시한다.

[6사08-01] 민주주의에서 선거의 의미와 역할을 파악하고, 시민의 주권 행사를 위해 선거에 참여하는 태도를 기른다.

10월 세번째 주제 — 전쟁과 평화

[6사06-01] 일제의 식민 통치와 이에 대한 저항이 사회와 생활에 미친 영향을 이해한다.

[6사12-02] 지구촌을 위협하는 다양한 문제들을 파악하고, 지속가능한 미래를 위한 해결 방안을 탐색한다.

[6도02-02] 편견이 발생하는 이유를 탐색하여 해결 방안을 살펴보고, 다양성 존중을 바탕으로 다른 사람과 올바른 관계를 맺기 위한 실천 방안을 탐구한다.

[6도03-01] 인권과 관련된 다양한 사례를 살펴보고 인권에 관한 감수성을 길러 이를 실천하려는 의지를 함양한다.

[6도03-02] 정의에 관한 관심을 토대로 공동체 규칙의 중요성을 살펴보고 직접 공정한 규칙을 고안하며 기초적인 시민의식을 기른다.

[6도03-04] 다른 나라 사람들이 처한 여러 가지 상황을 종합적으로 이해하고 해결 방안을 탐구하며 인류애를 기른다.

10월

아는 만큼
보고
보는 만큼
생각하기

선생님, 우리 반에 요즘 돈 문제가 심각합니다

『우리 반 채무 관계』

저중학년 | 김선정 글, 우지현 그림, 위즈덤하우스, 2021

딸아이가 1학년 때 겪은 일입니다. 학교에서 돌아온 아이가 해맑은 표정으로 "엄마, 나 친구한테 천 원 받았다" 하는 겁니다. 게다가 꺼내 온 돈은 천 원이 아니라 1만 원짜리였습니다. 대체 무슨 일인지 감을 잡을 수 없어서 걱정이 앞섰어요. 알고 보니 그날 처음으로 용돈을 받은 친구가 선물로 준 거예요. 좋아하는 친구에게 예쁜 학용품을 선물하듯이 말입니다. 아이 친구 엄마도 저도 웃어넘겼지만 친구들 사이에서 돈을 주고받는 일은 꽤나 위험해요.

5학년 교실에서는 이런 일도 있었습니다. 2학년 때 빌려준 500원을 3년간의 이자를 붙여 1만 원으로 갚으라고 해서 문제가 되었죠. 사회에서도 법으로 금지하는 고리대금업이 아이들 사이에서 벌어진 거죠. 아이들은 죄가 없습니다. 그런 장면을 무분별하게 보여주는 영화, 드라마가 문제죠. 저는 이 일을 겪으면서 아이들 사이의 돈거래에 대한 경계심이 아주 강해졌습니다.

그래서 담임으로서 반 아이들에게 학교에 절대 돈을 가져오지 말라고 했

328

고, 엄마로서 딸아이에게 돈을 빌리지도 빌려주지도 말라고 했습니다. 당장 먹고 싶거나 갖고 싶은 게 있는데 돈이 없을 경우 누구한테 사달라고 하면 절대 안 된다고 강조했습니다. 돈과 관련해서는 유독 "○○ 하지 마"라는 말을 많이 하는 어른이었어요.

동화 『우리 반 채무 관계』의 마룡초등학교 3학년 3반 아이들의 목소리를 들어보니 조금 뜨끔합니다. 친구들과 함께 뭔가를 사 먹는 시간은 최고로 즐겁고 중요한 순간이라고 해요. 문구점 앞에서 서로 뭘 먹는지 묻고 요즘 새로 나온 장난감 정보도 좀 교환하고 그래야 한다나요. 돈을 학교에 가져와 쓰는 것, 서로 돈을 빌려주거나 물건을 사주는 걸 막을 수 없다면 안전하고 지혜로운 돈거래 방법을 가르쳐야 합니다.

마룡초등학교 3학년 3반 아이들은 친구 사이에 돈과 관련해 여러 가지 문제를 겪습니다. 돈을 빌렸다가 갚지 않는다거나 자꾸 사달라고 조른다거나 누구는 사주고 누구는 안 사줘서 마음이 상해요. 아이들은 이 문제를 학급 회의를 통해 직접 해결합니다. 안 사준다고 하는 친구한테는 사달라고 조르지 않기, 친구에게 뭘 사줄 때는 딱 500원어치만 사주기 등 분명한 규칙을 정해요.

아무리 친한 사이여도 돈 문제가 생기면 우정에 금이 가기 십상입니다. 문제가 생길까 두려워 싹을 자르는 대신 문제의 원인을 분석하고 앞으로 나아갈 방향을 고민하는 자세가 필요합니다. 동화 속 마룡초등학교 3학년 3반 친구들처럼요.

우리 반 돈 고민 해결 사무소

동화 『우리 반 채무 관계』를 읽고 나서 우리 반 채무 관계를 합리적으로 정리해볼
수 있는 수업 활동입니다.

활동 1 돈과 관련된 경험 떠올리기

돈 때문에 힘들었던 경험이 있나요? 돈과 관련된 경험을 떠올리며 돈에 대한 나
의 주된 감정은 무엇인지 탐색해보세요.

• 예시 •

만족스러운	감사한	답답한
서운한	억울한	부러운
원망스러운	짜증나는	곤란한

㉠ 돈 때문에 서운했던 일이 있어. 언제냐면,

엄마가 용돈 기입장을 쓰지 않으면 더이상 용돈을 줄 수 없다고 말씀하셨
을 때야.

㉠ 돈 때문에 억울했던 일이 있어. 언제냐면,

설날에 내가 받은 세뱃돈을 엄마가 가져가셨을 때야. 엄마는 나중에 대학

갈 때 주신다고 하지만 난 지금 당장 쓰고 싶은걸.

(예) 돈 때문에 부러웠던 일이 있어. 언제냐면,

친구는 나보다 용돈을 세 배 정도 많이 받아. 먹고 싶은 것도 참지 않고 마음껏 사 먹고, 친구들한테 떡볶이도 척척 사주는 모습이 멋져 보이더라.

활동 2 돈 문제를 지혜롭게 해결하기 위한 방법 탐구하기

활동 1의 힘들었던 경험을 바탕으로 돈 문제를 지혜롭게 해결하기 위한 방법을 탐구해봅시다. 생각과 느낌을 솔직하게 나누고 우리만의 해결 방법을 찾아봅시다.

문제 상황	문제를 해결하기 위한 방법
(예) 친구가 자꾸 돈을 빌려달라고 해서 고민이다. 어떻게 거절하면 좋을까?	• 빌려줄 수 있는 최대 금액을 서로 합의하여 정한다. • 약속된 날짜에 돌려주지 않으면 다시는 빌려주지 않기로 한다.

문제 상황	문제를 해결하기 위한 방법
(예) 나는 항상 용돈이 부족하다고 느낀다. 어떻게 해결하면 좋을까?	• 용돈 인상 제안서를 써서 부모님께 드린다. • 용돈 기입장을 써서 어디에 지출이 가장 많은지 분석한다.

친구 사이의 돈 거래에 관한 공존형 토론

모둠별로 '친구 사이에 돈 거래를 해도 된다'는 주제를 가지고 공존형 토론을 해봅시다. 토론의 순서는 다음과 같습니다.

찬성측	반대측
주장 펼치기(4분)	주장 펼치기(4분)
교차 질의(3분)	
반론하기(4분)	반론하기(4분)
교차 질의(3분)	
주장 다지기(2분)	주장 다지기(2분)

토론 준비	주장	
	근거	1.
		2.
	질문	1.
		2.
	주장 다지기	

경제 활동 ②

초등학생도 돈을 벌 수 있을까
『우리는 돈 벌러 갑니다』

중고학년 | 진형민 글, 주성희 그림, 창비, 2016

"돈을 벌어본 적 있는 사람?"

고학년 교실에서 이 질문을 던지면 열에 아홉은 손을 듭니다. 그리고 제가 묻기도 전에 어떻게, 얼마를 벌었는지 이야기하느라 모두 바빠요. 가만히 들어보면 아이들이 돈을 번 경험은 크게 두 가지로 나뉩니다. 하나는 설날에 친척 어른들로부터 받은 세뱃돈이고, 다른 하나는 집안일을 한 대가로 부모님께 받은 돈입니다.

그런데 이런 방법으로 돈을 벌기 어려운 아이들은 어떡하죠? 이를테면 형편이 어려워서 세뱃돈을 줄 친척 어른도 없고, 집안일은 당연히 해야 하는 일이지 어떠한 대가도 돌아오지 않는다면요? 그런 아이들도 분명 용돈이 필요할 텐데 말입니다. 동화 『우리는 돈 벌러 갑니다』의 세 주인공 이야기입니다. 모두 소박한 바람이 있어요. 초원이는 맛있는 양념치킨을 실컷 먹고 싶고, 상미는 레이스가 달린 치마를 입고 싶고, 용수는 멋진 축구화를 신고 싶습니다. 누군가에게는 평범한 일이 세 친구에게는 너무나 간절한 일입니다. 넉넉하게 용돈을 내어줄 어른들이 주변에 없기 때문이죠.

세 친구는 자기들 힘으로 돈을 벌기로 결심합니다. 인터넷에 올라온 '초등학생이 돈 버는 법'을 참고해서 하나씩 도전하죠. 처음에는 빈병을 주워다 파는데 식당 주인한테 도둑으로 몰려 쫓겨나요. 거짓말까지 하면서 전단 수백 장을 붙이지만 아이들을 속인 악덕 사장님 때문에 일당을 제대로 받지 못하고요. 결국 해서는 안 되는 일까지 하게 됩니다. 바로 골목길에서 어린 동생들에게 돈을 빼앗는 일이죠. 축구화 한 켤레를 살 수 있는 돈 2만 5천 원을 벌기 위해 고군분투하는 세 친구의 모습을 보면 안쓰러워요. 아이들은 이 책을 보면서 '과연 이번에는 성공할 수 있을까?' 하며 긴장하기도 하고 조용히 응원하기도 합니다.

돈을 버는 일은 정말이지 어렵습니다. 이 책은 그걸 분명하게 보여줘요. 부모님이 사주시는 축구화를 그저 받기만 할 때는 상상할 수 없던 세계입니다. 세 사람이 힘을 합쳐 하루종일 노동하고도 축구화 한 켤레를 사기에는 턱없이 부족해요. 2만 5천 원이 그렇게 큰돈이라는 걸 아이들은 미처 몰랐을 겁니다. "용돈을 아껴 써라." 백번 잔소리하는 것보다 더 강력한 효과를 가져올지도 몰라요. 이렇게나 애써야 벌 수 있는 돈을 어떻게 허투루 쓸 수 있겠어요.

수단과 방법을 가리지 않고 돈만 많이 벌면 될까요? 아닙니다. 나보다 힘이 약한 사람의 돈을 빼앗거나 속여서 버는 돈은 떳떳하지 않아요. 반장 최규도의 새치기를 눈감아주고 돈을 번 용수의 행동도 잘못입니다. 물질만능주의에 사로잡혀 자칫 인간으로서 지녀야 할 기본적인 도덕성을 잃어갈 수도 있는 요즘, 아이들에게는 분명한 기준이 필요합니다.

아파트 중고 장터에서 안 쓰는 장난감이나 학용품 팔기, 화장실 청소하고 부모님께 돈 받기, 은행에 저금하고 이자 벌기, 상금이 걸린 대회에 도전하기 등 아이들은 생각보다 다양한 방법을 알고 있더라고요. 이 책을 읽고 직접 시간과 노동력을 들여 적은 돈이라도 벌어보는 경험을 한다면 돈 버는 일이 얼마나 힘든지, 그렇게 번 돈이 얼마나 소중한지 몸소 체험할 수 있을 거예요. 물론 안전과 법을 지키는 범위 안에서 체험할 수 있도록 부모와 교사의 도움이 필요합니다.

돈 버는 게 이렇게 어려울 줄이야

동화 『우리는 돈 벌러 갑니다』를 읽고 나서 초등학생도 돈을 벌고 싶은 욕구가 있다는 걸 이해하고 어떻게 하면 정당한 방법으로 돈을 벌 수 있을지 탐구하며 미래의 직업에 대해 고민해보는 수업 활동입니다.

 그 아이들이 돈 벌기에 실패한 이유

초원, 상미, 용수는 인터넷에 올라온 댓글을 보며 초등학생이 돈 버는 법을 하나씩 실천해보는데요. 번번이 실패합니다. 실패한 이유는 무엇일까요?

돈을 벌기 위해 도전한 일	실패 원인
빈병 줍기	(예) 식당 앞에서 빈병을 줍다가 도둑으로 몰렸다. 온종일 일하고 고작 620원을 벌었다.
전단 붙이기	(예) 태양아파트에 들어가려고 거짓말을 했다. 전단지 회사 사장님이 어른은 30원 주면서 초등학생이라고 10원만 줬다.

돈 빼앗기	
대신 줄서기	

 내가 알려줄게, 초등학생이 돈 버는 법!

돈을 벌고 싶다는 세 친구의 고민에 댓글을 달아주세요.

저희는 초등학교 5학년입니다. 저희가 돈이 필요해서 그러는데 돈 버는 법 좀 가르쳐주실 분?

    ↳ 예 버스킹 공연을 해보는 건 어때? 춤이나 노래, 악기 연주 같은 거.

    ↳ 예 상금이 있는 대회에 나가보는 건 어때? 글쓰기 대회나 토론 대회 같은 거.

---

* 위에 단 댓글에 문제점은 없나요?

 쉽게 돈을 번다고?

반장 최규도는 영어 단어 하나 외울 때마다 200원씩 벌었고, 전단지 회사 사장님은 어린이들을 속여서 쉽게 돈을 벌었어요. 여러분이 생각하기에 돈을 쉽게 번다고 생각되는 사람이 있나요? 그렇게 생각한 이유는 무엇인가요?

직업	그렇게 생각한 이유
(예) 유튜버	

* 위에 쓴 직업의 보이지 않는 고충은 없을까요?

직업	보이지 않는 고충
(예) 유튜버	

활동 4 나는 어떻게 돈을 벌고 싶은가?

돈을 버는 것은 쉽지 않습니다. 하지만 직업을 통한 경제 활동은 꼭 필요합니다. 나는 어떤 직업을 통해 돈을 벌고 싶은가요?

내가 원하는 직업

〰〰〰〰〰〰〰〰〰〰〰〰〰〰〰〰〰〰〰〰〰〰〰〰〰〰

좋은 점	
힘든 점	
힘든 점을 극복하는 방법	
직업을 갖기 위해 지금 노력할 점	

338

한 걸음 더

일하고 돈 버는 것의 의미를 알려주는 책

그림책

『오, 미자!』

박숲 글·그림, 노란상상, 2019

#땀흘려일하는어른들의모습 #삶의다섯가지맛

이 책에 등장하는 다섯 '미자'들은 여성 노동자들입니다. 돈을 벌
기 위해 하는 경제 활동은 때로는 쓰고 매운맛이 나요. 하지만 노
동 자체의 가치, 그 노동을 해내고 있는 삶의 가치는 더없이 소중
합니다. 어른이 되어 먹고살기 위해 노력하는 것은 바쁘고 힘들지
만, 땀 흘려 일하는 어른들의 모습은 그 자체로 아이들에게 훌륭
한 진로 교육이 됩니다.

그림책

『우리는 모두 사랑하는 사람을 위해 일을 합니다』

하림 글, 지경애 그림, 그리고 다시, 봄, 2024

#일을한다는것은 #고귀한사랑의행위일지도

아주 극소수의 사람을 빼고는 모두 일을 하며 살아갑니다. 시간과
장소, 하는 일은 다르지만 저마다 하루하루 바쁘게 살아가죠. 우
리는 누구를 위해, 무엇을 위해 일을 할까요? 돈을 벌기 위해, 그
돈으로 나와 사랑하는 가족의 생존을 보장하기 위해 일을 하는
것도 맞습니다. 이 책은 이에 더해 일 자체의 보람과 영향력, 그리
고 일하는 우리 자신의 소중함도 일깨워줍니다.

동화책

『천 원은 너무해!』
전은지 글, 김재희 그림, 책읽는곰, 2012
#천원으로일주일을버텨라 #합리적소비의달인이되어라

갖고 싶은 것도 많고 먹고 싶은 것도 많은 어린이, 용돈을 받아 계
획적으로 쓰기보다 그때그때 타 쓰는 걸 선호하는 어린이에게 추
천하는 책. 천 원으로 일주일을 버티라니, 주인공 수아는 말도 안
된다며 엄마에게 항의하지만 결국 합리적 소비의 달인이 되어갑
니다. 꼭 필요한 것과 있으면 좋겠지만 없어도 괜찮은 것을 구분하
는 눈과 마음을 길러줍니다.

 동화책

『돈 공부로 부자 될래요』
다나카 야스히로·우사미 글, 아키야마 다카요 그림, 김지영 옮김, 올리, 2024
#돈공부를왜해야하는지부터 #돈을대하는태도까지

돈 공부를 통해 어린이들이 다가올 미래를 똑똑하게 준비할 수 있
도록 돕는 책. 아빠의 레스토랑이 위기에 처하면서 엄마와 아빠의
관계도 안 좋아지고 그 사이에 낀 도담이도 괴로워집니다. 평범한
초등학생인 도담이가 과연 아빠를 도울 수 있을까요? 이 책은 어
린이든 어른이든 돈에 휘둘리지 않고 진정한 부자가 되어 잘살 수
있는 방법을 알려줍니다.

340

10월 두번째 주제
역사와 사람

영화에서 보던 대단한 역사 말고
『동에 번쩍 서에 번쩍
귀신 잡는 감찰 궁녀』

중고학년 | 손주현 글, 정은선 그림, 파란자전거, 2021

　"선생님, 역사는 너무 어렵고 지루해요."

　고학년 아이들에게 역사를 가르치다보면 종종 이런 하소연을 듣습니다. 이유를 물어보니 말이 너무 어렵답니다. 그도 그럴 것이 '유교, 실학, 근대화, 민주 항쟁'같이 현재는 잘 쓰지 않는 표현들이 난무하는 사회 교과서가 반가울 리 없어요. 또 지금이랑 관련도 없는 역사적 사건을 마냥 외우려니 지루하답니다.

　수년간 아이들과 역사 공부를 하면서 깨달은 것이 있습니다. 역사를 '사람 사는 이야기'로 만나게 하면 아이들이 흥미를 보인다는 사실입니다. 그래서 아이들에게 시간과 공간만 다를 뿐 그때, 그곳에도 우리와 같은 사람들이 살았기에 기쁨과 환희, 슬픔과 분노가 있었고, 어떤 일이 일어난 데는 모두 원인과 결과가 있음을 알려줍니다. 그렇기에 저는 역사 수업을 준비할 때 역사 동화를 많이 읽어요. 그중에서 특히 아이들의 마음을 사로잡는 키워드가 풍성했던 동화가 있으니 바로 『동에 번쩍 서에 번쩍 귀신 잡는 감찰 궁녀』입니다. 귀신, 미스터리, 궁궐, 음

341

모, 벌써 드라마 한 편이 머릿속에 그려지지 않나요?

주인공 윤이는 아버지를 따라 궁궐 나례 행렬을 구경하느라 들떴어요. 위로 언니 셋, 아래로 동생 둘 사이에 끼어 아버지에게 이름 한 번 불리기 어려웠는데 아버지가 윤이만 데리고 나왔으니 얼마나 좋아요. 그런데 곧 아버지 손을 놓쳐버리고 구중궁궐 한복판에 덩그러니 남아요. 알고 보니 살림이 어려워 입 하나 줄이려고 아버지가 일부러 윤이를 놓고 간 거예요. 궁녀들의 처소에서 지내게 된 윤이는 집으로 돌아가기를 포기하고, 능력 있고 당당한 여자 관리가 되리라 꿈꿉니다. 훈육 상궁의 호통은 천장을 흔들고 회초리와 벌, 심부름으로 몸이 고된 날들이 이어졌어요.

그러던 어느 날 대비마마나 중전마마같이 높은 분들의 서찰 심부름을 하는 색장나인의 조수로 뽑혀가는데요. 색장나인이 냉랭한 표정으로 꼭 필요한 말 말고는 절대 말하지 말라고 경고해 윤이를 오싹하게 만듭니다. 더군다나 윤이를 좋게 봐서 시키는 일이 아니고, 윤이가 글자를 모르고 힘있는 가족이 없기 때문이라니. 궁녀들의 시기와 세도가의 음모가 판을 치는 이 무서운 궁궐 안에서 과연 윤이는 자신의 꿈을 펼칠 수 있을까요?

아이들에게 위인전을 읽어보았냐 물으면 세종대왕, 이순신, 유관순 정도를 말합니다. 물론 역사를 움직인 엄청난 업적을 남긴 분들이죠. 하지만 우리 역사는 훌륭한 임금이나 용맹한 장군들에 의해서만 만들어진 게 아닙니다. 동화『동에 번쩍 서에 번쩍 귀신 잡는 감찰 궁녀』속 윤이와 공보처럼 보잘것없는 위치에서도 부지런히 제 역할을 해내며 삶을 가꾼 인물들이 더 많았어요. 위대한 일은 아니더라도 옳은 일을 위해 겁 없고 당찬 선택을 했던 윤이와 옆에서 아낌없이 격려했던 공보의 하루를 따라가다보면 역사를 더 친근하게 느낄 수 있을 거예요.

윤이와 공보의 세상 속으로

동화『동에 번쩍 서에 번쩍 귀신 잡는 감찰 궁녀』를 읽고 나면 우리가 몰랐던 궁궐과 궁궐 속 사람들에게 한 발짝 다가간 느낌이 듭니다. 궁궐 속 직업을 탐색하고 우리 역사에 대한 호기심을 불러일으킬 수업 활동을 소개합니다.

활동 1 내 맘대로 드라마 캐스팅

이 책에 나오는 인물들은 저마다 개성이 넘치는데요. 인물의 성격을 알 수 있는 말과 행동을 떠올리며 각각의 성격을 정리해봅시다. 그리고 그 성격과 이미지에 딱 맞는 배우를 떠올리며 내 맘대로 드라마 캐스팅을 해봅시다.

등장인물	성격	성격, 이미지가 딱 맞는 배우
윤이	예 꿈을 향한 열정과 끈기가 대단하고, 어디서나 위풍당당하다.	예 박은빈
공보	예 친구를 위하는 마음이 따뜻하다.	예 이준호
진이		
감찰상궁		
상감마마		

343

우리가 몰랐던 궁궐 속 직업

궁궐에는 왕과 왕의 가족, 신하들만 있는 줄 알았다고요? 그 큰 궁궐을 움직이는 살림꾼들은 따로 있었어요. 우리가 몰랐던 궁궐 속 직업에 대해 자세히 알아봅시다.

대령숙수	•	• 사행을 따라가 통역을 하거나 외국 사신이 방문하였을 때 통역을 맡아 외교관계에서 중요한 역할을 하던 사람.
화원	•	• 불고 치는 악기를 연주하는 대열로 임금의 행차, 군대의 행진 등 나라의 큰 행사나 중요한 일에 등장하던 사람.
역관	•	• 궁중의 잔치인 진연이나 진찬 때 음식 만드는 일을 도맡은 남자 조리사.
취타대	•	• 빼어난 무술 실력과 충성심으로 왕의 곁을 지키던 왕의 경호원.
의녀	•	• 어릴 때부터 궁궐에 들어와 왕실 가족들을 가까이 모시며 시중을 들던 남자.
금군	•	• 궁궐 행사와 의례 과정, 지도, 왕의 초상화, 인물화, 풍경화 등 궁중에서 필요한 그림을 그리던 사람.
환관	•	• 궁궐에서 쓰이는 약을 짓고, 왕실 가족들의 건강을 살피던 사람.

활동 3 오늘은 내가 궁궐 살림꾼

활동 2의 직업 중 하나를 골라 하루 일과를 일기로 써봅시다.

예 오늘은 아침부터 궁이 분주하다. 곧 중전마마가 아기를 낳으시기 때문이다. 나는

~~~~~~

~~~~~~

~~~~~~

~~~~~~

~~~~~~

~~~~~~

10월 두번째 주제
역사와 사람

잊지 않을게요, 제주 4·3
『동백꽃, 울다』

중고학년 | 윤소희 글, 배중열 그림, 풀빛, 2024

5, 6학년 담임을 숱하게 했지만 교실에서 제주 4·3사건에 대해 깊은 이야기는 나누지 못했어요. 이유는 단순합니다. '교과서에 없기' 때문이에요. 아이들에게 제주 4·3사건에 대해 아느냐 물으면 처음 들어본다는 표정을 지어요. 당연합니다. 배운 적이 없기 때문이에요. '남한만이라도 총선거를 하여 정부를 수립하자는 주장과 통일 정부 수립을 위해 남한만의 단독 선거를 반대하는 주장이 대립했다'라는 한 줄 요약 뒤에는 말로 표현하기 힘든 커다란 아픔이 있습니다.

2003년 10월, 정부가 발표한 『제주 4·3사건 진상 조사 보고서』에 의하면, 인명 피해가 2만 5천 명에서 3만 명으로 추정된다고 합니다. 제주 주민의 10퍼센트에 달하는 숫자였다고 하니 정말 어마어마하죠. 누군가는 사랑하는 가족을, 누군가는 소중한 친구를 잃었어요. 뿐만 아니라 마을이 불타면서 집과 학교가 사라지고 소중한 삶의 터전을 잃었습니다. 제가 학생일 때 왜 아무도 제게 이 사건을 가르쳐주지 않았을까요? 역사는 꽁꽁 감춘다고 감춰지는 것이 아닌데 말입니다.

비극적인 사건일수록 전후 관계를 따져 깊이 이해하고 당시 사람들의 고통에 공감해야 또다른 비극을 예방할 수 있습니다.

　　동화 『동백꽃, 울다』에는 죽고 싶으면서도 살고 싶은 날들을 버텨온 제주 해녀 왕할망 길녕이 등장합니다. 일제강점기에 일본 사람들이 뭐든 다 빼앗아가는 통에 어린 길녕은 너무 가난해서 학교를 못 다녔지만 선생님이 되고 싶었어요. 학교라는 말만 들어도 설렜지요. 소박한 꿈을 꾸며 평범하게 살아가던 이 소녀의 삶은 1947년 삼일절 기념식 이후로 송두리째 뒤바뀝니다. 기마경찰이 탄 말이 어린아이를 치고도 사과하지 않고 지나가자 사람들은 돌을 던지며 항의했고, 경찰은 사람들을 향해 마구 총을 쏘았어요. 분노한 제주 사람들은 이를 계기로 총파업을 시작합니다. 그들이 할 수 있는 최선의 저항이었어요.

　　광복이 되어 일제만 물러나면 평화로워질 줄 알았는데 나라는 여전히 혼란스러웠습니다. 선거가 가능한 남한만이라도 하루빨리 정부를 수립하자는 주장과 시간이 걸리더라도 통일 정부를 수립하자는 주장이 팽팽히 맞섰어요. 미군정은 이 과정에서 제주 전체를 빨갱이 섬으로 낙인찍어 아무 관련 없는 시민들까지 죽였습니다. 이때 어린 길녕은 굴속에 숨어 무더위와 벌레, 배고픔을 참으며 하루하루 견디고 있었어요. 그런데 누군가 굴마저 찾아내 불바다로 만들어버리는 바람에 길녕은 어머니도, 동생들도, 친구도 잃게 됩니다.

　　어린 시절의 아픔을 간직한 왕할망 길녕은 여전히 악몽을 꿉니다. 불만 봐도 공포에 질려 몸을 떨어요. 왕할망은 오랫동안 삼켜왔던 이야기를 증손녀 서현에게 꺼내놓으며 마음속 응어리를 조금씩 풀어내요. 서현은 왕할망에게 들어 제주 4·3사건을 알지만, 다음 세대는 또 그다음 세대는 누구한테 들을까요? 잊히기엔 너무 많은 사람들의 희생이 있었어요. 일단은 이 사건을 제대로 아는 것부터 시작해야 합니다.

나아가 그들의 고통에 공감하고 저항 정신을 배워야 해요. 이념 대립의 문제를 떠나 살고자 하는 소망까지 무참히 짓밟혔던 시간이 있었습니다. 눈앞에서 가족을 잃은 고통으로도 모자라 살아남은 뒤에도 무고하게 감옥에 갇히거나 국가 임용에 제한을 받았어요. 군인과 경찰이라는 강력한 국가 권력에 의해 인권이 유린당한 겁니다. 총격 금지, 고문 금지를 요구하며 생업을 멈추었던 그들의 용기와 끝까지 포기하지 않고 그날의 기억을 꺼내 들려준 마음을 잊지 말아야 해요.

우리가 기억할게요, 제주의 눈물!
우리가 지킬게요, 모두의 평화!

동화 『동백꽃, 울다』를 읽고 나서 제주 4·3사건의 원인과 결과를 깊이 있게 이해하고 그 시절 평범한 사람들이 느꼈을 크나큰 고통에 공감할 수 있는 수업 활동입니다.

활동 1 그즈음 대체 무슨 일이 있었나?

제주 4·3사건은 매우 복잡한 사건들이 다양하게 얽혀 일어났습니다. 그즈음 한반도에서 대체 무슨 일이 벌어지고 있었던 걸까요? 시간의 순서에 따라 굵직한 사건을 정리한 아래의 표를 살펴보세요. 만약 여러분이 그 시절에 살았다면 대한민국 정부 수립에 대해서 어떤 주장을 펼쳤을지 근거를 들어 써보세요.

날짜	사건
1945년 8월 15일	광복.
1945년 12월 16일	모스크바 3국 외상 회의에서 최대 5년간 소련이 우리나라 북쪽을, 미국이 남쪽을 대신 통치하기로 결정.
1947년 3월 1일	제주 북초등학교에서 열린 삼일절 기념 대회에서 경찰의 발포 사건.
1947년 3월 10일	제주 총파업 시작.
1948년 4월 3일	남로당 제주도당 무장대의 무장봉기.
1948년 5월 10일	남한에서만 총선거를 실시, 제헌 국회의 국회의원을 뽑음.
1948년 7월 17일	제헌 국회가 헌법을 제정.
1948년 8월 15일	대한민국 정부 수립(북한은 9월 9일 정부 수립).
1950년 6월 25일	한국전쟁 발발.
1953년 7월 27일	휴전 협정 체결.
1954년 9월 21일	한라산 금족(禁足, 규칙을 어긴 벌로 외출을 금지) 지역 전면 개방으로 제주 4·3사건은 7년 7개월 만에 막을 내림.

그 시절에 살았다면 대한민국 정부 수립에 대한 나의 주장과 근거	주장	예) 남한만이라도 총선거를 하여 정부를 수립해야 한다. 예) 남한만의 단독 선거는 안 된다. 통일 정부를 수립해야 한다.
	근거	

활동 2 비극을 막아라!

역사적 비극을 되풀이하지 않으려면 과거의 잘못을 뉘우치고 바로잡아야 합니다. 만약 여러분이 타임머신을 타고 그때로 돌아간다면 누구를 만나 무슨 이야기를 할지 써보세요.

만나고 싶은 사람	해줄 이야기
(예) 기마경찰	"실수를 곧바로 인정하고 사과했더라면 주민들의 분노가 그렇게 끓어오르지 않았을 겁니다. 말에 치여 다친 아이를 곧바로 병원으로 데려가 치료받게 하세요."
(예) 남로당 제주도당 무장대	"무장 공격이 최선의 방법입니까? 평화로운 시위 방법은 없을까요? 5·10총선거를 무산시키기 위해 주민들을 산으로 올려 보냈을 때 분명 그들도 두려움에 떨었을 거예요."
(예) 미군정	"대한민국의 정부 수립과 총선거를 대한민국의 자율에 맡겨주세요. 간섭을 줄여주세요."

활동 3 울지 마, 동백꽃

그 시절 평범한 사람들은 어떤 꿈을 꾸었을까요? 소박했지만 미처 이루지 못한 등장인물의 꿈을 동백꽃 종이에 적어 '희망의 동백꽃'을 제주 바다 위에 띄워봅시다. (교실 뒤편에 파란 비닐로 주름을 접어 제주 바다를 연출합니다.)

등장인물	꿈
예 길녕	나는 학교 가서 공부도 배우고 그림도 배워서 커서 선생님이 될 거야.
예 승자	나는 길녕이랑 신나게 달리고 싶어. 달릴 때 제일 행복하거든.
예 길녕 엄마	나는 상근 해녀가 되고 싶어. 우리 사랑하는 딸 길녕이에게 물질도 가르쳐주고 싶어.
예 승자 엄마	나는 젖먹이에게 마음껏 젖을 물려 건강하게 키우고 싶어.

교과서 너머 역사를 깊이 들려주는 책

그림책

『괴물들이 사는 궁궐』
무돌 글·그림, 노란돼지, 2021
#아름다운경복궁의 #신비한괴물들이야기

아름다운 경복궁의 주요 장소들과 곳곳에 있는 괴물들에 대해 자연스럽게 배울 수 있는 책. 궁궐에는 한복을 곱게 입은 임금과 신하들만 사는 줄 알았는데 괴물도 있었다고요? 못된 짓만 저지르는 괴물 두억시니와 그 일당이 정의로운 괴물들과 대결을 펼칩니다. 마치 게임 스테이지를 통과하듯 짜릿하면서도 쉽고 재미있게 우리 전통문화를 만날 수 있는 작품입니다.

그림책

『세종대왕을 찾아라』
김진 글, 정지윤 그림, 천개의바람, 2021
#과거시험날세종대왕이사라졌다 #꼭꼭숨은세종대왕을찾아라

백성을 사랑하는 마음이 지극했던 세종대왕, 그런데 과거 시험 날 세종대왕이 갑자기 사라졌어요! 신하들이 꼭꼭 숨은 세종대왕을 찾느라 궁궐이 발칵 뒤집혔는데요. 신하들을 따라 궁궐 안의 근정전부터 수라간까지, 궁궐 밖의 시전부터 피맛길까지 샅샅이 뒤지면서 조선의 풍경을 관찰할 수 있는 작품입니다. 보라색 옷을 입은 세종대왕을 찾아보는 재미까지 선물합니다.

동화책

『눈물 파는 아이, 곡비』
김연진 글, 국민지 그림, 오늘책, 2022
#울어야사는아이와 #있지만없는아이의눈물

삶과 죽음을 바라보는 지혜를 가르쳐주는 책. 양반 대신 울어주던 노비인 곡비의 딸로 태어난 아이, 양반이지만 죄인의 아들이라 없는 사람처럼 살아가는 아이, 그리고 뒤주에 갇혀 죽은 아버지의 아들. 이들이 나이와 신분을 뛰어넘어 동무가 되는 이야기는 울고 싶을 만큼 실컷 울고 나서 더이상 움츠러들지 않는 법을 알려줍니다.

**청소년
소설**

『도서부 종이접기 클럽』
이종산 지음, 창비, 2023
#괴담속에감춰진 #잊혀서는안될역사의한장면

괴담을 싫어해도 꾹 참고 끝까지 봐야 할 책. 난데없이 나타나 종이학을 접어달라는 여인, 비 오는 날 나무 아래 교복 입고 서 있는 아이, 상상만으로 등골이 서늘해집니다. 하지만 단순히 무서운 이야기가 아닙니다. 시간과 공간을 초월한 세 친구의 모험과 우정 이야기, 그리고 잊혀서는 안 될 역사의 한 순간으로 우리를 초대하는 책입니다.

전쟁과 평화 ①

그렇게 끔찍하고 무서운 전쟁은 왜 하나요?

『그해 유월은』

중고학년 | 신현수 글, 최정인 그림, 스푼북, 2019

"우리나라는 전쟁을 끝낸 '종전終戰' 국가가 아니라, 전쟁을 잠시 중단한 '휴전休戰' 국가입니다."

제가 평화통일교육을 할 때마다 아이들에게 하는 말입니다. 전쟁에 대한 경각심을 일으키고 평화의 소중함을 일깨우려는 마음이 담겨 있지요. 하지만 이렇게 말하는 저 역시 한국전쟁을 직접 경험하지는 않았습니다. 그래서 전쟁의 끔찍함을 잘 몰라요. 일상생활에서 평화의 소중함을 종종 잊고 지냅니다.

그런데 피난의 고통을 체험한 적이 있어요. 제가 고등학교 때의 일입니다. 인근 지역에 며칠째 산불이 번지고 있었어요. 뉴스에 나오는 시뻘건 불길이 무섭긴 했지만 '설마 우리집까지 오겠어?' 하며 남의 일이라고만 여겼습니다. 그런데 아파트에서 "불씨가 튀면 자동차가 폭발할 수 있으니 지금 즉시 이동 주차하고, 귀중품을 챙겨 초등학교 체육관으로 대피하세요"라는 안내 방송이 나오는 겁니다. 너무 당황해 손이 덜덜 떨렸지만, 아무튼 짐을 싸야 했습니다. 엄마는 교복과 교과서만 챙기라고 했지만 일기장과 편지들, 좋아하는 가수의 카세트테이프를 놓고 가려니 눈물이 줄줄 흘렀어요. '아, 전쟁이 나면 이런 기분이구나.'

　동화 『그해 유월은』 속 종희는 전쟁의 고통과 슬픔을 생생하게 전해줍니다. 친구들과 아웅다웅하면서도 우정을 쌓아가던 열두 살 소녀들의 일상은 전쟁으로 송두리째 뒤바뀝니다. 전쟁이 터지자 먹거리가 궁해져 끼니를 하루 두 끼로 줄였어요. 분명 어제까지는 둘도 없는 친구였는데, 부모가 인민군 편에 서느냐 국군 편에 서느냐에 따라 하루아침에 원수가 됩니다. 아무 죄 없는 친구 아버지가 인민재판이라는 이름으로 눈앞에서 피투성이가 되어 쓰러집니다. 전쟁이란 이런 거예요.

　단순히 누가 이기고 지느냐의 문제가 아니라, 누구의 이념을 따를 것이냐의 문제가 아니라, 정든 집을 떠나는 일이고 멀쩡하던 학교가 불타는 일입니다. 학생 의용군으로 끌려가 총을 쏘고 수류탄을 던져야 하는 것, 적을 죽이지 않으면 내가 죽는 것, 그것이 바로 전쟁입니다. 주인공 종희는 가족과 함께 피난길에 오르는데요, 온통 쉰내와 땀내 범벅이 된 채로 하염없이 걸었습니다. 그러다 폭격을 만나 할머니와 동생이 눈앞에서 죽었고, 엄마는 잃어버렸어요. 가족을 잃고도 할 수 있는 일이 없습니다. 슬픔을 느낄 겨를도 없이 또 걸어야 했어요. 살아야 하니까요.

　이렇게 끔찍하고 무서운 전쟁은 대체 왜 일어난 걸까요? 평화를 지키는 일은 어른들만의 몫일까요? 전쟁을 뉴스에서만 보는 다른 나라의 일이라고 생각했다면 이제 나의 일, 우리의 일이라고 깨달아야 합니다. 평화를 지키기 위한 노력은 바로 지금부터, 나부터 해야 해요.

오늘부터 내가 평화 지킴이

동화 『그해 유월은』을 읽고 나면 아이의 눈으로 바라본 한국전쟁의 끔찍함을 생생히 느낄 수 있습니다. 평화와 안전의 소중함을 깨닫고 이를 지키기 위해 아이들이 할 수 있는 일을 스스로 고민해볼 수 있는 수업 활동을 소개합니다.

활동 1 지금 당장 피난을 가야 한다면?

지금 당장 피난을 가야 한다고 상상해봅시다. 여러분이 챙겨 갈 수 있는 짐은 책가방 하나입니다. 그 안에 꼭 담아야 하는 것과 포기할 수밖에 없는 것을 써보세요.

	품목	이유
꼭 담아야 하는 것	예 핸드폰	예 가족끼리 서로의 안전을 확인해야 되기 때문에.
	예 비상식량	예 마트나 편의점이 파괴되면 먹을 것이 없어서.
포기할 수밖에 없는 것	예 피아노, 자전거, 애착 인형 등	
활동을 하고 느낀 점	예 쉽게 포기하고 버릴 수 있는 것이 없다. 하나하나 모두 소중하다. 안전하게 내 물건들을 지킬 수 있는 현재에 감사하다.	

지금 이 순간에도 전쟁이 벌어지고 있다고요?

지금도 지구촌 곳곳에서 전쟁이 벌어지고 있습니다. QR코드로 접속해서 신문기사를 읽어보세요. 현재 전쟁이 벌어지고 있는 나라에서 어린이들은 어떤 어려움을 겪고 있는지 알아봅시다.

QR코드		
연합뉴스 (2024.06.12.)	'군화에 포탄에…… 지난해 전쟁통에 살해·장애 아동 35퍼센트 늘어'	
YTN (2024.06.30.)	"생후 6개월간 0.3킬로그램 늘어"…… 고통받는 가자 어린이들'	

전쟁이 벌어지고 있는 나라에서 어린이들은 어떤 어려움을 겪고 있나요?	예 폭력을 당하고 있다. 다쳤을 때 제때 치료받지 못한다. 먹을 게 부족해 영양실조에 시달리고 있다.
전쟁은 대체 왜 벌어지는 걸까요?	예 더 많은 땅과 자원을 차지하기 위해서. 종교가 다르기 때문에.

 평화 호소문 쓰기

전쟁을 일으키는 전 세계 어른들에게 보내는 평화 호소문을 써봅시다.

평화 호소문

"우리는 전쟁을 반대합니다. 평화와 안전을 지켜주세요."

(예) 왜냐하면 가족과 헤어지는 게 두렵기 때문입니다.

(예) 왜냐하면 놀이터와 공원에서 마음껏 놀고 싶기 때문입니다.

(예) 왜냐하면 우리는 매일 새로운 것을 배울 권리가 있기 때문입니다.

(예) 왜냐하면 안전하고 건강하게 자라서 요리사의 꿈을 이루고 싶기 때문입니다.

왜냐하면 _____ 때문입니다.

왜냐하면 _____ 때문입니다.

왜냐하면 _____ 때문입니다.

10월 세 번째 주제
전쟁과 평화

더불어 살아가는
삶의 가치
일깨우기

전쟁과 평화②

우리도 난민이었다!
『난민 말고 친구』

중고학년 | 최은영 글, 신진호 그림, 마주별, 2020

"우리나라에도 불쌍한 사람이 많은데 외국의 난민까지 도와야 하나요?"

"내가 관심을 갖는다고 난민 문제를 해결할 수 있나요?"

난민 문제를 이야기할 때 아이들의 반응입니다. 부끄럽지만 저 역시 비슷한 생각을 했습니다. 분쟁 지역에서 왔다는 옆 반 아이의 이야기를 들으면서도 그저 안타깝다고 여겼을 뿐 이 문제를 적극적으로 들여다보지 못했어요.

기후 변화와 환경 문제가 몇몇 나라의 문제 인식만으로 해결될 수 없듯 난민 문제도 마찬가지입니다. 더 많은 사람이 적극적으로 관심을 가져야 해요.

아이들에게는 친근한 또래 이야기로 난민 문제를 접하게 합니다. 동화『난민 말고 친구』에는 세쌍둥이라고 불릴 만큼 3년 동안 절친했던 세 친구가 등장합니다. 유림이와 미아, 그리고 시리아에서 온 사라입니다. 셋의 우정에는 출신 지역도, 서툰 언어도 전혀 문제가 되지 않았어요. 그런데 어느 날 갑자기 유림이가 사라에게 꼴도 보기 싫다고 너희 나라로 가버렸으면 한다고 말하며 밀어냅니다.

작정한 듯 사라의 마음에 상처를 냅니다. 알고 보니 유림이에게 부모님 같은 역할을 해주었던 삼촌이 시리아 난민촌으로 자원봉사를 하러 갔는데, 유림은 그게 모두 사라 때문이라고 생각한 거예요. 삼촌은 사라를 보며 많이 안타까워했고, 그래서 시리아에 갈 결심을 한 거라고요. 억지를 부리는 유림과 상처받은 사라 사이에서 난처했던 미아는 할아버지에게 우리도 난민이었다는 놀라운 이야기를 듣습니다.

할아버지는 한국전쟁을 겪으면서 고향을 버리고 남쪽으로 내려왔다고요. 지금의 난민들도 고향에서는 목숨이 위태롭기 때문에 살기 위해 떠나온 거라고요. 역사를 더 거슬러올라가면 일제강점기에도 조선에서 견딜 수 없었던 사람들이 간도, 연해주, 미국으로 떠났습니다. 내가 태어난 나라를 버리고 언어도 통하지 않는 나라에 가서 핍박받으며 살고 싶은 사람이 어디 있겠어요. '살기 위한' 어쩔 수 없는 선택이었던 겁니다.

이 책을 읽고 우리 반 아이들과 '인권'에 대한 이야기를 오래 나누었습니다. 자식의 목숨을 지키고 싶은 부모의 간절한 마음, 평범한 또래 친구들처럼 케이팝 스타가 되고 싶은 열두 살 아이의 꿈, 태어난 나라가 분쟁 지역이라는 이유만으로 그 마음들이 짓밟혀도 되는 걸까요? 분단 국가인 대한민국에 사는 우리에게 난민 문제가 여전히 타인의 문제이기만 할까요? 이어지는 수업 활동에서 난민 문제를 우리의 문제로 인식하고, 적극적으로 대처하는 방법을 고민해보세요.

난민 문제는 인권 문제

동화 『난민 말고 친구』를 읽고 나서 난민 문제를 구체적으로 파악하고, 세계 시민으로서 지구촌 문제 해결에 참여해볼 수 있는 수업 활동입니다.

활동 1 서로 다른 입장 헤아리기

핫시팅 활동을 통해 등장인물의 생각이나 속마음을 짐작해봅시다. 유림, 사라, 미아에게 하고 싶은 질문을 생각해보고 역할을 나누어 직접 핫시팅 활동을 해봅시다.

등장인물	질문
유림	(예) 사라에게 꼴도 보기 싫다고 너희 나라로 가버렸으면 좋겠다고 말할 때 어떤 생각이었어? 사라가 정말로 분쟁 지역인 시리아로 돌아가길 바랐니? (예) 삼촌이 시리아로 떠난 게 정말로 사라 때문이라고 생각하니?
사라	(예) 폭격의 기억으로 괴로워하는 오빠를 볼 때 어떤 생각이 들었어? (예) 고향으로 돌아간다면 제일 먼저 뭘 하고 싶어?
미아	(예) 우리도 난민이었다는 할아버지 말씀을 듣고 어떤 생각이 들었니? (예) 사라가 다른 나라 사람이라서 불편한 점이 있니?

타인의 문제가 아니라 우리의 문제로 느끼기

난민 아동 문제를 다룬 영화를 보면서 인상 깊었던 장면을 쓰고 주인공의 마음에 공감해봅시다.

영화	
제목	우크라이나 난민 아동 애니메이션 출처: 세이브더칠드런 공식 유튜브
내용	가족과 함께 피난길에 오른 열 살 소녀의 이야기
러닝타임	3분 35초

영화 감상문	
인상 깊었던 장면	
그 이유	
내가 주인공이라면 어떤 마음이 들까?	
주인공에게 하고 싶은 말	

활동 3 난민 문제를 알리는 짧은 동영상 만들기

난민 문제를 보다 많은 어린이에게 알리기 위한 15초짜리 짧은 동영상을 모둠별로 만들어봅시다. 타인의 고통을 그냥 지나치지 못하는 몇 사람의 작은 관심이 결국 세상을 바꿉니다.

화면 구성 스토리보드	
동영상에 들어갈 문구	
어울리는 음악	
동영상을 게시할 사이트	
기대 효과	

전쟁을 아파하고 평화를 기원하는 책

 그림책

『우리 할아버지는 열다섯 살 소년병입니다』
박혜선 글, 장준영 그림, 위즈덤하우스, 2019
#전쟁은멈추었지만 #할아버지에게고통은현재형

'전쟁이 우리 가족의 이야기일 수도 있겠구나' 하고 공감을 불러일으키는 책. 85세인 할아버지가 열다섯 살 소년이 되어버렸습니다. 깜깜하거나 쿵쿵거리는 소리가 들리면 무서워서 벌벌 떨어요. 가족들은 할아버지의 등을 토닥이고 꼭 안아줍니다. 전쟁이 일어난 지 70여 년이 지났지만 여전히 계속되는 할아버지의 아픔을 통해 전쟁의 끔찍함을 알려줍니다.

 그림책

『소원들』
므언 티 반 글, 빅토 가이 그림, 신형건 옮김, 보물창고, 2023
#안전과평화에대한 #절실한소망

안전과 평화가 보장된 곳에서 국가의 보살핌을 받으며 사는 삶이 결코 당연한 일이 아님을 알려주는 책. 폭풍우 치는 바다에서 나뭇잎 같은 작은 배에 몸을 싣는 사람들은 얼마나 절박할까요? 가족을 지키기 위해 위험천만한 항해를 시작하는 사람들에게는 평범한 사람들과는 사뭇 다른 소원이 있습니다. 이들의 소망이 절망으로 바뀌지 않도록 우리가 지금 당장 도울 수 있는 방법을 고민하게 하는 작품입니다.

동화책

『그 여름의 덤더디』
이향안 글, 김동성 그림, 시공주니어, 2016

#아프지만잊어서는안될 #우리의이야기

한국전쟁은 나와는 거리가 먼 사건이라고 느끼는 오늘날 어린이들에게 전쟁의 고통과 평화의 소중함을 알려주는 책. 탁이네 가족에게 소 '덤더디'는 가축 그 이상의 의미였습니다. 가족들을 먹여 살리는 논밭의 중요한 일꾼이었고, 전쟁통에는 두려움도 배고픔도 함께 이겨냈어요. 늙은 소와 소년의 특별한 우정, 평범한 사람들의 삶에 대한 의지가 감동을 주는 작품입니다.

동화책

『교실 뒤의 소년』
온잘리 Q. 라우프 글, 피파 커닉 그림, 김경연 옮김, 다봄, 2022

#어른들이선택한전쟁 #하루아침에난민이된아홉살소년

난민 아이의 삶을 자세히 들여다볼 수 있는 책. 난민을 수용하려는 사람들과 난민을 배척하려는 사람들 사이의 갈등이 첨예합니다. 이 책에 나오는 평범한 소년 아흐메트와 그 친구들을 만나면 난민을 바라보는 시선이 새로워집니다. 누구도 난민이 되기를 원하지 않아요. 어느 날 갑자기 난민이 되어 고향과 가족을 잃은 소년을 위해 세계 시민으로서 우리가 어떤 자세를 갖추어야 할지 배울 수 있는 작품입니다.

교육과정과 이렇게 연계해요(2022 개정 성취 기준)

11월 첫번째 주제 상상력과 모험

[4국05-01] 인물과 이야기의 흐름을 중심으로 작품을 감상한다.

[4미02-01] 관찰과 상상으로 아이디어를 떠올려 표현 주제를 구체화할 수 있다.

[6국03-06] 쓰기에 적극적으로 참여하며 자신의 글을 독자와 공유하는 태도를 지닌다.

[4국05-05] 재미나 감동을 느끼며 작품을 즐겨 감상하는 태도를 지닌다.

[4국06-03] 매체 소통 윤리를 고려하여 매체 자료를 활용하고 공유한다.

[6국04-03] 고유어와 관용 표현의 쓰임과 가치를 이해하고 상황에 맞게 표현한다.

[6국06-03] 적합한 양식과 수용자의 반응을 고려하여 복합 양식 매체 자료를 제작하고 공유한다.

11월 두번째 주제 로봇

[4국05-05] 재미나 감동을 느끼며 작품을 즐겨 감상하는 태도를 지닌다.

[6국02-04] 문제 상황과 관련된 다양한 관점의 글을 읽고 이를 문제 해결에 활용한다.

[6국02-05] 긍정적인 읽기 동기를 형성하고 적극적으로 읽기에 참여하는 태도를 기른다.

[6국05-06] 작품을 읽고 자신의 삶과 연관지어 성찰하는 태도를 지닌다.

[4국05-01] 인물과 이야기의 흐름을 중심으로 작품을 감상한다.

[6국05-04] 인상적인 부분을 중심으로 작품에 대한 의견을 나눈다.

11월 세번째 주제 우주, 무한한 가능성

[6국05-03] 소설이나 극을 읽고 인물, 사건, 배경을 파악한다.

[6국05-04] 인상적인 부분을 중심으로 작품에 대한 의견을 나눈다.

[4과16-01] 기후변화 현상의 예를 알고, 기후변화가 인간의 활동과 관련되어 있음을 토의할 수 있다.

[6과08-01] 우리가 생활에서 이용하는 다양한 자원을 조사하고, 자원의 유한함을 설명할 수 있다.

[4국02-02] 문단과 글에서 중심 생각을 파악하고 내용을 간추린다.

[4국06-03] 매체 소통 윤리를 고려하여 매체 자료를 활용하고 공유한다.

[6국06-04] 자신의 매체 이용 양상에 대해 성찰한다.

11월

SF 동화로
세상을 보는
시야를
넓히기

상상력과 모험 ①

처음 SF를 접하는
아이들에게 권할 만한 책
『동굴을 믿어줘』

중고학년 | 우미옥 글, 국민지 그림, 파랑새, 2021

요즘 아이들에게 SF 동화는 그야말로 '대세'입니다. 신간을 구입해서 교실 책장에 꽂아놓으면, 채 한 달도 안 되어서 책 앞뒷장이 너덜너덜해질 지경이니까요. 그런데 신기하게도, 그만큼 호불호가 갈리기도 합니다. 어떤 아이들은 SF 동화의 첫 장도 제대로 넘기지 못해요. SF 동화 읽기에 실패한 아이가 저에게 다가와서 울상이 된 채로 이야기합니다.

"선생님, 이런 책들은 너무 어려워요. 저는 뼛속까지 문과인가봐요."

자기 가능성의 한계를 긋는 아이들의 모습에 마음이 아파옵니다. SF 동화라고 해서, 반드시 과학적 논리를 이해해야 한다거나 과학 근거에 대해 합리적 판단을 할 줄 알아야 하는 것은 아닌데 말이에요.

SF란 Science Fiction의 약어로, '과학 소설'을 일컫습니다. 과학의 발전으로 말미암은 인류의 미래나 운명 등의 예측을 소설 형식으로 다룬 작품을 말하죠. 그중 어린이 독자를 대상으로 한 것을 SF 동화라고 부르는 것이고요. 주로 미래의 과학 기술, 우주 여행, 시간 여행, 평행 우주, 외계 생명체 등을 다룹니다. 일어나지 않은 일을 상상한다는 점에서는 판타지와 유사하지만, SF와 판타지는 분명히 다른 장르입니다. SF 동화의 본질은 사고 실험, 즉 일어나지 않은 일에 대해 과학적 지식과 상상력을 동원하여 머릿속으로 실험을 해보는 데 있습니다. 동화를 읽고, 작가가 설정한 세계관에 감정이입을 하여 '만약에 나라면 어떻게 행동했을까?'를 상상할 줄 안다면, 충분히 SF 동화를 즐길 준비가 되어 있는 것이지요.

　　SF 동화의 소재는 무궁무진합니다만, 이 책에서는 우주, 로봇 등의 굵직한 소재 위주로 다루려고 합니다. 이에 앞서 SF 입문에 도움이 될 만한 동화를 소개해드릴게요. 경우에 따라, 복잡한 세계관을 갖춘 SF 동화를 어렵게 느낄 수도 있거든요. 만약 SF 동화의 세계관을 이해하기 힘들어하는 아이가 있다면, 마중물이 되어주는 동화를 소개해주세요. 저중학년도 쉽게 읽을 수 있는 SF 동화 『동굴을 믿어줘』를 들여다보겠습니다.

　　이 동화는 옴니버스식으로 구성되어 있습니다. 한 반에 속한 여섯 아이의 이야기가 다섯 개의 단편으로 전개되지요. 특기할 점은, 각 단편의 배경을 이해하기 위해 머리를 감싸쥐지 않아도 된다는 것입니다. 작가가 굳이 가상 배경을 상정하지 않고, 아이들이 겪는 일상에서 작은 과학적 장치를 넣어 이야기를 전개하거든요.

　　같은 반 친구인 준일이, 윤성이, 민지, 승우, 서연이, 조아는 각기 다른 이질적인 상황에 놓입니다. 준일이는 기상천외한 일을 일으키는 신비한 나침반을 발견합니다. 나침반이 가리키는 곳을 따라가면, 모든 물건이 두 배로 뻥튀기되는 상자가 보인다거나, 순간이동을 할 수 있어요. 윤성이에게는 우연히 지구 관광을 하는 젤리 외계인 동생을 돌보는 임무가 주어집니다. 신묘한 지구인 갑옷 덕에, 외계인 동생은 지구인 행세를 할 수 있답니다. 민지는 기억 저편으로 건너갈 수 있게 하는 냄새 가게를 방문하게 됩니다. 향수병 덕에, 이미 돌아가시고 없는 아빠까지 만나고 옵니다. 승우는 남다른 기술을 가지고 있는 방 요정을 만나게 됩니다. 방 요정은 짓궂어 보이지만 사실은 승우에게 큰 도움을 줘요. 늘상 다투는 부모님을 꼭 달라붙게 만들거든요. 서연이와 조아는 서로를 믿고 의지하게 만들어주는 신기한 동굴로 여행을 떠납니다.

　　이야기의 토대나 배경을 새롭게 창조해서 독자들에게 경이로운 통찰을 제공하는 것도 SF 동화의 주요한 매력이지만, 가상적 시공간을 이해하기 어려워하는 아이들이라면 일상적인 SF 동화로 문을 두드리는 것도 나쁘지 않습니다. 이어지는 수업 활동을 하면서 SF 동화 그 자체의 매력을 함께 느껴보세요. 어렵고 복잡할 거라는 편견을 걷어내고 깊고 넓은 세계의 문을 함께 열어보세요.

SF 동화 뜯고 씹고 맛보기

동화 『동굴을 믿어줘』를 읽고, SF 동화의 과학적 장치에 대해 어렵지 않게 다가가 볼 수 있는 수업 활동입니다.

 각 이야기의 과학적 장치 이해하기

여섯 개의 이야기에 나온 장치 중 가장 마음에 드는 것은 무엇인가요? 한 가지만 골라서 각 장치의 특징과 이야기에서 하는 역할을 정리해보세요.

• 예시 •

「신비한 나침반」	
장치 이름	마법의 나침반
장치 특징	나침반 바늘이 가리키는 곳에서 신기한 일이 일어난다.
이야기에서 하는 역할	준일이가 원하는 것을 이룰 수 있도록 도와준다.

「젤리 외계인 젤로와의 하루」	
장치 이름	
장치 특징	
이야기에서 하는 역할	

「아름다운 냄새 가게」	
장치 이름	
장치 특징	
이야기에서 하는 역할	

「방 요정의 바느질」	
장치 이름	
장치 특징	
이야기에서 하는 역할	

「동굴을 믿어줘」	
장치 이름	
장치 특징	
이야기에서 하는 역할	

 인물의 행동 되돌아보기

이번에는 이야기의 주인공을 떠올려볼까요? 이야기 속 인물이 장치를 어떻게 이용했나요? 잘한 점, 아쉬운 점, 나라면 어떻게 했을지를 떠올려 적어봅시다.

• 예시 •

「신기한 나침반」 속 준일의 행동

잘한 점	아쉬운 점	나라면 어떻게 했을까?
상자를 활용해서 자신이 원하는 물건을 복사하고, 나쁜 곳에 활용하지 않은 것.	상자를 꼭꼭 숨기지 않고 아무데나 둔 것.	상자를 옷장이나 서랍 속에 숨기고, 아무도 버리지 못하게 할 것이다.

「젤리 외계인 젤로와의 하루」 속 윤성이의 행동

잘한 점	아쉬운 점	나라면 어떻게 했을까?

「방 요정의 바느질」 속 승우의 행동

잘한 점	아쉬운 점	나라면 어떻게 했을까?

「동굴을 믿어줘」 속 서연이와 조아의 행동

잘한 점	아쉬운 점	나라면 어떻게 했을까?

활 동 3

활 동 3 새로운 장치 개발하기

만약 내가 작가라면 어떤 과학적 장치를 넣었을까요? 상상력을 발휘해 새로운 장치를 개발해보세요. 독자가 흥미를 가질 수 있도록, 설명서도 적어 넣어보세요!

• 예시 •

내가 넣고 싶은 과학적 장치	

장치 이름	스톱워치
기능	시공간을 멈추는 역할을 한다.
이야기 줄거리	매일같이 혼이 나는 주인공은 선생님이 잔소리를 할 때마다 시간을 멈추고 싶다는 생각을 한다. 어느 날, 비 오는 운동장에서 달리다가 선생님에게 딱 걸린 주인공! 운동장 구석에서 발견한 시계를 만지작거리다가, 혼나는 순간 시간이 멈춘 것을 알게 된다.

상상력과 모험 ②

SF는 먼 곳에 있지 않아

『홈스테이는 지구에서』

고학년 | 장한애 글, sujan 그림, 웅진주니어, 2022

"이 책이 우리에게 어떤 깨달음을 주나요?"

아이들과 동화책에 대한 이야기를 나누고 나면, 말미에 꼭 이런 질문이 나옵니다. 그런데 대답을 얻는 데 유난히 어려움을 겪는 장르가 있으니, 그것은 바로 'SF 동화'입니다. SF 동화는 인물, 사건, 배경 중 유독 배경이 두드러지는 장르입니다. 작가가 가상적 시공간과 세계관을 구축해서, 거기에서 서사를 이끌어내는 경우가 많죠. 현실과 유리된 작품 속 세상을 유영하면서 작품의 묘미를 한껏 느끼는 독자들도 많습니다만, 오히려 그래서 자신과 거리가 있는 이야기라고 생각하기도 합니다. 그런 아이들에게 보여주고 싶은 SF 동화가 있습니다. 멀게만 느껴지는 외계인을 지구로 끌어들이는 이야기, 『홈스테이는 지구에서』입니다.

주인공인 유수는 학교에서도, 가정에서도 외로운 아이입니다. 일단 학교에서는 '외계인'이라는 별명을 가지고 있습니다. 친구들은 유수를 궁금해하면서도, 가까이하고 싶어하지는 않죠. 유수의 엄마는 쿨하다못해 무심한 성격인데다가,

아빠는 유수가 아주 어렸을 때부터 존재하지 않았습니다.

그런 유수에게 위로가 되어주는 존재는 다름 아닌 이방인들입니다. 유수의 집은 홈스테이를 운영하거든요. 이 숙소는 특이하게도, 다른 행성에서 온 여행자들을 대상으로 합니다. 진짜 '외계인'과 함께 지내게 되는 것이지요. 유수는 외계인들에게 직접 지구식 이름을 붙여주고 그들과 삶을 공유합니다. 정작 지구인들과는 정을 나누지 못하면서 말이에요. 참 신기한 일이죠.

여기에서 우리가 참작할 수 있는 중요한 특질이 있습니다. 글을 읽는 독자가, 책의 방대한 세계관을 이해할 필요가 없다는 것이죠. 말 그대로 친숙한 공간에서의 낯선 상황이니까요. 수시로 외양을 바꾸는 '좋은 떡'이나 멋진 식물을 만들어내는 '말이 씨', 바람 잘 날 없이 자식 걱정을 하는 '바늘 도둑', 까칠하지만 어딘가 외로워 보이는 '가랑비'의 모습을 상상하노라면 아이들은 어느새 SF의 매력에 흠뻑 빠지게 됩니다.

이제 우리는 '이 책이 우리 삶과 어떤 관련이 있니?'라고 굳이 묻지 않아도 알 수 있습니다. 아이들이 더이상 작품 속 삶을 자신과 전혀 동떨어진 것으로 여기지 않을 테니까요. 이렇게 우리는 한 단계씩 SF와 가까워진 것입니다. 우리가 디디고 있는 땅 이외의 공간으로 사고를 확장한다는 것, 이질적인 문학세계를 현재의 삶으로 데려온다는 것, 여기까지 발맞춰온 아이들에게 저는 이런 이야기를 해주고 싶습니다. 어쩌면 환호성으로 들릴지도 모르는 경탄을요.

"SF의 세계에 온 것을 환영해, 애들아. 너희의 삶의 무대가 수십 배는 더 커질 거야!"

376

외계인 이름 짓기 챌린지

동화 『홈스테이는 지구에서』를 읽고 나서 동화 속 세계관을 깊게 탐구하고 현실 세계와 연결지을 수 있는 수업 활동입니다.

활동 1 **내가 아는 속담은?**

주인공 유수는 손님이 도착하면 속담을 기반으로 하여 지구식 이름을 붙여줍니다. 여러분은 어떤 속담을 알고 있나요? 그것으로 어떤 별명을 만들 수 있을까요? 아는 대로 적어보세요.

속담	별명
(예) • 속담: 가랑비에 옷 젖는 줄 모른다. • 뜻: 가늘게 내리는 비는 조금씩 젖어들기 때문에 여간해서는 옷이 젖는 줄을 깨닫지 못한다는 뜻.	(예) 가랑비
• 속담: • 뜻:	→
• 속담: • 뜻:	
• 속담: • 뜻:	

활동 2 내가 외계인이라면?

내가 동화 속 홈스테이에 온 우주 여행객이라고 상상해보세요. 주인공인 유수가 나를 위한 속담 별명을 지어준다고 합니다. 나의 성격에 딱 들어맞는 속담과 별명은 무엇인가요? 활동 1에 적은 표에서 고르고, 이유도 함께 적어봅시다.

> (예) 저와 잘 어울리는 속담은 '앉은자리에 풀도 안 나겠다'입니다. 고집이 세고 냉정한 면모가 있기 때문입니다. 유수는 아마, 저의 별명을 '앉은자리 풀'로 지어줄 것 같습니다.

활동 3 외계인 챌린지 상상하기

이야기의 말미에, 아이들은 가랑비를 보호하기 위해 너도나도 자기가 외계인이라 고백하는 영상을 올립니다. 외계인이 아닌 지구인들도 자신의 개성을 이유로 자신이 이방인이라 주장하는 것이죠. 여러분도 어느 면모에서는 타인에게 낯설게 여겨질 수 있습니다. 우리가 외계인 챌린지를 한다면, 무엇이라고 말할까요?

378

(예) ID: 앉은자리 풀

사실, 내가 바로 외계인입니다. 이건 내 주위 친구들도 아무도 모르는 건데…… 여러분
이니까 특별히 알려드릴게요. 저는 사실 오른쪽 복사뼈를 조종할 수 있어요. 힘을 살짝
주면 뼈가 위아래 좌우로 움직입니다. 그뿐이 아니에요. 온몸에 점이 47개나 있어요. 이
건 외계인이 아니고서는, 설명이 안 되는 일 아니겠어요?

활동 4 외계인 챌린지 영상 만들기

활동 3 에서 떠올린 개성을 바탕으로 외계인 챌린지 영상을 찍어봅시다.

스토리보드 작성 방법	영상으로 구현할 수 있는 능력으로 구성한다. 마지막 장면은 '우리는 누구나 외계인입니다'로 끝마친다. 다섯 장면 이상 작성한다.
촬영시 주의사항	1. 촬영 후 찍은 영상은 그때그때 확인한다. 2. 장면별로 찍은 후 편집을 해야 하기 때문에, 동영상 녹화 버튼을 누른 후 2초, 대사를 마친 후 2초 간격을 두고 촬영한다. 3. 대사는 또박또박 천천히 큰 목소리로 말한다. 4. 촬영은 태블릿을 가로로 눕혀서 한다. 5. 대본은 종이에 크게 써서 카메라 렌즈와 비슷한 높이로 맞춰준다.

편집 방법	1. 편집은 키네마스터, 비바비디오, 블로 등의 프로그램을 활용한다.
	2. 사진을 활용하고 싶을 때는 사진을 삽입한 뒤 출처를 명시한다.

순서	장면 (그림, 글로 설명)	대사, 자막	소리, 음향

한 걸음 더

SF의 매력에 더 깊이 들어가보는 책

그림책

『우주 택배』

이수현 글·그림, 시공주니어, 2021

#외계인택배기사 #택배는지구의것인데

SF를 처음 접하는 어린이에게 추천하는 책. 우주로 향하는 택배 상자 속에 숨어 들어간다면 어떤 일이 벌어질까요? 우주 곳곳을 누비며 외계인과 소통하고, 다양한 행성을 탐험하는 아이들의 모습이 지구에서의 모습과 다르지 않습니다. 위대한 상상력은 사소한 가정에서부터 시작한다는 말, 이 책을 보면 실감할 수 있을 것입니다.

그림책

『지구인 사용 설명서』

뮈리엘 쥐르셰 글, 스테판 니콜레 그림, 이효숙 옮김, 산하, 2018

#SF를알기위해서는 #지구를먼저알아야해

SF 장르를 향유한다는 것은 우리의 시공간을 확장한다는 말과 같습니다. 우리의 상상력을 드넓게 펼치기 위해서는, 먼저 우리가 딛고 있는 이 자리에 대해 명확히 알아야겠지요? 외계인의 시선에서 바라본 지구인의 모습을 샅샅이 살펴보며 지구를 돌아보세요.

청소년
소설

『기억 삭제, 하시겠습니까?』
남세오 지음, 자음과모음, 2023

#작은아이디어도 #SF가될수있어

기억과 감정을 우리가 원하는 대로 조작할 수 있다면 어떤 일이 벌
어질까요? 책 속 '뉴럴 소켓'은 사람의 인지 능력과 감정을 조절할
수 있는 작은 장치입니다. 슬픈 기억이나 아픈 경험을 지우고, 좋
은 순간들만 남기는 것이 과연 행복한 일일지 친구와 함께 이야기
해보세요.

청소년
소설

『당신의 간을 배달하기 위하여』
박애진·임태운·김이환·정명섭·김성희 지음, 사계절, 2022

#고전과SF의콜라보 #눈이번쩍뜨이는SF

이 책은 SF로 변형된 옛이야기입니다. 소개만 들어도 흥미롭지 않
나요? 우리가 잘 알고 있는 『심청전』『별주부전』『해와 달이 된
오누이』『장화홍련전』『흥부전』이 SF로 재탄생했습니다. SF를
낯설게만 느꼈던 청소년 독자, 성인 독자, 모두모두 모여라!

로봇①

11월 두번째 주제
로봇

여러분에게 로봇은
어떤 존재인가요?

『로봇 반장』

저중학년 | 송아주 글, 이승연 그림, 스푼북, 2019

"SF 동화요? 로봇 나오는 거요?"

아이들에게 SF 동화에 대해 이야기하면, 가장 먼저 튀어나오는 단어가 바로 '로봇'입니다. 로봇이 SF 아동 문학에 가장 많이 나오는 소재이기 때문이지요. SF는 아직 도래하지 않은 미래의 모습을 상상하는 장르이기 때문에, 자연스레 과학 기술의 발전에 따른 포스트휴먼의 모습도 등장합니다. 로봇이 그 일환인 것이고요.

포스트휴먼이라는 말이 어렵다고요? 포스트휴먼이란, 미래의 인간 모습을 그린 것으로, 인간이 기계가 되거나(사이보그), 기계가 인간이 되는(로봇, 인공지능) 것을 말한답니다. 로봇은 그러한 포스트휴먼 중 아이들이 가장 상상하기 쉬운, 이른바 친숙한 소재인 것이지요. 그 점을 감안하면, 주 독자가 어린이인 SF 동화에서 로봇이 빈번하게 등장하는 것이 이상한 일은 아닙니다.

아이들의 관념 속 로봇의 모습은 어떠한가요? 인간의 일자리를 빼앗는 무시무시한 존재인가요? 언젠가는 우리의 친구가 될지도 모르는 친근한 존재인가요? 로봇robot이라는 단어는 '일하다'라는 뜻의 'robota'에서 유래되었다고 해요. 인간을 대신하여 어떤 '일'을 수행하기 위해 등장하는 존재인 것이죠. 인간의 일을 도와준다는 관점으로 보면 친구 또는 가족처럼 긍정적인 관계를 맺는 따스한 존재가 될 수 있겠고요, 인간의 일을 빼앗는다는 관점에서 보면 인간의 영역을 침범하는 부정적인 모습으로 그릴 수도 있겠습니다. 언젠가 우리가 맞닥뜨리게 될 로봇에 대해 어떻게 대처해야 할지, 아이들과 이야기를 나누어보세요. 토의를 해도 좋고, 토론을 해도 재미있겠습니다. 말랑말랑한 아이들의 사고력을 자극할 로봇 주제의 동화 두 편을 소개합니다.

먼저 소개해드릴 동화는 『로봇 반장』입니다. 어느 날, 무진초등학교에 로봇 로봉이가 찾아옵니다. 몸이 불편한 반 아이를 도와주러 온 것이지요. 로봉이는 몸이 불편한 동이를 도와 궂은일을 척척 해냅니다. 심지어 로봉이를 적대적으로 대하던 진희도 아무렇지 않게 도와줍니다. 화재 위험 속에서 구해내거든요. 아이들은 로봇에게 별다른 거부감을 보이지 않고 우로봉이라는 별명도 붙여주고, 같은 반 친구로 받아들이기 시작합니다.

로봉이의 존재감은 무럭무럭 커져 반에서 없어서는 안 될 존재가 됩니다. 로봉이를 맹신하던 아이들은 심지어 로봉이에게 반장의 임무까지 맡깁니다. 로봇이 인간의 리더가 되다니 기상천외한 일이죠? 반장이 된 로봉이, 순탄하게 반을 이끌 수 있을까요?

탁월한 능력치를 가진 로봉이가 반을 이끌면 아무 문제가 없을 줄 알았는데, 얼마 지나지 않아 반 전체가 부정적인 감정으로 뒤덮입니다. 로봉이가 아이들의 수업 태도를 수시로 지적하고, 심지어 아끼던 장수풍뎅이까지 죽여버리거든요. 로봉이의 입장에서 장수풍뎅이는 해로운 균에 지나지 않았으니까요. 아이들이 쪽지를 돌리는 행동도 정다운 우애를 나누는 것이 아닌 수업을 방해하는 행동일 뿐이고, 방귀를 뀌거나 코딱지를 파는 행동은 반의 위생을 해치는 심각한 지적 사항일 뿐입니다. 아이들은 관용이라고는 눈곱만치도 없는 로봉이에게 실망하게 되고, 로봉이를 쫓아낼 궁리를 하게 됩니다.

로봇의 행동은 누구의 책임인가요? 로봇은 우리가 함부로 없애도 되는 존재일까요? 로봇의 기억을 초기화한다는 것은 어떤 의미일까요? 수많은 질문을 던지며 이어갈 수 있는 활동을 소개합니다.

로봇 반장, 넌 누구니?

동화 『로봇 반장』을 읽고 로봇과 공존하게 될 미래를 상상하는 수업 활동입니다.

 로봇 반장의 과오 돌아보기

무진초등학교에 온 로봉이는 반장이 되자 여러 아이들의 신임을 잃게 됩니다. 만약 누군가가 "로봉이가 뭘 잘못했길래 그래?"라고 묻는다면 뭐라고 대답할 수 있을까요? 동화 속 로봉이가 한 행동을 적고, 그렇게 한 이유에 대해 추측하여 정리해봅시다.

로봉이가 한 일	왜 그렇게 했을까요?
㉔ 반에서 키우는 반려 장수풍뎅이를 죽였다.	㉔ 로봇은 감정이 없고, 공감 능력도 없기 때문이다. 장수풍뎅이가 얼마나 아팠을지 상상하지 못했을 것이다.

→

활동 2 로봇 대처 사전 만들기

작품 속 5반 친구들은 초기화된 로봉이와 함께 다시 잘 지내보겠다고 결심을 합니다. 로봉이는 5반 친구들을 힘들게도 했지만, 위험에 처한 친구들을 도와주기도 했거든요. 다만, 같은 실수를 반복하지 않도록 노력해야겠지요? 다 함께 로봇 대처 사전을 만들어봅시다.

상황	로봇이 장수풍뎅이를 손가락으로 찌르려고 한다.
동화 속 대처	로봇의 행동을 막지 못해 장수풍뎅이가 죽는다.
올바른 대처	로봇이 장수풍뎅이를 찌르려고 할 때, 앞을 가로막고 장수풍뎅이가 아이들에게 주는 이로움에 대해 설명한다.
그렇게 생각한 까닭	로봇은 금방 학습할 수 있으니, 올바른 정보를 입력한다면 알아듣고 장수풍뎅이를 해치지 않을 것이다.

활동 3 우리 반에 로봇 반장이 왔어요!

우리 반에 로봉이와 같은 로봇 반장이 왔다고 생각해봅시다. 반장은 반에서 어떤 역할을 해야 할까요? 우리 반에 반장이 필요한 상황을 적고, 로봇 반장의 행동을 예상하여 적어봅시다.

• 예시 •

우리 반의 상황	수업 시간에 담임 선생님이 갑자기 자리를 비우실 때.
반장의 역할	아이들을 조용히 시켜야 한다.
로봇 반장의 행동	칠판 앞에 나와서 떠드는 사람 이름을 가슴에 달린 스크린에 띄운다.

로봇 반장 부루마블

로봇에 대한 인간의 관점을 유연하게 생각할 수 있는 부루마블 게임을 소개합니다.

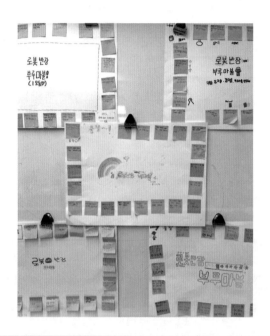

『로봇 반장』 부루마블 만들기	
준비물	4절 도화지 한 장, 포스트잇(노란색, 주황색), 주사위 한 개.
만드는 방법	1. 네 명씩 팀을 구성합니다. 2. 4절 도화지 가운데 '『로봇 반장』 부루마블'이라고 적습니다. 3. 각자 노란색 포스트잇 네 장과 주황색 포스트잇 한 장을 가져갑니다. 4. 노란색 포스트잇 두 장에는 답이 한 가지인 질문을, 나머지 두 장에는 답이 여러 가지인 질문을 씁니다. 5. 주황색 포스트잇 한 장에는 부루마블 게임 중 재미있게 할 수 있는 미션을 씁니다. (예) 두 칸 뒤로 가기) 6. 모두 썼다면 포스트잇을 부루마블판처럼 배치합니다.

게임 방법	1. 주사위 한 개로 게임을 합니다. 2. 도착한 포스트잇의 질문을 확인하고, 질문에 맞는 답을 합니다. 3. 만약 제대로 답을 하지 못했다면, 다시 원래 자리로 돌아갑니다. 4. 질문을 해결할 때마다 10점, 한 바퀴를 돌 때마다 100점을 얻습니다. 5. 제한 시간 동안 가장 높은 점수를 얻은 사람이 승리합니다.

● 예시 ●

답이 한 가지인 질문	답이 여러 가지인 질문
• 『로봇 반장』에서 로봉이는 무엇 때문에 전학을 왔나요? • 『로봇 반장』에서 무엇 때문에 로봉이가 아이들의 신임을 잃었나요?	• 만약 로봉이가 기억을 잃지 않았다면 결말이 어떻게 달라졌을까요? • 『로봇 반장』에서 로봉이가 인간과 비슷한 점은 무엇인가요? • 로봇이 인간에게 줄 수 있는 도움은 무엇인가요? • 로봇이 인간을 대신할 수 없는 점은 무엇인가요? • 감정이 부여된 로봇의 주체성을 인정해야 할까요? • 로봇이 잘못을 저지른다면, 로봇의 책임인가요? 로봇을 만든 사람의 책임인가요?

활동 5 해결책 생선뼈 만들기

생선뼈 다이어그램은 자료 분석을 하는 데 활용되는 도구로서, 그 모양이 생선뼈처럼 생겼다고 해서 붙여진 이름입니다. 『로봇 반장』에서 나온 문제 상황을 명확하게 파악하고, 로봇과 인간과의 공존을 위한 대처 방식을 생각해볼 수 있습니다.

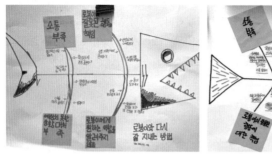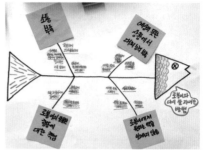

생선뼈 다이어그램 만드는 방법

1. 4절 도화지에 생선 가시를 통째로 그립니다.
2. 생선 머리에 로봇과 인간과의 공존을 위한 목표를 적습니다.
3. 가시 끝에 로봉이의 불화에 영향을 미친 요인을 적습니다.
4. 가시 중간에 해결책을 적습니다.

목표	불화에 영향을 미친 요인	해결책
로봉이와 다시 잘 지내야 한다.	• 친구들과의 소통 부재. • 예상치 못한 상황에서 대처 부족. • 로봉이의 잘못된 행동 에 대한 책임을 아무도 지지 않음. • 로봉이에게 원하는 역 할을 알려주지 않음.	• 소통 부족 - 확실하게 의사를 표현하기. - 합리적인 이유 알고리즘에 주입하기. • 예상치 못한 상황에서 대처 부족 - 이로운 점 학급회의를 통해 토의하기. - 이유를 역으로 물어보기. • 로봉이의 잘못된 행동에 대한 책임 - 선생님께 여쭤보기. - 로봇 제작사에 문의하기. • 로봉이에게 원하는 역할 알려주지 않음 - 몸이 불편한 친구 보조. - 학급 규칙 게시 역할.

로봇②

로봇과 감정을 나눌 수 있을까요?

『리보와 앤』

고학년 | 어윤정 글, 해마 그림, 문학동네, 2023

로봇과 인간은 친구가 될 수 있을까요?

정답은 '아무도 알지 못한다'입니다. 우리는 로봇의 입장을 상상해볼 수는 있지만, 직접 로봇이 되어보지는 못하니까요. 로봇의 입장에서 인간에게 진정한 우애를 느끼는지 알 수 없는 노릇이지요. 답을 내릴 수 없지만, 그래서 더 매력적인 질문인가봅니다. '로봇과 인간이 친구가 될 수 있는가'라는 명제가 문학 혹은 미디어에서 끊임없이 나오거든요. 서사 속 로봇은 스스로 사고할 수 있고, 감정마저 느낄 수 있습니다. 인간을 위해 기꺼이 가족이 되어주고, 인간의 필요를 채워주고, 심지어 인간을 위해 죽음마저 불사하는 로봇의 모습은 자못 감동을 자아내기도 합니다.

소위 로봇을 '기계의 인간화'라고 하기도 하는데요, 겉모습만 인간을 닮은 것이 아니라 내면까지 인간과 유사해진다면 어떻게 될까요? 나라면 로봇을 진정한 친구로 받아들일 수 있을까요? 이런 지점을 생각해보기 딱 좋은 동화가 바로

『리보와 앤』입니다.

『리보와 앤』은 로봇의 관점에서 쓰인 글입니다. 평화롭던 도서관에 어느 날 '플루비아' 바이러스가 창궐합니다. 몇 년 전, 우리에게 들이닥친 코로나19 바이러스가 떠오르는데요, 당시에는 바이러스 확산을 저지하기 위해 온 나라가 사람 간의 접촉과 만남을 최소화했습니다. 4인 이상 모일 수 없었고, 만나더라도 마스크를 벗을 수 없었습니다. 글 속 상황도 다르지 않습니다. 도서관에 확진자가 발생하자, 도서관이 폐쇄되거든요. 폐허가 된 도서관에 로봇 둘이 외로이 남습니다. 한때 정을 주고받던 인간 아이를 그리워하면서 말이죠. 하지만 문밖으로 나간 사람들은 돌아올 기미가 없습니다. 리보와 앤은 저장되어 있는 데이터베이스를 통해 지난 1년을 추억할 뿐입니다.

우리의 관념대로라면 로봇은 도움을 '주는' 존재이지, '받는' 존재가 아닙니다. 하지만 우정을 쌓고자 한다면, 로봇 역시 인간에게 무언가를 받을 수밖에 없습니다. 우정이라는 감정은 일방향으로 이루어지는 것이 아니기 때문입니다. 동화 속 로봇은 도현이에게 도움을 주는 만큼, 도현이도 로봇을 염려하고 걱정합니다. 도서관에 마스크를 쓰고 돌아온 도현이는 리보와 앤에게 많은 것을 남깁니다. 리보는 도현이에게 걱정을 '받고', 구해준다는 약속을 '받으며', 그리움이라는 감정을 '터득'하게 됩니다. 인간과 자신의 감정적 연결을 체감하는 것입니다.

어쩌면 동화 속에서의 가장 큰 재난은 플루비아가 아닌, 만나고 싶어도 만날 수 없는 안타까운 상황이 아닐까요? 그리움을 걷잡을 수 없는 재난이라고 표현한 앤의 말이 내내 마음속을 맴도는데요, 이 여운이 가시기 전에 아이들과 함께할 수 있는 활동을 소개합니다.

리보와 앤, 기억 상자

동화 『리보와 앤』을 읽고 로봇과 인간의 관계성에 대해 고민할 수 있는 수업 활동
입니다.

활동 1 리보와 앤의 우정 따라 하기

리보는 앤에게 기분과 감정을 물어보고, 알맞은 책을 추천합니다. 아무도 없는 휑
한 도서관에서, 둘은 이런 방식으로 서로를 위로하고 연대합니다. 여러분도 친구
에게 기분을 물어보고 이에 맞는 책을 추천해보세요. 책 속 인물에게 이러한 행동
이 어떤 위안으로 다가왔는지 실감해보세요.

• 예시 •

친구의 감정	친한 친구가 전학을 가서 외롭고 쓸쓸하다. 주위에 아무도 남지 않은 기분이다.
추천할 책	『리보와 앤』
추천하는 이유	리보와 앤은 바이러스 때문에 도서관에 남겨진다. 아무도 없이 폐허가 된 도서관에서 서로 위로를 주고받는 모습을 보면서, 친구에게 추천해주고 싶다고 생각했다. 그리고 말해주고 싶다. "너에게는 내가 있어!"
친구의 소감 (친구가 쓰기)	친구의 추천을 받고 감동받았다. 리보에게 앤이 있었던 것처럼, 나에게는 이렇게 좋은 친구가 남아 있다는 사실을 알게 되었다.

활동 2 추억 카드 만들기

리보는 도현이와 함께 있었던 일을 추억하며 그리워합니다. 이렇게 '그리움'의 감정에는 '추억', 즉 기억이 함께하기 마련입니다. 리보와 도현이가 함께한 추억은 무엇이 있을까요? 이야기 속에 나오지 않은 추억도 상상해서 적고 그려보세요.

• 예시 •

도현이가 친구 문제로
힘들어서 울고 있을 때
리보가 다가와
마음을 위로해주는
책을 건네주었다.

활동 3 책으로 말해요

더이상 앤의 도움을 받을 수 없게 된 리보는 도현이와 책 표지로 소통하게 됩니다. 도현이와 리보가 어떤 대화를 나누었을지 상상하여 클립 애니메이션으로 만들어보세요.

● 예시 ●

도현이의 말	리보야, 앤의 배터리가 다 되었다는 소식을 들었어. 너는 태양광 충전이 되어서 다행이야. 지금 기분은 어때? 내가 뭐 도와줄 것은 없니?
리보가 하고 싶은 대답	앤이 없어져서 너무나 외로워. 그렇지만 네가 있는 것으로 충분해. 나와 함께 이야기해줘서 고마워.
리보의 실제 대답	외로워도 외롭지 않다(정호승, 비채, 2020).

로봇에 대해 더 상상해보는 책

그림책

『꽃이 된 로봇』
김종혁 글·그림, 씨드북, 2021
#할머니와로봇 #우정과사랑사이

'로봇과 친구가 될 수 있을까?'라고 의문을 품는 어린이에게 추천하는 책. 웹툰과 그림책 사이에 있는 이 책은 로봇과 할머니의 우정을 산뜻하게, 그렇지만 너무 가볍지만은 않게 그립니다.

그림책

『로봇과 친구가 되는 법』
하르멘 반 스트라튼 글·그림, 유동익 옮김, 푸른숲주니어, 2020
#로봇과친구가되고싶다면 #나를기억해

로봇과 친해지려면 어떻게 해야 할까요? 디지털의 대명사 로봇이 아날로그의 대명사인 편지를 매개로 진정한 친구를 찾아 나서는 이야기입니다. 이제 우리에게 우정의 대상은 인간에 한정된 것이 아닐지도 모릅니다.

동화책

『**아빠를 주문했다**』
서진 글, 박은미 그림, 창비, 2018

#로봇이아빠가된다고? #반전동화

가족을 로봇으로 대체할 수 있을까요? 한부모 가정에 사는 철민이는 온라인 쇼핑몰에서 로봇 아빠를 주문합니다. 로봇 아빠는 철민이에게 아빠의 역할을 하며 점점 가까워지는데요, 과연 로봇이 인간의 역할을 대신할 수 있을까요? 아니, 인간을 대신할 수 있을까요?

**청소년
소설**

『**너와 내가 다른 점은**』
남세오 지음, 씨드북, 2023

#엄마를닮은로봇 #앙칼진전학생

만약 우리 교실에 로봇이 전학을 온다면 어떨까요? 전학생 '외로엔'은 인간과 다른 점이 참 많습니다. 매일 지치지 않고 공부만 하는 것은 물론이고 초코우유만 먹습니다. 주인공 나리도 그것을 범상치 않다고 느끼지만, 어쩐지 로엔을 향한 마음은 점점 커져만 갑니다. 이야기를 다 읽고 난 뒤, 제목을 다시 한번 곱씹어보세요. 우리가 한 사람, 아니 대상과 가까워지기 위해서는 어떤 마음이 필요한지 되새겨보세요.

11월 세번째 주제
우주, 무한한 가능성

드넓은 우주를 한껏 유영하는 방법

『우주의 속삭임』

고학년 | 하신하 글, 안경미 그림, 문학동네, 2024

"SF는 인류가 우주에서 차지하는 위치에 대한 탐구다."

영국의 SF 장르의 대가 브라이언 올디스는 SF를 이렇게 정의했습니다. SF는 우주만 다룬 것이 아니지 않냐고요? 맞습니다. SF, 즉 과학 소설은 과학의 발전, 장래, 인류의 운명 등에 대한 예상을 총체적으로 다룬 소설 형식을 말합니다. 그럼에도 불구하고 브라이언 올디스가 SF를 '우주'와 콕 집어 연결한 이유가 있습니다. 그만큼 SF에 우주가 빈번하게 등장하기 때문이에요. 과학으로 발달한 미래 세상을 시공간적 배경으로 하는 SF 장르의 특성으로 비추어볼 때, SF 작가들이 우주를 사랑하는 것은 결코 우연이 아닐 듯합니다.

우주에 대해 이야기하려면, 새삼스럽지만 우주의 의미부터 짚어보아야겠죠? 넓은 의미에서의 우주는 모든 시공간의 총체를 뜻하지만, 좁은 의미의 우주는 지구 대기권 바깥의 공간만을 지칭합니다. SF 문학에서는 후자의 정의에 따르곤 해요. 관측 불가능한 우주의 범위까지 합치자면, 전체 우주의 크기는 감히 추정할 수도 없습니다. 이토록 광활한 우주는 인류의 무한한 상상력을 자극하기 때문에, 많은 문학작품이 미래를 가정할 때 우주를 무대로 하는 것입니다. 언젠가는 인류의 생활 무대가 될지도 모른다는 기대감에서 비롯된 즐거운 상상이죠.

　　문학 속 우주는 우주 그 자체에 대해 말하기도 하고, 미래 어느 시점의 우주 과학 연구에 대해 이야기하기도 하며, 심지어 다중 우주를 내세우기도 합니다. 우주의 크기만큼이나 이야깃거리가 무궁무진하기에 어디에서부터 어디까지 다뤄야 할지 난감할 지경입니다. 우주를 다룬 SF 동화의 가지각색의 매력을 보여주기에 딱인 작품이 바로 『우주의 속삭임』입니다. 『우주의 속삭임』에는 우주에 대한 SF 단편이 다섯 편이나 담겨 있습니다.

　　50년 전 당첨된 '우주 복권'에 관한 이야기를 다룬 첫번째 단편 「반짝이는 별먼지」를 통해 우리는 먼 미래의 모습을 그려볼 수 있습니다. 두번째 단편인 「타보타의 아이들」에는 인간들이 모두 떠나버린 타보타 행성, 그 안에 남겨진 로봇들의 연대와 위로의 이야기가 담겨 있지요. 이를 통해 우리는 행성이 생명체를 품는 최소한의 조건에 대해 생각해볼 수 있습니다. 세번째 단편 「달로 가는 길」에는 인간인 줄 알았으나 사실 로봇이었던 진의 이야기가 나오는데요, 로봇뿐만 아니라 달과 도움을 주고받게 되는 인류의 모습을 상상할 수 있어요. 네번째 단편 「들어오지 마시오」에는 우주에서 온 외계인의 도움으로 학교 폭력의 위협에서 벗어나는 현우의 이야기가 담겨 있습니다. 인간의 한계를 뛰어넘는 외계인의 능력치에 대해 구체적으로 꿈꿔볼 수 있죠. 마지막 단편 「지나 3.0」에는 더이상 지구에서 살지 못해 피난처를 찾다가, 트랜스휴먼이 되어가는 이야기가 담겨 있습니다. 그 과정인 우주선 안에서 인간의 삶을 예측해볼 수 있습니다.

　　『우주의 속삭임』에 수록된 소재들의 다양성만 봐도 우주의 천문학적인 가능성을 엿볼 수 있습니다. 무엇이든 일어날 수 있고, 어떤 상상이든 현실이 될 수 있는 곳. 인간 상상의 최종 목적지는 바로 우주가 아닐까요? 『우주의 속삭임』을 읽고 우주의 무한한 가능성에 흠뻑 빠져보세요.

우주로 상상할 수 있는 거의 모든 것

 우주 복권 구입하기

「반짝이는 별먼지」 속 할머니는 50년 전에 복권 한 장을 구입했습니다. 50년 뒤에 일어날 일을 예측하는 사람에게 선물을 준다는 내용의 복권이지요. 여러분에게도 같은 기회가 주어진다면 어떤 말을 적고 싶은가요? 그에 걸맞은 당첨 선물도 적어보세요.

• 예시 •

지지직- 지직- 50년 뒤에 일어날 일을 예견한 사람에게 선물을 드리겠습니다.	
지금은 몇 년도인가요?	1974년
50년 뒤, 몇 년도인가요?	2024년
내가 상상한 50년 뒤의 모습	50년 뒤 지구에 우주선이 오고 우주 호텔이 생깁니다. 외계인을 만나고 싶어요.
당첨 선물은 무엇일까요?	원하는 우주 호텔을 가질 수 있고, 오로타 행성에 갈 수 있는 우주 항공권을 발급받을 수 있습니다.

2 생명체가 살 수 있는 행성의 조건

「타보타의 아이들」에서 로봇들은 이끼인 보보를 지키기 위해 동분서주합니다. 보보를 위해 한 행동은 어쩌면 생명을 살리기 위한 최소 조건일지도 모르죠. 로봇들의 행동에 어떤 의미가 있을지 정리해봅시다. 또, 인간이 살아남기 위해 개조된 주택의 모습을 그려봅시다.

• 예시 •

	첫번째 행동
로봇의 행동	흙먼지가 가득한 온실 바깥 천장을 청소한다.
행동의 결과	벽과 바닥을 쓸고 닦자 빛이 들어왔다.
생명이 살아가기 위한 조건	적절한 양의 빛이 필요하다.

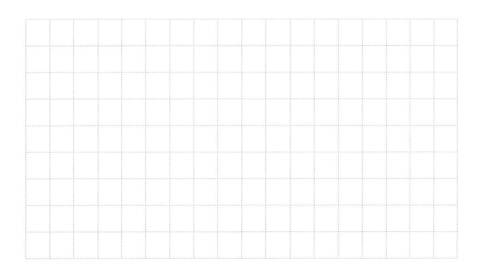

내가 상상한 외계인의 모습

「들어오지 마시오」에는 태양계 밖 행성에서 온 외계인 무아무아족이 나옵니다. 무아무아족에게는 특별한 기능과 능력이 있는데요, 덕분에 현우가 위기에서 벗어나게 됩니다. 여러분이 상상한 외계인의 모습은 어떠한가요? 외양과 능력치에 대해 상세하게 적고, 소책자로 만들어보세요.

• 예시 •

외계인의 생김새	말캉말캉한 슬라임덩어리를 닮음. 눈코입도 없고 희멀게서 자세히 보아 야 알아챌 수 있음.	
외계인의 특성	• 오로지 촉감과 냄새만으로 사물 을 파악할 수 있음. • 감정에 따라 투명도가 달라짐. • 필요에 따라 형태도 바꿀 수 있음. 어딘가에 붙으면 엄청난 괴력이 생김.	
인간에게 줄 수 있는 도움	강철 팔다리를 가진 초능력자를 만 들 수 있음.	

• 소책자 내용 예시 •

① 외계인 사진

② 외계인 프로필

③ 안녕? 나는 외계인 무아무아야. 내가 요즘 만난 지구인에 대해 소개할게.

④ 그 지구인을 돕기 위해 나는 어떤 행동을 했냐면, _____

⑤ 지구인은 내 행동을 보고 감동했어.

⑥ 나는 이제 _____

외계인 카드 게임 하기

우리가 상상한 외계인의 특성을 반영하여 외계인 카드를 만들고, 게임을 해봅시다. 방법은 다음과 같습니다.

외계인 카드 만드는 방법

---

1. 빈 카드 도안을 나눠줍니다.
2. 아래 칸에는 상상한 외계인의 모습을 그리고, 위 칸에는 외계인의 이름과 특성을 적습니다.
3. 카드 앞면이 비치지 않게 뒷면에 색지를 대거나 모두 같은 그림을 그려넣습니다.

카드 놀이 방법

---

1. 한 사람당 카드를 일곱 장씩 나누어 가진 후, 나머지는 책상 가운데에 앞면 그림이 안 보이게 뒤집어놓습니다.
2. 정가운데에 한 장만 그림이 보이게 놓습니다.
3. 가위바위보를 해서 순서를 정합니다.
4. 손에 들고 있는 카드를 모두 내려놓아야 승리하는 게임입니다.
   • 낼 수 있는 카드는 그림이 같거나, 띠 색깔이 같은 카드입니다.
   • 카드를 낼 때 반드시 그림의 외계인 이름을 외치고 내려놓을 수 있게 합니다.
   • 내려놓을 카드가 없으면 가운데 놓인 카드 중 한 장을 가지고 갑니다.
   • 카드는 한 번에 한 장만 내려놓을 수 있습니다.
5. 손에 카드가 한 장만 남아 있을 때는 '외계인'이라고 외칩니다. 외치지 않을 시 가운데 놓인 카드 중 한 장을 가지고 가야 합니다.

11월 세번째 주제
우주, 무한한 가능성

우리에게 또다른 우주가 있다면

『우주로 가는 계단』

고학년 | 전수경 글, 소윤경 그림, 창비, 2019

광활한 우주에 정말 단 하나의 우주만 존재할까요?

최근 양자역학으로 인해 평행 우주에 대한 생각이 막연한 상상에서 합리적 사고의 영역으로 들어섰습니다. 하지만 현재의 과학 수준으로는 평행 우주를 명백하게 입증할 수 없기에, 학문의 영역보다는 문학의 영역에서 더 빈번하게 언급되지요.

또다른 우주의 존재는, 내가 처한 지리멸렬한 현실이 절대적이지 않다는 사실을 일깨워주고, 이는 곧 누군가에게 절실한 위로가 됩니다. 현실 속에서 문제 상황을 겪는 작품 속 인물이, 또다른 우주의 나를 만나 문제를 간단하게 해결해 버리니까요. 『우주로 가는 계단』의 주인공 지수도 같은 이유로 평행 우주 이론에 빠져들게 됩니다.

지수의 문제 상황은 간단히 해결할 수 있는 것이 아닙니다. 사고로 온 가족을 잃고 우주에 홀로 남겨진 지수의 허망함을 누가 감히 위로해줄 수 있을까요? 그런 지수에게 운명처럼 물리학이 다가옵니다. 정확히는, '평행 우주' 이론이 다가옵니다. 지금 지수가 있는 곳이 아닌 다른 어딘가에서는 지수가 가족과 함께 행복하게 살고 있을 것이라는, 헛되지만은 않은 가정이 지수에게 위안을 안겨준 것입니다. 그후로 물리학에 푹 빠지게 된 지수는, 701호에 사는 할머니와 양자역학에 대한 이야기를 나누며 가까워집니다. 간단한 물리 이론 이야기조차 '체하겠다'라며 거부하는 어른들과 다르게, 할머니는 꽤나 진지하게 지수와 물리학 이야기를 나눕니다.

그런데, 별안간, 갑자기! 할머니가 온데간데없이 사라집니다.

대체 할머니에게 무슨 일이 일어난 걸까요? 사실, 애정을 나누던 누군가가 어디론가 증발했다는 일 자체가 지수에게 트라우마로 다가올 수 있습니다. 다행히, 서사는 지수를 그렇게까지 극단적으로 몰고 가지는 않습니다. 아니, 오히려 할머니가 사라졌기 때문에 지수가 믿고 있는 평행 우주 이론이 더 공고해지기도 합니다.

여러분은 다른 우주가 존재한다고 믿으시나요? 삼촌처럼 하나의 우주만으로 벅차다고 생각할 수도, 은서 언니처럼 사랑하는 연인을 유일한 우주라고 말하는 농담으로 넘길 수도 있겠죠. 확실한 것은, 다중 우주적 상상이 『우주로 가는 계단』의 공간을 다양화하고, 무기력하게 끝날 수 있는 서사를 희망적으로 만드는 데 기여한다는 것입니다. 어딘가에 또다른 내가 다른 모습으로 존재한다니 상상만 해도 매력적이지 않나요? 허무맹랑하다고 비난받던 지동설이 시간이 흐르며 증명되고 정설이 된 것처럼, 평행 우주 이론도 언젠가는 명백한 사실로 자리잡게 될지 모릅니다. 흥미로움에 콧구멍이 커진 아이들을 위한 세 가지 활동을 소개합니다.

평행 우주 간접 체험하기

 지수 따라 하기

주인공 지수는 월간 『과학 세계』 잡지를 보고 말 그대로 과학의 세계에 빠져듭니다. 우리 주변에도 어린이 과학 잡지가 있는데요, 학교 도서관이나 공공 도서관에서 과학 잡지를 읽어보세요. 도서관에 가기 쉽지 않다면, 아래 QR 코드로 접속해서 미리보기를 읽어보세요. 흥미로운 과학 목차가 있나요? 어떤 점이 흥미롭나요?

QR 코드		
『과학소년』		『월간 뉴턴』

• 예시 •

관심 가는 기사	제목: 어서 와~! 대한민국 오로라는 21년 만이지? 이유: 21년 만에 우리나라 하늘에 나타났다는 오로라 기사가 눈길을 끌었다. 아름다운 빛깔을 띠는 오로라에 전부터 관심이 많았는데, 기사를 보면 더 잘 알 수 있을 것 같아 선택했다.
더 알아보고 싶은 내용	오로라는 어떻게 생겨나는 것인지, 우리나라 어느 지역에 오로라가 발생했는지 자세히 알아보고 싶다.

활동 2 모스 부호 딱지 만들기

『우주로 가는 계단』에서 할머니와 지수는 모스 부호를 통해 소통합니다. 모스 부호는 실제로 비상 통신 수단으로 기능하기도 하는데요, 이야기 속 할머니가 딱지 위에 키워드를 적은 것처럼 한글 모스 부호 규칙에 따라 단어를 적어봅시다. 모스 부호 딱지를 완성했다면, 무작위로 친구들과 교환하여 누구에 대한 단어인지 맞혀보세요.

• 예시 •

한글 모스 부호

ㄱ	•—••	ㄴ	••—•	ㄷ	—•••	ㄹ	•••—
ㅁ	——	ㅂ	•——	ㅅ	——•	ㅇ	—•—
ㅈ	•—••	ㅊ	—•—•	ㅋ	—••—	ㅌ	—•—•
ㅍ	———	ㅎ	•———				
ㅏ	•	ㅑ	••	ㅓ	—	ㅕ	•••
ㅗ	•—	ㅛ	—•	ㅜ	••••	ㅠ	•—•
ㅡ	—••	ㅣ	••—	ㅐ	——•—	ㅔ	—•——

1. 여러분을 알 수 있는 키워드를 모스 부호로 적어보세요.

• 예시 •

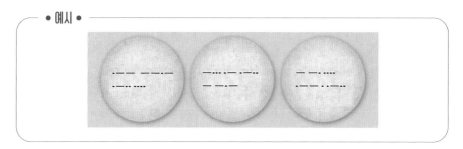

2. 딱지 안에 적은 단어는 무엇인가요?

그 단어를 적은 이유는 무엇인지 나만의 해석본을 만들어보세요.

● 예시 ●

내가 적은 단어	배구, 독서, 수박
단어를 적은 이유	나는 배구를 좋아합니다. 시즌중에는 매일 저녁에 경기를 챙겨 볼 정도입니다. 평소에는 책 읽는 것을 좋아하고, 과일 중 특히 수박을 잘 먹기 때문에 '독서' '수박'이라는 키워드도 넣었습니다.

활동 3 평행 우주의 나는 어떻게 살고 있을까?

지수는 평행 우주 속 자신이 가족과 행복하게 살아가고 있으리라고 상상합니다. 평행 우주가 있다면, 그 속의 나는 어떻게 살고 있을까요? 구체적으로 상상해보고, 편지를 써봅시다.

● 예시 ●

평행 우주 속 나의 모습	엄마와 아빠, 동생이 분명히 살아 있을 것이다. 가족과 함께 이따금 여행도 다니고, 소소한 농담을 하며 행복하게 살고 있을 것 같다.
평행 우주 속 나에게 편지 쓰기	안녕, 지수야? 나는 또다른 우주 속 지수야. 다른 게 아니라, 엄마와 아빠, 동생이 잘 지내는지 궁금해서 편지를 썼어. 그곳에서는 더 많은 추억을 쌓고 있겠지? 언젠가 놀러갈게. 할머니의 도움을 받아서 말이야. 그럼, 그때까지 안녕히. 다른 우주 속의 지수가.

활동 4 평행 우주 속의 우리, 모여보자!

평행 우주 속의 우리 반이 한데 모이면 어떤 일이 벌어질까요? 평행 우주 속 나의
외양, 성격, 특징을 상세하게 적어봅시다. 게더타운을 개설하여, 모여서 대화해봅
시다.

• 예시 •

평행 우주 속 내 이름	곽두팔
나이	20살
직업	수영 선수
성격	호쾌하고 밝다. 외향적이고 미래에 대한 큰 욕심 없이 살아간다. 낯을 가리지 않아서 낯선 사람과 쉽게 친구가 된다.
특징	어렸을 때 미국에서 살다 와서 중간중간 영어를 섞어서 쓴다. 귀여운 강아지를 한 마리 기른다. 운동신경이 매우 좋다.

한 걸음 더

우주 이야기로 더 나아가는 책

그림책 『로켓아이』
김민우 글·그림, 노란돼지, 2023
#우주로켓연구소 #우주에직접간것같은기분

'내가 만약 우주에 간다면?'이라고 상상한 적이 있나요? 이 책과
함께라면 더이상 허무맹랑한 공상이 아닙니다! 로켓 발사부터 탐
사까지 모두 담겨 있어요. 로켓에 관심이 많은 아이, 우주에 가보
고 싶은 아이 모두 모두 모여라.

그림책 『우리는 우주 어디쯤 있을까?』
제이슨 친 글·그림, 정창훈 옮김, 봄의정원, 2021
#광활한우주속에서 #우린먼지같은존재야

우주 속에서 우리는 얼마만큼의 크기를 차지하고 있을까요? 우리
의 위치는 어떻게 측정할 수 있죠? '우리는 한낱 먼지일 뿐이야'라
는 말을 손쉽게 실감할 수 있는 그림책입니다. 그림책 작가인 제이
슨 친은 이 이야기를 하버드 천체물리학연구소의 도움을 받아 만
들었다고 하는데요, 내가 발을 디디고 있는 이곳에서 우주까지 훌
쩍 나아가보기 좋은 책입니다.

**어린이
교양서**

『넥스트 레벨 3: 우주 탐사』

이정모·최향숙 글, 젠틀멜로우 그림, 한솔수북, 2024

#우주에대해알고싶다면 #흥미로운논픽션

우주에 대해 관심이 생겼나요? 쉽고 재미있게 우주를 알아보고 싶
다고요? 그렇다면 이 책을 추천합니다. 세 개의 레벨을 클리어하
면서 책을 따라가다보면, 우주 탐사 분야의 세계로 폭 빠져들 수
있거든요. 각 챕터 앞에 만화가 수록되어 있고, 구어체로 서술되
어 있어 어렵지 않게 우주에 대해 공부할 수 있습니다.

**청소년
소설**

『너의 우주는 곧 나의 우주』

하유지 지음, 자음과모음, 2023

#우주를초기화할수있는능력 #과연그게좋은걸까

불행한 일이 닥치면, 언제든지 우주를 초기화할 수 있는 여름이.
여름이는 이번 생이 마음에 들지 않으면 가볍게 다른 인생으로
넘어갈 수 있는 능력이 있는 중학생입니다. 그런 여름이 앞에 할
머니 테리가 나타나 운석 사용을 저지하는데요. 테리는 왜 운석
사용을 만류하는 것일까요? 여름이는 어떤 깨달음에 다다르게
될까요?

교육과정과 이렇게 연계해요(2022 개정 성취 기준)

12월 첫번째 주제 환상과 판타지

[2슬01-04] 사람과 자연, 동식물이 어우러져 사는 생태를 탐구한다.

[2국05-01] 말놀이, 낭송 등을 통해 말의 재미와 즐거움을 느낀다.

[4국05-04] 감각적 표현에 유의하여 작품을 감상하고, 감각적 표현을 활용하여 자신의 생각이나 감정을 표현한다.

[4국05-02] 자신의 경험을 바탕으로 작품 속 세계와 현실 세계를 비교하여 작품을 감상한다.

[6국05-02] 비유적 표현의 효과에 유의하여 작품을 감상한다.

[4미02-04] 표현 의도를 가지고 작품을 제작하며 자기 작품을 소중히 여길 수 있다.

[6도01-01] 자주적인 삶에 대한 이해를 바탕으로 자신의 생활계획을 세우고 실천하여 주체적인 삶의 태도를 기른다.

12월 두번째 주제 미스터리와 추리

[4국05-01] 인물과 이야기의 흐름을 중심으로 작품을 감상한다.

[6국02-02] 글에서 생략된 내용이나 함축된 표현을 문맥을 고려하여 추론한다.

[4사09-01] 생활 주변에서 찾을 수 있는 여러 가지 문제를 파악하고, 그 문제를 합리적으로 해결하는 능력을 기른다.

[4사03-01] 최근 사회 변화의 양상과 특징을 파악하고, 그로 인해 나타난 생활모습의 변화를 탐색한다.

[6사03-02] 일상생활에서 인권이 침해되는 사례를 찾아 그 해결 방안을 탐색하고, 인권을 보호하는 활동에 참여한다.

[4도03-02] 디지털 사회에서 발생하는 다양한 문제를 살펴보고, 해결 방안을 탐구하여 정보통신 윤리에 대한 민감성을 기른다.

[6도03-01] 인권과 관련된 다양한 사례를 살펴보고 인권에 관한 감수성을 길러 이를 실천하려는 의지를 함양한다.

12월 세번째 주제 게임과 가상 현실

[2국05-03] 작품 속 인물의 모습, 행동, 마음을 상상하여 시, 노래, 이야기, 그림 등으로 표현한다.

[4국05-02] 자신의 경험을 바탕으로 작품 속 세계와 현실 세계를 비교하여 작품을 감상한다.

[6국01-07] 절차와 규칙을 지키고 타당한 이유와 근거를 제시하며 토론한다.

[6국06-04] 자신의 매체 이용 양상에 대해 성찰한다.

[4도03-02] 디지털 사회에서 발생하는 다양한 문제를 살펴보고, 해결 방안을 탐구하여 정보통신 윤리에 대한 민감성을 기른다.

[6도01-02] 생활 습관에 대한 성찰을 통해 자기 생활을 점검하고 올바른 계획을 세워 이를 실천한다.

[6실03-02] 발명사고기법과 기술적 문제 해결 과정을 이해하고, 다양한 재료를 활용하여 생활 속 문제를 해결할 수 있는 창의적인 제품을 구상하고 만들어봄으로써 실천적 태도를 갖는다.

12월

자유롭게
모험하고
상상하기

일상의 아름다움을 발견하는 마법
『가느다란 마법사와 아주 착한 타파하』

전학년 | 김혜진 글, 모차 그림, 사계절, 2023

판타지 장르는 언제나 아이들에게 압도적 지지를 받는 인기 장르인 만큼 많은 창작동화에서 기본 설정으로 여겨질 정도로 쉽게 찾아볼 수 있습니다. 누군가 판타지 도서를 그저 허무맹랑한 공상 정도로 바라본다면, 그는 아직 판타지 속 튼튼한 질서를 발견하지 못했을 가능성이 높습니다. 책장이 한 장 한 장 넘어갈 때마다 아이들은 원래 그 세계에 살고 있던 것마냥 그 속의 질서를 자연스럽게 받아들이거든요. 예를 들어 판타지 세계에서는 뭔가를 살 때 현실 세계처럼 돈을 지불하는 대신 '나의 수명 중 일부를 지불해야 한다'는 그럴듯한 법칙이 적용되는 것이지요. 그 과정에서 아이들은 '나라면 어떤 것에 수명을 내어줄 수 있을까?'라는 질문을 통해 새로운 관점을 갖고, 자유로운 사고를 펼쳐나갑니다.

이토록 황홀한 판타지 세계를 경험하고 싶을 때 가장 먼저 추천하는 것은 마법 이야기입니다. 무의식 속 지녔던 환상을 마음껏 펼쳐낼 수 있거든요. 이번에 소개하는 동화 『가느다란 마법사와 아주 착한 타파하』에도 사랑스러운 마법사가 등장하는데요. 본격적으로 책을 읽기 전, 제목을 꼭 소리내서 읽어보기를 추천해요. 마치 마법에 걸린 듯 우리말 자음 '가나다라마바사'와 '아자차카타파하' 소리가 나올 테니까요. 그런데 그냥 마법사도 아니고, 가느다란 마법사란 대체 뭘까요? 이 책의 주인공은 가느다란 마법을 쓰는 마법사입니다. 보잘것없어서 가느다란 게 아니에요. 종이 한 장, 그믐달처럼 가느다란 것을 다루지만 그만의 확실한 힘을 가지고 있는 마법입니다.

이 마법사는 지도를 보면서도 매번 길을 잃곤 하는데요. 세상의 온갖 가느다란 것들을 살피려면 어쩔 수 없어요. 앞머리를 겨우 살랑거릴 정도의 실바람, 아이의 옅은 숨결에 날아가는 민들레 씨앗, 얇은 그림자의 흔적까지 가느다란 마법사는 모두 느낄 수가 있습니다. 그런데 이 가느다란 마법사 앞에 큰 난제가 들이닥칩니다. 원한을 가득 품은 존재를 만나게 된 건데요, 그 주인공은 번번이 돌아오는 봄 탓에 땅속으로 쫓기듯 녹아들어간 '서리'입니다. 영원한 존재가 될 것이라는 이기심으로 똘똘 뭉친 서리는 봄과 맞서 싸우겠다며 주변 인물들을 다치게 하는 것도 서슴지 않습니다.

마법사의 세상에 나타난 악의 존재라니, 응당 마법으로 물리치고 평화로운 결말로 끝이 나야만 할 것 같지만 이 책은 조금 다릅니다. 가느다란 마법사는 서리의 차갑고 고집스러운 마음 사이에 있는 가느다란 틈을 발견하거든요. 그 틈엔 한 번도 보지 못한 봄을 만나고 싶다는 진실한 소망 한 줄기가 있었지요. 서리의 마음을 정확히 꿰뚫어본 마법사는 봄이 오면 서리를 불러줄 것을 약속합니다. 덕분에 꽁꽁 언 것만 같던 서리의 마음에도 한 줌의 볕이 들고, 약속을 받은 서리는 스스로 사라지게 됩니다.

광활하기만한 마법이 아닌 가느다란 틈을 발견하는 마법, 세차게 밀려오는 일상의 파도 속에서 헤엄치는 아이들에게 그 무엇보다도 가장 필요하고 강한 힘이 아닐까요? 이 책을 읽고 아이들에게 이야기해보세요. 우리도 가느다란 마법사가 되어보자고 말이죠!

가느다란 마법 학교

동화 『가느다란 마법사와 아주 착한 타파하』 속에 등장하는 가느다란 마법사가 되어볼 수 있는 수업 활동을 소개합니다.

활동 1 마법 학교 1교시: 가느다란 틈 발견하기

책 속에서 마법사는 봄이 궁금한 서리에게 봄이 오면 말을 걸어주겠다고 약속했습니다. 내가 가느다란 마법사가 되었다고 생각하고, 봄에 발견할 수 있는 가느다란 것들의 이야기를 들려줘봅시다. 이를 위해서는 감각을 집중해야 해요. 가느다란 것을 보려면 오감이 아닌, 오롯이 하나의 감각에만 집중해야 하거든요. 다른 이들은 발견하지 못했던 봄의 모습을 생생하게 적고 발표해보세요.

> • 예시 •
>
> 봄비가 내린 후 새싹 끝에 달려 있는 동그란 물방울.
> 봄나들이 나온 사람들이 흥얼거리는 콧노래 소리.

마법 학교 2교시: 가느다란 글자 마법

마법사가 글자의 가느다란 획을 이리저리 옮겨 새로운 단어를 만들었던 것처럼 글자 마법을 부려봅시다. 짝꿍의 이름 속 자음, 모음을 해체하고 원하는 곳에 획을 재배치하거나 글자의 방향을 바꿔서 짝에게 새로운 이름을 지어줘보세요. 여러 번 필요한 글자는 또 써도 좋아요. 친구와 꼭 어울리는 이름이 탄생하면 더욱 좋겠지요?

> • 예시 •
>
> 박정민 → ㅂ ㅏ ㄱ ㅈ ㅓ ㅇ ㅁ ㅣ ㄴ → 머먹지
> 이유: 항상 배가 고프다며 먹을 것을 자주 찾기 때문이다.

마법 학교 응용편: 가느다란 마법 주문 만들기

가느다란 마법사가 부릴 수 있는 유용한 마법에는 손바닥에 박힌 가시 빼기, 나비의 찢긴 날개를 실로 꿰매기 등이 있었는데요. 이번에는 내가 직접 가느다란 마법 주문을 만들어보는 차례입니다. 가느다란 마법사에게 어울릴 만한 마법과 마법 주문까지 떠올려보세요.

> • 예시 •
>
> » "빼내빼내뽀로롱."
>   → 좁은 틈에 끼어서 손으로 빼낼 수 없는 물건들을 뭐든지 빼내는 마법.
>
> » "비춰라, 반딧불이!"
>   → 새어들어오는 빛을 잡아서 어두운 곳에서도 주변을 밝히는 마법.

너의 간절한 소원은 무엇이니?

『소원을 들어 드립니다, 달떡연구소』

저중학년 | 이현아 글, 오승민 그림, 보리, 2021

"아이폰 갖는 게 소원이에요."

"일주일만 학원 안 가면 소원이 없겠어요."

"어린이날 소원으로 강아지 키우고 싶다고 말했어요."

아이들에게 어떤 소원이 이뤄졌으면 좋겠는지를 물었을 때 가장 많이 나오는 단골 답변들입니다. 대부분의 소원은 두 가지 종류로 구분되는데요. 하나는 지금 내가 가진 것보다 더 좋은 것을 가지는 것, 또다른 하나는 불만족스러운 지금의 상태에서 벗어나는 것이죠. 이는 어른들도 마찬가지입니다. 비싼 집 한 채에 연봉 얼마를 소원으로 빌거나 하루빨리 퇴사하고 해외여행 다닐 날만을 손꼽아 기다리기도 하니까요. 이 소원들이 결코 나쁜 것은 아닙니다만 이 모든 소원들만 이뤄진다면 우리가 행복해진다고 장담할 수 있을까요? 우리가 소원이라고 쉽게 말하는 것들 중 우리를 '진실한 행복'으로 데려다줄 것들은 얼마나 될까요?

동화 『소원을 들어 드립니다, 달떡연구소』에서는 인간의 간절한 소원을 들어주는 옥토끼들이 등장합니다. 전래 동화에 등장하는 옥토끼는 달에서 돌절구로 떡방아를 찧지만 이 동화 속 토끼들은 그와는 비교가 되지 않습니다. 으리으리한 달떡연구소를 세워 최첨단 과학 기술을 사용할 뿐만 아니라 달떡 레시피를 개발하는 연구팀, 달떡을 직접 빚는 생산팀, 고객의 수요를 조사해오는 소원 조사팀까지 존재할 정도니까요. 달떡연구소에 있는 옥토끼들은 지구로 내려가 인간들의 간절한 소원을 들어주고, 그곳에서 오직 깨끗한 물 한 잔만을 얻어옵니다. 달에서 자라는 계수나무를 키우기 위해서죠.

이렇게나 은혜로운 옥토끼들에게도 철칙이 있으니, 그건 바로 인간의 소원이 아무리 간절하더라도 진실한 행복을 얻을 수 없는 소원은 들어주지 않는다는 것입니다. 바로 '최고가 되게 해주세요' 같은 소원들 말이죠. 얼핏 보면 행복할 것 같은 이 소원들은 사실 끝나지 않는 경쟁만을 남긴다는 사실을 알기 때문이에요. 최고만을 바라보는 이들은 마음을 잃어버린 채 앞으로 달려가게 되거든요.

그러나 인간들을 몰아내고 지구를 지배하려는 악당 옥토끼 무리는 들어줘서는 안 되는 인간들의 소원들을 이뤄주고, 무려 700명의 마음을 빼앗습니다. 이렇게나 많은 사람들이 불행으로 향하는 소원을 빌었다는 것도 놀라운데요, 심지어는 옥토끼 자신들조차도 달떡을 많이 만들기 위해 그릇된 욕심을 부렸다는 사실을 알게 됩니다. 이를 깨달은 이후부터 옥토끼들은 자신들이 진정으로 행복을 느끼는 일을 찾게 됩니다.

우리는 흔히 다른 사람들을 바라보며 나에게 없는 것은 무엇인지, 어떤 것이 필요한지 찾기 위해 애쓰지요. 그러나 내가 진정으로 간절히 바라는 것을 알기 위해서는 남들을 따라 달리던 발걸음을 멈추고 나의 마음을 들여다봐야만 해요. 그리고 이는 저절로 이뤄지는 것이 아니라 꾸준한 연습으로 길러지지요. 아이들에게 나 자신도 몰랐던 진짜 내 마음을 들여다볼 수 있는 기회를 선물해주세요.

진정한 소원 달떡 만들기

동화 『소원을 들어 드립니다, 달떡연구소』를 읽고 우리 반 친구들의 진실한 마음이 담긴 소원을 알아보고, 그에 맞는 달떡까지 만들어볼 수 있는 수업 활동을 소개합니다.

 소원 카드 적기

아이들에게 열 개의 빈 종이 카드를 나눠줍니다. 그리고 간절히 원하는 것이나 소원 등을 카드에 적도록 합니다. 그리고 모둠원들과 소원에 대한 다음의 이야기들을 나누며 보다 깊게 탐구해보는 시간을 가져보세요.

• 예시 •

» 이 소원들을 적은 이유는 무엇인가요?

» 소원을 이루면 무엇이 달라질까요?

» 열 개의 소원이 이뤄졌을 때 행복한 정도는 각각 얼만큼일까요?

» 행복은 어느 정도의 기간 동안 지속될 것 같은가요?

» 이들 중 진정한 소원이라 부를 수 있는 것들은 무엇일까요?

우리 반 진짜 소원 나무

내가 소원이라고 생각했던 것 중 단순한 욕심이었던 것과 내가 진짜 바라는 것을 구분해보는 활동입니다. 열 개의 소원 중 꼭 하나만 이룰 수 있다고 할 때, 방금 적었던 카드들 중 어떤 것을 선택할지 골라봅니다. 한 개의 카드를 고른 후에는 뒷면에 그 소원을 고른 이유를 적습니다. 그리고 미리 큰 종이에 인쇄해둔 우리 반 소원 나무 위에 소원 카드를 붙여줍니다.

 달떡 소원 고르기

소원 나무에 걸린 우리 반 친구들의 소원에는 무엇이 있는지 살펴봅니다. 그리고 소원들 중 꼭 들어주고 싶은 친구의 소원을 하나 골라봅니다. 아이들이 소원의 내용을 보고 고를 수 있도록 소원 카드에는 이름을 적지 않는 것이 좋습니다.

 **달떡 맞춤 제작하기**

마지막으로는 소원이 이뤄지는 달떡을 만들어보는 활동입니다. 달떡연구소의 옥토끼가 되었다고 생각하고 친구의 소원에 꼭 맞는 맞춤 달떡을 제작해보세요. 나만의 레시피와 달떡의 이름도 간단하게 적고, 클레이를 활용해서 각양각색의 모양과 특징을 가진 달떡을 만들어볼 수 있어요. 만들기 활동이 끝나면 내가 뽑은 소원 카드의 주인을 찾아서 직접 달떡을 전달해주는 시간까지 가져보세요.

● 예시 ●

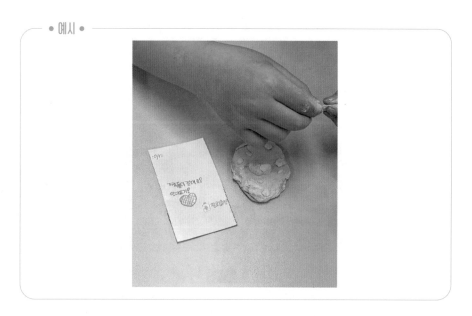

한 걸음 더

판타지 세계로 한 발짝 다가가는 책

그림책

『끝없는 여행』
에런 베커 글·그림, 웅진주니어, 2016
#내가쓰는이야기 #글없는그림책

3학년 국어 교과서에 수록된 『비밀의 문』에 이은 후속작으로 책을 넘길 때마다 고요한 환상의 세계로 빠져듭니다. 아름다운 색채와 신비로운 분위기를 자아내는 장면들은 마치 꿈을 꾸는 듯한 느낌을 선사합니다. 마법의 펜 한 자루와 함께 나만의 이야기로 끝없는 여행을 떠나보세요.

그림책

『겨울 이불』
안녕달 글·그림, 창비, 2023
#힐링판타지 #일상속다른세계

드넓은 판타지 세계를 벗어나 익숙한 일상 속에서 펼쳐지는 판타지의 재미를 느껴볼 수 있는 책. 오들오들 시린 겨울, 할머니 집 바닥 위 뜨끈하게 달궈진 이불 속에서 내가 모르는 세계가 펼쳐진다면? 가족의 따뜻한 사랑과 맛있는 겨울 음식들로 장면마다 흐뭇한 행복이 피어오릅니다.

동화책

『십 년 가게 1』

히로시마 레이코 글, 사다케 미호 그림, 이소담 옮김, 위즈덤하우스, 2020

#나에게소중한것 #시간의마법

어떤 것이든 10년 동안 온전히 변하지 않는 상태로 보관해주는 가게가 있다면 무엇을 맡기고 싶으신가요? 대신 그 값으로 1년의 수명을 지불하고 말이죠. 책 속에 등장하는 다양한 인물들은 저마다의 소중한 것들을 가지고 '십 년 가게'에 방문합니다. 그들의 이야기를 듣다보면 어느 순간 나에게 묻게 됩니다. 나의 생명을 내어줄 만큼 소중한 것은 무엇인지를요.

동화책

『숲의 아이 윌라』

로버트 비티 지음, 황세림 옮김, 위즈덤하우스, 2023

#아름다운공존 #내삶을개척할용기

남에게 휩쓸리지 않고 용기 있게 자신만의 삶을 개척해나가는 주인공 윌라의 이야기를 담은 책. 파괴되어가는 숲속에서 살고 있는 마지막 숲 마녀인 윌라는 생명을 위협당하는 상황에서도 자신만의 생각을 잃지 않고 성장합니다. 초록빛의 숲이 일렁이는 판타지 세계에서 살아가는 윌라의 씩씩한 삶의 태도를 만나보세요.

12월 두번째 주제
미스터리와 추리

미스터리와 추리 ①

소능력, 어디까지 써봤니?
『소능력자들 1: 애완동물 실종 사건』

저중학년 | 김하연 글, 송효정 그림, 마술피리, 2017

기이하고 신비스러운 현상 이면에 있는 진실을 파헤쳐나가는 미스터리 장르는 탄탄한 마니아층을 가진 장르입니다. 특유의 오묘한 느낌에 첫 장을 넘기고 나면 뒷이야기에 대한 호기심으로 책장을 덮을 수 없는 마성의 장르라고도 할 수 있지요.

"이러이러해서 저 사람이 범인 아니에요?"

아이들과 함께 미스터리물 동화를 읽을 때면 위와 같이 쏟아지는 질문 세례를 받을 수도 있는데요. 책을 읽는 동안 아이들은 끊임없이 스스로 가설을 세우고, 그에 대한 증거를 찾고 다시 또 새로운 가설을 세워나가기 때문입니다. 누가 시키지 않아도 적극적으로 의미를 구성하는 읽기가 가능한 것이죠. 그렇기에 꼭 책 속에서 큰 깨달음과 메시지를 구할 필요가 없습니다. 책을 읽는 동안 한 줄 한 줄이 주는 재미에 폭 빠져서 스스로 모험을 즐기는 탐정이 되어보는 것이면 충분합니다.

미스터리 시리즈 동화책 『소능력자들』은 어느 날 갑자기 운석이 떨어진 후 불가사의한 능력을 얻게 된 아이들의 이야기입니다. 그런데 이왕 생긴 능력이 영화 속 슈퍼히어로들처럼 신비하고 대단한 능력이면 좋으련만 이들은 어디 가서 자랑하기도 머쓱한 능력들을 지녔습니다. 먼저 주인공 진우는 갑자기 한 번도 배운 적 없는 튀르키예어가 귀에 쏙쏙 들리게 됩니다. 그런데 영어, 중국어, 일본어 같은 모든 외국어가 들리는 것도 아니에요. 오직 '튀르키예어'만 알아들을 수 있답니다. 또다른 친구는 공중 부양을 할 수 있지만 고작 지면에서 5센티미터만 떨어져 있을 수 있고요. 딱 한쪽 오른팔만 잠시 동안 투명하게 만들 수 있는 친구도 있답니다. 저게 무슨 초능력이야 싶을 정도로 소소한 능력들이죠?

대단할 것은 없지만 소능력이라는 공통점으로 모인 친구들의 마을에 수상한 사건이 일어납니다. 언젠가부터 마을의 반려동물들이 단체로 실종되는 일이 벌어지고, 마을 곳곳에는 동물을 찾는 주인들의 간절한 마음이 담긴 전단지가 넘쳐납니다. 더 이상한 건 잃어버린 반려동물 중 하나인 앵무새에게도 소능력자의 표식인 손톱의 붉은 반점이 있다는 것입니다. 무언가 예사롭지 않음을 느낀 아이들은 힘을 합쳐 실종 사건을 해결해나가기 시작합니다.

인류와 전 세계를 구하는 엄청난 영웅들의 이야기는 어딘가 멀게 느껴지지만, 묘하게 빈틈이 있는 이들의 소능력은 '언젠가 나에게도 이 정도 능력은 생길 수 있지 않을까?' 하는 재밌는 상상을 자아내게 하는데요. 이어지는 수업 활동과 함께 우리 반만의 개성 넘치는 미스터리 세계를 펼쳐나가보세요!

소능력자들의 미스터리 파헤치기

동화 『소능력자들』을 읽고 책에 드러나지 않은 미스터리 사건을 추리해볼 수 있는 수업 활동을 소개합니다.

 미스터리 소능력 활용 지침서

등장인물들의 소능력을 각각 정리하며 인물을 탐구합니다. 그중 가장 갖고 싶은 능력을 가진 한 사람을 고르고, 그 능력을 어떻게 활용할지 적어봅니다. 이때 '내가 ○○이라면……'과 같이 문장의 형식을 고정하는 것도 좋습니다. 그다음으로는 같은 인물을 뽑은 친구들끼리 모여 각자가 쓴 활용법을 소개하고, 이를 모아 각 인물별 소그룹만의 소능력 활용 지침서를 만들어봅니다.

● 예시 ●

인물	인물이 가진 소능력
주진우	배운 적 없는 튀르키예어를 모두 알아들을 수 있다.
전학생	음료를 마시면 10분 동안 5센티미터 공중 부양을 할 수 있다.
강미루	정신을 잠시 집중하면 오른팔이 투명해진다.
강마루	1킬로그램 이하의 물체를 손을 대지 않고 움직일 수 있다.

강마루 미스터리 소능력 활용 지침서

1. 징그러운 벌레가 나타났을 때 손으로 잡지 않고, 밖으로 멀리 쫓아낼 수 있다.

2. 운전할 때 핸들을 눈으로만 돌려서 자율주행인 척 운전할 수 있다.

 ## 실종 사건의 재구성

반려동물 실종 사건의 유력한 용의자인 케밥 아저씨와 수의사, 등산복 아저씨 중 누가 범인일지 추리하는 활동입니다. 범인을 추리한 단서를 적고, 이를 토대로 책에는 나오지 않은 실종 사건 당시의 전개과정을 자유롭게 상상해 적어봅니다.

	내가 생각한 범인은 (케밥 아저씨)이다.
추리 단서	핸드폰을 급하게 찾는 것으로 보아 동물 주인들에게 거짓 연락을 돌리는 것 같다.
	개와 사료에 대한 이야기를 튀르키예어로 주고받았다.
	실종 사건의 전개
1	케밥 아저씨들은 떠돌이 개들을 잡아다가 개고기로 케밥을 만들어왔다.
2	떠돌이 개를 찾기가 점점 어려워지자 아저씨들은 다른 사람들의 개를 훔치기 시작했다.
3	잃어버린 동물 전단지가 붙자 초조해진 아저씨들은 개를 훔치지 않은 척 다른 장소에 다시 동물들을 풀어두었다.
4	그리고 전단지에 적힌 주인의 연락처로 전화해 개를 본 것 같다며 거짓말을 했다.

활동 3 우리반 소능력자 앵무새 구출 대작전

책의 마지막 부분에는 실종된 앵무새가 결국 구출되지 못한 채 끝나는 장면이 나오는데요. 학생들이 직접 만들어낸 소능력으로 앵무새를 구출하는 뒷이야기를 상상해보는 활동입니다.

먼저 책 속에 나온 능력 외에 다른 소소한 초능력으로는 무엇이 있을지 상상하여 소능력 카드를 만듭니다. 한쪽 면에는 그림을 그리고, 다른 한쪽 면에는 소능력에 대한 설명을 쓴 뒤 우리 반 친구들의 카드를 모두 모아 섞습니다. 그리고 랜덤으로 소능력 카드를 뽑은 뒤 모둠원들끼리 자신의 능력을 공개합니다. 그리고 각자의 소능력을 발휘한 앵무새 구출 작전을 짜서 이야기를 만들어봅니다.

• 예시 •

모둠원 A가 뽑은 소능력 카드: 딱 10초간 1시간 전으로 돌아갔다 올 수 있다.
모둠원 B가 뽑은 소능력 카드: 3분간 산소 없이 숨을 쉴 수 있다.

뒷이야기 상상하기

새장에 갇힌 앵무새를 발견한 A는 1시간 전으로 돌아가
범인이 새장의 열쇠를 어디에 숨겨두었는지 보게 되었어. (…)

약자를 괴롭히는 당신이 약자야!

『13의 얼굴』

전학년 | 김다노 글, 최민호 그림, 위즈덤하우스, 2022

어느 겨울, 사람들이 열심히 만들어놓은 눈사람을 누군가 웃으며 부수는 영상을 봤습니다. 그 반응은 대체로 '만드는 동안의 노력과 행복이 담긴 것을 아무렇지도 않게 부수는 행위가 눈살 찌푸려진다'는 것들이었지요. 반면에 몇몇 사람들은 '생명도 아닌, 고작 눈사람에 지나치게 오버한다'고 이야기하기도 했는데요, 언뜻 보면 이 말은 틀린 게 없어 보입니다. 하지만 사실 이들은 반쪽짜리 세상을 살고 있는 것과 같습니다. 이들이 보지 못한 세상엔 '공감 능력'과 '감수성'이란 가치들이 있거든요. 바로 이것들이 눈사람에 담긴 사람들의 행복과 노력을 알아차릴 수 있게 해주지요. 이 가치들은 눈에 보이지 않을뿐더러 말로 설명하기도 어렵기 때문에 종종 잊혀집니다. '눈사람 부순 게 뭐가 잘못이에요?'라고 말하는 아이들이 옳고 그름보다 더 중요한 가치를 마음으로 느낄 수 있는 책을 소개합니다.

동화책 『13의 얼굴』은 우리의 일상에서 일어나지만 결코 가볍지 않은 범죄의 단상을 보여주며 범인을 찾아나가는 추리 동화입니다. 챕터 중간중간에 등장하는 범행 프로파일링 수첩을 참고하여 아이들과 함께 직접 범인을 추리하며 읽어도 좋습니다.

악행은 함박눈이 펑펑 내리던 날, 누군가 온 골목에 있던 눈사람을 전부 야구방망이로 내려쳐 부순 데서 시작되었습니다. 부서진 눈사람들 중에는 하나와 친구들이 만든 것도 있었죠. 형사인 부모님을 닮아 관찰력이 뛰어난 하나는 우연히 범인이 입고 있던 패딩 뒤에 '13'이라는 숫자가 쓰여 있는 것을 보게 됩니다. 이날 이후에도 13의 범죄는 계속돼요. 길고양이를 집어던지거나 강아지를 쓰레기통에 버리기도 하고, 보이는 유아차를 발로 걷어차기까지…… 시간이 지날수록 점점 더 강하고 나쁜 방향으로 뻗어나가는 범죄의 특성을 한눈에 보여줍니다.

그렇게 계속 범인의 뒤를 밟으며 문제를 해결해나가던 하나는 그의 범행에서 결정적인 공통점을 발견하게 되는데요. 이는 바로 범행의 대상이 모두 작고 연약한 존재라는 것입니다. 13은 점점 더 과격하고 난폭한 방식으로 약자 혐오 범죄를 저지르고 있었죠. 그리고 아이들은 깨닫습니다. 13이 다음으로 노리고 있는 대상이 누구인지를요.

이 책은 사회적 약자에 대한 차별과 폭력을 다양한 모습으로 보여줍니다. 편의라는 명목하에 아이들의 출입을 금지한 노키즈존이나 쉽게 접근 가능한 SNS를 이용해서 아이들에게 검은 의도를 내비치는 사람의 모습으로요. 그러나 책을 읽다보면 약자로 여겨지는 어린이들이 실은 얼마나 굳건하고 강한 존재인지가 느껴집니다. 거기에 이들을 지지해주는 든든한 어른까지 함께한다면 더할 나위 없겠지요. 이어지는 수업 활동에서는 더 건강한 우리 사회를 만들기 위한 의식을 깨워보도록 하겠습니다.

어린이 프로파일러, 사건을 해결해드립니다

동화 『13의 얼굴』을 읽고 어린이 프로파일러가 되어 진행해볼 수 있는 수업 활동을 소개합니다.

활동 1 어린이 프로파일러의 범죄 수첩

책에 등장하는 범행을 분석해봅니다. 새로운 사건이 일어날 때마다 각 상황에서 주목할 만한 점이나 떠오르는 의문점을 찾아 질문의 형태로 적어봅니다. 그리고 짝 또는 모둠원과 함께 이야기를 나누며 서로의 질문에 답을 생각해봅니다.

• 예시 •

» "범인의 인상착의는 무엇이었지?"

» "범행 대상은 누구였지?"

» "사건이 일어나기 전에 무슨 일이 있었지?"

» "범인은 무엇 때문에 범행을 저질렀을까?"

활동 2 13과의 가상 대화

책 속에서 본인의 잘못된 행동을 정당화했던 범인, 13과 가상 대화를 진행합니다. 13의 말과 행동 속에 나타난 문제점을 살펴보고, 그에 반박하는 답변을 적어보세요. 이 활동을 통해 나만의 올바른 도덕적 신념과 가치 판단 기준을 세울 수 있습니다.

── • 13의 생각 예시 • ──

» 나는 강하고 그들은 약하니까 괴롭혀도 돼.

» 어렸을 때부터 사람들은 날 이상하다고 생각했어. 이젠 내가 갚아줄 차례야.

» 지금은 다들 날 무서워하니까 내가 원하는 대로 할 수 있어.

» 저들의 목숨은 내 손에 달려 있어.

── • 대화 예시 • ──

> 나는 강하고 그들은 약하니까 괴롭혀도 돼.

> 자신보다 약한 사람만 골라서 괴롭히는 당신은 진짜 강한 게 아니야.

> 어렸을 때부터 사람들은 날 이상하다고 생각했어. 이젠 내가 갚아줄 차례야.

> 누구나 상처받는 일은 있을 수 있어. 그렇다고 해서 다른 사람에게 상처를 줄 자격이 있는 건 아니야.

미스터리의 매력을 만끽하는 책

그림책

『터널』

앤서니 브라운 글·그림, 장미란 옮김, 논장, 2018

#형제관계 #미스터리판타지

성격이 달라도 너무 달라 눈만 마주쳐도 으르렁거리는 남매 사이. 그날도 무심한 오빠는 동생만 남겨두고 혼자 터널 속으로 쏙 사라져버립니다. 동생은 하는 수 없이 홀로 오빠를 찾아 축축하고 어두운 터널을 지나 으스스한 숲을 헤쳐나가는데…… 볼가사의 한 세계 속에서 더욱 애틋해지는 가족 간의 사랑을 느껴보세요.

그림책

『09:47』

이기훈 지음, 글로연, 2021

#기후위기 #타임루프

지구환경위기시계를 모티프로 시간을 빠르게 넘나들며 지구가 어떻게 멸망해가는지를 보여주는 글 없는 그림책. 현재 시간 09:47. 지구 종말 12:00까지 우리에게 남은 시간은 얼마일까요? 마지막 장을 넘길 때 드는 안도감과 동시에 느껴지는 서늘한 경고의 메시지는 지금 우리가 해야 할 일을 알려줍니다.

동화책

『비누 인간』
방미진 글, 조원희 그림, 위즈덤하우스, 2020
#차별과혐오 #공포

낯선 존재에 대한 의심과 두려움으로부터 시작된 공포가 어떻게
걷잡을 수 없이 커지는지 보여주는 미스터리 동화책. '나와 다른
사람'이라는 선을 긋는 순간 그들은 적이 되고, 없애야 할 대상이
됩니다. 그런데 그들은 정말 인간이 아니었을까요?

**청소년
소설**

『학교가 끝나면, 미스터리 사건부』
윤자영 지음, 블랙홀, 2022
#추리 #우정

후각을 이용해 사람의 선악을 알아차릴 수 있는 신비한 능력을 가
진 주인공. 친구들과 함께 만든 방과후 미스터리 사건부에서 송암
고 3대 미스터리를 마주합니다. 어느 학교에나 있다는 미스터리
괴담! 특별한 친구들은 어떻게 사건을 해결해나갈까요?

12월 세 번째 주제
게임과 가상 현실

게임 속 환상의 세계로 초대합니다
『마지막 레벨 업』

전학년 | 윤영주 글, 안성호 그림, 창비, 2021

수업 시간 꾸벅꾸벅 졸고 있는 친구를 불러 이유를 물어보니 이런 답변이 돌아옵니다. "어제 로블록스 하느라 늦게 잤어요." 게임만큼 아이들이 열과 성을 다 바쳐 몰두하는 분야가 또 있을까요? 이건 아마도 게임만이 가지고 있는 특징 때문일 텐데요. 게임 속에서는 대부분 현실에서 불가능한 일들이 등장합니다. 날아다니는 영웅이 되어 몬스터를 잡거나 다양한 퀘스트를 깨며 마을의 평화를 지키기도 하죠. 심지어 오늘날 유행하는 게임들은 본인이 직접 제작에 참여하기도 합니다. 이 과정에서 아이들은 현실 세계에서 꾹 눌러두었던 자아를 마음껏 펼치며 해방감을 느낍니다. 뿐만 아니라 게임 플레이를 성공적으로 마치고 나면 즉각적으로 '당신을 인정한다'는 보상이 찾아옵니다. 그게 레벨이 되었든 아이템이 되었든 말이죠.

동화 『마지막 레벨 업』에서는 이러한 게임 세계가 유일한 도피처인 주인공 선우가 등장합니다. 현실에서의 선우는 왜소하고 약한 모습에 친구들에게 괴롭힘을 당하고, 성적도 잘 나오지 않아 주눅들어 있는 학생이지만 게임 세계 속 선우는 완전히 딴판입니다. 건장한 근육질 캐릭터에 드래곤을 타고 온갖 맵을 누비는 용사니까요. 선우가 홀딱 빠져 있는 이 게임은 바로 '판타지아'입니다. 가상 현실 게임방에 들어가 게임 캡슐을 배정받고 눕기만 하면 눈앞에 환상적인 그래픽 세계가 펼쳐지지요. 아찔한 빙벽 사이를 날아다니는 맵, 우거진 수풀이 가득한 정글 맵 등. 그 어디든 선택하기만 하면 선우는 하루 중 가장 자유로운 1시간을 보낼 수 있습니다.

그런데 이토록 환상적인 판타지아에서 만난 친구, 원지의 입장은 조금 다릅니다. 원지는 판타지아를 '감옥'이라고 이야기해요. 왜냐하면 원지는 판타지아 게임사의 대표인 아빠로 인해 판타지아 세계 속에 살게 된 인물이거든요. 판타지아 세계를 최고로 여기는 선우에게 원지의 아빠는 원한다면 선우도 그 안에서 평생 살게 해주겠다고 제안합니다. 선우는 잔뜩 신이 난 채로 이 사실을 원지에게 전하는데요. 원지는 뜻밖의 이야기를 들려줍니다. 자신은 꽃이 시드는 세상이 부럽고, 배고픔을 느낄 수 있는 선우가 부럽다고요. 원지의 말을 도통 이해하기 어려운 선우는 과연 제안을 받아들이게 될까요?

미리 알려준 정답만을 말해야 하는 퀴즈를 푼다고 상상해보세요. 100점을 맞아서 뿌듯한 기분이 들까요, 아니면 금세 지루해질까요? 한 가지 확실한 사실은 이러한 상황에서는 어떤 자유도 느낄 수 없다는 것입니다. 답이 무엇일지 이것저것 시도해보고, 틀린 답도 마주해보면서 사는 것이 진정한 자유니까요. 다음의 활동을 통해 아이들이 '자유는 어떤 가치가 있을까'에 대한 자신만의 해답을 건져 올릴 수 있기를 바랍니다.

가상 현실 속으로 퐁당!

동화 『마지막 레벨 업』을 읽고 주인공이 처한 상황과 입장에 깊게 몰입하여 진행할 수 있는 수업 활동을 소개합니다.

 판타지아 속 나 vs 현실 세계 속 나

책 속에 등장하는 이상적인 세계, 판타지아 속의 캐릭터를 내 손으로 직접 설계해보고 현실 세계와의 비교를 통해 일상의 소중함을 느껴보는 활동입니다. 본격적인 활동 전에 요즘 아이들이 즐겨 하는 게임에 대해서 먼저 이야기를 나눠보고 진행하면 더욱 개성 있는 결과물들이 나올 수 있습니다.

1. 캐릭터 설계

게임 속 캐릭터를 설계합니다. 아래의 예시와 같이 캐릭터의 외모와 능력을 구체적으로 적을 수 있는 틀을 제공하거나 직접 자유롭게 그려보는 방법 모두 가능합니다.

> ● 예시 ●
>
> » **이름** 비밀맨
> » **성별** 남성
> » **나이** 알 수 없음.
> » **의상** 비밀로 둘러싸인 망토를 입고 다닌다. 망토 속에 어떤 비밀이 있는지 알 수 없다.

» **주요 공격 스킬** 핫팩의 온도를 순간적으로 매우 뜨겁게 높여 폭탄처럼 던진다.

2. 게임 캐릭터 vs 인간 ○○○

내가 만든 게임 속 캐릭터와 현실 세계의 나는 어떤 점이 같고 다른지 찾아봅니다. 게임 속이 아닌 현실 세계에서 일상을 사는 나만 느낄 수 있는 행복 또한 발견할 수 있습니다.

● 예시 ●

캐릭터와 나의 공통점	
둘 다 남자다. 모험을 즐기고, 거침없는 성격이 비슷하다.	
캐릭터와 나의 차이점	
캐릭터만 할 수 있는 것	나만 할 수 있는 것
• 달리기가 빠르다. • 힘이 세서 누구든 상대하면 이긴다.	• 가족과 저녁밥을 먹을 수 있다. • 낮잠을 잘 수 있다.

가치 수직선 토론하기

판타지아 속에서 원지는 영원한 생명을 얻었습니다. 대신 매일 똑같은 세계에서 변화 없는 삶을 살죠. 원지 아빠의 입장과 원지의 입장을 비교해본 뒤 '원지는 자유롭다고 할 수 있을까?' '원지 아빠의 행동은 옳은 것이었을까?' 등의 토론 주제를 정해 가치 수직선 위에 내 생각을 적은 포스트잇을 붙여봅니다. 가치 수직선 토론은 '매우 그렇다' '그렇다' '매우 그렇지 않다' 등의 척도가 나와 있는 수직선에 내 의견을 표시하고 그에 대한 근거를 나누는 토론 방법입니다.

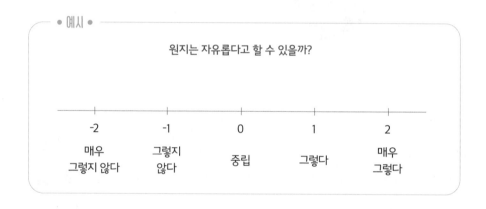

 당신의 선택은?

책 속에서 인물들은 다양한 선택 상황에 놓였습니다. 선우는 게임 속 세계에 살게 해주겠다는 원지 아빠의 제안을 받아들일지 말지 결정해야 했습니다. 원지는 게임을 종료하고 영원히 사라질지 말지를 선택해야 했지요. 이 밖에도 여러 가지 딜레마 상황들을 뽑아보고 책 속 인물들이 되어 나라면 어떤 선택을 했을지 생각해봅니다. ○×카드 중 하나를 고르고, 교실을 돌아다니며 나와 다른 카드를 가진 친구를 만나 3분 토론을 진행합니다.

>> **딜레마 상황 살펴보기**
- 내가 선우라면 판타지아 속 세계로 들어가서 살 것이다. (O / X)
- 내가 원지라면 운명의 날을 선택하고 게임을 종료할 것이다. (O / X)
- 내가 원지 아빠라면 원지를 판타지아 속에서라도 살게 할 것이다. (O / X)

>> **OX 카드 뽑아서 이유 적고 돌아다니기**

>> **친구 만나서 3분 토론하기**
- O 카드를 가진 친구: 내가 선우라면 판타지아 세계로 들어갈 거야. 왜냐하면 선우가 사는 현실은 너무 괴로운데, 판타지아 속에서는 친구도 있고 능력을 마음껏 펼칠 수도 있으니까.
- X 카드를 가진 친구: 아무리 그래도 가상 세계로 들어가는 건 싫어. 가족들도 슬퍼할 거야.

>> **입장 정하기**
3분이 지나면 알람이 울립니다. 토론 이후 나의 입장이 바뀌었다면 다른 카드로 바꿉니다. 그리고 다시 돌아다니며 나와 다른 카드를 지닌 친구를 만나 3분 토론을 이어갑니다.

기를 잃지 않고, 길을 찾아나가기
『도깨비폰을 개통하시겠습니까?』

전학년 | 박하익 글, 손지희 그림, 창비, 2018

수업을 마치고 교실을 나서는 동시에 아이들은 꺼두었던 스마트폰부터 켭니다. 새까맣던 화면에 불이 들어오는 순간 홀린 듯이 스마트폰 속으로 빨려들어가기 시작하죠. 그런데 이를 지적하기엔 저조차도 스마트폰에서 눈을 뗄 수 없을 때가 많습니다. 잠시 스마트폰을 내려놓자 다짐해도 중요한 메시지가 오면 곧바로 답장을 해야 하고, 지도에서 길도 찾아야 하니까요. 이제는 일상에서 떼어낼 수 없는 존재가 되어버린 스마트폰을 무작정 멀리하라고 얘기하기는 무리입니다. 그보다는 스마트폰이 선사하는 화려한 기술을 누리면서도 나의 영혼을 뺏기지 않는 것의 중요성을 알려주는 책을 소개합니다.

동화책 『도깨비폰을 개통하시겠습니까?』는 '지우'라는 아이가 도서관에서 우연히 발견한 스마트폰의 평생 구매 및 이용 약정에 동의하면서 시작됩니다. 그런데 이 스마트폰은 평범한 핸드폰이 아닌 도깨비폰이었지요. 도깨비폰에서 새어나온 푸른 불빛이 인도하는 대로 도착한 곳엔 옛날 옛적 양반집 같은 도깨비 소굴이 등장하는데요. 그곳에선 미래 영화에서나 볼 법한 광경들이 펼쳐지고 있었습니다. 도깨비들은 가상 현실보다 한층 발달한 복합 현실 기술인 '허깨비'를 이용해 순식간에 경기장을 만들고, 허깨비 돌을 던지며 짜릿한 돌싸움 놀이를 하고 있었죠.

도깨비폰의 영향력은 지우의 일상에서도 발휘되는데요. 도깨비 앱 마당에는 환상적인 기능을 가진 앱들이 가득하거든요. 각자 아바타를 생성하면 손바닥 위에 작은 인형들로 등장한 친구들과 곧바로 대화를 나눌 수 있는 메신저 앱 '김서방온', 연필만 쥐고 있으면 무슨 문제든 풀어주는 최고의 숙제 도우미 앱 '술술술'도 있습니다. 뿐만 아니라 원하는 꼭두각시 동물을 살 수 있는 온라인 쇼핑몰과 위치 감지 기능으로 무엇이든 빠르게 배달해주는 날대야 서비스까지…… 도깨비폰의 맛을 제대로 본 지우는 그 매력에 홀딱 빠지게 됩니다.

그런데 알고 보니 도깨비폰의 매혹적인 앱들을 사용하기 위해서는 지불해야 할 것이 하나 있었는데요. 그건 바로 세상 만물이 가지고 있는 특별한 힘, '기氣'입니다. 지우는 자신도 모르게 본인의 기를 도깨비폰에 지불하고 있던 것이죠. 기가 빠지게 되면 점차 생각하는 능력을 잃고, 어떤 것에도 집중하지 못한 채 생기를 잃다가 끝내는 도깨비에 홀려서 벗어날 수 없는 지경에 이른다는 사실 또한 알게 됩니다. 이 기를 회복하기 위해서는 온 마음을 집중하고 영혼을 차분하게 다잡아야 합니다. 깊은 몰입으로 마음을 고요하게 만드는 것이죠. 지우는 이렇게 기를 회복하기 위한 방법으로 역설적이게도 다시 한번 도깨비폰을 활용하는데요. 도깨비들이 쓰는 앱을 만들고 싶다는 목표를 가지고, 앱 개발에 몰두하게 된 것이죠. 깊게 집중하는 행복감을 맛본 지우는 결국 기를 회복하게 됩니다.

중요한 것은 스마트폰을 쓰느냐 안 쓰느냐가 아닌 '나의 생각과 영혼을 지니고 있는가'입니다. 나의 생각을 꾹꾹 눌러 담아 스마트폰을 뜯어보고 즐길 수 있는 활동들을 소개합니다.

도깨비폰 지혜롭게 사용하기

동화 『도깨비폰을 개통하시겠습니까?』를 통해 나만의 생각을 가지고, 스마트폰을 지혜롭게 활용할 수 있는 수업 활동을 소개합니다.

활동 1 도깨비 앱 살펴보기

책 속에 등장한 수많은 도깨비폰의 앱들 중 가장 인상적인 도깨비 앱 세 가지를 뽑아서 각각의 기능과 특징을 살펴보고, 어떻게 활용할 수 있을지 생각해봅니다.

• 예시 •

내가 뽑은 도깨비 앱	도깨비불
기능 및 특징	길잡이 앱으로 원하는 목적지까지 가는 최단 경로를 안내한다. 벽을 통과할 수도 있고, 허공을 걸어서 갈 수도 있다. 길잡이 앱을 실행하는 동안 다른 눈에는 보이지 않는다.
인상적인 까닭	땅을 밟듯이 하늘을 걸어가는 장면이 인상적이었고, 인간 세상에서 벗어나 도깨비 소굴까지도 갈 수 있다는 게 재미 있었기 때문이다.
활용 방법	한 번도 가보지 못한 장소를 입력하고, 부모님의 허락 없이 혼자서도 모험을 떠나볼 수 있다.

활동 2 **도깨비폰 윤리 위원회**

디지털 기술을 개발하고 사용할 때에는 기술로 인해 발생하는 윤리적인 문제를 고려해야 합니다. 먼저 교실 전체 아이들과 책에 등장하는 앱에서 생길 수 있는 문제들을 자유롭게 이야기 나눈 다음, 모둠별로 한 가지 앱을 골라 도깨비폰 윤리위원회를 열고, 문제에 대해 자유롭게 토의해봅니다. 토의 내용을 바탕으로 앱을 보완할 수 있는 방법까지 이끌어냅니다. 윤리적 문제를 도출하기 어려운 저학년의 경우 아래 예시의 문제들을 직접 제시하는 방법도 좋습니다.

1. 도깨비폰의 윤리적 문제점 알아보기

• 예시 •

» 도깨비폰에 기를 지불하는 것을 모른 채 사용하는 경우가 있을 수 있다.

» 공부를 도와주는 학습 앱들로 숙제를 해가는 것은 공정하지 않다.

» 움직이는 동물 인형 꼭두각시를 만들면 실제 살아 있는 동물들과 구분이 되지 않아서 문제가 생길 수 있다.

» 기를 탐지해서 도깨비폰 주인의 위치를 찾아내는 것은 개인정보를 침해할 우려가 있다.

» 부모님의 동의 없이도 어린이들이 도깨비폰을 자유롭게 사용한다면 나쁜 앱과 콘텐츠에 노출될 위험이 있고, 중독될 수도 있다.

2. 모둠별 도깨비폰 윤리위원회 열기

술술술 앱 윤리위원회		
우려되는 윤리적 문제	술술술 앱을 사용하여 해결한 숙제도 다른 친구들이 직접 해온 숙제와 똑같이 인정해주어야 하는가?	
모둠원 이름	모둠원 1	모둠원 2	모둠원 3
모둠원 입장	숙제를 안 해온 것은 아니니 한 것으로 인정해줘야 한다.	도깨비폰을 사용하지 않는 친구들도 있으므로 공정하지 않다. 숙제를 해온 것으로 인정하면 안 된다.	숙제를 한 것으로 인정은 하나 매번 술술술 앱을 사용하게 해서는 안 된다.
합의점	술술술 앱으로 해결한 숙제는 한 학기에 한 번만 인정한다. 그리고 중요한 수행평가나 반성문 등에는 쓸 수 없다.	
앱을 보완할 방법	앱에 횟수 제한 기능을 걸어놓는다. 또 앱을 가입할 때 수행 평가에 활용할 경우 인정되지 않는다는 동의서를 받는다.	

 기 측정 게이지 만들기

건강한 기를 유지하면서 도깨비폰을 사용할 수 있도록 기 측정 게이지를 만드는
활동입니다. 책에 나온 도깨비 보건 기구 9단계를 변형하여 도깨비폰 사용 정도
에 따른 기의 단계를 적어보고, 기가 낮아질 경우 회복할 수 있는 방법에 대해서
도 고민해봅니다. 이와 더불어 나의 스마트폰 사용 실태에 따른 현재 기 상태도

점검해봅니다.

	[5단계] 초인	도깨비폰을 사용할 때나, 그렇지 않을 때나 한 가지 일에 3시간 이상 집중할 수 있는 상태.
	[4단계] 에너자이저	모든 할일을 끝내고 도깨비폰을 사용하는 상태. 한 번 사용할 때 30분 이내로 쓰고 끝낸다.
	[3단계] 일반인	할일을 하는 중간중간에 도깨비폰을 사용한다. 다시 할일을 하려고 할 때는 '내가 뭐하고 있었지?' 5초간 생각해야 한다.
	[2단계] 불안	도깨비폰을 하고 있지 않으면 불안한 상태. 다른 일을 할 때도 도깨비폰을 하고 싶어서 손이 떨린다.
	[1단계] 기영(0)이	도깨비폰에 영혼이 빼앗긴 상태. 하루종일 도깨비폰만 들여다보고, 스스로 생각하는 것을 싫어한다.

게임의 A to Z를 만날 수 있는 책

그림책 『앵거게임』
조시온 글, 임미란 그림, 씨드북, 2020
#감정그림책 #분노조절법

게임에서 이기는 건 쉽지만 화를 다스리는 건 어려운 아이들에게 추천하는 그림책. 속이 부글부글 끓어오르는 상황에서 '화를 내며 공격하시겠습니까?' 버튼 하나면 손쉽게 공격을 퍼부을 수 있는 앵거게임이 있습니다. 그런데 매번 공격만 하다가는 핸드폰 배터리도, 나도 모두 닳아버릴 수 있다는 사실! 감정을 다스리는 연습도 게임처럼 차근차근 해보는 것이 어떨까요.

그림책 『아무도 지지 않는 카드 게임』
남지민 글·그림, 한울림어린이, 2023
#인정과양보 #멋지게지는방법

게임에서 이기는 것만이 전부라고 생각하는 아이들에게 추천하는 그림책. 게임의 가장 기본적인 속성인 승과 패. 그런데 이것이 언제나 100퍼센트 공평하다고 할 수 있을까요? 이 책은 게임의 본질인 '즐거움'으로 돌아가기 위해 게임의 법칙을 살짝 바꿔봅니다. 바로 지는 사람이 이기는 것이죠. 승부를 겸허히 받아들일 줄 아는 태도를 배운다면 승리보다 더 값진 보상을 얻은 것입니다.

동화책 『엄마는 게임 중독』
안선모 글, 토리 그림, 스푼북, 2021
#게임중독예방 #역지사지

말로만 듣던 게임 중독자의 모습을 눈앞에서 보게 된다면? 그것도
매일 잔소리를 하던 우리 엄마가 게임 중독이라니 그 심각성이 피
부로 와닿습니다. 엄마의 게임 중독을 막기 위한 3단계 특급 작전
까지 만나볼까요.

동화책 『게임의 법칙』
정설아 글, 한담희 그림, 책고래, 2016
#폭력성 #게임의위험성

'게임은 게임일 뿐'이라고 말하는 아이들에게 건네고 싶은 동화
책. 일상에서 없애고 싶은 사람을 실제로 없애주는 게임이 있습니
다. 게임 속 키를 한 번 누르기만 하면 존재하지도 않았던 사람인
것처럼 순식간에 증발해버립니다. 반복되는 행동 속 주인공의 섬
뜩한 모습은 무분별한 게임 콘텐츠 소비가 얼마나 큰 폭력성을 불
러일으키는지 일깨워줍니다.

449

교육과정과 이렇게 연계해요(2022 개정 성취 기준)

1월 첫번째 주제   국어

[2국02-01]   글자, 단어, 문장, 짧은 글을 정확하게 소리내어 읽는다.

[4국04-02]   단어를 분류하고 국어사전을 활용하여 능동적인 국어 활동을 한다.

[6국04-03]   고유어와 관용 표현의 쓰임과 가치를 이해하고 상황에 맞게 표현한다.

[6국01-06]   토의에 협력적으로 참여하며 서로의 의견을 비교하고 조정한다.

[6국01-07]   절차와 규칙을 지키고 타당한 이유와 근거를 제시하며 토론한다.

[6국02-04]   문제 상황과 관련된 다양한 관점의 글을 읽고 이를 문제 해결에 활용한다.

[6국03-02]   적절한 근거를 사용하고 인용의 출처를 밝히며 주장하는 글을 쓴다.

1월 두번째 주제   사회

[4사01-01]   주변 여러 장소에서의 경험과 느낌을 다양한 방식으로 표현하고, 장소감을 나누며 서로 존중하는 태도를 지닌다.

[4사05-01]   우리 지역을 표현한 다양한 종류의 지도를 찾아보고, 지도의 요소를 이해한다.

[4사05-02]   지도에서 우리 지역의 위치를 파악하고, 우리 지역의 지리 정보를 탐색한다.

[4사10-01]   여러 지역의 자연환경과 인문환경의 특징을 살펴보고, 환경의 이용과 개발에 따른 변화를 탐구한다.

[4사10-02]   사례에서 도시의 인구, 교통, 산업 등의 특징을 탐구하고, 도시에서의 삶의 모습을 이해한다.

[6사03-01]   일상 사례에서 법의 의미와 역할을 이해하고, 헌법에 규정된 인권이 일상생활에서 구현되는 사례를 조사하여 인권 친화적 태도를 기른다.

[6사08-02]   민주 국가에서 국회, 행정부, 법원이 하는 일에 대해 이해하고, 각 국가기관의 권력을 분립하는 이유를 탐색한다.

1월 세번째 주제   과학

[4과08-01]   생활 속 감염병의 사례를 알고, 다양한 질병과 그 위험성에 대해 토의할 수 있다.

[4과08-02]   감염병으로부터 안전한 사회에 관심을 가지고, 여러 감염 과정을 통해 생활 습관과 감염병 유행과의 연관성을 설명할 수 있다.

[6과16-01]   미래 사회에 일어날 수 있는 문제를 조사하고, 문제를 해결하는 데 과학이 기여할 수 있는 방법을 토의할 수 있다.

[6과16-02]   다양한 진로가 과학과 관련됨을 알고, 자신의 진로를 과학과 관련지어 설명할 수 있다.

[4과12-01]   균류·원생생물·세균을 관찰하여 특징과 사는 곳을 설명할 수 있다.

[4과12-02]   균류·원생생물·세균이 우리 생활에 미치는 영향을 조사하여 발표할 수 있다.

[4과12-03]   우리 생활에 생명과학이 이용되는 사례를 소개하는 자료를 만들어 공유할 수 있다.

1월

교과 연계
교양서로
똑똑하게
공부하기

수업 시작 전 5분, 어휘력과 표현력을 올려보자!

『그래서 이런 말이 생겼대요: 우리말』

중고학년 | 우리누리 글, 송진욱 그림, 길벗스쿨, 2023

『그래서 이런 속담이 생겼대요』

중고학년 | 우리누리 글, 이창우 그림, 길벗스쿨, 2024

『그래서 이런 관용어가 생겼대요』

중고학년 | 우리누리 글, 송진욱 그림, 길벗스쿨, 2023

"선생님, 이건 무슨 뜻이에요?"

평가 시간만 되면 아이들의 질문이 쏟아집니다. 아이들의 질문 대부분은, 문제에 대한 질문이 아니라 문제에 사용된 단어나 문장의 뜻에 관한 질문입니다. 문제에 사용된 단어 중 '트집'이 뭐냐는 질문에 '흠'이라고 비슷한 단어를 말해줬더니 '흠'은 또 뭐냐고 묻습니다. 이처럼 대답을 하다보면 끝도 없는 경우도 생기고, 뜻은 알고 있지만 아이들에게 말로 설명하기는 어려운 경우도 종종 있습니다.

그래서 '트집'이란 뭘까요? 국어사전에는 '공연히 작은 흠을 들춰내 불평하거나 말썽을 부리는 것'이라고 나와 있네요. 아이들에게 사전 속 단어의 뜻을 설명해주면, 심드렁한 표정을 짓습니다. '아, 그렇구나!' 하고 개운해하는 표정이 아니라 '네~ 그러셨군요~' 하고 관심을 하나도 보이지 않는 표정입니다. 그럴 때면 맥이 빠집니다. '이대로 모르는 단어를 모르는 채로 지나가겠구나' '다음에 물어봐도 모르겠구나' 하는 생각이 들기 때문이지요.

그래서 꺼내든 책이 바로 『그래서 이런 말이 생겼대요: 우리말』입니다. 이 책은 무려 120개의 한국어 단어와 표현의 어원을 이야기 형식으로 재미있게 알려줘요. 한국어 단어 한 개를 소개할 때마다 한쪽에는 일상생활에서 그 단어를 사용하는 예시 만화를 넣어 그 단어가 어떤 맥락에서 쓰이는지 쉽게 살펴보게 했어요. 다른 한쪽에는 그 단어의 어원을 소개하는 이야기가 상세하게 담겨 있답니다.

이 책에 따르면, 원래 물건에 생긴 작은 틈을 '트집'이라고 불렀다고 해요. 그런데 조선시대에 선비들이 쓰던 갓에 트집이 생기면 수선공들은 괜히 그 트집을 고치기 힘들다고 불평하며 수선비를 비싸게 받았다고 해요. 이에 선비들은 불만을 터뜨렸고, 그러면서 '트집'이라는 말에 부정적인 의미가 담겼다고 합니다. '작은 틈'이라는 원래의 뜻에 '조그만 흠을 일부러 들춰내 불평함'이라는 뜻이 생겨난 것이죠. 흔히 '트집잡다'로 많이 쓴답니다 어원에 관한 이야기를 듣자, '트집'의 뜻을 사전에서 찾아서 읽어줄 때와 달리, 아이들의 눈이 반짝반짝 빛납니다.

단어의 유래를 안다는 것은, 단순히 단어의 의미를 아는 것과는 다릅니다. 의미뿐만 아니라 그 배경까지 이해하게 되기 때문이지요. 한 나라의 언어에는 그 나라 사람들의 역사와 생각이 담겨 있습니다. 하지만 국어 교과서를 공부하며 단어나 표현 하나에 담긴 역사나 생각을 모두 알려주고 지나가기에는 시간이 부족합니다. 그래서 국어 수업을 시작할 때, 혹은 끝나기 5분 전에 이 책에 나온 단어 한 개씩을 다룹니다. 어휘가 익숙해질 즈음, 시리즈로 나온 『그래서 이런 속담이 생겼대요』『그래서 이런 관용어가 생겼대요』도 함께 다뤄보세요. 1년이 지나면 아이들의 문해력이 부쩍 성장한 것을 느낄 수 있을 거예요.

어원과 속담과 관용어,
이렇게 활용해볼까?

『그래서 이런 말이 생겼대요: 우리말』을 읽고 나서 재미있게 느꼈던 한국어 어원에 담긴 이야기를 간단한 역할극으로 만드는 활동을 해보세요. 『그래서 이런 속담이 생겼대요』를 읽고서는 뒷부분 이어 말하기 놀이를, 『그래서 이런 관용어가 생겼대요』를 읽고서 관용어 이야기 짓기 활동을 해보세요.

 『그래서 이런 말이 생겼대요』 연계 역할극 만들기

『그래서 이런 말이 생겼대요: 우리말』에서 다룬 우리말 어원 이야기 중 재미있었던 것을 하나 뽑아, 간단한 역할극으로 탄생시켜보세요.

• 예시 •

나오는 사람	김선비, 박선비, 최 수선공

김선비 (나무 아래를 지나가다가 나뭇가지에 갓이 걸린다.) 어어? 갑자기
왜 그러지? (고개가 뒤로 꺾이다가 뒤로 넘어져버린다.)

박선비 아이고, 김선비! 괜찮나? 어디 보자, 여기 트집이 하나 생겼구만.

김선비 얼른 고치러 가세.

최 수선공 어서 오세요~ 잠시만 기다리시지요.

김선비 갓에 트집이 생겨서 그런데, 이건 얼마요?

최 수선공 (돋보기로 트집을 관찰한다.) 이거 이거, 엄청 큰 트집이 생겼군요.

박선비 아니, 별로 안 커 보이는데?

최 수선공 열 냥은 주셔야 되겠습니다.

김선비 괜한 트집잡지 말게나!

최 수선공 저 아니면 이 한양 시내에서 이 트집을 수선할 수 있는 수선공은
아무도 없습니다요.

박선비 달라는 대로 주게. 어쩌겠나.

 『그래서 이런 속담이 생겼대요』 연계 뒷부분 이어 말하기 놀이

1. 모둠원 모두가 앞으로 나와 앞을 보고 앉습니다.

2. 마주보고 있는 선생님이 책에서 다룬 속담의 앞부분(예 소 잃고)을 말해주면
아이가 뒷부분을 말합니다.(예 외양간 고친다.)

3. 순서대로 모둠원이 통과하면 됩니다.

4. 틀린 경우 틀린 사람에게 재도전의 기회를 한번 더 줍니다.

5. 조금 더 경쟁 요소를 더해 재미있게 진행하려면, 모두 다 성공할 때까지 얼마나

걸리는지 시간을 재서 비교합니다.

 『그래서 이런 관용어가 생겼대요』 연계 우리 반 이야기꾼 활동

1. 책 속에 소개된 관용어가 적힌 카드 여러 장을 준비합니다.

   ⑩ 간이 크다, 발목을 잡히다, 낯을 가리다, 국물도 없다, 감투를 쓰다 등.

2. 각자 카드를 몇 장씩 뽑아 그 관용어를 모두 사용하여 짧은 이야기를 만듭니다.

   ⑩ 토끼는 간 크게도 호랑이가 가장 아끼는 연필을 훔쳤어. 그러나 토끼 발자
   국이 그대로 남는 바람에 발목을 잡히고 말았지. 토끼는 용서해달라고 빌
   었지만 호랑이는 "국물도 없을 줄 알아!"라고 말한 뒤 토끼를 꿀꺽 삼켰어.
   호랑이 뱃속에는 수많은 동물이 모여 있었어……

3. 만든 이야기를 낭독하며 나눕니다. 자신이 읽어도 좋고, 자신이 원하는 낭독자
   한 명을 뽑아 부탁해도 좋습니다.

4. 가장 재미있는 이야기를 만든 사람에게 투표하여 '우리 반 이야기꾼' 왕관을 수
   여합니다.

일상에서 배우는 토론의 즐거움
『어린이 토론 학교』 시리즈

고학년 | 김지은·권이은·주정현·임일화·소이언 글, 이다·소복이·김민준·김현영·백두리 그림, 김주환 감수, 우리학교, 2016~2017

국어 교과서에서는 토론의 과정을 배운 후, 스스로 논제를 정해 직접 토론을 하는 시간이 있습니다. 그런데 이때 아이들이 말하는 토론 주제가 늘 비슷합니다. 교실에서의 스마트폰 사용, 숙제(혹은 복습 공책)를 해야 하는지 등이고, 조금 더 사회적인 주제로 나아가면 통일에 대해 말합니다. 그럴 때 『어린이 토론 학교』 시리즈를 꺼내 보면 어떨까요? 이 책은 '도덕과 생활' '학교와 가족' 등 여덟 개의 분야로 나눠 아이들이 토론할 만한 논제를 다룹니다. 이 책에서 다루는 오십여 개의 논제를 보다보면, 우리 주변에 토론할 게 이렇게 많다는 사실에 깜짝 놀라게 되지요.

『어린이 토론 학교』의 장점은, 토론 주제를 멀리서 찾지 않고 일상생활 속 작은 사건에서부터 찾는다는 것입니다. 그러다보니 아이들의 공감을 얻을 수 있지요. 이 책에서 다룬 에피소드를 하나 살펴볼까요? 아이가 시험을 봅니다. 별로 잘 보지 못해 점수를 말하고 싶지 않은데, 엄마가 시험 결과를 캐묻습니다. 그러자 아이는 생각합니다. '시험은 꼭 필요할까?'라고요. 이것이 곧 논제가 됩니다.

　이렇게 논제를 정한 후에는 찬성과 반대 글이 펼쳐지지요. "시험을 보아야 한다"라고 찬성하는 입장에서는 그 근거로 "시험을 통해 실력이 향상되기 때문이다"라고 말합니다. 이 근거를 뒷받침하기 위해 일본에서 시험을 없앴다가 국제학업성취도 평가 순위가 떨어져서, 다시 시험을 부활시킨 뒤 국제학업성취도 평가 순위가 올라간 예를 들고 있습니다. 반대하는 경우에도 탄탄한 근거와 뒷받침 자료가 제시되지요. 아이들은 이렇게 논제 선정, 입장 정하기, 근거 쓰기, 자료 조사가 명확히 드러난 글을 여러 번 반복해서 읽으며 토론하는 과정에 익숙해져요.

　책에서는 상대편이 가장 핵심적으로 주장하는 내용에 대한 '반론'도 제시합니다. 이를 통해 반박을 할 때에는 반드시 상대편이 주장한 내용에 대해서만 반박을 해야 한다는 것을 알게 됩니다. 또 아이들이 반박할 때 가장 많이 실수하는 것 중 하나인, 새로운 내용을 주장하지 말아야 한다는 사실도 알게 되지요. 아이들이 토론을 할 때 가장 어려워하는 부분이 이 반론입니다. 상대방의 이야기를 잘 듣고, 그 논리의 허점을 잡아내야 하기 때문이지요. 이 역시 책을 여러 번 읽으면, 상대의 허점을 어디에서 찾아내는지도 알 수 있어요.

　토론 과정은 어려워 보이지만, 자신의 의견을 명확하게 표현하고, 다른 사람의 의견을 경청하며, 반론을 제시하는 연습을 할 수 있는 기회를 제공합니다. 여러 가지 논제로 아이들과 토론을 해보는 것은 단순히 자신의 의견을 표현하는 것을 넘어 다양한 능력과 태도를 기를 수 있게 해주지요. 이 책을 읽고 아이들과 토론을 해보세요. "선생님, 토론 또 해요!"라는 아이들의 말에 깜짝 놀라게 되실 거예요.

오늘은 토론하는 날

교양서 『어린이 토론 학교』를 읽고 나서 다양한 논제 중 매력적인 논제를 고르는 활동을 해보세요. 논제를 여러 가지 정해, 원하는 논제로 이동하여 모둠을 만든 후, 월드카페 토론 활동을 해보세요. 다양한 논제와 토론을 경험해볼 수 있는 시간이 될 거예요.

활동 1 매력적인 논제 고르기

『어린이 토론 학교』에서 다루는 여덟 가지 주제와 그에 속하는 논제 중 일부를 소개합니다. 논제를 훑어보고, 매력적인 논제를 골라보세요. 논제를 고른 후에는, 그 논제를 고른 이유와 관련된 경험이 있는지 말하는 시간을 가져보세요.

분야	논제
과학과 기술	초등학생이 게임을 해도 될까?
	교실에 CCTV를 설치해야 할까?
학교와 가족	시험은 필요할까?
	부모는 자녀를 체벌해도 될까?
법과 인권	다수결이 최선일까?
	인터넷에 쓴 글을 검열해도 될까?
도덕과 생활	선의의 거짓말을 해도 될까?
	친구의 잘못을 선생님께 말씀드려도 될까?

돈과 경제	돈이 많아야 행복할까?
	저축이 미덕일까, 소비가 미덕일까?
사람과 사회	경쟁은 필요할까?
	대학을 꼭 나와야 할까?
환경	채식을 해야 할까?
	동물원은 필요할까?
생명윤리	유전자 조작 식품을 먹어도 될까?
	인간과 똑같은 로봇을 개발해도 괜찮을까?

 월드카페 토론하기

월드카페 토론은 여러 사람이 작은 그룹으로 나뉘어 다양하게 토론하는 방식입니다. 이 방법을 통해 다양한 논제를 접할 수 있어요. 그럼 월드카페 토론법을 알아볼까요?

1. 모둠 구성하기

같은 논제를 가진 아이들로 3~5명씩 모둠을 만들고, 가운데에 논제를 쓴 종이 팻말을 써놓습니다. 토론하면서 그림이나 글로 생각을 표현할 수 있게 커다란 종이와 펜, 그리고 포스트잇을 둡니다.

2. 진행하기

① 1라운드(10~15분): 자신이 정한 논제 모둠에서 토론을 합니다. 토론한 내용

은 포스트잇에 써서 커다란 바탕 종이에 붙입니다.

② 이동: 첫번째 라운드가 끝나면, 각 모둠은 새로운 테이블로 이동합니다. 단, 각 테이블에는 '테이블 주인' 역할을 하는 아이 한 명이 남아서 이전 모둠의 토론 내용을 새로 온 모둠에게 설명합니다.

③ 2라운드(10~15분): 새로운 모둠에서 이전 토론 내용을 바탕으로 새로운 논의를 진행합니다. 논의된 내용을 포스트잇에 써서 바탕 종이에 붙입니다.

④ 반복: 원래 모둠으로 돌아올 때까지 반복합니다.

3. 결과 수합하기

포스트잇이 붙은 커다란 종이를 보며 '테이블 주인'이 내용을 정리해 발표합니다. 어떤 점이 좋았고, 어떤 점은 고쳤으면 좋을지 의견을 나눕니다.

● 예시 ●

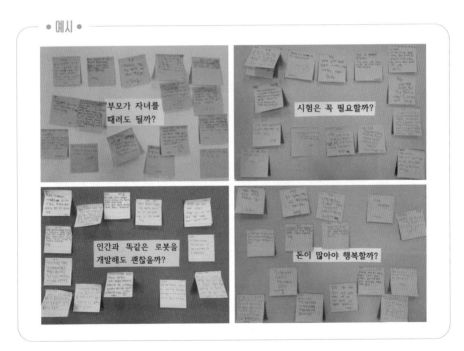

언어와 문해력을 탐구하는 책

그림책 『한글, 우리말을 담는 그릇』
남경완 글, 정성화 그림, 책읽는곰, 2008
#한글의의미 #창제원리

한 아이를 주인공으로 하여 한글의 의미와 역사를 보여주는 책. 한글이 없던 시절, 아이는 글자를 몰라 억울한 일을 당한 아버지를 안타깝게 지켜볼 수밖에 없었습니다. 하지만 한글이 세상에 나오자 많은 것이 바뀌어요. 그리운 이에게 편지도 쓰고, 책을 읽으며 울고 웃기도 합니다. 한글이 앞으로 어떻게 쓰이고 어떻게 바뀌어갈지 책을 통해 더 깊게 생각하는 시간을 가져보세요.

그림책 『띄어쓰기 경주』
곽미영 글, 지은 그림, 만만한책방, 2024
#띄어쓰기 #띄어읽기

띄어쓰기와 띄어 읽기를 어려워하는 아이를 위한 놀이 같은 책. 숲속 마을 우편배달부가 되려면 아홉 개의 띄어쓰기와 띄어 읽기 관문을 통과해야 합니다. 그래야 제대로 편지를 배달할 수 있거든요. 토끼, 거북이와 함께 편지 제대로 읽고 전달하기, 글자 주머니 찾기 등 흥미진진한 아홉 개의 관문을 통과해보세요. 도대체 왜 띄어 쓰고 읽어야 하는지, 이유와 방법을 잘 모르겠다는 아이에게 백 마디 설명보다 빛나는 한 권의 책이 될 수 있을 거예요.

교양서 『어린이가 알아야 할 가짜 뉴스와 미디어 리터러시』

채화영 글, 박선하 그림, 팜파스, 2020

#미디어리터러시 #가짜뉴스

디지털 미디어를 통해 여러 가지 정보를 얻는 아이들에게 꼭 필요한 능력을 길러주는 책. 가짜 뉴스의 역사, 우리 주변에 있는 가짜 뉴스, 피해 입은 사람들, 가짜 뉴스와 진짜 뉴스를 가려내는 법까지 총 5장에 걸친 탄탄한 구성으로 아이들의 미디어 리터러시 능력 향상을 돕습니다. 이야기 형식으로 되어 있어 술술 읽히고, 회장 선거와 아이돌 등 아이들의 일상과 밀접하게 연관된 소재를 다뤄 아이들이 쉽게 공감하고 이해할 수 있답니다.

교양서 『함께 연극을 즐겨요』

지슬영 글·그림, 현북스, 2022

#연극대본 #연극과정

연극에 대한 기초 지식부터 실제 연극 무대를 꾸미는 과정까지, 책을 차근차근 읽으면서 모두 경험해볼 수 있도록 구성된 책. 중간중간 실제 연극 사진이 삽입되어 이해를 도우며, '용과 용의 대격전'이라는 글을 통해 같은 소재를 다양한 연극 기법으로 구현하는 법도 만나볼 수 있습니다. 다양한 역할극 방법을 배우고 교육 연극을 아이들과 함께 해보고 싶다면 이 책을 넘겨보세요.

사회 ①

기차 여행으로 만나는 우리 국토
『우리 땅 기차 여행』

중고학년 | 조지욱 글, 한태희 그림, 책읽는곰, 2013

　　주말에 명희가 바닷가에 놀러갔다가 주워왔다며 조개껍데기 하나를 내밀
었습니다. 어디에 놀러가서 주운 건지 묻자 정확한 지명을 말하지 못합니다. 부모
님과 함께 국내 여행을 떠날 때, 아이들은 대부분 '따라'가기 때문에 장소의 명칭
이나 특징을 잘 기억하지 못하는 경우가 많습니다. 그러다보니 우리나라에 대한
명확한 지리적 개념을 가진 경우가 드뭅니다. 우리나라에 대한 부족한 지리적 개
념은 어른들이 등장하는 예능 프로그램에서도 볼 수 있습니다. '충청도'가 어디인
지, '대구'는 어디에 있는 건지 대략적인 감도 없는 경우가 종종 나오고는 하지요.

　　사회 교육과정에서는 5학년 때 '우리나라'를 배우며 우리나라 곳곳의 주요
도시와 교통망을 알아보는 내용이 등장합니다. '도' 자 돌림으로 끝나는 경상남도,
경기도 같은 행정 구역의 위치를 파악하기도 정신없는데, '시' 자 돌림으로 끝나는
부산광역시, 광주광역시 같은 주요 도시까지 나오니 아이들은 배우는 게 너무 많
다며 난리가 납니다.

이때, 『우리 땅 기차 여행』을 꺼냅니다. 이 책은 용산역을 시작으로, 기차가 정차하는 도시마다 그 전경을 그려놓아, 기차 여행하는 기분으로 우리나라의 주요 도시를 알아보기 딱 좋습니다. 용산을 출발한 KTX 기차는 광명역을 지나 천안 아산역으로, 오송역과 익산역을 지나 광주 송정역까지 달려갑니다. 광주에서는 경전선을 타고 부산으로 가고, 부산에서는 정동진으로 가는 기차를 타는 과정을 쭉 따라가지요.

이때 책에는 지리와 정보만이 아니라, 이야기를 함께 담았습니다. 용산역부터 광주 송정역까지는 부모님 없이 기차 여행을 떠나는 초등학생과 유치원생 가비와 다비 형제의 기차 여행 이야기가 함께 담겨 있어요. 한강 위를 지나는 다리 위에서 가슴 설레 하고, 전광판에 뜨는 300이라는 숫자가 속도를 나타낸다는 것을 알고 깜짝 놀라는 가비와 다비의 모습은 공감 가고 재밌습니다. 지도만 보고 지나가는 것이 아니라, 그 안에 담긴 이야기를 함께 즐기다보면 책장이 술술 넘어갑니다.

"책에 나온 곳 중에서 지나가보거나 여행해본 곳이 있니?"

책에 나온 이야기를 읽기만 하는 것이 아니라, 아이들이 직접 겪은 적이 있는지 경험을 물어보았습니다. 아이들이 기다렸다는 듯 신이 나서 자신의 이야기를 풀어놓습니다. 하지만 도시의 전체적인 느낌이나 지형적 특징 등에 대해 말하기는 아직 어려워하네요. 이 책을 읽으며 자신이 가봤던 도시를 다시 알아보고, 가보길 원하는 도시를 골라 여행 계획을 짜보며 우리 국토를 파악해보세요.

다시 보는 우리나라, 우리 도시

『우리 땅 기차 여행』을 읽고 나서 소개된 우리나라의 도시를 게임을 통해 다시 알아보세요. 그후 직접 고른 도시 전경을 입체 지도로 나타내봅시다. 또한 백지도 위에 그곳으로 갈 수 있는 교통편을 다양하게 표시하며 우리나라의 교통망도 파악해보세요.

활동 1 우리나라 여행 부루마블 만들기

아이들과 우리나라 부루마블 판을 직접 만들어본 후 게임을 해보세요. 우리나라의 도시에 대해 여러 번 설명하는 기회를 가질 수 있고, 다양한 도시에 관심을 두고 정보를 수집할 수도 있답니다.

1. 부루마블 판에 책에서 소개된 도시를 배열합니다. 마구잡이로 배열하지 말고, 자신만의 규칙을 정해 그에 따라 배열하도록 합니다. (예) 내가 가보고 싶은 우리나라 도시 순서, 추천하는 여행 코스 등)
2. 각 도시를 여행하는 비용을 점점 높게 정해 가격을 매겨둡니다. 각 꼭지점 칸과 특별 칸의 네 개도 자유롭게 지정합니다. 꼭지점 칸에는 무인도, 자유 여행 등을 써넣고, 특별 칸에는 황금 열쇠와 같은 상징물을 그려넣고 다양한 이득(예) 다음에 걸리는 도시를 공짜로 살 수 있음, 단 이미 팔린 도시의 경우 제외) 혹은 벌칙(예) 무조건 무인도로 이동하시오)을 써넣어

황금 열쇠 카드 더미를 완성합니다.

3. 다 배열한 후에는 책을 참고하여 도시의 지형이나 역사, 유명한 건물 등을 간단히 소개하는 도시 카드를 만듭니다.

활동 2 우리나라 여행 부루마블 놀이하기

1. 원래 부루마블은 도시를 사고파는 게임이지만, 이 부루마블에서는 도시에 도착한 뒤 그곳을 여행할지 아닐지 결정합니다.

2. 여행시 일정 비용을 내고 그 도시 카드를 받을 수 있으며, 한번 더 그곳에 도착할 시 일정 비용을 내고 여행 배지를 배치할 수 있습니다. (최대세 개까지.) 내가 도시 카드를 받은 도시에 다른 참가자가 도착하면, 그 도시에 대해 설명해주고 돈을 받습니다. (도시 카드만 가지고 있을 경우 도시 여행 비용, 배지 한 개당 도시 여행 비용 한 번씩 더 추가 지불.)

3. 3~5바퀴 정도를 돌아 가장 많은 돈을 번 친구가 이깁니다.

활동 3 도시 주사위 놀이

다섯 개의 주사위 각 면에 다양한 도시를 써넣고, 그중 두 개를 골라 던지게 하세요. 각 주사위에서 나온 도시 중 어떤 곳을 출발지로 하고 어떤 곳을 도착지로 할 것인지 정한 뒤, 가는 길을 네이버 지도나 구글 맵의 경로 탐색을 통해 알아보세요. 그후 가는 길을 형광펜으로 사회과부도의 지도에 표시하거나, 기차 노선이 표시된 백지도에 표시하며 교통편의 연결을 알아보세요.

출발지	부산광역시
도착지	서산시
타야 하는 기차	무궁화, SRT
지나가는 역(3~5개만)	구포역, 동대구역, 김천역, 대전역

사회②

아이들 눈높이에 딱 맞게
단계별 법 만들기
『내가 법을 만든다면?』

중고학년 | 유재원·한정아 글, 박지은 그림, 토토북, 2015

3월 초, 아이들과 학급 규칙을 만듭니다. 아이들이 직접 의견도 내고 토론도 하며 만들지만, 그 과정에는 늘 진통이 따릅니다. 어떤 의견이 부당하다고 생각하면서도 용기가 없어 그냥 넘겨버린 후 나중에 불만을 터뜨리는 경우, 일부 아이들에게만 유리한 규칙인 경우 등이지요. 규칙을 만들고 지키는 것은, 법을 제정하고 실행하는 과정과 통합니다. 아이들이 사회 생활을 하면서 빼놓을 수 없는 것이 바로 법과 관련된 경험이지요. 그렇기 때문에 규칙 만들기를 하면서 나타나는 문제점을 고치고, 법을 제대로 만드는 경험을 해보고 싶었습니다.

그때 만난 책이 바로 『내가 법을 만든다면?』입니다. 이 책은 5학년 사회 교과서에서 다루는 법의 역할, 법 준수, 그리고 6학년 사회 교과서에서 다루는 입법부, 사법부, 행정부의 역할까지 다양한 교과 내용을 '법 만들기'라는 하나의 주제로 묶어 풀어나갑니다. 그래서 교과와 연계하여 다양한 법을 만들어보고, 생활 속에서 그 법들을 훑어볼 수 있어요.

이 책은 가상의 공간인 '어린이 특별시'라는 특별 행정 구역을 설정합니다. 그후 4단계로 나눠 그 특별시에 필요한 법을 차근차근 만들도록 도와요. 각 단계는 아이들이 만나는 가장 가까운 기본 사회 집단인 가족에서부터 출발하여 점점 큰 집단인 사회까지로 확장됩니다. 그래서 1단계는 가족법, 2단계는 학교법, 3단계는 사회법에 대해 알아보고 법을 만들어본 다음, 4단계에서는 법안을 통과시키기 위한 절차 밟는 법을 소개하고 있습니다.

그럼 제대로 된 학급 규칙 만들기를 위해 2단계, 학교법 만들기 내용을 한 번 훑어볼까요? 학교법 만들기는 '학교법 알아보기' '다양한 학교 알아보기' '학교법 만들기' 세 가지 꼭지로 구성되어 있어요. '학교법 알아보기'에서는 다양한 학교 공간에서 적용되고 있는 법을 알려줍니다. 급식실에는 깨끗하고 건강한 먹거리를 위해 '식품 위생법'이 적용되고 있습니다. 교실 구석에 소화기가 놓인 이유는 화재의 예방과 안전관리에 관한 법이 있기 때문이지요. '다양한 학교 알아보기'에서는 학교의 범주에 들어가는 것이 생각보다 많다는 사실을 알려줘요. 나라에서 정한 대로 수업하지 않고 자유롭게 교과목을 정할 수 있는 대안학교, 우리나라에 살고 있는 외국인 학생들이 다닐 수 있는 외국인 학교 등 다양한 학교의 종류를 알게 되면, 법을 만들 때 일부에게만 유리한 법을 만든다거나 누군가를 포함하지 않는다거나 하는 일이 줄어들겠지요.

이런 지식을 학교에서 학급 규칙을 만들 때 적용해볼까요? 우선 학교에 적용되고 있는 법을 살펴보며 그 법의 테두리 안에서, 소외되는 사람들이 없는 법을 만들 수 있도록 원칙을 세워요. 더 나아가 법을 지킬 구성원들이 필요로 하는 법을 만들어야 한다며 법을 만들 수 있지요. 이렇게 교실에서부터 법 만들기를 경험한 아이들이 사회에 나가서는 사회법을 만드는 데 목소리를 내고, 사회 구석구석 법의 보호를 받지 못하는 곳에도 눈길이 닿는 사람으로 자랄 수 있게 도와주세요. 그럼 이어지는 수업 활동을 통해 우리 생활 속의 법과 법 만드는 법을 직접 경험해볼까요?

내가 바로 법 만드는 사람!

『내가 법을 만든다면?』을 읽고 나서 책 속에 등장한 다양한 법률 용어를 게임으로 알아보는 시간을 가져보세요. 그리고 우리가 지키고 있는 규칙 속에 숨겨져 있는 생활 속 법을 찾아보세요. 마지막으로 법을 만드는 방법에 따라 학교법을 만드는 시간을 가져보세요.

활동 1 내 등에 붙은 법률 용어

책 속에는 법과 관련된 수많은 용어들이 나옵니다 한 아이당 세 개의 용어를 뽑게 하세요. 포스트잇을 나눠준 후, 앞면에는 용어를, 뒷면에는 그 용어의 뜻을 조사해 써봅니다. 그후 아이들이 쓴 다양한 법률 용어를 모두 칠판에 쓰고, 포스트잇을 겁습니다.

반 아이 중 한 명을 나오게 한 뒤, 칠판을 바라보게 하고 선생님이 등에 아이들이 쓴 법률 용어 포스트잇 중 무작위로 골라 한 개를 붙여줍니다. 반 아이들은 용어를 보고 열심히 설명해주고, 앞에 나온 한 명은 칠판에 써진 용어 중 어떤 것이 자신의 등에 붙은 법률 용어인지 알아내야 하는 게임입니다.

내가 지키고 있는 규칙과 법 연결하기

『내가 법을 만든다면?』에는 수많은 법이 등장해요. 우리 생활 속에서 법은 어디에 스며들어 있을까요? 내가 지키고 있는 규칙들을 생각해보고, 그것과 관련된 법이 있는지 찾아보세요.

※ 이 활동을 하다보면 규칙과 관련된 법이 없어서 아이들이 법도 없는데 왜 그 규칙을 지켜야 하는지 물어볼 때가 있어요. (예 이를 닦아야 한다는 규칙과 관련된 법은 없다.) 그때 법의 정의를 알려주세요.

예 법은 사람들이 안전하고 행복한 생활을 누리기 위해 지켜야 할 최소한의 것을 말하며, 이를 닦지 않는다고 해서 누군가에게 큰 해를 끼치거나 위험에 빠뜨리는 것은 아니기 때문에 이를 법으로 정해놓지 않는다.

때	무슨 규칙을 지켰나요?	관련된 법이 있는지 찾아보기
아침	예 빨간불에 멈추라는 규칙	도로교통법
	예 학교에 가야 한다는 규칙	의무교육법
점심	예 급식을 먹어야 한다는 규칙	학교급식법
	예 친구의 발표를 귀기울여 들어야 한다는 규칙	없는 것 같다.
저녁	예 이를 닦아야 한다는 규칙	없는 것 같다.

활 동 3 학교법 만들기

1. 원칙 세우기

① 학교에 적용되고 있는 법을 어기지 않는다.

㉖ 먹고 싶은 반찬만 먹는다: 식품영양법 위반.

② 법 때문에 소외되는 사람이 없도록 한다.

㉖ 수학 100점 맞은 사람만 자유 시간 갖기: 100점 맞은 사람 외에 다른 사람
은 소외됨.

2. 원하는 학교 정하기

즐거운 학교, 신나는 학교, 평등한 학교 등 커다란 개념을 생각해보고, 투표로
한두 개의 핵심 개념 정하기.

3. 우리가 원하는 학교가 되기 위해 필요한 규칙 생각해보기

㉖ 즐거운 학교가 되기 위해서는 쉬는 시간에 할 수 있는 다양한 보드게임이
준비되어 있어야 합니다.

㉖ 평등한 학교가 되기 위해서는 선생님도 규칙을 지켜야 합니다.

4. 심사하기

현실적으로 지킬 수 있는 법인지, 누군가에게만 유리한 법은 아닌지 심사합
니다.

5. 의결하기

투표를 거쳐 법을 확정합니다.

6. 공포하기

반 친구들 모두가 알 수 있게 벽에다 써놓고 게시합니다.

7. 보완하기

한두 달에 한 번씩 회의를 통해 학교법을 수정하거나 보완합니다.

한 걸음 더

사회에 대한 시각을 넓혀주는 책

교양서

『지도 밖의 탐험가』

이사벨 미뇨스 마르팅스 글, 베르나르두 P. 카르발류 그림, 최금좌 옮김,
위즈덤하우스, 2021

#새로운세계탐험 #미지의세계

아직 지도가 제대로 만들어지기 전, 미지의 세계였던 섬과 대륙과
바다를 탐험한 이들의 이야기를 담은 책. 이 책은 기원전 탐험가
부터 마르코 폴로, 찰스 다윈, 당나라 승려 현장 등 세계 곳곳의 탐
험가들을 시대순으로 보여줍니다. 탐험가들이 목숨을 건 모험에
나서게 된 사연, 탐험 활동, 세계사에 미친 영향 등이 담긴 이 책은
단순히 탐험가들의 업적을 나열하는 것에 그치지 않고, 그들의 여
정을 통해 당시 세계가 어떻게 확장되고 연결되었는지에 대한 통찰을 줍니다.

교양서

『세종로 1번지 경복궁 역사 여행』

장지연 글, 여미경 그림, 너머학교, 2021

#천년의역사 #경복궁과세종로

천 년의 시간을 거슬러올라 경복궁과 세종로 1번지에서 일어난 사
건들을 차근차근 들려주는 책. 촛불을 들고 시위를 하는 2000년
대의 세종로의 모습이 표지로 그려진 이 책은, 시대별로 경복궁과
세종로 1번지 터가 어떤 변화를 겪어왔는지 조명합니다. 장소에 얽
힌 역사 이야기뿐만 아니라 '좋은 정치는 무엇일까?'라는 질문을
마음에 품고 아이들이 생각해볼 수 있는 글을 함께 담았습니다.

교양서

『생각이 반짝! 발명이 뚝딱! 인류를 바꾼 도구 이야기』
황근기 글, 이윤하 그림, 뭉치, 2023
#도구의역사 #인류의발전

인류의 역사를 도구를 통해 재조명하는 책. 농사 도구, 음식 만드
는 도구, 옷을 만드는 도구 등 각 분야의 도구는 시간이 지남에 따
라 발전하며 인류 역사를 크게 바꿨습니다. '도구는 어떻게 인류
를 발전시켰을까?'라는 주제로 조사와 탐구 학습을 할 수 있으며
과학과 역사를 연계할 수 있는 책이기도 합니다. 도구의 발전을 통
해 과거와 현재, 그리고 미래를 연결해보세요.

교양서

『편의점에서 경제도 파나요?』
정연숙 글, 고양이다방 그림, 책읽는곰, 2023
#경제교육 #일상경제

아이들이 즐겨 찾는 편의점 속에 녹아 있는 경제 이야기를 풀어낸
책. '왜 나만 모바일 상품권 없어?' '편의점 진열대는 소리 없는 전
쟁터'와 같이 아이들 눈높이에 맞춘 소제목과 그에 관련된 경제
이야기로 아이들의 흥미를 자극합니다. 주인공 백냥이를 따라 수
요, 공급, 생산 같은 경제의 기본 개념부터 돈의 의미, 노동의 가치,
현명한 소비까지 경제 개념 전반을 자연스럽게 익혀보세요.

이그노벨상으로 만나는
재미있는 과학
『엉뚱하지만 과학입니다』

전학년 I. 원종우·최향숙 글, 김성연 그림, 와이즈만 영재교육연구소 감수, 와이즈만북스, 2022

'과학은 우리 생활 속에 있다'라고 말하지만 아이들이 생활 속에서 과학적 호기심을 갖고 문제에 접근하는 일은 드뭅니다. 과학을 일상생활과 관련짓는 경험이 부족하기 때문이지요. 과학 교과서를 보면, 일상생활에서 과학 원리를 찾는 사례는 예시로 간단히 소개되거나 단원이 끝날 무렵 읽을거리로 한두 페이지에 다루는 것이 전부입니다. 그러다보니 아이들은 과학을 그저 교과서 내용으로만 느끼는 경우가 많습니다.

"얘들아, 혹시 개가 똥을 누는 방향에 공통점이 있을까?"

"에이, 선생님! 그런 게 어딨어요!"

"그럼 햄버거는 몇 년이 지나면 썩을까?"

"몇 년이요? 하루만 지나도 엄마가 먹지 말라고 했는데……"

아이들이 일상생활에서 흔히 접할 수 있는 소재로 엉뚱한 질문을 퍼붓자 아이들은 선생님이 무슨 말을 하는 건가, 하는 표정을 짓습니다. 놀랍게도 제가 한 질문은 모두 과학적으로 연구된 적이 있는 사실들입니다. 심지어 '이그노벨상' 이라는 상도 받은 연구들이지요.

『엉뚱하지만 과학입니다』는 이렇게 아이들의 일상생활과 밀접하게 닿아 있으면서 과학적으로 연구가 된 '이그노벨상'을 수상한 연구를 다룹니다. 이그노 벨상은 하버드대학교 유머 과학 잡지 『애널스 오브 임프로버블 리서치Annals of Improbable Research』가 과학에 대한 대중의 관심을 불러일으키기 위해 노벨상을 패러디해서 1991년 제정한 상입니다. 선정 기준은 '사람들을 웃게 하거나 생각하 게 만드는 연구를 해서, 과학에 대한 관심을 높인 연구자'입니다. 그래서 이그노벨 상을 수상한 연구는 엉뚱하고 기발하지요. 이 책은 수많은 이그노벨상 중 초등학 생의 눈높이에 딱 맞는 연구를 쏙쏙 뽑아 모았습니다.

이 책의 또다른 장점은 융합적 사고를 할 수 있다는 것입니다. 과학 교과서 는 운동과 에너지, 물질, 생명, 지구과학, 과학과 사회 영역으로 나뉘어 있습니다. 각 영역은 독자적입니다. 예를 들어 3학년 1학기에 지구과학에서 배우는 지구의 모습과 동물의 한살이는 교과서 안에서는 딱히 연결 지점이 없습니다. 같은 학기 에 배우는 내용이지만, 각 영역의 고유한 내용을 다룰 뿐 둘의 상관관계에 대해서 는 알아보지 않지요.

하지만 실생활에서 만나는 과학은 각 영역이 혼합되어 있는 경우가 많습니 다. '개가 똥을 누는 방향'에 대한 연구는 지구과학 연구와 운동과 에너지 연구가 합쳐져 있습니다. '햄버거가 썩는 시간'에 대한 연구는 물질에 대한 연구와 생명에 대한 연구가 함께 필요하지요. 아이들은 연구과정과 결과를 읽으며 과학의 각 영 역이 독자적으로 존재하는 것이 아니라, 함께 연구해야 하는 분야라는 것을 자연 스럽게 알아갑니다.

그럼 우리 주변을 관찰하며 과학적 호기심을 지니고 연구를 진행해볼까요? 이그노벨상의 기준처럼 '사람들을 웃게 할 것' 그리고 '사람들을 생각하게 할 것'이라는 조건을 넣어 아이들에게 궁금한 점을 물어보았습니다.

"저는 멘토스를 제로콜라에 넣었을 때랑 그냥 콜라에 넣었을 때랑 폭발하는 정도가 어떻게 다를지가 궁금해요."

"저는 아이스크림 열 개를 섞어서 먹었을 때 무슨 맛이 날까 궁금해요."

과학책에서는 다루지 않았던 다양한 연구를 아이들과 진행해보세요. 이그노벨상은 본인을 직접 추천할 수도 있답니다. 우리 반 이그노벨상 수상작을 뽑아보고, 추천 메일까지 써보세요.

우리 반 이그노벨상

교양서 『엉뚱하지만 과학입니다』를 읽고 나서 우리 주변을 관찰하여 궁금한 것을 찾아보세요. 과학적 호기심을 갖고 문제에 접근하여 이그노벨상을 뽑아보고, 추천 메일을 써보세요.

활동 1 내가 궁금한 것은?

우리 주변을 관찰하며 흥미롭다거나 이상하다고 생각했던 일을 하나씩 찾아보고 기록하거나 사진으로 남겨보세요. 친구들과 함께 과학적으로 탐구 가능한 사실인지도 살펴보세요.

'사람들을 웃게 하는' '사람들을 생각하게 하는' 궁금한 것 찾아내는 법

1. 아이들은 음식과 관련해서 궁금한 점이 많습니다. 요리과정, 먹는 법, 음식물의 포장지, 음식물의 보관 방법, 음식을 만드는 도구 등에서 궁금한 것을 찾아보게 하세요.
   (예) 100억 유산균은 어떻게 세어본 걸까?)

2. 똥과 방귀는 이그노벨상의 주요 소재입니다. 인간의 똥뿐만 아니라 동물의 똥, 똥에서 얻을 수 있는 것 등 똥과 방귀와 관련된 궁금증을 풀어보게 하세요. (예) 곤충들도 방귀를 뀔까?)

3. 다양한 동물의 생태도 이그노벨상의 주요 소재입니다. 자신이 궁금했던 곤충이나 동물을 골라 자세히 관찰하고, 궁금한 점을 찾아보세요. (예) 강아지도 거짓말을 할 수 있을까?)

과학적으로 탐구 가능한지 살펴보는 법

1. 구체적이고 측정 가능한 사실인지 살핍니다. (예) 허리가 긴 강아지는 허리 병에 더 잘 걸릴까? → '허리가 길다' '허리 병'을 구체적이고 측정 가능한 기준으로 바꿔야 함.)

2. 알맞은 가설을 세울 수 있어야 합니다. (예) 갈비뼈 아래부터 골반뼈까지의 길이가 전체 몸 길이의 3분의 1이 넘는 강아지는 그렇지 않은 강아지에 비해 디스크에 잘 걸릴 것이다.)

3. 실험이나 관찰이 동일한 조건에서 반복되었을 때 동일한 결과가 나와야 합니다. 자료는 출처가 정확해야 합니다.

4. 실험이나 관찰시, 하나의 변수만을 변경하고 나머지 변수는 통제하여 결과에 영향을 미치지 않도록 합니다.

5. 실험이나 관찰시, 윤리적으로 올바르게 진행되어야 합니다. (예) 억지로 강아지의 허리를 잡아 늘린다거나 해를 가하지 않습니다.)

• 예시 •

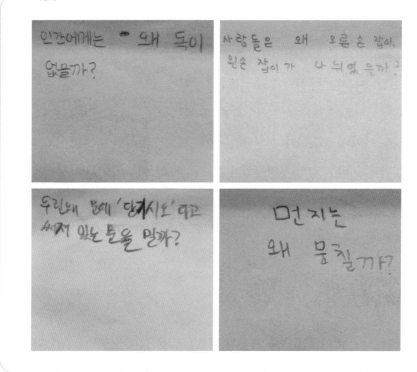

인간에게는 ● 왜 독이
없을까?

사람들은 왜 오른손 잡이,
왼손 잡이가 나뉘었을까?

우리왜 문에 '당기시오'라고
써져 있는 문을 밀까?

먼지는
왜 뭉칠까?

활동 2 **탐구 결과 발표하기**

같은 탐구를 하고 싶은 아이들끼리 모여 최소 일주일에서 한 달 동안 연구를 진행
한 뒤, 연구 결과를 PPT로 만들거나 8절 도화지에 적어 게시하고 발표하는 시간
을 갖습니다. 아이들이 발표할 때 이그노벨상 시상식에서 하는 독특한 퍼포먼스
들을 약간 변형하여 적용해보면 재미있습니다.

1. '스위티 푸' 초대하기

이그노벨상 시상식에는 여덟 살 아이가 앉아 있습니다. 스위티 푸라는 이름으로 불리는 아이는 발표가 너무 길어지거나 지루하면 "멈추세요. 지루해요"라는 말을 할 수 있게 공식적으로 허가가 된 아이입니다. 행사가 너무 지루해지지 않게 막는 것이지요. 아이들의 교실에 스위티 푸를 초청해보세요. 다른 반 아이도 좋고, 학년이 낮은 아이도 좋습니다. 선생님이나 어른이 할 경우 아이 분장을 해주세요. 그리고 발표가 너무 길거나 지루해지면 "멈추세요. 지루해요"라고 말하게 하세요. 삼진 아웃제로 이 말을 세 번 들으면 무조건 퇴장해야 한답니다. 아이들에게 미리 스위티 푸의 존재를 알려 재미있는 발표회가 될 수 있도록 대책을 준비하게 하세요.

2. 공연하기

이그노벨상 시상식에서는 종종 과학과 관련된 짧은 오페라 공연을 합니다. 아이들에게 신청을 받아, 과학적 원리가 돋보이는 춤이나 노래를 준비하여 발표회 중간에 하도록 해보세요. 춤으로는 마이클 잭슨의 문워킹이나 슬릭백을 추천하고, 노래로는 〈한국을 빛낸 33인의 과학자〉를 추천합니다.

3. 종이비행기를 날려 투표하기

발표를 다 들은 후, 이그노벨상을 주고 싶은 작품에 무기명으로 투표합니다. 이때 종이에 발표자 이름을 적어 종이비행기로 만들어 정해진 선에 서서 교실 앞으로 던집니다. 교실 앞에 정해놓은 선을 넘지 못한 종이비행기는 기권표가 됩니다.

활 동 3 **이그노벨상에 추천합니다!**

무기명 투표를 통해 이그노벨상을 받을 작품을 정해보세요. 다양한 분야를 만들어 많은 아이들이 상을 받을 수 있도록 하세요. 그후 marc@improbable.com으로 보낼 이그노벨상 추천 메일을 써보세요. 이 추천 메일에는 후보자의 신상, 어떤 연구를 하였는지와 그 결과, 연구의 어떤 부분이 사람들을 웃게 하거나 생각하게 하는지에 대한 내용이 반드시 포함되어야 합니다. 다 쓴 뒤에는 번역기를 돌려 영어로 번역하여 메일을 보내주세요.

분야	추천하는 팀 (팀 이름이나 팀원 중 한 명의 이름을 써주세요)	추천하는 이유
생명상 (생명이 있는 것에 대한 연구)		
힘상 (에너지, 움직임과 관련된 연구)		
의학상 (아픈 것, 낫는 것에 대한 연구)		
먹자상 (먹는 것에 대한 연구)		
시도상 (가장 많은 실험을 한 연구)		
물건상 (생명이 없는 물건에 대한 연구)		
그 외 내가 원하는 분야 만들기 ( )		

의인화된 캐릭터로 만나는
세균 이야기
『뿐뿐 과학 도감: 세균』

중고학년 | 이토 미쓰루 그림, 오카다 하루에·김응빈 감수, 정인영 옮김, 다산어린이, 2021

"보건실 다녀와도 돼요?"

보미가 배가 아프다며 손을 듭니다. 왜 아픈지 짐작되는 일이 있냐고 물으니 모르겠다고 합니다. 이렇게 아이들에게는 도대체 왜 아픈 건지 아무리 생각해도 잘 모르겠는 순간이 있지요. 그럴 때 아이들이 말하는 단어가 있습니다.

"저 보미가 왜 아픈지 알아요. '세균' 때문이에요!"

코로나19 팬데믹 이후 눈에 보이지 않지만 병을 옮기는 존재인 세균과 바이러스에 대한 인식이 높아졌습니다. 하지만 막상 세균이나 바이러스가 무엇인지 물으면 단순한 대답만 돌아옵니다. 나쁜 거예요, 눈에 안 보여요, 기침하면 옮겨가요 같은 답변이지요.

『뿐뿐 과학 도감: 세균』에서는 '눈에 보이지 않는' 존재였던 세균과 바이러스를 캐릭터로 보여줍니다. 이 책에서는 총 27종의 세균 캐릭터를 만날 수 있어요. 현미경으로 본 외관을 본따거나 사는 곳이나 일으키는 질병과 관련한 모습으로 만들기도 했지요. 캐릭터 옆에는 자세한 설명이 곁들여집니다. 어떤 성질을 갖고 있는지, 어떤 질병과 관련이 있는지, 예방과 치료는 어떻게 하면 좋은지 등이지요.

이 책은 6학년 과학에서 동물과 식물이 아닌 생물을 다루며, 세균, 바이러스, 미생물 등을 다룰 때 옆에 두고 보면 참 좋습니다. 교과서에는 예시가 한정적이지만, 책에는 정말 다양한 예시가 등장하거든요. 세균의 경우 '세균 지도'를 우선 안내하고, 피부와 입안에 사는 세균, 장 속에 사는 세균, 몸 밖에 살면서 무서운 감염증을 퍼뜨리는 세균으로 나눠 소개합니다.

예를 들어 피부에 사는 세균인 여드름균을 만나볼까요? 여드름균 캐릭터는 분홍색 머리를 하고 있습니다. 붉은 염증으로 잘 나타나기 때문이지요. 볼에는 여드름 자국이 있고, 사춘기 때 특히 더 잘 나타나기 때문에 교복을 입고 있어요. 여드름균은 수가 많이 늘어나면 염증이 되어 보기 싫어지지만, 적정한 수가 있으면 오히려 피부를 보호해주는 역할을 한다고 자신을 소개합니다. 이 책을 읽으며 아이들은 다양한 곳에 세균이 있다는 사실을 자연스럽게 알게 되지요. 그리고 세균이 무조건 나쁜 존재만은 아니라는 것도 알게 됩니다.

『뿐뿐 과학 도감: 세균』은 다양한 수업 활동으로 응용할 수도 있습니다. '세균' 편을 읽고서는 아이들과 세균 페이퍼 차일드 만들기, 세균 포토카드 만들기, 세균 보드게임 하기 등 다양한 활동을 해보았어요. 이렇게 다양한 대상을 캐릭터로 만들어 소개하는 『뿐뿐 과학 도감』은 총 12권의 시리즈로 구성되어 있습니다. 앞에 소개한 세균뿐만 아니라 광물, 우주 등 다양한 분야의 정보를 담고 있지요. 광물 편은 4학년에서 다루는 '지층과 화석' '화산과 지진' 단원과 연결지어 보기 좋고, 우주 편은 6학년에서 다루는 '지구와 달의 운동', 5학년의 '태양계와 별'에서 활용하기 좋습니다. 다양한 과학 단원에서 이 책을 활용하며 아이들과 즐거운 과학 수업을 만들어보세요.

세균이 득실득실

『뿐뿐 과학 도감: 세균』에서 다루는 27종의 세균 캐릭터들을 활용해 세균 포토카드 만들기와 세균 페이퍼 차일드 만들기 활동을 해보고, 반 친구들이 만든 캐릭터가 사는 곳을 조사하여 우리 반 세균 지도를 만들어보세요.

 세균 페이퍼 차일드 만들기

세균은 고정된 존재가 아니라 움직이는 존재입니다. 그렇기 때문에 캐릭터에 움직임을 더하면, 더 생생하게 그 특징을 살펴볼 수 있지요. 내가 고른 세균 캐릭터의 특징을 살려 연출할 행동을 정하고, 캐릭터를 그려보세요. 이렇게 만드는 캐릭터를 '페이퍼 차일드'라고 부릅니다. 페이퍼 차일드란 종이에 캐릭터를 그린 후, 옷을 잡아당긴다거나 밀어내는 등의 연출을 통해 사진을 찍는 놀이이기도 하지요. 다양한 페이퍼 차일드를 만들고 사진으로 남겨보세요.

• 예시 •

여드름균 캐릭터

볼에 있는 여드름을 짜는 행동의 페이퍼 차일드 만들기.

활 동 2 세균 포토카드 만들고 세균 지도 만들기

포토카드란 연예인과 같은 유명인의 사진을 명함 규격으로 인쇄한 것입니다. 크

기는 가로 5.5센티미터×세로 8.5센티미터가 가장 대중적입니다. 규격에 맞게 종

이를 나눠주고 앞면에는 가장 신기했던/재미있었던/마음에 들었던 세균의 모습

을 그리고, 뒷면에는 세균의 이름과 특징, 사는 곳 등의 정보를 써보세요. 다 만든

후에는 커다란 몸 모양을 만들어 몸 곳곳에 사는 세균을 붙이고, 몸 바깥에 사는

세균들도 붙여 세균 지도를 만들어보세요.

• 예시 •

<대장균 앞면>

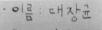

• 이름 : 대장균
• 특징 : 사실 사람이
　　　　건강해지기-ㅣ
　　　　돕는다.
• 사는 곳 : 사람의
　　　　　　　대장
　　（병원성 대장균에）
• 일으키는 병 : 장 출혈

<대장균 뒷면>

<살모넬라균 앞면>

• 이름 : 살모넬라균
• 특징 : 열에 아주 약하다
• 사는 곳: 금이 간 달걀이나
　여러 동물의 장 속
　일으키는 병: 똥, 구토 설사

<살모넬라균 뒷면>

이 게임은 세균의 번식 방식을 재미있게 활용할 수 있는 게임입니다. 자신의 세균을 이용하여 보드 위의 점령 구역을 최대한 넓히고, 다른 플레이어의 세균을 제거하거나 막아내야 합니다.

1. 준비물

육각형 또는 사각형 타일로 구성된 격자 모양의 보드, 자신이 만든 세균 카드(20퍼센트로 축소 복사하여 한 명당 스무 장씩 준비하기), 세균이 번식하는 방식을 나타낸 번식 카드(이분법, 분열, 돌연변이), 세균의 특수 능력이나 환경 변화를 일으키는 특별 카드(항생제, 변이, 영양소).

2. 게임 방법

① 참여하는 사람의 세균 카드를 가운데에 두 장씩 놓습니다.

② 각 참가자는 번식 카드 두 장, 특별 카드 한 장을 받습니다.

③ 순서에 따라 주사위를 굴려 나온 숫자만큼 칸을 이동한 뒤 원하는 카드를 사용합니다.

④ 참가자는 번식 카드나 특별 카드를 사용할 수 있습니다. 카드를 쓴 후에는 엎어두고, 새로운 카드를 꺼내옵니다.

	번식 카드		특별 카드
분열	인접한 빈 타일 한 개에 세균을 하나 더 놓습니다. 빈 타일이 없을 경우, 실행이 불가합니다.	항생제	도착한 곳의 세균을 제거합니다.
이분법	인접한 빈 타일 한 개의 세균을 하나 더 놓습니다. 새로 놓은 세균은 아직 미성숙하여, 1턴이 지나야 이동이 가능합니다. 빈 타일이 없을 경우, 실행이 불가능합니다.	봉쇄	턴이 2회 진행되는 동안 다른 세균에게 잡아먹히지 않을 수 있습니다.
돌연변이	새로운 특성을 가진 세균으로 변신합니다. (도착한 곳에 다른 세균이 있는 경우 제거할 수 있는 세균으로 변신/주사위에서 나온 눈의 두 배로 이동할 수 있는 세균으로 변신 중 선택.)	영양소	다음 턴에서 고른 번식 카드를 두 배의 효율로 사용할 수 있습니다. (분열 시 빈 타일 두 개에 세균 카드 놓기 가능.)

⑤ 보드 위의 모든 타일이 채워지거나 더이상 세균이 번식할 수 없는 경우 게임이 끝납니다. 가장 많은 점수를 획득한 플레이어가 승리합니다.

과학으로 확장되는 세계를 알려주는 책

교양서

『GLOW 글로우』

노엘리아 곤살레스 글, 사라 보카치니 메도스 그림, 고정아 옮김, 심채경 감수, 피카
주니어, 2024

#우주 #별과천체와행성

우주선 없이도 우주에 갈 수 있는 책. 열다섯 가지의 천체의 모습
과 역사, 정보와 신화를 섬세하고도 아름다운 일러스트로 표현했
습니다. 글을 쓴 노엘리아 곤살레스는 미국 항공우주국(NASA)
우주 비행 센터에서 10여 년간 선임 과학 작가로 일하며 우주의 비
밀과 과학 기술에 대한 글을 썼습니다. 이 책을 통해 아이들의 호
기심을 자극하고, 첨단 우주 연구로 밝혀진 사실들을 살펴보세요.

그림책

『구름은 어떻게 구름이 될까?』

롭 호지슨 글·그림, 우순교 옮김, 북극곰, 2022

#물의순환 #구름안개폭풍우

이 책은 물의 순환과정에서 나타나는 비, 눈, 천둥, 번개, 무지개
등 다양한 자연현상을 만나볼 수 있는 책입니다. 호수 위의 물방
울이 증발하면서 구름이 만들어지며 시작되는 이 책은 증발, 기
화, 응결, 강수 등 물의 다양한 상태 변화와 그 과정을 총 9장의 이
야기 속에 차근차근 풀어냅니다. 다양한 지식과 매력적인 그림 속
으로 풍덩 빠져들어보세요.

교양서

『어떻게 숨을 쉴까?』
유다정 글, 서영경 그림, 비룡소, 2019
#호흡의비밀 #들숨과날숨

다양한 종류의 생물들이 어떻게 호흡을 하고, 어떤 호흡 기관을 가지고 있는지 알려주는 책. 갓 태어난 로봇 라온이 처음 만난 강아지가 숨을 헐떡이는 것을 보고 신기해하며 시작합니다. 코로 숨을 들이마시는 강아지를 아무리 따라 해도 숨을 쉴 수 없자, 라온은 다른 숨쉬기 방법을 찾아 나섭니다. 아가미로 숨쉬는 물고기, 몸에 있는 기공으로 숨쉬는 곤충, 이파리를 통해 광합성을 하는 나무까지 로봇 라온의 눈으로 보는 다양한 호흡의 세계를 만나보세요.

교양서

『초등 과학 신문』
김선호 지음, 경향BP, 2024
#과학기사 #최신연구

초등학생이 꼭 알아야 할 과학 기사를 담은 책. 신기한 생물 세상, 놀라운 지구와 드넓은 우주, AI, 유전공학, 첨단 과학, 친환경을 다루는 미래 과학, 호기심 가득한 도전 과학의 최신 연구 결과를 다룬 기사를 담았습니다. 과학 분야 신문 기사를 초등학생의 눈높이에 맞춰 재구성했으며, 의견 써보기 코너를 통해 자신의 생각을 쓰는 과학 논술로도 발전시켜 활용할 수 있는 책입니다.

교육과정과 이렇게 연계해요(2022 개정 성취 기준)

2월 첫번째 주제 첫 읽기 책

[2국01-04] 자신의 경험이나 생각을 바른 자세로 발표한다.

[2국02-04] 인물의 마음이나 생각을 짐작하고 이를 자신과 비교하며 글을 읽는다.

[2국03-04] 겪은 일을 표현하는 글을 자유롭게 쓰고, 쓴 글을 함께 읽고 생각이나 느낌을 나눈다.

[2국06-02] 일상의 경험과 생각을 글과 그림으로 표현한다.

[2국05-03] 작품 속 인물의 모습, 행동, 마음을 상상하여 시, 노래, 이야기, 그림 등으로 표현한다.

[2국05-01] 말놀이, 낭송 등을 통해 말의 재미와 즐거움을 느낀다.

[4국05-04] 감각적 표현에 유의하여 작품을 감상하고, 감각적 표현을 활용하여 자신의 생각이나 감정을 표현한다.

2월 두번째 주제 생활 동화

[2국01-04] 자신의 경험이나 생각을 바른 자세로 발표한다.

[2바01-02] 나를 이해하고 존중하며 생활한다.

[2국03-04] 겪은 일을 표현하는 글을 자유롭게 쓰고, 쓴 글을 함께 읽고 생각이나 느낌을 나눈다.

[2국06-02] 일상의 경험과 생각을 글과 그림으로 표현한다.

[4국03-04] 목적과 주제를 고려하여 독자에게 마음을 전하는 글을 쓴다.

[4도01-03] 성실한 생활의 모범 사례를 탐색하고 시간 관리를 위한 생활을 계획하여 지속적인 자기 성장을 모색한다.

[6실01-02] 건강한 발달을 위한 자기 관리 방법을 탐색하고, 일상생활 속에서 올바른 생활습관과 태도를 갖도록 계획하여 실천한다.

2월 세번째 주제 시리즈 동화

[2국01-01] 중요한 내용이나 일이 일어난 순서를 고려하며 듣고 말한다.

[2국02-03] 글을 읽고 중심 내용을 확인한다.

[2슬01-02] 나를 탐색하여 나에 대해 설명한다.

[4국05-01] 인물과 이야기의 흐름을 중심으로 작품을 감상한다.

[4국05-05] 재미나 감동을 느끼며 작품을 즐겨 감상하는 태도를 지닌다.

[4미02-01] 관찰과 상상으로 아이디어를 떠올려 표현 주제를 구체화할 수 있다.

[4도01-01] 자신의 감정을 소중히 여기며 존중하는 태도를 바탕으로 내가 누구인가를 탐구한다.

2월

그림책에서
동화책으로
지혜롭게
건너가기

혼자 할 수 있어

『혼자 잘 수 있어』

저중학년 | 난별 글, 김진미 그림, 책읽는곰, 2024

초등학교에 입학하면 아이들 방에는 많은 변화가 생깁니다. 방에 가득찼던 장난감은 하나둘씩 정리되어 사라지고요. 멋진 책상과 의자 그리고 새 침대로 새롭게 단장해요. 주변에서 끊임없이 이어지는 축하와 격려 속에, 초등학교에 입학하는 것은 아이들에게 더 특별한 의미를 주기도 합니다. 하지만 그만큼 아이들 스스로 해야 하는 일들이 하나둘 늘어나고, 하고 싶지 않아도 용기내어 도전해야 하는 일들도 생겨나지요. 많은 도전 속에서 피하고 싶은 것 중 하나가 바로 잠자리 독립입니다.

부모님은 잠자리 독립을 두고 솔깃한 제안을 하곤 해요. 혼자 자는 것에 성공하면 절대 사주지 않을 것 같았던 무언가를 사준다고 하거나 아이들이 상상하는 그 이상의 보상을 약속하기도 합니다. 그렇다면 이 기회를 절대 놓칠 수 없지요. 하지만 부모님이 토닥이며 재워주거나 보들보들한 부모님의 살결을 맞대며 잠을 자던 익숙함에서 벗어나 아무도 없는 방에서 나 혼자 잠자리에 드는 일은, 생각처럼 쉽지 않아요. 갑자기 무서운 생각이 불쑥 튀어나오기도 하고요. 평소라면 바로 잠이 들었을 텐데, 혼자 잔다는 생각만 해도 눈이 초롱초롱해지고 정신이 말짱해져요.

동화 『혼자 잘 수 있어』에는 혼자 자기에 도전하는 율이의 눈물겨운 이야기가 생생하게 담겨 있습니다. 아직 엄마와 함께 자는 율이에게 큰 고민이 생겼어요. 율이가 속한 펭펭 삼총사 중 한 명인 하민이는 드디어 혼자 자는 데 성공했다고 수줍게 자랑하고요. 또다른 한 명인 동찬이는 혼자 잔 지 석 달도 넘었다고 해요. 친한 친구들이 모두 혼자 잔다는 사실을 알게 된 율이는 오늘부터 당장 혼자 자겠다며 도전을 선언합니다. 하지만 잠자리 독립은 생각처럼 쉽지 않아요. 도전 첫째 날은 이불 속에 송충이가 기어다니는 것처럼 느껴져 실패하고요. 둘째 날은 천장에 붙은 야광 별이 괴물로 변해 실패해요. 셋째 날은 천둥 번개가 우르르 쾅 쾅 치는 바람에 역시나 실패합니다. 넷째 날은 잠결에 화장실에 다녀온 뒤, 방을 헷갈리는 바람에 실패해요. 도전 다섯째 날, 율이는 드디어 혼자 자기에 성공합니다. 어찌나 신이 나는지 올라간 입꼬리는 내려올 줄 모르고 어깨도 활짝 펴지네요.

아직 혼자 자지 못하거나 혼자 자는 것을 이제 막 연습하기 시작한 아이들은 율이가 잠자리 독립에 도전하고 실패를 거듭하는 모습을 보면서 많은 공감을 할 거예요. 두려운 만큼 겁이 나고, 그것을 극복하기 위해서는 몇 배의 용기가 필요하기 때문이지요. 동화에서 다루고 있는 내용이 아이들이 현재 고민하는 지점과 일치하거나 자신의 처지와 비슷한 상황을 그대로 보여준다면, 아이들은 동화를 읽으면서 많이 공감하고 위로와 용기를 얻을 수 있습니다.

아이들과 함께 동화 『혼자 잘 수 있어』를 읽고 자기의 경험과 어떤 부분이 같고 어느 지점에서 차이가 있는지 이야기를 나누어보세요. 잠자리 독립 또는 새로운 일에 도전했던 자신의 경험을 떠올려보며 율이의 마음을 짐작해보고 공감하는 말을 전해줄 수 있을 것입니다.

공감하고 도전하며 성장하는 나

동화 『혼자 잘 수 있어』를 읽고 나서 이와 비슷한 나의 경험을 떠올려보고 인물의 마음에 공감하고 용기 주는 말을 전해주는 수업 활동입니다.

활동 1 인물의 마음 짐작하고 공감하기

주어진 상황을 보고 인물의 마음을 짐작해보세요. 그리고 이와 비슷한 나의 경험을 바탕으로 주인공의 마음에 공감하는 말을 전해보세요.

• 예시 •

상황 1. 나는 친구들에게 아무 말도 못했어. 아직 엄마랑 잔다고 어떻게 말해?		
이름	인물의 마음 짐작하기	공감하는 말 이어 말하기(이어 쓰기)
김진아	나는 아직도 엄마랑 함께 자는 것이 좋다. 하지만 나만 아직도 부모님이랑 함께 잔다는 사실을 친구들이 알까봐 걱정된다.	나도 2학년이 되면서 혼자 잔다고 약속했는데 아직도 도전에 성공하지 못했어.

정수민	친구들이 사실을 알게 될까 봐 가슴이 두근거린다.	너같은 상황이었을 때 나도 솔직하게 말 못했어. 괜히 창피했거든.
이보라	친구들은 모두 혼자 잘 수 있다는 사실이 놀랍다.	나는 감히 혼자 자는 걸 상상도 못했는데 친구들이 초등학교에 입학하면서부터 혼자 잔다고 하길래 처음엔 거짓말인 줄 알았다니까.

상황 2.
나도 하나도 안 무서워. 이 책 나 빌려줄래?
자기 전에 한 번 더 보겠다고 빌렸지만 펼쳐보자니 무서워.

이름	인물의 마음 짐작하기	공감하는 말 이어 말하기(이어 쓰기)
박도윤	새로 나온 『펭펭의 모험』 11권에 무서운 괴물이 나와서 사실은 보기 싫었다.	나도 무서운 괴물이 나오면 절대 펼쳐보지 않을 거야. 나는 무서운 그림만 봐도 심장이 두근두근해.
이선우	잘 때 무서운 괴물이 자꾸 생각날까봐 보기 두렵다.	무서운 이야기는 생각하지 않으려고 해도 계속 생각나서 처음부터 보기도 듣기도 싫어.
김윤지	책을 괜히 빌렸다는 생각이 든다.	책을 빌려달라고 하지 말걸. 무서운 그림이 그려진 책이 내 방에 있는 것만으로도 무섭지 않아?

상황 3.
드디어 혼자 자기에 성공한 줄 알고 기분좋게 아침에 눈을 떴는데
왜 설이가 내 방에 있지?

이름	인물의 마음 짐작하기	공감하는 말 이어 말하기(이어 쓰기)
최선율	혼자 자기에 도전한 지 4일째 되는 날 너무 피곤해서 정신없이 잠들었다가 드디어 혼자 자기에 성공한 줄 알았다. 기분 좋게 눈을 떴는데 옆에 동생 설이가 있다니? 도대체 밤새 무슨 일이 있었는지 너무나 황당하다.	내가 도전중이던 일에 드디어 성공했다고 철석같이 믿었는데 아닌 걸 알게 되었을 때 그 실망감은 이루 말할 수 없지. 나는 받아쓰기를 열심히 연습해서 다 맞았다고 철석같이 믿었는데 실수로 하나 틀린 것을 알았을 때 너무 속상해서 눈물이 다 났다니까.

| 김시원 | 엄마가 혹시 밤에 동생을 내 옆에 데려다놓으셨나? 왜 설이 가 내 방에 있냐고? 설마 꿈은 아니겠지? | 나도 새 침대에서 드디어 혼자 잘 줄 알고 신나서 벌떡 일어났는 데 바닥에 아빠가 자고 계신 걸 보고 너무 실망했던 기억이 나. |

 나의 ○○ 첫 도전

누구에게나 첫 도전의 경험이 있습니다. 지금은 능숙하게 척척 잘해내는 일들도 처음 도전했을 때는 용기내어 두려움을 극복하는 과정이 필요했을 거예요. '나의 ○○ 첫 도전' 경험을 떠올려보세요. 그리고 처음 도전했을 때의 마음과 도전한 후의 마음을 써보세요.

• 예시 •

혼자 등교하기 첫 도전

초등학교에 입학하고 나서 줄곧 엄마와 함께 학교 정문까지 갔다. 입학한 지 100일이 되었을 때 나는 현관에서 부모님께 인사하고 혼자 학교에 가보고 싶었다. 혼자 엘리베이터를 타본 적이 없기에 부모님께서는 1층까지만 도와주겠다고 말씀하셨지만 나는 오롯이 혼자서 학교 가는 일에 도전해보고 싶었다. 혼자서 엘리베이터를 타고 1층 버튼을 누른 후 무사히 1층에 도착하여 가벼운 발걸음으로 학교에 갔다. 부모님 도움 없이 혼자서 엘리베이터를 타고 내려온 내가 자랑스러웠다. 그리고 혼자서 학교에 갈 수 있는 내 모습이 멋있고 대단하다는 생각이 들었다. 처음에는 떨리는 마음 반, 설레는 마음 반이었지만 성공을 한 후에는 '이렇게 쉬운 것을'이라는 생각에 나도 모르게 웃음이 나왔다.

| 도전하기 전의 마음 | 꼭 성공하고 싶다는 마음, 혼자 처음 등교하는 것에 대한 긴장된 마음. |
| 도전에 성공한 후의 마음 | 마음이 새털처럼 가볍고 자꾸만 웃음이 새어나왔다. 혼자서 할 수 있는 것이 많아졌다는 생각에 내가 멋지고 대단해 보였다. |

혼자 잠자기 첫 도전

부모님과 쇼핑 센터에 놀러갔다. 우연히 2층 침대를 보게 되었고, 1층은 놀이방을 꾸밀 수 있고 2층은 침대로 이용할 수 있는 2층 침대가 갖고 싶어졌다. 부모님께 2층 침대를 사달라고 말씀드렸더니 혼자서 잠자기에 열 번 성공하면 내가 갖고 싶은 침대를 사주겠다고 하셨다. 처음에는 혼자 자러 들어갔지만, 자꾸만 중간에 잠이 깨어 부모님 방으로 갔다. 여러 번 도전한 끝에 드디어 혼자서 잠자기에 성공한 날 나는 너무 기분 좋은 나머지 소리를 크게 질렀다. 처음 혼자 잘 때는 두려웠지만 한 번 성공하고 나니 열 번을 채우는 것은 식은 죽 먹기였다.

도전하기 전의 마음	꼭 성공하고 싶다는 마음 반, 무서운 마음이 반이었다. 중간에 깨지 않고 아침까지 푹 자고 싶다는 마음이 간절했다.
도전한 후의 마음	아침에 눈을 떴을 때 혼자 잠자기에 성공했다는 것을 알고 너무 신이 나서 크게 소리를 질렀다. 내가 너무나 대견하고 기특하다는 생각이 들었다.

• 예시 •

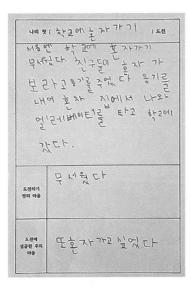

499

활 동 3 첫 도전이 두려운 너에게 (친구들 또는 후배들에게 보내는 편지)

누구에게나 '처음'은 떨리고 두려운 마음이 앞서요. 실패에 대한 두려움, 경험해보지 않은 것에 대한 낯섦, 명확하게 설명하기 어려운 복잡한 마음이 뒤엉켜 있어서 성공이나 실패를 떠나 처음 도전하는 것 자체가 어려운 일이 될 수 있지요. 하지만 한번 도전하기로 마음먹는 순간 성공에 한 발짝 다가가고요. 도전 결과가 성공으로 이어지지 않아도 또다시 도전할 수 있다는 용기가 더해지면서 성공에 더 가까이 다가갈 수 있습니다. 첫 도전이 두려운 친구들 또는 후배들에게 여러분의 진솔한 이야기와 극복 방법을 알려주세요.

● 예시 ●

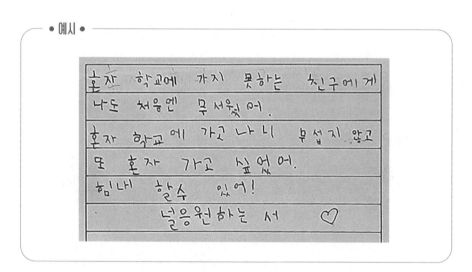

혼자 학교에 가지 못하는 친구에게
나도 처음엔 무서웠어.
혼자 학교에 가고 나니 무섭지 않고
또 혼자 가고 싶었어.
힘내 할수 있어!
    널응원하는 서   ♡

풍부한 단어, 문장 수집의 힘:
다양한 표현 수집을 통해
나만의 표현 곳간 채우기

『모두가 친구』

저중학년 | 이소풍 글, 은돌이 그림, 바람의아이들, 2024

그림책에서 동화의 세계로 자연스럽게 입문하기 위해서는 처음 읽는 동화
와 그림책 사이의 격차가 크지 않아야 해요. 이와 함께 동화에서만 느낄 수 있는
매력이 아이들 마음에 와닿아야 합니다. 동화는 그림보다는 문장으로 내용을 이
끌어갑니다. 그래서 동화 속 문장은 이야기가 머릿속에서 저절로 그려질 만큼 구
체적이고 자세하게 표현되지요. 그림책보다는 좀더 긴 호흡과 엉덩이 힘이 필요하
지만, 들썩이는 몸을 붙잡을 수 있는 매력 또한 문장에서 찾을 수 있습니다. 처음
만나는 동화는 글밥이 적어 비교적 짧은 호흡으로 읽을 수 있으면서도 문장이 쉽
고 간결해야 아이들이 쉽게 접근할 수 있고요, 이와 함께 우리말의 아름다움을
느낄 수 있는 문장과 오감을 자극할 수 있는 생생한 표현이 많아야 내용을 상상
하기 쉽습니다.

동화 『모두가 친구』는 내용이 머릿속에 단숨에 그려질 만큼 문장 하나하나
에 감각적이고 구체적인 표현이 가득하고요. 내 머리와 마음속에 꼭꼭 저장해놓

고 싶을 만큼 아름답고 다정한 표현이 넘쳐나요. 그래서 처음 동화를 읽는 아이들도 쉽게 읽고 머릿속에 그림을 그리듯 상상해볼 수 있습니다.

동화 『모두가 친구』는 다양한 동물들이 자기만의 방법으로 친구를 만나고 이해하며 우정을 가꾸는 모습을 세 편의 짧은 이야기에 담고 있습니다. 세 편 모두 글밥이 적당하여 짧은 시간 안에 쉽게 읽을 수 있고, 꾸며주는 말이 생생하여 문장을 읽고 상상하기에 어려움이 없습니다. 게다가 커다란 강아지와 조그만 거미, 밤낮이 다른 부엉이와 청설모, 남극과 북극에 떨어져 사는 북극곰과 펭귄같이 서로 다른 친구들이 다름을 극복하고 마음을 나누며 우정을 쌓아가는 모습이 교실 속 아이들과도 많이 닮아 있답니다. 우정이 얼마나 아름다운지를 다정하고 생생한 표현으로 가득 채운 동화이기에 아이들은 동화 속에서 우정의 가치를 발견함과 동시에 아름다운 표현의 매력에도 흠뻑 빠질 수 있습니다.

나와 닮아 있거나 너무나도 다른 동물들의 모습을 보고 아이들은 저마다 다른 생각을 하고 있을 거예요. 아이들에게 지금 이 순간, 내가 느끼고 있는 감정을 생생하게 표현해보라고 하세요. 하고 싶은 말은 많은데 머릿속에 둥둥 떠오르는 생각을 글로 옮기자니 쉽지 않습니다. 내 머릿속을 열어 훤히 보여줄 수도 없고 적당한 표현이 떠오르지 않아 답답할 노릇이지요. 그것은 필요할 때마다 바로 꺼내 쓸 수 있는 내 표현 곳간이 비어 있기 때문입니다. 표현 곳간이 비어 있다면 차곡차곡 채우면 됩니다. 그런데 이왕이면 아이들의 나이, 정서와 조화롭게 어우러지는 단어와 문장들로 채워져야 적재적소에 잘 쓰일 수 있겠죠.

동화 『모두가 친구』에서는 햇살을 받아 빛나는 거미줄을 보고 은빛 실로 짜놓은 듯 곱고 영롱하게 빛난다고 표현합니다. 이 문장을 만나기 전에는 거미줄을 보면 피하기 바빴을 저입니다. 하지만 이제는 아주 가느다란 실로 정교하게 짜놓은 듯한 거미줄에 한참 동안 시선이 머물게 됩니다. 생생하고 다채로운 표현으

로 가득한 동화를 읽고 보석 같은 단어와 문장을 모아 내 표현 곳간을 채워보기
로 해요.

차곡차곡 쌓아가는 나의 표현력

동화 『모두가 친구』를 읽고 나서 생생하고 다채로운 단어와 문장을 수집해보는 활
동입니다.

 단어와 문장 모아모아

동화에서 찾으려는 표현의 특징을 정하고 '나만의 표현 곳간' 이름을 정해봅니다.
이름에 알맞은 표현을 찾아, 내 곳간을 채워보는 활동입니다.

> **• '나만의 표현 곳간' 이름 예시 •**
>
> 아름다운 표현 곳간
> 생생한 표현 곳간
> 다다익선 표현 곳간

생생한 표현 곳간

펄쩍펄쩍	야단법석	폭신폭신	살랑살랑	바짝
빡빡하게	우르르	시린	움찔하고	송알송알
또르르	촉촉한	앙칼진	아슬아슬	반짝반짝
둥실둥실	조마조마	두런두런	쭈뼛쭈뼛	사뿐사뿐
빽빽하게	오르락내리락	느긋하게	벌렁벌렁	어질어질
꾸벅꾸벅	콩닥콩닥	방글방글	쿨쿨	빙글빙글
날쌔고	화들짝	주춤주춤	짹짹	바스락거리는
시린	윙윙	쿵쿵	꽝꽝	엉엉
큼큼	사나운	매서운	깔깔	쿵덕쿵덕

활동 2 '꾸며주는 말'을 찾아 바꾸고 어울리는 문장 만들기

동화 속에서 꾸며주는 말을 사용한 문장을 찾아봅니다. 꾸며주는 말을 다른 표현으로 바꾸고 어울리는 문장을 새롭게 만들어보세요.

동화 속 표현	단어 바꾸어 새로운 문장 만들기
망고가 좋아하는 (잔디) 목욕이에요.	내가 좋아하는 (거품) 목욕이에요.
아침 이슬이 (눈부시게 반짝)였어요.	아침 이슬이 (차갑게 느껴)졌어요.
어디선가 (작고 앙칼진) 목소리가 날아들었어요.	어디선가 (화를 잔뜩 품은) 목소리가 날아들었어요.

동화 속 표현	단어 바꾸어 새로운 문장 만들기

활동 3 생생한 표현 가득 '생생 시화 전시회'

내가 수집한 다채로운 표현을 사용하여 '친구(또는 우정)'를 주제로 동시를 써봅시다. 그리고 동시 내용에 알맞은 그림을 그려 시화를 만들고 우리 반 '생생 시화 전시회'를 열어보세요.

표현하고 노력하며 성장하는 힘을 길러주는 책

그림책

『홀짝홀짝 호로록』

손소영 글·그림, 창비, 2024

#의성어의태어만으로구성된그림책 #생생한표현

의성어와 의태어의 생생함을 온몸으로 느끼고 싶은 어린이에게 추천하는 책. 동물은 인간의 언어를 사용하지 않아요. 하지만 온몸으로 자신의 감정과 의사를 표현할 수 있지요. 사랑스러운 동물들의 다양한 감정을 의성어와 의태어만으로도 풍부하게 느낄 수 있는 그림책을 통해 흉내내는 말의 힘과 매력에 빠져보세요.

동시 동화책

『그래도, 용기』

강정연 글, 간장 그림, 주니어RHK, 2024

#겁난다고솔직하게말하는용기 #성장하는나

일상에서 크고 작은 두려움을 마주하며 매 순간 용기가 필요한 어린이에게 추천하는 책. 무섭다고, 겁난다고, 불편하다고 솔직하게 말하고 싶은데 용기가 나지 않을 때 이런 나를 똑 닮은 하민이의 마음을 들여다보세요. 겁이 많은 나도 나만의 속도로 한 걸음씩 나아가며 성장하고 있다는 사실을 발견할 거예요.

『숲속의 꼴깍꼴깍 파티』

동화책

윤경 글, 은돌이 그림, 웅진주니어, 2024

#문장이아름다운동화 #다람쥐와할머니의우정

아름다운 표현과 따뜻함이 듬뿍 담겨 있는 이야기로 처음 동화에
입문하는 어린이에게 추천하는 책. 숲속에는 동물들만 아는 비밀
이 있어요. 샘물을 마시면 원하는 모습으로 변신할 수 있대요. 이
책은 마법같이 신기하고도 뭉클한 이야기를 아름다운 표현으로
전하고 있어요. 감각적인 표현 속에 전해지는 따뜻한 마음이 처음
동화를 읽는 아이들에게 기분좋은 감정을 선물할 거예요.

『여덟 살은 울면 안 돼?』

동화책

박주혜 글, 서현 그림, 문학과지성사, 2022

#성장하는나 #학교입학적응

초등학교에 입학하여 기대와 두려움을 동시에 품고 있는 어린이
에게 추천하는 책. 초등학교 1학년이 되니 많은 사람들이 축하 인
사를 건네는 동시에 이제는 무엇이든 혼자서 해야 한다고 말해요.
좋은 것만 있는 줄 알았는데 꼭 해야만 하는 것과 하지 말아야 하
는 것이 너무나도 많네요. 이 책은 '학교'라는 새로운 공간에 적응
하기 위해 부단히 노력중인 아이들의 마음을 어루만져줄 거예요.

맘대로 되는 게 하나도 없지만 해보는 거야!: 숭민이의 일기

『난 쓰러지지 않아!』

중고학년 | 이승민 글, 박정섭 그림, 풀빛, 2023

저는 요즘 새로운 운동을 배우고 있습니다. 새로운 무언가를 배우고 도전한다는 것은 수많은 실패를 만날 준비가 되어 있다는 뜻이지요. 지금은 가뿐하게 넘을 수 있는 줄넘기도 시작은 쉽지 않았고요. 이중 뛰기를 성공하기 위해 몇 달 동안 밤마다 열심히 줄을 넘고 줄에 걸렸던 기억이 떠오릅니다. 수많은 실패와 도전 끝에 처음으로 딱 한 번 제대로 넘었을 때의 쾌감과 짜릿함은 나를 또다른 도전으로 이끄는 원동력이 되기도 합니다. 그래서 저는 지금도 새로운 것에 도전하고 꾸준히 실패를 경험하고 있습니다.

동화 『난 쓰러지지 않아!』에는 숭민이와의 내기에서 진 지영이가 절대로 배우고 싶지 않았던 수영을 시작하는 과정이 소개됩니다. 내기에서 지지 않았더라면 지영이는 그토록 싫어하는 수영을 시작하지 않았을 거예요. 그런데 막상 수영을 배워보니 수영이 재미있고 자기한테 잘 맞는 운동임을 알게 되어요. 만약 지영이가 끝까지 수영 배우는 것을 거부했다면 수영의 재미도 자신의 재능도 발견하지 못했겠죠.

숭민이는 자전거를 탈 줄도 모르고 배우고 싶지도 않아요. 싫은 데 이유가 있나요? 싫은 건 그냥 싫은 거예요. 자신의 인생에 자전거는 절대 없다고 다짐했지만, 부모님의 예상치 못한 자전거 선물로 인해 자전거를 배우게 되지요. 균형을 잃고 넘어지기를 반복하던 숭민이는 딱 한 번 감을 잡은 뒤로 혼자서도 가뿐히 자전거를 타게 됩니다. 자전거를 타면서 실실 새어나오는 웃음을 참을 수 없고요. 그동안 자전거도 타지 않고 뭘 하고 놀았나 하는 생각도 들어요. 숭민이도, 지영이도 싫다는 이유만으로 시도조차 하지 않았더라면 수영과 자전거가 주는 재미도, 자신의 재능도 발견하지 못했을 거예요. 이렇게 우리의 삶은 언제나 내 마음대로 되는 것도 아니고, 예측할 수 없는 일들이 펼쳐지기도 해요.

우리는 태어나는 순간부터 매일 새로운 것을 배우고 도전하고 실패하며 성장해갑니다. 넘어지고 일어서기를 반복하면서 걷는 법을 배웠고요. 지금은 가뿐하게 헤엄쳐갈 수 있는 수영장에서도 처음에는 제자리에서 물 먹은 기억밖에 나질 않습니다. 지금의 빛나는 순간과 멋진 결과는 포기하지 않고 꾸준히 노력하고 도전을 이어갔기에 가능한 것이랍니다.

아이들은 지금도 학교에서, 바깥에서 새로운 것을 배우고 성장하고 있습니다. 나에게 익숙하고 잘하는 것만 한다면, 한 번도 해보지 않은 일은 절대 하지 않는다면 발전도 없고 성공의 기쁨도 경험하지 못할 거예요. 지금도 무언가를 실패하고 있는 아이들이 있다면 그것은 포기하지 않는 열정이 있고, 누구보다도 자신을 아끼고 사랑하고 있다는 뜻입니다. 아이들과 함께 일상에서 경험했던 실패의 경험을 나누어보세요. 그리고 지금도 나만의 속도와 리듬으로 꾸준히 도전하고 실패하고 있는 우리를 칭찬하고 격려해보는 시간을 가져봅시다.

실패는 성장을 위한 도약!

동화 『난 쓰러지지 않아!』를 읽고 나서 그동안 일상에서 겪었던 실패의 경험을 떠올려보고, 포기하지 않고 끊임없이 도전하는 시간이 주는 가치에 대해 생각해볼 수 있는 수업 활동입니다.

 ## 실패 도감 만들기

반복되는 실패에도 불구하고 포기하지 않고 도전을 이어나가면 지금보다 더 나은 결과를 얻을 수 있습니다. 내가 했던 실패의 순간들을 떠올려보고 나의 실패 경험을 소개해보세요.

• 예시 •

나의 실패 경험	
예 줄넘기 이중 뛰기 2번 이상 하기	
<성공 난이도 ☆☆☆☆☆> * 성공하기 어려울수록 색칠한 별의 수가 많아짐. * 별의 수는 1~5개로 제한을 둠.	<실패 수준(1~10 기준)> * 숫자가 낮을수록 성공하기 쉬우며 숫자가 커질수록 성공하기 어려움
	8

<실패 경험을 그림으로 표현하기>
* 줄넘기 이중 뛰기를 한 번 넘고 나서 바로 줄에 걸리는 상황을 그림으로 표현하기.

<나의 실패 경험을 구체적으로 설명하기>

예 나는 기본 줄넘기를 연속해서 50번 이상 할 수 있다. 하지만 이중 뛰기는 좀처럼 마음대로 되지 않는다. 이중 뛰기에 도전하고 나서 딱 한 번 성공했다. 하지만 두번째 넘을 때 바로 줄에 걸려 두 번 이상 뛰어넘는 것에는 성공하지 못했다.

510

활동 2 실패 상자 속 빛나는 도전들

숭민이는 자전거 타는 것을 정말 싫어합니다. 세 번 연속으로 넘어지고서는 내 인생에 자전거는 없다고 다짐해요. 하지만 부모님께 갑작스럽게 자전거 선물을 받고, 아빠와 꾸준히 자전거 타는 연습을 한 결과 자전거의 참맛을 알게 되지요. 지금은 가뿐하게 넘을 수 있는 줄넘기, 물속에서 잠수하기도 처음에는 어렵고 힘든 과정이 있었어요. 하지만 수많은 실패 속에서도 포기하지 않고 도전을 이어나갔기에 성공의 기쁨을 누릴 수 있고 '할 수 있다'라는 자신감도 얻게 됩니다. 내 실패 상자 속에 차곡차곡 쌓여 있는 빛나는 도전을 하나씩 꺼내보세요. 그리고 포기하지 않고 도전을 이어나가고 있는 나에게 한마디 전해보세요.

• 예시 •

빛나는 도전 1	피아노에서 오른손과 왼손을 함께 치기가 어렵고 헷갈린다. 건반을 잘못 눌러 음이 안 맞을 때마다 속상하지만 계속 연습중이다.
나에게 한마디	처음에는 도레미파솔라시도 위치도 몰랐는데 지금은 잘 알고 있잖아. 반복해서 연습하면 틀리는 게 하나씩 줄어들 거야.
빛나는 도전 2	자유형 팔 돌리기를 배우고 있다. 고개를 오른쪽으로 돌려 숨 쉴 때마다 귀에 물이 들어가고 숨이 차올라 몸 전체를 들어올리게 된다.
나에게 한마디	처음 수영 배울 때 '음파' 연습하면서 물을 많이 먹었는데 지금은 물도 먹지 않고 물속에서 3초나 참을 수 있어. 지금처럼 꾸준히 연습하면 물속에서 5초도 참을 수 있을 거야. 그땐 급하게 몸을 들어올리지 않겠지?

활동 3 공감 릴레이

활동 2 에서 떠올린 빛나는 도전 중 한 가지를 친구들과 함께 나누어보는 활동입니다. 활동지에 친구들과 이야기 나누고 싶은 실패 경험을 한 가지 써보세요. 친구들에게 응원을 듣고 싶었던 경험이나 다른 친구들도 경험했을 법한 일을 쓰고 난 후 칠판에 붙여둡니다. 우리 반 친구들의 실패 경험을 하나씩 읽은 후, 비슷한 경험이 있으면 공감하는 말을 써주세요. 비슷한 경험이 없으면 포기하지 않고 꾸준히 도전하는 친구에게 응원의 말을 적어줍니다.

• 예시 •

실패 상자 속 빛나는 나의 도전(실패 경험)

나는 몸이 뻣뻣하다. 그래서 다리를 구부리지 않고 손을 쭉 뻗어 땅에 닿게 하는 스트레칭이 잘 안 된다. 하지만 매일 조금씩 몸에 반동을 주어 꾸준히 스트레칭을 연습하고 있다. 처음에는 손이 내 무릎 근처에 머물렀는데 한 달 동안 꾸준히 연습하니 드디어 복숭아뼈 근처까지 가게 되었다. 내 손이 발가락에 닿을 때까지 계속 도전할 것이다.

공감하는 말 또는 응원하는 말		
가은	나은	다은
나도 발레학원에서 다리를 옆으로 쭉 뻗어 앉는 것을 연습하고 있어. 스트레칭을 할 때마다 다리가 아프지만 조금씩 나아지는 것을 보면 기분이 좋아져.	스트레칭을 할 때 먼저 몸을 충분히 풀어주어야 다치지 않는대. 나도 꾸준히 연습해서 지금은 손이 바닥에 닿아.	나는 앉아서 무릎을 굽히지 않고 손을 뻗는 스트레칭을 연습중이야. 우리 둘 다 꼭 성공해보자!

512

생활 동화②

계획을 세우기 위해
고민하는 모든 순간이 소중해!

『계획하는 어린이』

저중학년 | 강수진 글, 모예진 그림, 킨더랜드, 2023

매년 새해가 되면 올해의 목표를 세우고 새로 산 다이어리에 새로운 마음과 의지를 듬뿍 담아 정성껏 기록을 시작합니다. 올해 이루고 싶은 목표를 정하고 계획을 세우는 과정에서 우리는 내면의 소리에 귀를 기울이고, 자신에게 중요한 일과 덜 중요한 일에 우선순위를 매기게 됩니다. 나의 욕구와 의지가 반영된 올해의 계획을 정성 들여 세웠으니 이제 꾸준히 실천에 옮기기만 하면 되겠죠? 하지만 시간이 지날수록 활활 타오르던 실천 의지가 무뎌지고 찬란했던 새해 계획이 흐지부지되기 일쑤입니다.

어차피 계획을 세워봤자 작심삼일이 될 게 뻔하니 계획을 세우는 일은 시간 낭비일까요? 우리는 목표를 정하고 계획을 세우는 과정에서 내가 무엇을 원하는지 내 마음의 소리에 귀를 기울이게 됩니다. 그리고 목표를 달성하기 위해 고민하고 심사숙고하여 계획을 세우지요. 내가 세운 계획을 꾸준히 실천에 옮기고 목표에 한 발 더 다가가기 위해 노력하는 것은 중요합니다. 하지만 우리는 모두 내

삶을 중요하게 여기고 나를 사랑하는 마음이 있기에 누군가는 실패의 경험이 있음에도 불구하고 다시 계획을 세우게 되고요. 또다른 누군가는 성공의 기쁨을 알기에 또다시 새로운 계획을 세우게 되는 것입니다. 따라서 내 마음의 소리에 귀를 기울이고 새로운 목표를 세워 구체적인 계획을 고민하는 모든 과정이 충분히 의미 있고 값진 경험이 될 수 있습니다.

우리에게 주어진 하루는 24시간으로 모두 같지만, 시간을 활용하는 방법은 모두 달라요. 주어진 시간을 어떻게 사용하느냐에 따라 나의 하루가 의미 있는 시간이 될 수도 있고 그렇지 않을 수도 있습니다. 동화 『계획하는 어린이』에서는 시간 관리 전문가 스티븐 코비가 소개한 내용을 바탕으로 일과를 네 가지로 분류하고 있어요. 아이들과 함께 '계획 세우기'를 할 때 먼저 나의 일과를 '중요하면서 급한 일, 중요하지만 급하지 않은 일, 중요하지는 않지만 급한 일, 중요하지도 급하지도 않은 일'로 나누어보는 활동을 해보시길 추천해드려요. 이 분류를 계획 세우기에 활용한다면 지키기 쉬우면서도 의미 있는 계획을 세우는 데 도움이 될 거예요.

동화 『계획하는 어린이』에서 지우는 '고양이'가 있고 '계획'이 있는 반에서 2학년 새 학기를 시작하게 됩니다. 여기서 고양이는 아이들이 계획을 실천하는 사람이 되도록 돕는 역할을 하고 있어요. 1학년 때는 맨날 잘 잊어버리고 다니던 준빈이를 도와 스스로 해야 할 일을 잘 챙길 수 있도록 습관을 바꾸어주었고요. 2학년이 되어서는 매일 늦잠 자는 지우의 습관을 고칠 수 있도록 도와주고 있어요. 지우는 2학년이 되어서 선생님이 알려주신 방법으로 계획을 세우고 고양이의 도움으로 그 계획을 실천하기 위해 꾸준히 노력하고 있습니다. 그 과정에서 계획이 많을수록 지키기 어렵다는 사실도 알게 되었고요. 그래서 지우는 계획을 세울 때 필요한 것 중 하나가 '빈칸'임을 깨닫게 됩니다.

매 순간 심사숙고하여 세운 계획이라도 모든 일이 계획한 대로 흘러가지는 않아요. 하지만 우리의 계획에 '빈칸'을 마련해두고 나의 하루를 더욱 소중히 보내기 위해 실천할 수 있는 계획을 세워보기로 해요.

나의 하루를 소중히 여기는 방법

동화 『계획하는 어린이』를 읽고 나서 나의 하루를 더 소중히 여기는 방법을 배우고, 주어진 시간을 알차게 사용할 수 있도록 계획을 세워보는 수업 활동입니다.

 일주일 일곱 가지 실천 보석 모으기

동화 『계획하는 어린이』에서는 한 주 동안의 계획을 세우고 실천해보는 '다 했다! 다 뜯어!' 계획 방법을 소개하고 있어요. 우리의 일주일은 비슷한 것 같지만 매일 조금씩 다릅니다. 나의 시간을 일주일 단위로 나누고, 월요일에서 일요일까지 꼭 실천해야 하는 중요한 일을 한 가지씩 써봅니다. 요일마다 실천해야 하는 일을 구체적으로 써보고 목표를 달성하면 그 부분을 뜯어 실천 보석을 모아보세요.

1. '활동지 1'에 한 주 동안 내가 실천해야 하는 일을 한 가지씩 써봅니다. 내가 하루 동안 해야 하는 많은 일 중에서 중요한 일과 중요하지 않은 일을 분류해보세요. 그리고 중요하다고 생각하는 일을 한 가지만 써서 계획을 세우고 실천해

보기로 합니다.

2. 내가 세운 계획을 실천에 옮기고 나면 '활동지 1' 목표를 완성한 부분의 보석을 떼어 '활동지 2'에 붙여보세요. '활동지 2'에 붙인 실천 보석 개수가 늘어날수록 '계획을 실천하는 어린이'로서의 내 모습을 발견할 수 있습니다.

활동지 1							
	월	화	수	목	금	토	일
해야 할 일	책 30분 읽기	피아노 30분 연습하기	장기자랑 발표 연습하기	도서관에 책 반납 하기	내 방 정리하기	실내화 빨기	줄넘기 연습하기
실천 보석							
활동지 2							

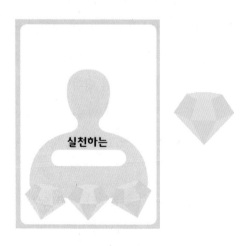

활동 2 빈칸이 있는 나의 하루 계획 세우기

우리의 매일은 비슷한 듯하면서도 조금씩 다르게 돌아갑니다. 일주일 중에서 하루를 정하고 나의 하루 계획을 세워보세요. 계획을 세울 때 많은 계획을 빈틈없이 넣으면 그만큼 지키기 어려울 수 있습니다. 따라서 넉넉한 시간을 두고 지킬 수 있는 내용으로 계획을 세워봅니다.

• 빈칸이 있는 하루 계획을 세우는 방법!

1. 일주일 중에서 계획을 세우고 싶은 하루를 정해보세요.

2. 계획이 많을수록 지키기 어려워요. 계획 사이사이에 빈칸을 넣어주세요.

3. 하루 동안의 계획을 너무 바쁘게 짜지 않아요.

4. 꼭 지킬 수 있는 내용을 넉넉한 시간을 두고 계획을 세워보세요.

5. 하루 계획표를 세운 후 실천하는 하루를 보내보세요.

6. 내가 세운 계획을 잘 실천했는지 나의 하루 확인표로 점검해보세요.

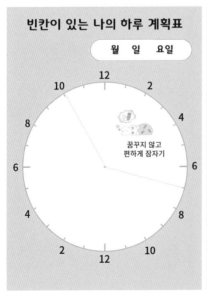

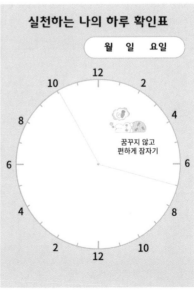

계획에 대한 '나의 말, 우리의 말, 말말말'

동화 『계획하는 어린이』의 마지막 장에서는 계획에 대한 많은 사람의 말을 소개하고 있습니다. 『어린 왕자』의 작가로 유명한 생텍쥐페리는 '계획 없는 목표는 한낱 꿈에 불과하다'라는 말을 남겼고요. 『성공하는 사람들의 7가지 습관』의 저자 스티븐 코비는 '소망은 목표와 계획이라는 엔진을 얻을 때 현실이 된다'라는 말을 남겼습니다. 『계획하는 어린이』의 저자인 놀자샘은 '나의 계획은 나를 닮아 있으니 누군가의 것을 따라 하는 계획표는 부질없다. 직접 만들어야 한다'라고 이야기하고 있습니다.

계획하는 어린이로서 계획을 세우고 실천해본 아이들의 이야기도 모아봅시다. 계획에 대한 내 생각을 한두 문장으로 표현해봅니다. 그리고 계획에 대한 나의 말, 우리의 말을 모아서 교실에 게시해보세요.

> • 예시 •
>
> 계획을 세우기는 쉽다. 하지만 실천은 쉽지 않다.
> 그 어려운 것을 나는 해낸다.
> _보람

한 걸음 더

실패가 더이상 두렵지 않게 느껴지는 책

그림책 『위기 탈출 도감』
스즈키 노리타케 글·그림, 권남희 옮김, 이아소, 2024
#우리가만나는생활속다양한위기 #위기탈출

일상생활 속에서 누구나 경험할 법한 위기를 유쾌하게 보여주는 책. 우리는 살아가면서 다양한 위기를 겪고, 이를 지혜롭게 해결해나갑니다. 이 책은 아이들이 경험할 수 있는 다양한 위기 상황을 1에서 100까지의 위기 수준과 5단계의 발생 가능성으로 나누어 재치 있게 그려냅니다. 이 책을 읽고 갑작스러운 위기에 유연하게 대처해보세요.

그림책 『실패 가족』
신순재 글, 이희은 그림, 웅진주니어, 2023
#실패를두려워하지않는용기 #포기하지않는용기 #도전의힘

실패가 두려워 도전조차 하지 않는 어린이에게 추천하는 책. 실패를 밥 먹듯이 하면서도 실패를 두려워하지 않는 '실패 가족'이 있습니다. 아빠에게 실패는 열심히 해서 받은 훈장과 같고요. 엄마에게 실패는 소중한 도전이자 포기하지 않았다는 뜻이에요. 이 책을 읽고 나만의 실패 상자에 영광스러운 도전을 차곡차곡 모아보세요.

동화책

『야옹이 수영 교실』
신현경 글, 노예지 그림, 북스그라운드, 2023
#생존수영 #수영을배우는자세

수영을 두려워하는 어린이가 처음 수영을 배울 때 건네주고 싶은
책. 야옹이 수영 교실의 코치인 하오씨는 어린 고양이들이 물에 빠
질 경우를 대비하여 수영을 배워야 한다고 이야기합니다. 수영을
두려워하는 아이들의 소리에 귀를 기울이면서 안전 수칙부터 준
비운동이 필요한 이유, 물과 친해지는 방법까지 친절하고 상세하
게 가르쳐줍니다. 수영을 배우기 전 이 책을 읽고 수영에 대한 두
려움을 조금씩 떨쳐보세요.

동화책

『여덟 살의 시간 관리』
이서윤 글, 장선환 그림, 풀빛, 2024
#시간관리 #계획을세우자

모두에게 똑같이 주어진 시간을 알차게 사용할 수 있도록 시간 관
리 방법을 알려주는 책. 시간은 모든 사람에게 하루 24시간씩 똑
같이 주어집니다. 하지만 24시간을 어떻게 사용하느냐에 따라 그
결과는 천차만별입니다. 시계를 읽는 방법부터 달력 읽기, 계획을
세우는 방법까지 차근차근 배워가면서 나에게 주어진 시간을 멋
지게 사용해보세요.

2월 세번째 주제
시리즈 동화

시리즈 동화①

깜냥과 함께 깜냥깜냥 시리즈

동화의 매력 속으로

『고양이 해결사 깜냥』 시리즈

저중학년 | 홍민정 글, 김재희 그림, 창비, 2020~

시리즈물로 제작되는 인기 있는 드라마, 만화, 영화의 경우 매력적인 캐릭터나 내용으로 관객의 시선 끌기에 성공하면, 그 이후에는 다음 편을 기다리고 응원하며 꾸준히 찾는 안정적인 팬들이 생기게 됩니다. 시리즈 동화 역시 매력 넘치는 등장인물들이 흥미진진한 사건을 통쾌하게 해결해나가면서 어린이 독자에게 희열과 대리만족을 느끼게 해주고요. 동시에 주인공의 또다른 활약, 해결되지 않은 사건의 전개 방향에 대한 궁금증을 유발하면서 다음 편을 애타게 기다리게 하지요.

이러한 시리즈 동화의 매력은 그림책만 읽던 어린이들의 시선을 동화책으로 확장하는 데 안정적인 징검다리 역할을 합니다. 학교 도서관에서도, 마을 도서관에서도 '대출중'이라는 문구를 그림자처럼 달고 다니는 시리즈 동화들이 있어요. 그중 하나가 바로 『고양이 해결사 깜냥』입니다. 깜냥은 어떤 상황에서도 당당하고 자신감 넘치는 태도로 마주한 문제를 척척 해결합니다. 상대방에게 명령하거나 상대방을 가르치려 하지 않고, 특유의 센스 있는 눈썰미와 빠른 눈치 덕분에 누구를 만나든지 금방 스며들어요. 저도 너무나 닮고 싶은 매력적인 깜냥의 모습은 당연히 어린이 독자의 마음도 금방 사로잡겠죠.

깜냥은 길에서 태어나 길에서 살아가는 떠돌이 고양이예요. 갈 곳을 정해 놓지 않고 세상 곳곳을 다니면서 새롭게 만나는 사람들과 좋은 인연을 만들어가는 매력 넘치는 고양이랍니다. 처음에는 깜냥을 경계하고 싫어했던 사람도 결국엔 깜냥의 매력에 푹 빠져요. 깜냥을 꾸준히 찾는 어린이 독자들까지도요.

매 시리즈 깜냥은 새로운 공간에서 새로운 사람들을 만나요. 처음에는 아파트 경비실이었고요. 그다음에는 먹음직스러운 피자가 있는 피자집, 몸과 마음을 수련하는 태권도장, 겨울에만 즐길 수 있는 눈썰매장까지! 늘 새로운 곳에서 다양한 경험을 하면서 스스로 할 수 있는 일을 마음껏 펼치는 깜냥을 통해 아이들은 우리 주변에 있는 다양한 직업에 대해서도 자연스럽게 알게 되고, 보이지 않는 곳에서 애쓰시는 분들의 노고도 깨닫게 된답니다. 지금, 이 순간에도 또다른 공간에서 새로운 모험을 즐기고 있을 깜냥의 소식이 궁금해지네요.

『고양이 해결사 깜냥』은 시리즈가 나올 때마다 더욱 풍성해지는 깜냥의 여행 가방을 들여다보는 재미도 쏠쏠합니다. 깜냥은 세상 곳곳을 다니면서 인연을 맺은 사람들에게 받은 선물을 소중히 간직하였다가 필요할 때마다 알차게 사용하고 있어요. 각각의 물건에는 소중한 추억과 함께 서로 주고받은 마음이 고스란히 담겨 있답니다. 새로운 모험이 시작되어도 깜냥의 가방에는 전 시리즈의 추억이 모두 담겨 있기에 깜냥의 이야기는 실처럼 연결되어 있고요. 앞으로도 계속될 거예요.

깜냥깜냥은 '자신의 힘을 다해'라는 뜻이에요. 스스로 일을 헤아릴 수 있는 능력을 갖춘 깜냥과 함께 깜냥깜냥 시리즈 동화의 매력 속으로 빠져봅시다.

깜냥 본격 탐구

동화『고양이 해결사 깜냥』은 매 책에서 같은 캐릭터 깜냥을 만날 수 있습니다. 시리즈 동화는 매력적인 주인공이 고정적으로 등장하여 흥미로운 이야기를 이끌어가지요. 세상 곳곳을 다니며 새로운 모험을 즐기고 그곳에서 만난 사람들의 사랑을 듬뿍 받는 깜냥의 캐릭터를 살펴보는 수업 활동을 소개합니다.

활동 1 시리즈별 깜냥 인물 카드 만들기

목적지를 정해두지 않고 자유롭게 세상 곳곳을 누비는 떠돌이 고양이 깜냥. 깜냥은 새로운 공간에서 누구보다도 쉽게 적응하고, 새롭게 만나는 사람들과 금방 친해지는 친화력을 가지고 있어요. 모두에게 사랑받는 깜냥의 캐릭터를 분석해보고 처음 보는 사람도 알기 쉽게 깜냥과 주요 등장인물 카드를 만들어봅시다.

시리즈별 깜냥	
고양이 해결사 깜냥 시리즈	깜냥의 역할
1. 아파트의 평화를 지켜라!	아파트 고양이 경비원
2. 최고의 요리에 도전하라!	피자집 고양이 요리사
3. 태권도의 고수가 되어라!	태권도장 고양이 사범
4. 눈썰매장을 씽씽 달려라!	눈썰매장 고양이 안전 요원

5. 편의점을 환하게 밝혀라!	편의점 고양이
6. 하품이의 가족을 찾아라!	동물병원 고양이
7. 캠핑장의 낭만을 즐겨라!	캠핑하는 고양이

• 예시 •

아파트의 평화를 지켜라!- 깜냥 분석

주인공 이름	깜냥
이름의 뜻	스스로 일을 헤아릴 수 있는 능력
생김새	머리와 등은 까만색이고 얼굴, 배, 발은 하얀색
성격	부탁할 때 당당한 태도를 보임.
특징	자기 몸집만한, 바퀴 달린 여행 가방을 가지고 다님.
	식사할 땐 가방에서 포크와 나이프를 꺼내고 물고기가 그려진 턱받이를 씀.
	잠자리에 들 때 눈가리개도 하고 귀마개도 씀.
	떠날 땐 꼭 편지를 남김.
	눈치가 빠름.
	사람 말을 알아들을 수 있으며 사람과 대화도 가능함.
가방	깜냥이 가지고 다니는 가방 안에는 그동안 사람들에게 받은 선물이 가득 들어 있음.
아파트에서 직업	고양이 경비원
받은 선물	201호 형제에게 받은 작은 생쥐 인형, 602호 여자아이가 준 갓 구운 토스트.

등장인물 카드

(아파트 경비원) 깜냥 모습 그리기	특징

활 동 2 인물 관계도 그리기

동화 『고양이 해결사 깜냥』은 새 이야기마다 새로운 인물이 등장하여 깜냥과 환상의 궁합을 자랑하는 시리즈입니다. 매력 넘치는 깜냥이 새로운 환경에서 다양한 직업을 체험하면서 어떤 인연으로 사람들과 관계를 만들어가는지 인물 관계도를 그려봅시다.

경비원 할아버지

1. 비 오는 날 경비실에서 깜냥을 재워주심.
2. 배고픈 깜냥에게 참치캔을 나눠주는 따뜻한 마음씨를 가짐.
3. 깜냥에게 함께 지내자고 손을 내밀어주심.

201호 형제

1. 깜냥이 고양이 그림책을 실감나게 읽어주어 그림책에 푹 빠짐.
2. 새우맛 과자를 깜냥과 사이좋게 나누어 먹음.
3. 깜냥에게 작은 생쥐 인형을 선물로 줌.

602호 여자아이

1. 깜냥은 여자아이에게 춤 동아리 오디션에서 출 춤을 가르쳐줌.
2. 깜냥과 경비원 할아버지께 갓 구운 토스트가 담긴 도시락을 선물로 드림.

택배 아저씨

1. 깜냥은 택배 아저씨가 택배 배달하는 것을 도와드림.
2. 택배 아저씨는 깜냥이 일을 잘한다고 칭찬해주심. 택배 일을 마치고 기분좋게 헤어짐.

 활동 3 깜냥이 우리 반 선생님이 되어 찾아왔어요.
"고양이 선생님 깜냥입니다."

깜냥은 목적지를 정해두지 않고 세상 곳곳을 다녀요. 어느 날은 아파트 경비실에

머물면서 경비 아저씨를 도와 아파트의 평화를 지키고요, 피자집에 머물면서 신

메뉴를 개발하는 요리사가 되기도 하죠. 그러던 어느 날 깜냥이 우리 학교를 방

문했어요. 그리고 우리 반 선생님이 된다고 해요. 선생님이 된 깜냥의 모습은 어떨

지 상상해보고 '고양이 선생님 깜냥'을 그려봅시다.

• 예시 •

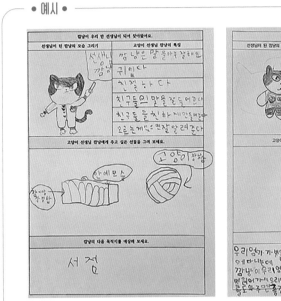

깜냥이 우리 반 선생님이 되어 찾아왔어요.	
선생님이 된 깜냥의 모습 그리기	고양이 선생님 깜냥의 특징
	목에는 호루라기 목걸이를 걸었다.
	아침 활동은 고양이 자세 체조로 시작한다.
	점심 시간 급식실에 가는 것을 좋아한다.
	친구들이 다툴 때 깜냥 고민 상담소를 열어 아이들의 이야기에 들어준다.
	알림장, 과제 검사는 깜냥의 발도장으로 찍어준다.
	눈치가 빨라 아이들과 만난 첫날 아이들의 특징을 모두 파악했다.

고양이 선생님 깜냥에게 주고 싶은 선물을 그려보세요.

깜냥의 다음 목적지를 예상해보세요.

시리즈 동화 ②

위풍당당 있는 그대로의
내 모습 사랑하기

『위풍당당 여우 꼬리』 시리즈

중고학년 | 손원평 글, 만물상 그림, 창비, 2021~

어느 날 내 몸에 갑작스러운 변화가 나타난다면 당황스럽고 놀랄 거예요.
목소리가 굵어지고 얼굴에 뾰루지가 생기면, 그 모습을 당당하게 마주하기보다
는 감추고 싶고 숨기고 싶어하는 나를 더 많이 발견하게 될지도 모릅니다. 사춘기
가 되면 2차 성징이 찾아온다는 사실을 이미 알고 있음에도 불구하고 나에게 찾
아온 크고 작은 변화에 적응하는 데는 어느 정도의 시간이 필요하지요.

예고된 변화여도 낯선 상황에 적응하는 데는 시간이 필요한데, 어느 날 갑
자기 아무런 예고도 없이 나의 등에서 날개가 돋기 시작한다면, 또는 등에서 꼬
리가 나타난다면 나는 그 상황을 어떻게 이해하고 받아들일 수 있을까요? 가장
먼저 현실을 부정하고 거부하며 지금 당장 이 악몽에서 깨어나기를 간절히 바라
게 될지도 모릅니다.

그런데 말도 안 되는 일이 『위풍당당 여우 꼬리』의 주인공 단미에게 일어납
니다. 단미는 4학년이 되기 전까지만 해도 비 오는 날과 공상을 좋아하며 웹툰 작

가를 꿈꾸는 평범한 소녀였어요. 그런 단미에게 아무런 예고도 없이 갑자기 꼬리가 나타납니다. 단미의 엄마도 구미호, 단미도 구미호라고 해요. 평범한 가정에서 부모님의 사랑을 듬뿍 받으며 자라는 평범한 소녀인 줄 알았던 내가 구미호라니 기가 막히고 코가 막힐 노릇입니다.

운명을 바꿀 수 없는 단미는 여우의 피를 물려받았다는 증표인 꼬리를 하나씩 만나면서 자신에 대해 좀더 깊이 알아가게 돼요. 아홉 개의 꼬리를 만나는 일은 단미가 알지 못했던 마음의 부분들을 만나고 알아가게 되는 과정이기 때문이지요. 쉽게 받아들여지지 않는 현실 속에서 단미가 만난 첫번째 꼬리는 단미에게 자신을 좋아하면서 살 건지 싫어하면서 살 건지는 단미가 선택하는 것이라며 의미 있는 말을 전해줍니다.

『위풍당당 여우 꼬리』에서는 이야기마다 새로운 꼬리를 하나씩 만나면서 자신을 좀더 알아가고 사랑하는 방법을 찾으며 성장하는 단미의 모습이 그려집니다. 동화를 읽는 아이들은 단미가 꼬리를 만나는 과정을 함께하면서 단미가 경험하는 미묘하고도 섬세한 감정 변화에 공감하기도 하고, 예측할 수 없는 미래도 당당하게 마주하는 단미를 응원하기도 합니다. 동시에 자신에게 찾아온 크고 작은 변화를 마주하는 과정에서 좀더 주체적으로 자신의 삶을 선택하고 자기 모습 그대로를 사랑하는 자세를 배울 수 있을 것입니다.

나를 알아가는 시간

『위풍당당 여우 꼬리』는 구미호의 피가 흐르는 주인공 단미가 자신의 낯선 모습을 마주하고 새로운 꼬리들을 만나면서 성장하는 모습을 그린 시리즈 동화입니다. 성장하는 과정에서 그동안 미처 몰랐던 또다른 내 모습을 발견하곤 해요. 익숙한 내 모습뿐 아니라 낯선 내 모습도 모두 소중한 나임을 깨닫고 나에 대해 좀더 자세히 알아갈 수 있는 수업 활동을 소개합니다.

활동 1 어느 날 갑자기 내 등에서 꼬리가 튀어나온다면?

4학년이 된 단미에게 믿을 수 없는 일이 생겨요. 어느 날 갑자기 단미의 등 아래쪽에서 꼬리가 튀어나오고요. 단미의 엄마도 구미호, 단미 역시 여우의 피를 물려받은 구미호라고 해요. 우리가 사는 세상에는 알려지지 않은 비밀이 많다고는 하지만 예고도 없이 구미호라는 사실을 알았을 때 단미는 어떤 기분이었을까요? 어느 날 갑자기 나에게 단미와 같이 믿을 수 없는 일이 생긴다면 그 순간 나는 어떤 기분일지, 또 어떻게 행동할지 상상해봅시다.

• 예시 •

어느 날 갑자기	내 등에서 꼬리가 튀어나온다면
	내 등에서 날개가 생긴다면
	물속에서 내 다리가 꼬리로 바뀌면서 인어가 된다면

어느 날 갑자기	내 피부색이 카멜레온처럼 상황에 따라 바뀐다면

• 예시 •

1	어느 날 갑자기 내 등에서 꼬리가 튀어나온다면 상황을 상상해보고 그 순간 나는 어떤 기분(감정)이 들지 써보세요.

너무나 놀라고 당황스럽고 두려워 혼란스러울 것이다.

예상치 못한 상황에 상상이 어려울 만큼 두렵고 공포심에 휩싸일 것 같다.

갑작스러운 상황에 얼굴이 빨개지고 열이 오르며 이해되지 않는 상황에 온몸이 굳어버릴 것 같다.

2	내 등에서 꼬리가 튀어나온다면 제일 먼저 어떤 행동을 할 것인지 써보세요.

인터넷에 검색해보면서 이것이 가능한 일인지 알아볼 것 같다.

꿈을 꾸고 있는 것은 아닌지 내 볼을 꼬집어볼 것 같다.

말도 안 되는 상황이지만 우선 누가 볼까 두려워 아무도 없는 곳으로 숨을 것 같다.

3	나는 누구에게 나의 비밀을 털어놓을 수 있나요?

당장은 너무나 두렵고 무서워 아무에게도 털어놓지 못할 것 같다. 하지만 놀란 마음이 진정되면 내 이야기를 차분히 들어줄 부모님이나 믿을 만한 다른 가족에게 비밀을 털어놓을 것이다.

내가 좋아하는 나, 내가 싫어하는 나

단미와 친구들은 으스스 미션 캠프에서 '내가 좋아하는 나, 내가 싫어하는 나'를 주제로 모둠 구성원끼리 이야기를 나눕니다. 나의 다양한 모습들을 떠올려보세요. 그리고 나는 어떤 모습의 나를 좋아하고, 어떤 모습을 싫어하는지 써봅시다.

• 예시 •

	내가 좋아하는 나	내가 싫어하는 나
루미	운동할 때의 내 모습.	공부에 집중하라는 엄마의 잔소리를 듣는 내 모습.
루미	몸을 움직이면 상쾌하고 뿌듯하다. 시합이나 경기에서 활약하고 나서 친구들이 칭찬해줄 때 자신이 자랑스럽다.	부모님은 내가 운동 말고 공부를 잘하기를 바라신다. 가끔 야단을 맞을 땐 내가 너무 작게 느껴진다.
윤나	무대에서 춤추고 노래할 때 내 모습.	나쁜 평가나 악플이 달린 내 모습.
윤나	무대 위에서 모든 걸 다 잊고 완전히 다른 사람이 되는 느낌은 환상적이다. 관객들이 환호성을 보내면 온몸이 짜릿해지면서 스스로 대단해진 기분이 든다.	누가 나를 싫다고 하면 쓸모없는 먼지가 된 것 같아 견디기 힘들다.
민재	무언가에 몰두하고 집중하는 내 모습.	덤벙대는 내 모습.
민재	새로운 지식을 얻고 몰랐던 걸 알게 되는 것 자체가 좋다.	정리정돈도 잘 못하고 주변이 항상 어질러져 있다.

이름	내가 좋아하는 나	내가 싫어하는 나

활동 3 내 안에 숨겨진 여우 꼬리 9개 찾기

『위풍당당 여우 꼬리』에서는 각 이야기마다 단미가 새로운 꼬리를 만나는 여정이 그려집니다. 첫번째 책에서는 단미가 여우의 피를 물려받았다는 제1의 증표인 방향의 꼬리를 만나고요. 두번째는 우정의 꼬리, 세번째는 용기의 꼬리, 네번째는 질투의 꼬리, 다섯번째는 멋쟁이 꼬리를 만나요. 서로 다른 성격의 꼬리는 단미가 가야 할 길을 친절하게 알려주기도 하고, 때로는 조언을, 때로는 질책을 하면서 단미의 성장을 도와줍니다. 우리 내면에도 서로 다른 성격의 꼬리들이 있어서 우리가 올바른 선택과 행동을 하는 데 크고 작은 도움을 줄 거예요. 내 안에 숨겨진 꼬리나 있었으면 하는 꼬리를 떠올리고 표현해보세요.

● 예시 ●

내 마음속 꼬리	특징
조절의 꼬리	화가 나도 참을 수 있도록 내 마음을 조절하게 도와줌.
성실의 꼬리	목표가 생기면 힘들어도 끝까지 할 수 있도록 도와줌.
용기의 꼬리	새로운 것에 도전할 수 있는 용기를 북돋아줌.
친절의 꼬리	다른 사람의 말을 잘 듣고 공감해줌.
사랑의 꼬리	가족을 아끼고 사랑하는 마음을 지켜줌.

조절의 꼬리

화가 나도
참을 수 있도록
내 마음을 조절하게
도와줌

성실의 꼬리

목표가 생기면
힘들어도 끝까지
할 수 있도록
도와줌

친절의 꼬리

다른 사람의
말을 잘 듣고
공감해줌

용기의 꼬리

새로운 것에
도전할 수 있는
용기를 북돋아줌

사랑의 꼬리

가족을
아끼고 사랑하는
마음을 지켜줌

내 마음속 꼬리

535

다양한 시리즈 어린이책

 그림책

『말도 안 되는 이야기』 시리즈

안효림 글·그림, 길벗어린이, 2023~

#시리즈그림책 #하마의성장이야기 #또말도안되는이야기 #같은주인공다른이야기

이 책은 수영에 도전하는 아기 하마의 성장을 사랑스럽게 그리고 있습니다. 이야기의 마지막에 등장하는 새로운 도전에 대한 힌트는 다음 그림책에 대한 예고편 역할을 하기도 해요. 새로운 도전과 함께 또다시 찾아올 하마의 모습을 상상하며 다음 이야기를 기다려보세요.

 그림책

'장갑 초등학교' 시리즈

유설화 글·그림, 책읽는곰, 2019~

#시리즈그림책 #장갑초등학교 #모두가주인공

장갑 초등학교에는 다양한 장갑 친구들이 있어요. 쌍둥이 장갑, 비닐장갑, 레이스 장갑, 고무장갑, 권투 장갑, 야구장갑, 때밀이 장갑, 주방 장갑, 가죽 장갑, 목장갑까지. 저마다 다른 모습과 개성을 가진 장갑 친구들은 돌아가면서 주인공이 되어 자신의 이야기를 펼쳐나가요. 장갑 친구들의 이야기를 읽고 나와 어떤 점이 같고 다른지 살펴보세요. 그리고 내 삶의 주인공으로 나만의 이야기를 만들어가보세요.

동화책

『똥볶이 할멈』 시리즈
강효미 글, 김무연 그림, 슈크림북, 2021~
#K히어로판타지 #고민해결 #나도누군가의똥볶이할멈

평소에는 '방과후 할멈 떡볶이' 가게의 주인으로 맛있는 떡볶이를
만들어 파는 평범한 할머니이지만 마법 주문을 외우면 나쁜 사람
을 혼내주고 정의를 지키기 위해 어디든 날아가는 영웅이 되는 똥
볶이 할멈. 떡볶이를 먹으러 오는 아이들은 크고 작은 고민이나 걱
정거리를 할머니에게 털어놓아요. 똥볶이 할멈은 아이들의 목소
리에 귀를 기울이고 끝까지 들어주거든요. 지금 나에게 걱정거리
가 있다면 '방과후 할멈 떡볶이' 가게의 문을 두드려보세요.

동화책

『기기묘묘 고물 자판기』 시리즈
이수용 글, 최미란 그림, 우리학교, 2022~
#내가원하는것 #소원을말해봐 #진정한행복과성장

『기기묘묘 고물 자판기』는 세 편의 독립적인 이야기가 서로 얽혀
있는 시리즈 동화입니다. 기묘하면서도 중독성 있는 노래로 아이
들의 마음을 사로잡는 고물 자판기가 소원을 들어준다고 합니다.
내 소원을 들어주는 자판기를 만난다면 어떤 소원을 빌고 싶은가
요? 나에게 주어진 행운을 대하는 자세를 배울 소중한 기회! 놓치
지 마세요.

동화 수업 대백과 295

초판 인쇄 2024년 12월 27일
초판 발행 2025년 1월 13일

지은이 좋아서하는어린이책연구회
책임편집 임혜지 **편집** 성혜현 이희연
디자인 이보람 **저작권** 박지영 형소진 최은진 오서영
마케팅 정민호 서지화 한민아 이민경 왕지경 정유진 정경주 김수인 김혜원 김예진
브랜딩 함유지 함근아 박민재 김희숙 이송이 김하연 박다솔 조다현 배진성
제작 강신은 김동욱 이순호 **제작처** 영신사

펴낸곳 (주)문학동네 **펴낸이** 김소영
출판등록 1993년 10월 22일 제2003-000045호
주소 10881 경기도 파주시 회동길 210
전자우편 editor@munhak.com **대표전화** 031) 955-8888 **팩스** 031) 955-8855
문의전화 031) 955-3579(마케팅), 031) 955-2672(편집)
문학동네카페 http://cafe.naver.com/mhdn
인스타그램 @munhakdongne **트위터** @munhakdongne
북클럽문학동네 http://bookclubmunhak.com

ISBN 979-11-416-0866-8 03370

www.munhak.com